ケンブリッジ 知の探訪

経済学・哲学・文芸

西沢 保／平井俊顕
［編著］

ミネルヴァ書房

ケンブリッジ 知の探訪
――経済学・哲学・文芸――

目　次

序　章　ケンブリッジ　知の探訪 ……………西沢　保・平井俊顕…ɪ

　　1　展望的描写 ………………………………………………………ɪ
　　2　各章の概要 ………………………………………………………8

第Ⅰ部　マーシャルの経済思想とピグーの厚生経済学

第ɪ章　マーシャルとケンブリッジ学派 ……………藤井賢治…21
　　　　　──マーシャル型の新古典派──

　　1　「マーシャル型の新古典派」と「ワルラス型の新古典派」……21
　　2　「限界革命」とマーシャル ………………………………………23
　　3　二つの「新古典派」……………………………………………29
　　4　「マーシャル型の新古典派」の特徴……………………………34
　　5　マーシャルの復活………………………………………………45

第2章　マーシャルの経済思想…………………………西沢　保…53
　　　　　──「進歩」と福祉・幸福の追究──

　　1　「時代の精神」……………………………………………………53
　　2　19世紀における人間性の進歩と生物学的思考 ………………55
　　3　「生活基準」との関係における進歩……………………………57
　　4　富と生，仕事と生活，富と活動の科学………………………65
　　5　進歩＝有機的成長の基礎──道徳，教育，環境 ……………73
　　6　経済的将来の可能性──社会哲学と資本主義観 ……………77

第3章　ケンブリッジの厚生経済学 ………山崎　聡・高見典和…89

　　1　厚生経済学への歴史的視点……………………………………89
　　2　シジウィックの功利主義的経済学……………………………90

sociale, 4th ed., F. Pichon [1st ed., 1874].（久武雅夫訳『純粋経済学要論』岩波書店，1983年。）

第Ⅰ部

マーシャルの経済思想とピグーの厚生経済学

第1章
マーシャルとケンブリッジ学派
──マーシャル型の新古典派──

藤井賢治

「率直に言わせてもらうと，経済学という学問分野は，まだ数学だの，純粋理論的でしばしばイデオロギー的偏向を伴なった憶測だのに対する子供じみた情熱を克服できておらず，そのために歴史研究や他の社会科学との共同作業が犠牲になっている。」(Piketty 2014：32，訳：34)

なぜ突然ピケティからの引用かと思われたことだろう。しかし，本章をお読みいただければ，ケンブリッジ学派，そしてその原点としてのマーシャルの精神と，ピケティの経済学に対する姿勢とが酷似していることが了解されるだろう。

1 「マーシャル型の新古典派」と「ワルラス型の新古典派」

しばしば，歴史は現在から照射された光によって描かれると言われる。歴史的事実それ自体は比較的安定的であるが，歴史的評価となると，どの時点から光を照射するかで著しく評価が異なることがある。頭では理解していたつもりでいたのだが，漸く最近になってその意味するところを実感するようになった。現時点（2015年）から過去を振り返って見える景色と，1980年頃に見えた景色が驚くほどに違って見えるからだ。他大学では事情が異なったかもしれないが，大学院に入った頃には一般均衡論が理論の頂点に位置づけられていた。孤立的経済人，最大化行動，完全情報，完全合理性などの非現実的な諸仮定に戸惑いをぬぐえなかったが，厳密な理論を構築するためには必要不可欠な仮定群であると論された。仮定の非現実性などに拘泥するのは時間の無駄であり，そんな暇があるのなら数学をもっと学ぶべきだと助言されもした[1]。

私自身が大学院を志した動機はケインズ研究にあったのだが，当時流行して

第Ⅰ部　マーシャルの経済思想とピグーの厚生経済学

いたのは「ケインズ経済学のミクロ的基礎づけ」と呼ばれる解釈であった。ケインズ経済学が一般均衡論によって基礎づけられれば，ミクロ理論とマクロ理論の併存する状況は解消され，やがて唯一の正しい理論として一般均衡論の地位が確立されるのも時間の問題であるかのような見通しがまことしやかに語られていた。後知恵で見れば，私が院生時代に感じた一般均衡論の存在感の大きさはその頃がピークだったのだが，当時は一般均衡論の支配的な地位は圧倒的に感じられた。

　さて，現時点（2015年）から見える景色は様変わりである。情報の経済学，ゲーム理論，組織の経済学，制度の経済学，空間経済学，実験経済学，行動経済学などの新しい研究分野が次々に興隆してきた。ファイナンス分野などでは命脈を保ってはいるものの，もはや，一般均衡論はすべての理論分野にとっての共通のプラットフォームとしての地位を保持してはいない。一般均衡論を学史的にどのように位置づけるべきかについては多様な見解があるだろうが，興味深い見解として，情報の経済学の草分けの一人として当該分野をけん引し，2001年にノーベル経済学賞を受賞したジョセフ・スティグリッツ（Joseph Eugene Stiglitz）の見解を紹介しよう。以下において「標準的パラダイム」と彼が呼んでいるのは，一般均衡論のことである。

　　情報の経済学は，標準的なパラダイムからの離反の試みの１つであり，数々の重要な洞察を提供してきた。皮肉なことに，情報の経済学の世界観は，今世紀及び前世紀の大半を支配していた競争均衡モデルよりも，多くの場合マーシャルの見方と一致している。(Stiglitz 2000：1470)

　マーシャル経済学を「一般均衡論の入門者バージョンとしての部分均衡論」だと理解している読者には上記のスティグリッツの見解は驚きだろうが，彼はマーシャル経済学をワルラス流の一般均衡論とは明確に異なる別個のパラダイムとみなしている。本章が伝えようとするのは，まさにこの点である。マーシャル経済学は，一般均衡論の選別フィルターを通過する部分だけが「部分均衡論」として標準的テキストに取り込まれ，通過しなかった部分は残滓として捨て置かれる仕方で乱暴に評価された。（部分均衡論としてのマーシャル経済学解釈が「ケンブリッジ費用論争」を通して生み出されたことは後述する。）本来のマーシャ

22

ル経済学と，「テキスト化されたマーシャル的部分均衡論」とは明確に区別されるべきなのに，学説史家さえ両者の区別に無頓着なまま現在に至っている。「新古典派」なる用語は「限界革命を容認する経済学の総称」として包括的に用いられており，マーシャル及び彼以降のケンブリッジ経済学も，アメリカを拠点とする一般均衡論に基礎を置く経済学も区別されないままである。しかし，スティグリッツにとって両者は別個のパラダイムであるし，われわれもまたそのように考える。別個のパラダイムであるならば，両者を無差別に「新古典派」と呼び続けることは適切ではない。どのような命名がふさわしいかは別にして，両者は是非とも異なる名前で言及されるべきである。本章では，マーシャルの伝統の下にある経済学を「マーシャル型の新古典派」，そして，しばしば主流派と称される経済学を「ワルラス型の新古典派」と異なる呼称で呼ぶことを提唱する。

2　「限界革命」とマーシャル

「限界革命」とは何だったのか？

「限界革命」は，現在どのように講義されているのだろうか。学生時代に読んだ何冊かの学史テキストには判で押したように，次の2点が強調されていた。1つは，古典派の労働価値論（客観価値論）から新古典派の効用価値論（主観価値論）への移行であるという点。もう1点は，この移行が相互に没交渉の中で，イギリスのジェヴォンズ，フランスのワルラス，オーストリアのメンガーによって，ほぼ同時期（1870年代前半期）に成し遂げられたという点である。そして，「限界革命」以前が古典派の時代であり，それ以後の時代が「新古典派」の時代となるといった解説が添えられていた。最新の教科書ではないが，たとえば，2001年刊行の教科書にも，ほぼ同様の記述が見出される。

「そこで（3人の経済学者がほぼ同時期に刊行した書籍において）提起された理論はいずれも，今でいう『限界効用の理論』にほぼ等しいものであった。もちろんこの当時，彼らは互いにその存在すら知らなかった。そして後年，イギリスのアルフレッド・マーシャル（A. Marshall, 1842-1924）の業績がこれに加わって，今日の『新古典派経済学』の基礎が確立されるのである」（井上 2001：118, 強調は原文，括弧内は引用者による追記）。

第Ⅰ部　マーシャルの経済思想とピグーの厚生経済学

　2015年刊行の教科書，江頭（2015）も覗いておこう。本書は全12章からなるが，第5章「限界革命」，第6章「アルフレッド・マーシャル」と，上記の記述にならっている。教科書という性格上，十分な理由がない限り自説を抑制し通説にしたがうという記述スタイルが採用されるのは当然であるから，私が1980年頃に読んだ教科書の解説とほとんど変わっていないことに驚きはない。確認しておきたかったことは，「限界革命」が古典派世界との転換点として記述されていること，そしてマーシャルは「限界革命」にわずかに遅れて登場した新古典派経済学者として記述されていることの2点である。

「マーシャル＝ジェヴォンズ問題」

　マーシャル研究者としてかなりの時間を経たことで，私はマーシャルと「限界革命」，そして「新古典派経済学」に関する教科書的説明について変更の必要性を強く感じるに至った。マーシャル研究者にとっては周知の事実だが，経済学史の教科書ではほとんど触れられることのない以下のような事態を紹介し，これを議論の起点とする。

　実は，マーシャルとジェヴォンズの間には「マーシャル＝ジェヴォンズ問題」と命名されてしかるべき重要な対立があった。マーシャルは，書評「ジェヴォンズ氏の『経済学の理論』（1872年）」において，ジェヴォンズに対しては突き放すような評価をくだし，逆に（限界革命によって乗り越えられたはずの）古典派の諸学者に対して好意的かつ擁護的な評価をしている。

　　この2組の理論（効用価値説と労働価値説）の間の相違は非常に重要であるけれども，それは主として形式の相違である。たとえば，本書を読み進めていっても，本質的に新しい重要な命題は何一つ見出すことはできない。（Pigou ed. 1925：93，訳：316，括弧内引用者）

　なぜマーシャルがジェヴォンズを低評価し，古典派を擁護したのかについてさまざまに詮索され諸説が唱えられたが，「限界革命」の遂行者として高く評価されるべきジェヴォンズを低評価する一方で，リカードをはじめとする古典派に対して擁護的な評価をしていることは不可解かつ不当であるとの批判的論評が多数派を占めるようになった。一方的とも言えるマーシャルへの断罪が多

数派を占めるようになったのは，以下に紹介する「ケンブリッジ費用論争」が
大いに関係している。

「ケンブリッジ費用論争」におけるピグーの譲歩

　マーシャルは1924年に没した。存命中は抑えられていたマーシャル批判の声
が，彼の死後一気に噴き出した。Sraffa（1925）並びに Sraffa（1926）を契機と
して始まり，ケンブリッジ内外の多くの論者を巻き込みながら展開した一連の応
酬が「ケンブリッジ費用論争」である。当論争は，エコノミック・ジャーナル
誌上での特集 Robertson, P. Sraffa, and G. F. Shove（1930）によって幕が引か
れた。ケンブリッジの面々がおおむねマーシャル擁護の側に立ち，外部者から
マーシャル批判の砲火が浴びせられるというのが，当論争の基本的な図式だっ
た。ピグーはマーシャル後継者として期待される役割，つまりマーシャル擁護
の意図をもって奮戦した。ピグーのマーシャルへの忠誠心は疑いもないのだが，
何を守るべきかの判断においては，他のケンブリッジの経済学者たちとは見解
を異にしていた。後知恵での判断ではあるが，彼が良かれと思って採用した選
択は，マーシャル経済学の本質に改変を加えることであった。その戦略とは，
代表的企業というマーシャル特有の概念を放棄し，個別企業の均衡分析に代え
ることであった。Moss（1984：312）によれば，この戦略転換の結果として，
Pigou（1928）において U 字型の費用曲線が初めて登場することになった。
Aslanbeigui（1996：291）によれば，現代において「マーシャル的部分均衡分
析」としてテキストに記載されている内容は，実は，マーシャル経済学に内在
していた長期的な視野と発展に対する指向性を除去して生み出された「ピグー
的分析」なのである。[2]

創作された「限界革命絶対史観」

　「限界革命」の意義をどのように理解するかという問題と，「マーシャル＝ジ
ェヴォンズ問題」をどのように理解するかという問題は，次のような意味で，
表裏一体である。マーシャルのジェヴォンズに対する低評価，そしてリカード
に対する擁護も，共に不当だという解釈は「限界革命絶対史観」（＝「限界革
命」が疑いを差し挟む余地のない科学的進歩だとの見方）に基づいている。この絶
対史観によって立つ人々にとっては，「限界革命のトリオ」が称賛されるのは

第Ⅰ部　マーシャルの経済思想とピグーの厚生経済学

当然であり，「限界革命」以前の理論は乗り越えられた過去として語られねば
ならない。それゆえ，マーシャルのように「限界革命」の革新性に疑問を差し
はさむような論述は批判されて当然だし，マーシャルに理があるのかジェヴォ
ンズに理があるのかといった疑問は答えの分かりきった愚問でしかない。「限
界革命」への確信が強化されるにしたがって，「マーシャル＝ジェヴォンズ問
題」はもっぱらマーシャルのジェヴォンズ評価の不当さを追求すべき問題とし
て解釈されるようになってしまった。しかし，「限界革命絶対史観」は「限界
革命」が生じたとされる1870年代に即時的に成立したのではない。橋本
（1989：18）によれば，「限界革命」という用語が普及したのは驚くほど後にな
ってからのことである。

　「限界革命」という表現は，20年前までは決して一般的なものではなかった。
　クーン理論に経済学研究者が注目するようになり，さらにベラジオ会議の報
　告書が出てからは，近代経済学を対象とするほとんどすべての学説史文献に
　この言葉は登場するようになった。やや強引に言えば，「限界革命」は，限
　界革命の100年を記念して生まれた言葉である。

　橋本（1989）の「20年前」と言えば1970年頃前後であるから，1870年代前半
に起こったとされる「限界革命」のまさに100年後になる。この事実に加えて，
橋本（1989：30）で紹介されているカウダー（1965）の言は銘記されるべきだろ
う。彼によれば，「（限界革命以前に）限界効用は6回以上も再発見された」の
である。これらの事実は何を物語るだろうか。「限界革命」は，限界革命のト
リオが成し遂げたコペルニクス的大転換などではなく，のちの特定の立場から
かなりの程度の誇張を施して創作されたという解釈さえ可能である。そのよう
な解釈の一例として，西部（1996：168）を紹介しておく。

　このように，限界効用理論が漸次的に確立されたこと，限界分析が古典派に
　も存在したこと，古典派から新古典派への多くの連続性が存在することを考
　えると，「限界革命」の存在には否定的にならざるを得ない。……現代の新
　古典派の流れを汲む経済学者が1870年代を「限界革命」として総括しがちな
　のは，古典派経済学を疑似科学として清算し，そこからの断絶を強調したい

第1章　マーシャルとケンブリッジ学派

という心理的傾向が働くからとも言える。あらたな学派が普及するときには常にこうした傾向が存在するのである。

「マーシャル＝ジェヴォンズ問題」も創作された

さて，再び「マーシャル＝ジェヴォンズ問題」に戻ろう。マーシャルは，のちにジェヴォンズを「限界革命のトリオ」の1人としてまつりあげる「限界革命」史が語られるようになるとは夢にも思わなかっただろう。古典派も需要が価格に影響することを知らなかったわけではないし，限界概念を知らないわけでもなかった。また，古典派に需給均衡の理解が欠けていたわけでもない。マーシャルにすれば，ジェヴォンズの言い分は，古典派に関する史実も踏まえていないし，限界効用ですべてを説明できるかのような言い分は度を超した誇張でしかなかった。古典派の視点は長期に置かれており，それゆえ彼らは供給側（つまり，生産費）要因を重視した。照射する光の波長が違えば見える絵も違う。どの波長で見るのが正しいのかと問うことは無意味な問いかけであり，何を見ようとするかによって選択されるべき波長は異なる。マーシャルの判定は，当てる光次第で分析対象が違って見えるのだから，どちらか一方だけが正しいと言うことはできないということだ。

> 「生産費の原理」と「最終効用度の原理」は，供給と需要のすべてを支配する全体の法則の構成部分であることは疑いない。それぞれをハサミの両刃に例えることもできるであろう。一方の刃を固定しておいて，他方の刃を動かして切断するとき，切断は第2の刃で行われたといったとしても，不注意な簡略として許されるかもしれない。しかし，このような立言は正式な表現とは見なしがたく，十分に擁護することはできない。（Marshall 1920：820，訳3：312）

価格はいかなる時もはさみの両刃によって決まるとしたマーシャルにすれば，どちらかが正しくて，どちらかが間違っているという論じ方自体が間違っているということだ。ジェヴォンズのように需要側がすべてであるかのように言い立てる一方的な主張は正されなければならない。マーシャルのジェヴォンズに対する低評価を，限界革命に一番乗りできなかったことへの意趣返しのように

27

第Ⅰ部　マーシャルの経済思想とピグーの厚生経済学

解釈するのは曲解である。ところが，マーシャルの意図とは真逆に事態は進行し，「限界革命」を天文学におけるコペルニクス的転回に匹敵するような大変革だとする見解が支配的になっていった。上記で紹介した「ケンブリッジ費用論争」は，そのような流れの第一波だったのである。力学的アナロジーに無限定に突き進むことのないようにと，マーシャルが用心深く張り巡らした注釈群は不要なものとして取り払われてしまった。

　「限界革命」とのかかわりで，マーシャルとジェヴォンズをどのように位置づけるかに関しては，上宮（1993：50）の以下の注解がこの上なく正鵠を射ている。

　　ジェヴォンズとマーシャルによってほぼ同時期に提唱された経済学の Political Economy から Economics への改称は，その理由も，またそれ以上に重要なことには，それによって含蓄された経済学の性格やその対象も異なっていた。にもかかわらず，その後の歴史的展開の中で，皮肉なことにあたかも同じ意図であったかのようにとられてきたり，あるいはその相違に十分に目が向けられてきたとは思われない。それはまた両者の意図した新しい経済学体系の樹立についての誤解を生み出したのであった。

　マーシャルとジェヴォンズは，経済学を科学にしようという意図を持っていた点では共通点を持つのだが，どのような科学であるべきかに関しては著しく異なっていた。力学的アナロジーを暫定的・限定的な方法として用いるべきだとするマーシャルに対して，ジェヴォンズは力学的アナロジーですべての経済問題を語り得ると信じていた。教科書でおなじみの「マーシャル的部分均衡論」がマーシャル経済学の特徴を刈り取って違いを見えにくくして作り出されたことは上述したとおりであるが，そのために両者が本来は大きく異なる経済学だったことさえも理解されなくなってしまったのだ。いつまでも，創作された歴史を語り継ぐことは罪である。せめて，マーシャルと彼の影響下にあったケンブリッジの人々と，ワルラス型の一般均衡論を仰ぎ見る人々を「新古典派」という総称で呼び続ける慣行はそろそろやめにすべきである。[3]

28

第1章 マーシャルとケンブリッジ学派

3 二つの「新古典派」

「マーシャル型の新古典派」

「限界革命」以降の経済学が「新古典派経済学」へと移行したとする記述が不適切なのは，本来のマーシャル経済学だけでなく，彼に続くケンブリッジ学派の経済学の特徴も見えなくなってしまうからである。マーシャル以後のケンブリッジは多様な経済学者（ピグー，ケインズ，ロバートソン，ハロッド，ジョーン・ロビンソンら）を輩出したが，彼らはワルラシアン的な方法論（方法論的個人主義，完全情報や完全合理性の仮定）とは明確に距離を置いていた。次節で論じるように，マーシャル及びケンブリッジの経済学者たちは，少なくとも，期間分析の採用，非厳密科学としての経済学観，そして集計的概念の採用という3つの特徴を共有している。彼らは，ときにマーシャルに批判的な言葉を残しているのだが，方法論的には紛れもなくマーシャリアンである。ピグーの厚生経済学も，「ケインズ革命」とも形容されるケインズの貢献も，マーシャルの静学的方法を踏襲した上で成立している。さらには，幾分後になってから生じた事態だが，「ケンブリッジ資本論争」と呼ばれる対立があったことも忘れてはならない。ケンブリッジ資本論争はRobinson（1953-54）に始まり，1960年代に頂点を迎えた。[(4)]

当論争の争点は，表面的には資本概念をめぐる対立であるが，時間概念（ロビンソンの命名にしたがえば，論理的時間と歴史的時間）をめぐる対立だったとも言える。いずれにせよ，マーシャルに連なるケンブリッジの経済学者たちを「新古典派」として括ってしまったのでは，「ケンブリッジ費用論争」の意味も，「ケインズ革命」の由来も，「ケンブリッジ資本論争」の本質も説明できなくなってしまう。次節でより詳しく論じるが，マーシャルに由来する「マーシャル型の新古典派」は，かなり根本的なレベルで，現行の（しばしば，「主流派」とも形容されている）「ワルラス型の新古典派」とは相いれない特徴を持っている。水と油はかき混ぜれば，しばらくの間乳白色の液体となるが，時間がたてばはっきりと二層に分離する。以下に論じるように，そのような撹拌が「新古典派総合」によって試みられ，そして当然ながら失敗に終わった。

29

「新古典派総合」の試みと失敗

「マーシャル型の新古典派」と対照的なのは，一般均衡論を経済学の基礎理論と見なす経済学者の一群である。本章では，暫定的にこの集団を「ワルラス型の新古典派」と呼ぶことにする。「ワルラス型の新古典派」は，入門者バージョンとしてマーシャル的部分均衡を受容しながらも，本来的にはあらゆる命題は一般均衡論的に記述されるべきだと考える。この包摂的なスタンスをとる「ワルラス型の新古典派」の代表者は，サムエルソン（Paul Samuelson）とヒックス（John Hicks）である。両者は共に短期分析としてのケインズ革命を支持しながら，他方で一般均衡論における安定性分析の発展に寄与した。とりわけ，サムエルソンが世界的ベストセラーとなった教科書『経済学』（第3版。1955）以来用い始めた「新古典派総合」なる用語は，マーシャル＝ケインズ流の分析と，ワルラス流の一般均衡論とが両立可能だとする見方の普及に大いに貢献した。

しかし，より重要なのは「新古典派総合」的な包摂的解釈は長続きせず，結局は崩壊したという事実の方である。先述したように，イギリス・ケンブリッジ側の提起から始まった「ケンブリッジ資本論争」は「新古典派総合」的なケインズ解釈への異議申し立てであった。また，一般均衡論の側からも，Clower（1965）やLeijonhufvud（1968）のような，一般均衡論を基礎としてケインズを包摂しようとする一般不均衡理論のアイデアが生み出された。サムエルソンの楽観的見通し（ワルラシアン・タイプの方法論的個人主義を徹底させようとする経済学と，マーシャリアン＝ケインジアン・タイプの集計概念に依拠する経済学の共存）は，1970年頃にはもはや支持されがたくなっていた。そして，最終的にはサムエルソン自身それを撤回するに至った。「ワルラス型の新古典派」のもう一人の代表者ヒックスは，サムエルソンのように「新古典派総合」の名の下に統合の意思を宣言してはいないが，彼の主著『価値と資本』（Hicks 1939）のタイトルは彼も当初は包摂的な試みを志向していたことを明確に示している。のちの一般均衡論者からすれば理解されにくいだろうが，ヒックスの方法は独特なものであった。彼は，一般均衡論的手法を保持しつつ，そこにマーシャル的な期間分析を持ち込んでいる。ヒックスは，「ワルラス型の新古典派経済学」に資本を組み入れる困難を誰よりも早く意識し解決に取り組んだ。彼は，後述する，条件付き将来市場を伴う一般均衡という仮構に頼らず，次第にワルラス

型一般均衡論から離れ，オーストリアン的な資本理論へと傾斜していった。

　マーシャル経済学もケインズ経済学も，一般均衡論の特殊ケースとして包摂できるという「ワルラス型の新古典派」の基本的な考え方を具体化したのが「新古典派総合」だったのだが，以上で見たように，その企ては失敗に終わった。「ケンブリッジ資本論争」は潜在していた両者の差異を顕在化させ，最終的にはポスト・ケインジアンの成立を見ることになった。やや遅れて，やがてマーシャリアンからの異議申し立ても始まった。この異議申し立ては，ポスト・マーシャリアンを自認する人々を生み出し，ワルラシアンとは異なる別個の研究計画として歴史を見直そうとする試みも散見されるようになってきた。[5]

条件付き将来市場を伴う一般均衡という壮大な仮構

　「新古典派総合」の試みが失敗に終わったことは誰の目にも明らかである。にもかかわらず，この失敗について真正面から論じる論考はほとんど現れなかった。これも考えてみれば不思議なことである。「新古典派総合」の試みの失敗の原因がどこにあり，それが何を意味するのかについて考察することを通して，「新古典派」内部の亀裂がより鮮明になったはずだからである。[6]

　「新古典派」内部に潜んでいた亀裂を理解するには，「新古典派総合」の試みが失敗した後の「ワルラス型新古典派」の歩みが大いに示唆的である。ヒックスは，一般均衡論の枠組みの中での資本の扱いに苦闘したのだが，資本問題が悩ましいのは資本が集計概念であることと，その価値が将来の需給状態に依存しているという二重の困難を抱えているところにある。「新古典派総合」以降の「ワルラス型一般均衡論」では，資本そのものを個別財の取引に還元させるという離れ業によって回避された。資本を個別財に還元してしまえば集計問題という難問は氷解する。その上で，あらゆる個別財について条件付き将来市場の存在することが仮定された。すべての主体は，すべての財・サービスについて個別的にその将来価格について期待を形成し，その期待の下で現在の取引を行うことまでが仮定された。交換は将来の供給と需要に関する期待の下になされる。交換取引の際に前提としていた期待が成り立たなければ，価格は均衡価格ではなかったことになる。それゆえ，均衡価格を厳密な仕方で決定しようとすれば，将来市場の需給をも含めて，すべての市場で均衡が成り立っていなければならない。すべてを交換の論理で覆い尽くそうとすれば，このような論理

第 I 部　マーシャルの経済思想とピグーの厚生経済学

的帰結に至る。条件付き将来市場を伴う一般均衡論は，あらゆる経済活動を交換取引に還元するという意味で，ワルラス的一般均衡論の方法を徹底させた究極の解法である[7]。この仮構を導入することによって，理論はより厳密なものとなる。しかし，代表的企業を個別企業の議論にするのと同じく，仮定の力によって無理やりに厳密な命題が導かれているわけである。このような仮構はマーシャル的な方法論とは対極に位置するものである。

2つの新古典派の違い

　しかし，将来の需給を突き合わせる条件付き将来市場が現実には存在しない事実を無視して，すべての財・サービスについて将来市場が存在するとの極度に非現実的な仮定（今は存在しても，やがて市場から消え去ってしまう商品群があることも，新技術によって新商品が登場する可能性も捨象されてしまっている）の下に存在が証明される一般均衡価格なるものの意義は，いったいどこに見出し得るだろうか？　マーシャル（そして，ケインズを含むケンブリッジの経済学者たち）と，一般均衡論支持者を分けるのは，極度に非現実的な仮定を用い厳密に語られた理論の意味と意義に関する判断である。前者の人々は，現に存在せず，そしておそらくは今後も存在することのない完備された将来市場を救いの神として仮定することの無責任さと無意味さを強調する。これに対して，後者の人々は技術進歩がもたらす変化を過小評価してか，市場が通時的調整に関してもおおむね有効に機能するはずだと信じている。予想されない技術進歩の存在が一般均衡論の有意味性を著しく毀損するとは考えられていない。

　現在もなおそれぞれに支持者がいて，見解の相違を背景にした並走が持続している状況下，いずれの見解に理があるのかを判断するのは難しい。経済学史家は，このような問題に発言権はないだろうから，判断は保留せざるを得ない。しかし，見解の相違に決着をつけられずとも，見解の相違の原因を確認しておくことは重要である。マーシャルは，本章冒頭で紹介したピケティと同様に，経済学を仮想的論理学として押し進めることに大いなる疑念を抱いていた。

　　定常状態において価値論は単純なものとなろう。……しかし，現実の世界において単純な価値論は有害無益なものとなる。（『経済学原理』：367-8，訳3：63-64）

32

彼は，力学的アナロジーの限界ゆえに，経済学における数学利用は限定的とならざるを得ないと考えていた。マーシャルが経済学における数学利用に極めて慎重であったことを示す有名なもう1つのエピソードとして以下（1906年，Arthur Lyon Bowley 宛の手紙）を紹介しておく。

(1)数学は探求のためのエンジンとしてよりも速記の言葉として用い，(2)それを用いて結論を出し，(3)結論を英語に翻訳し，(4)実生活で重要な実例を挙げて説明し，(5)数学の部分は消却し，(6)(4)に成功しなければ(3)を消却する。私は(6)を頻繁に行いました。(Pigou ed. : 427)

ワルラスを称揚したシュンペーター，サムエルソン

シュンペーターにとっても，その弟子のサムエルソンにとっても，参照基準となるべき理論はワルラスの一般均衡論であった。シュンペーターの動学理論の基盤となっている理論が，ワルラス理論であることはよく知られている。また，弟子のサムエルソンも，「限界革命」のトリオの中で真に評価に値するのはワルラスであると明言している（Samuelson 1952 : 61）。ワルラスに対する高評価と対をなしているのが，両者のマーシャル評価である。シュンペーターは，『経済学原理』公刊50周年の記念論文（Schumpeter 1941 : 237 ; Schumpeter 1951 : 92 に再掲，訳 : 135）では，「マーシャルは経済学が進化的科学であることを理解した最初の経済学者の一人である。」とお世辞も交えているものの，総括的なコメントは「ある意味で，マーシャル経済学はすでに過去のものである。経済プロセスという彼のヴィジョンも，彼の方法も，彼が（導き出した）結論も，もはや今日のものではない。」(1951 : 236，訳 : 134) と歴史的使命は完全に終わったとの判定をくだしている。サムエルソンとなると，社交辞令的な褒め言葉さえいっさい交えることなく，「マーシャルは称賛されすぎていたので，購入者がほとんど消費者余剰を獲得できないほどに過大評価された価格がつけられていた。私が以下に示すように，彼はのちに著しく値引きされて売られるという報いを受けることになった。」(Samuelson 1962 : 4) と読み手を興ざめさせるほどに容赦ない。

上記に限らず，サムエルソンが経済学の歴史に触れる際には，全否定の表現でマーシャルを酷評している。その理由は，両者の科学観の違いに由来する方

法論が対極的であったことに求められる。上述したように，マーシャルが力学的アナロジーの限界を繰り返し表明し，それを理由に数学利用は補助的な役割にとどめるべきだとの立場を貫いた。マーシャルとは対照的に，サムエルソンは数学的な分析（彼にとっては古典力学の方法）を科学であるための必須の条件とみなした。彼の主著『経済分析の基礎』（1947）序文では，マーシャルの名をあえて挙げ，経済学における数学の役割を限定的に考えた彼とは真逆の立場を表明している。「現代の経済理論の大部分の特色である本質的には簡単な数学的概念を労多い文学的作業にすり替えることは，この科学の進歩という見地から見ても報いが少ないばかりでなく，堕落した知的遊戯をも意味するのである。」（Samuelson 1947：6，訳：6）の一節は明らかにマーシャルを標的にしている。サムエルソンは，マーシャル経済学をまるで障害物であるかのように見なし，「1920年から1933年までの期間になされた（経済学者たちの）大半の仕事は，マーシャルを排除するという後ろ向きの課題にあてられた。」（1967：111，括弧内は引用者による）とまで述べている。厳密科学を志向するサムエルソンにとって，厳密に言えるはずのことをあいまいにしか表現しなかったマーシャルは経済学の科学としての前進を妨げた罪人のように映っていたようである。

　厳密に言えるはずのことを厳密に言わなかったとすれば，確かにそれは罪深い。しかし，そもそも経済現象が（力学的手法によっては）厳密には語り得ない現象だとすれば，それを厳密に語り得ると主張することの方が罪深い。繰り返し述べてきているように，マーシャルは経済学を（少なくとも力学的手法によっては）厳密科学として記述できないと考えていたのだ。サムエルソンと，マーシャルを分けるのは，経済学理論がどこまで厳密科学たり得るかに関する見解の違いなのだ。そのことを理解すれば，どちらの見方を支持するかは別にして，サムエルソンがマーシャルを酷評したことは至極当然のことではある。[8]

4　「マーシャル型の新古典派」の特徴

非厳密科学としての経済学

有機的成長のヴィジョンと静学的方法の限界　　経済学は，一般的な状態や傾向を主として取り扱う。それらは原則として緩慢な歩幅で変化する。ときには政治的事件から，たとえば革命や一国の国境や同盟関係の変化から，

第1章　マーシャルとケンブリッジ学派

一つの方向や他の方向へ強い衝撃を受けることがある。人力や馬力を使用していた仕事に蒸気力を応用した場合のように，偉大な発明によって，わずか一世代の間に，先行した世代の2倍，3倍の経済的変化を経験することがあり得る。しかし，印刷機械は，2世紀を経過してもなお，その力を十分には発揮してはいない。……それゆえに，「自然は飛躍しない」という格言は，経済的発展にとくによく当てはまる。(Marshall 1923：6, 訳(1)：8)

　マーシャルの「非厳密科学としての経済学」観は，以上のような有機的成長のヴィジョンが背景にあることを了解すれば理解しやすい。有機的成長経済では，緩やかではあるけれども技術変化は絶えることなく進行している。改良・改善レベルの技術進歩は絶え間なく，長期にわたってその波紋を広げる。さらには，技術進歩によって所得レベルが上がれば個人の選好も変化しないではいられない。他方で，価格決定を説明しようとすれば，供給関数及び需要関数を確定する必要がある。技術を一定とすることなしには供給関数を確定することはできないし，同様に，選好を一定とすることなしには需要関数を確定することはできない。需給均衡による価格決定を論じるためには，将来の技術，選好の変化を暫時捨象する以外にない。1年や2年といったタイムスパンでの分析であればその変化を捨象することは問題ないだろう。不断に生まれ続ける技術変化，選好変化を見据えながら，これらをあえて暫時一定と仮定して均衡を論じるための方法が，マーシャルの考案した静学的分析方法である。

　現実が不断の変化に満ちたものであるというヴィジョンと，暫時的に変化を捨象することで可能になる静学的方法に基づく推論との間には常に緊張関係があることをマーシャルは重々承知していた。彼は，超短期，短期，長期そして超長期の時間区分を用意したが，『経済学原理』で語られた均衡は長期までにとどまり，超長期均衡を語ることはなかった。静学的方法は，時間を長期化するほどに，それによって語られる均衡と，均衡を語るために必要な仮定（技術及び選好は所与）との緊張が増大していくからだ。「代表的企業」という仮構を用いるなど，マーシャル自身，長期正常均衡を語るに際してはさまざまに苦心惨憺している。

動学にとって静学分析はまったくの入り口でしかない　　「正常な需要と供給の安定均衡の理論は，われわれの構想に明確さを与える助けとなることは事実である。また初歩的な段階では，経済諸力のもっとも強力で，永続的

第Ⅰ部　マーシャルの経済思想とピグーの厚生経済学

な一群のものの作用の仕方の主要な部分について，かなり信頼できる図式を与えられなくなるほどに実人生の事実から離れることはない。しかし，それをさらに遠くまで，さらに複雑な論理的帰結まで押し進めていくときには，実人生の事実から遊離してしまう。……均衡の静学的な理論は経済研究の序論に過ぎない。また，それは収穫逓増の傾向を示す産業の進歩と発展の研究にとっては，序論としての役割をかろうじて果たすに過ぎない」（『経済学原理』：461，訳(3)：195-196）。

　ただし，分析対象を暫定的に孤立化する方法で均衡を語り得たとしても，時間を長くとればとるほどに一定にとどまると仮定できる変数が少なくなり，厳密な分析は困難になる。静学的方法は近似的記述以上のものにはなり得ないにも関わらず，このことを無視して安易に究極の均衡を論じることに対して返す返す注意を喚起している。経済学は厳密科学たり得ないのであり，単純明快な理論は間違いなく誤りだと考えていた。定常状態という仮想的世界は静学的方法を無限に引き延ばして到達されるネバーランドでしかなく，そのような定常状態を想定した上で厳密な体裁を装わされて主張される命題については，百害あって一利なしと，以下のように断罪している。

　　さらに，これらすべての相互作用は，それらが完了するまでに時間がかかり，しかも原則としてどの2つの影響をとってみても，同じ速さで動くことはない。それ故にこの世界においては，生産と需要との価値の間の関係についての平明で単純なすべての学説は，必然的に誤りである。（『経済学原理』：368，訳(3)：64）

非厳密科学であることを甘受しなければならない　　技術進歩がいつ，どのように生起するかについて経済学が言えることはほとんどないけれども，技術進歩が多様な仕方で生起し波及的に影響を及ぼしていることだけは疑いない。このように経済を見ているマーシャルにとって，厳密な意味での力学的均衡はそもそも存在しない。静学的方法は，現に生起している技術進歩を捨象して近似的な理解を得る方法である。時空を限定した上で，力学的手法の力を借りて推論することの有用性は認めながらも，その限界をわきまえることの方が重要だと考えていた。

36

第1章　マーシャルとケンブリッジ学派

類推は，馬に乗る手助けにはなるけれども，長旅ではむしろ邪魔になるとは言い得て妙である。いつそれを導入するかを知っていることはよいことである。いつそれを捨てるかを知っていることはさらによいことである。(Marshall 1898：36)

　学史研究者にはよく知られたエピソードだが，マーシャルもケインズも共に学部時代は数学を専攻していながら，経済学者になってからは経済学における数学の使用を極力限定的にとどめるようにとの方針を貫いている。技術進歩を解明し記述する数学的手法が入手可能になれば厳密さを追求することも許されるだろうが，それができないことを承知の上で見せかけの厳密科学を装おうことは罪深い。厳密な分析にこだわって誤った結論を導くよりも，大雑把な分析であっても現実からかい離しないことに注意を向ける方が正しい。おそらくは，両者とも数学の威力を知るからこそ，安易な数学利用（力学世界に似せて経済学を構築すること）を控えたのだろう。

　力学的アナロジーは，経済学にとっては「暫定的に持ち込まれた厳密科学の方法」でしかない。需給均衡とは，まさにそのような近似均衡としてのみかろうじて語り得る。しかし，10年，20年というタイムスパンをとれば技術の改良・改善は無視できない大きさになるから，「他の事情を一定として」均衡論的に経済を描写することは許容されなくなる。技術進歩の生成と波及を厳密に記述し得る数学と，それを組み込んだ有機的成長の理論を持たない限りは，力学的手法に依存した経済分析は技術進歩を捨象した非厳密科学にとどまる。（ただし誤解されてはならないことだが，数学利用に否定的だったのではない。当時利用可能だった力学的アナロジーの無限定な利用に否定的だったのだ。）この点を的確に指摘している一文を紹介しておく。

　マーシャルは，複雑な現象を扱う経済学の応用段階に理論モデルを用いることには積極的ではなかったが，ここ（『産業と商業』）でも事実の研究に基づく実証的な議論を展開している。これは力学的類推に基づく理論分析はあくまで経済分析の初歩の段階にとどめるべきであるという，その方法論的信念を反映している。こうしたスタイルはある意味完成されたものであり，自己完結しているため，マーシャルの意に沿うような形での継承はもとより困難

37

第Ⅰ部　マーシャルの経済思想とピグーの厚生経済学

であった。理論的精緻化の道をあらかじめ閉ざされた体系という意味では，後継者たちは厄介な遺産を残されたと言えるであろう。（伊藤 2006：30，括弧内は引用者）

技術進歩が不断に生じているという事実認識，そして経済発展に伴って人間性（選好）も高度化していくとの楽観的期待。この2つを，マーシャルとケインズは間違いなく共有している。両者にすれば，選好も技術も一定とした上で，時空を無制限に拡張していくことはあり得ないほどに許しがたい理論的暴挙である（次節でより詳しく論じるが，静学的方法の限界という意味では，不確実性問題を深刻にとらえたケインズの方がさらに悲観的だった）。

期間分析の共有

ケインズの「長期的にはわれわれは皆が死んでしまう。嵐の中にあって，経済学者が言えることが，ただ，嵐が遠く過ぎ去ればまた静まるだろうということだけならば，彼らの仕事は他愛なく無用である。」（Keynes 1923：65，訳：66）はよく知られている。この一節は暗にマーシャルの長期分析を標的として，長期分析が無意味であると主張しているようにも読める。しかしながら，注目すべきことは，ケインズがマーシャルに異を唱えたのは静学的方法の射程をめぐっての判断であって，方法それ自体の有効性を問題にしてはいないということだ。ケインズは期間分析を踏襲しているという点を忘れてはならない。

この装置（期間分析）はケインズの発明したものではなかった。マーシャルはそれを大いに利用していたのであって，多くの他の側面と同様に彼の方法のこの側面において，ケインズはまさにマーシャリアンであった。（Leijon-hufvud 1968：50，括弧内は引用者）

期間分析の継承だけではない。将来が変転極まりないというケインズの不確実性観は，実は，彼独自のものというよりは，マーシャル的経済観（緩慢ながらも技術進歩が着実に生み出され，普及していく経済）を継承したものと理解できる。もちろん，このように言うからといって，不確実性と貨幣需要，投資を結びつけ，非自発的失業を説明したケインズ理論の革新性はいささかも揺るがな

38

第 1 章　マーシャルとケンブリッジ学派

い。有効需要問題を際立たせるためにマーシャルを古典派と一括した説明方法
はかなり乱暴ではあるが，マーシャルの短期分析が抱える問題点を見事に突い
ている。ケインズが突いた問題点は，短期分析においてさえ投資決定にかかわ
る不確実性は捨象できないということである。現行技術が不変にとどまるとの
静学的な世界を前提として行いうる投資決定は例外的である。現行技術が不変
にとどまるとの前提に依拠して行われれば，ほとんどの投資はほとんど必ず判
断を誤る。固定資本を要する投資であるほどに，投資は長期的な技術変化を見
据えて行わなければならない。

　つまり，ケインズの批判は，短期分析においてさえ投資決定は将来の不確実
性に直面せずには行い得ないという事実（換言すれば，選好や技術が現状のままで
あると仮定して投資するような企業家はいないという事実）を捨象してはならないと
いう点にある。期待外れが起きた場合には瞬時に売り抜けることが可能な株式
市場の参加者とは違って，企業の投資決定は投資の危険及び損失を他者に押し
つけることはできない。投資決定に際しては不確実性に直面し，決断をくだし
た瞬間から投資の不可逆性に直面せざるを得ない以上，たとえ短期分析におい
てであってもこの点を捨象することはできないのではないかと批判したわけで
ある。彼の主著『雇用・利子および貨幣の一般理論』で強調されているのは，
この点である。

　　顕著な事実は，われわれが予想収益を推定する際に依拠しなければならない
　　知識の基礎が極端にあてにならないということである。投資物件の数年後に
　　おける収益を査定する要因について，われわれの知識は通常極めて乏しい。
　（Keynes 1936：149, 訳：147）

　繰り返しになるが，ケインズは投資決定における不確実性問題の重要性を見
逃したという点で彼以前のすべての経済学者を批判しているのだが，期間分析
自体を否定してはいない。期間分析が長期にかろうじて届くとマーシャルは考
えたのに対して，有効需要問題を見い出したケインズは，短期の有効需要問題
を解決することなしに長期を語ることを無意味だと力説したわけである。確か
に，マーシャルには有効需要問題の認識はなかったし，当然ながら，この問題
を解決するための政策論もなかった。ケインズが有効需要問題を見い出したこ

39

第 I 部　マーシャルの経済思想とピグーの厚生経済学

と，さらに，その解決のための政策論を生み出したことは紛れもない革新である。ただし，この革新はマーシャルの期間分析を用いて生み出された革新であることを忘れてはならない。

　以上を踏まえた上で，次のように議論する余地は十分にある。ケインズが提案した有効需要政策によって有効需要問題を解決できるのであれば長期の問題を語り得る。だとすると，ケインズのマーシャルからの離反は見かけほど大きくない。（誤解を招かぬよう再度強調しておくが，ケインズの革新が大きくないと言っているのではない。）「長期的には皆が死んでしまう」とのフレーズは，有効需要問題を解決することなしに長期を語ることは無意味だという形で，この問題の重要性を際立たせるためのケインズの巧妙なレトリックだったと理解することができる。実際，ケインズは「わが孫たちの経済的可能性」においては，有効需要問題が解決された暁には富裕な世界が実現できるだろうという楽観的な（現時点で判断すると，楽観的に過ぎる）長期予測を披露している。

　　長期的には人類が経済問題を解決しつつあることを意味している。……私の
　　結論は次のようなものである。すなわち，重要な戦争と顕著な人口の増加が
　　ないものと仮定すれば，経済問題は100年以内に解決されるか，あるいは少
　　なくとも解決のめどがつくであろうということである。(Keynes 1930 : 325-
　　326, 訳 : 392-393, 強調は原文)

　マーシャルは長期そして長期を超える時間に届く経済生物学の可能性に期待を寄せたが，ケインズは期間分析の有効射程は長期にまではとどかず，経済学は短期の科学にとどまるしかないと考えた。経済学の学問としての射程に関してはケインズの方がはるかに悲観的であるのに，経済の将来に関してケインズは戸惑いを覚えるほどに楽観的である。両者は期間分析の有効射程に関して異なる判断をしたけれども，期間分析の射程を限定的だと考えていた点では同じ土俵に立っていた。

方法論的個人主義の不採用

社会的文脈としての　　　個人が相互に独立した仕方で認識，推論，意思決定を
共有知識と共有価値　　　行うことが，方法論的個人主義の前提となるヴィジョ

40

ンである。この方法論的個人主義に基づく立論を当然視していたシュンペーターの目には，マーシャルをはじめとするケンブリッジの経済学は，ワルラシアン的な経済学でもなく，これを動学化させた自らの発展の経済学とも異なる範疇の経済学として区別され，「特に，（『経済学原理』）第 6 編において，彼は全体としての経済の動きについて広い一般化に進んでいる。この一般化が特殊的分析でも一般的分析でもないとすると，その性質は何か——ここで私は第 3 の理論の型を認めねばならないと思っている。私の研究会ではそれを「集計的」aggregative と呼んでいる。」（Schumpeter 1951, 訳：152, 括弧内引用者）と，その異質な特徴を評している。Dardi（2006：222）も，『経済学原理』の静学分析は「正常状態」と「代表概念」という 2 つの関連する概念を基礎にしていると同様の指摘をしている。代表的主体が選択の変更の必要性を感じない価格が正常価格なのである。それは，ただ一人でも均衡になければ均衡とは言えないという厳密な方法論的個人主義に基づく均衡概念とは異質な均衡概念である。

　マーシャルの経済観が方法論的個人主義の採用とは相いれないことは，『産業と商業』（Marshall 1923）に目を転じればより一層鮮明になる。同書の副題「産業技術と企業組織。およびそれらが諸階級，諸国民に与える影響」に明言されているように，彼の主要関心事は，漸進的技術進歩が組織，産業そして一国レベルへと波及していく一連の過程にあった。理論化には至らなかったけれども，同書は発展に関する豊富な素材を提供してくれる。特筆すべき特徴の 1 つが，各国別の記述になっている点である。技術進歩は企業組織の変容を要請し，産業レベルではより高度な分業体制を要請するのだが，すべての国が類似の発展経路を歩むというのではなく，各国の国民性や歴史に依存した発展のストーリーが語られている。この特徴が示唆することは，マーシャルは，経済的意思決定の前提となる認識も推論も，特定の社会のメンバーであることを捨象してしまっては説明できないと考えていたということである。組織であれ社会であれ，その内部では知識と価値が共有されており，その共有によって組織や社会が機能し持続している。このような意味で，共有知識と共有価値の意義と力を認めるということは主観的価値判断を否定することではなく，これらが主観的価値判断と選択の前提になっていることを認めるということだ。（主観的価値か，さもなければ客観的価値かという二者択一に陥ることは避けなければならない。）ある特定の国で，ある特定の言語を母国語として，固有のルールや社会習慣の

下で生活しているという社会的事実を捨象した経済学が適切なのかどうかの判断は容易でない。この判断は，経済学がどのような学問なのかという問いと対をなしており，経済学をどのように定義するか次第で答えはどちらでもあり得る。本章の主張は，「マーシャル型の新古典派」は社会的文脈依存の経済学を志向し，「ワルラス型の新古典派」は文脈非依存型の経済学を志向していたという点で紛れもなく異なった経済学を志向していたと言うところにある。

「有機的経済観」の共有　マーシャルの弟子筋に連なる人々が（技術進歩の波及をメインエンジンとする）有機的成長のヴィジョンを共有していたとまで言うことは難しいが，「有機的経済観」（＝経済社会においては，組織や制度といった社会関係や，社会的共有物としての思想が意思決定に関与する）を共有していたと言うことはできる。この「有機的経済観」の下では，人々の選択は組織や制度の在り方や，社会を覆う思想の在り方という大小さまざまな社会的文脈の影響を受けるのであって，これらを一切捨象して，孤立的経済人の合理的選択として説明しようとする発想は受け入れられない。マーシャルは言うまでもなく，ケインズや他のケンブリッジの人々には，経済学が相互に影響を与え合うことのない独立した個人の意思決定に還元させられるとの発想はほとんど皆無である。「ほとんど皆無」と表現したのは，第2節で紹介したように，わずかな例外の1つとして「ケンブリッジ費用論争」におけるピグーの選択（＝代表的企業を放棄し，個別企業分析を許容する選択をしたこと）があったからである。実は，ピグーのマーシャルの方法論からの逸脱は，続けてもう1つの例外を生み出した。ピグーの選択に影響されたジョーン・ロビンソン（Joan Robinson）である。「ケンブリッジ費用論争」を間近に見ていた彼女も，スラッファによって提起された二者択一（静学分析をとるか発展の理論をとるか）を迫られていた。彼女はピグーの選択にしたがって進んだと回想している。この選択は，思わぬ副産物を生んだ。「不完全競争理論」である。この業績によって歴史に名を残すことになったにもかかわらず，彼女はその選択を「間違った方向転換」（wrong-turning）であったと自戒している。選択すべきはピグーの後追いではなく，マーシャルの発展の理論との折り合いをつける道だった（Robinson 1951：vii-viii）と反省の弁を披露している。

　ピグー教授はマーシャルの分析の核心部分を，静学理論の論理体系に据える

ことに長らく精力を費やしていた。……静学的な分析を放棄してマーシャル
の発展の理論と和解する道を選ばず，私はピグー教授にならって静学的な仮
定の下での『不完全競争の経済学』を生み出した。(Robinson 1951：vii-viii)

　未知なる将来が横たわっていることを仮定で捨象してしまう安易なやり方を
厳に戒めたのがマーシャルであり，ケインズだった。ロビンソンは彼らに背く
ことになった若き日の選択を反省し，不完全競争の経済学の一番の弱点が時間
の扱いに失敗している点であると明言し，その後は時間の扱い（不可逆的時間
と論理的時間の区別）の重要性を強調し続けた。「有機的経済観」の下では，各
国の国民性や歴史は経済分析に邪魔な夾雑物などではなく，むしろ分析に際し
て積極的に考慮すべき事柄である。時空を限定すれば相互に独立しているよう
に見える主体の意思決定も，マーシャルが『産業と商業』で行ったように時空
を拡大して比較検討してみれば制度依存性や歴史依存性が判明する。とりわけ
この点は生産活動において重要である。組織文化があり，職業文化があり，そ
れらを前提として個別経済主体の意思決定がある。[9]
　組織や制度の在り方次第で，経済主体の行動が変わることは，組織設計や制
度設計といった問題意識の下，近年の経済学で積極的に光が当てられている側
面である。本章では幾分ピグーを悪者扱いしすぎたように思われるので，バラ
ンスをとるために一言添えておく。彼が代表的企業を放棄し，個別企業の分析
を受け入れたのは「費用論争」終結間際のことであった。これに対して，彼の
主たる貢献『厚生経済学』(Pigou 1920) は極めてマーシャル的な方法論（類似
の環境下にある人々は，類似の選好を持つと仮定できる）に基づいている。マー
シャルの消費者余剰が一群の消費者を想定した立論であるのと同様に，ピグーの
『厚生経済学』も歴史的文化的に一定程度似通った「代表的個人」を想定する
ことで成り立っている。

　同じ人種で同じ国に育った人々の集団を任意にとってみるならば，客観的な
検査によって比較される多くの特質において彼らが平均的にほとんど同様で
あることが分かる。しかも，根本的な性質については，同一人種，同一国の
人々に限る必要はない。(Pigou 1920：850，訳(1)：179)

第Ⅰ部　マーシャルの経済思想とピグーの厚生経済学

　この想定なしには個人間の効用比較が無理なことはピグー自身百も承知の上で議論が展開されている。彼は効用の個人間比較可能性をめぐって批判を浴び続けたけれども，後年になっても，効用の個人間比較が時空限定的には可能であるという仮定は妥当であり，このような仮定なしには有意味な政策は導けないとして最後まで譲らなかった（Pigou 1951：292）。

　マーシャル的伝統　　マーシャルの「有機的経済観」に光が当てられなくなっ
　と「ケインズ革命」　　た理由の一部分は，皮肉なことだが，「ケインズ革命」の成功である。マーシャルをも含む意味で古典派と言うわら人形を用いるという明らかに度を超した誇張も手伝って，多くの人々の目が長期から短期に集中してしまった。長期的な観点からの比較経済史的記述を主たる内容とする『産業と商業』への関心が希薄化してしまったこと，そして『経済学原理』もまた「ケインズ革命」によって陳腐化してしまったとの印象を広めたことは，いずれもケインズにその責任がある。伊藤（2006：205, 括弧内引用者）は，「これ（マーシャルを巻き込んで展開された古典派批判）は自分の理論の革新性をアピールする上での宣伝効果としては劇的な成果を上げたが，他方，そのアジテーティングな攻撃の仕方はかつての仲間には恩知らずな裏切りに映ったかもしれない。」と評している。

　とはいうものの，ケンブリッジの外にあって「ケインズ革命」を経験した人々に比べれば，マーシャル的伝統の下にあったケンブリッジの人々は比較的冷静であった。その筆頭は，D. H. ロバートソンである。伊藤（2006：173）によれば，「ケインズ革命」に際して，対立する立場にあった正統派のロバートソンは，『一般理論』の内容を否定したというよりは，それを「革命」とみなすことを否定した。つまり，ロバートソンの目には『一般理論』はなんらマーシャル的伝統の域を出るものではないと映っていたのである。

　いまだに「ケインズ革命」をマーシャル的伝統からの脱却として描こうとする論者が散見されるので，マーシャル的伝統の下に「ケインズ革命」があったことを改めて強調しておきたい[10]。マーシャルとケインズを共に学んだ者からすれば，「ケインズ革命」がマーシャル的方法を踏襲した上で生み出されていることは明白であるだけでなく，ケンブリッジ学派を理解するためには忘れてはならない基本的事項である。伊藤（2006：173）に引用されている青山秀夫氏の慧眼に敬意を表しつつ，ここにも改めて引用しておく。

44

ケインズはどうも，マーシャルのオーソドックスなものを延ばす方向の仕事
をした。古いものをひっくり返したというよりも，古いものを一層完全にし
ていったという風に見た方がケインズの仕事が本当に生きてくるように思わ
れる。（青山 1999：95-96）

5　マーシャルの復活

かつて杉本栄一氏は，マーシャルは「動態一元論」であり，シュンペーター
は動態二元論と喝破された。

かくてマーシャルの経済学の基本性格は，動的一般理論たるにあるのですが，
それにもかかわらず，従来この点について，一般に，一つの誤解が行われて
います。それは，マーシャルの経済学が静的部分均衡論だという誤解です。
（杉本 1981：233）

マーシャルの経済学の基本的性格をこれほどに適確に表わす指摘はないと私
は思い続けてきたのだが，残念ながら現時点において知るものが少ない。声高
にものを言う人，十分な根拠もなく断定的に語る人の説が，一定期間支配力を
持ち得るという事例は科学の世界においても古今枚挙にいとまない。ときに自
然科学の世界においてさえそのようなことが起こるのだが，残念ながら，経済
学界では珍しくない風景だ。力学が最先端であったころには力学に似せること
が科学的であると信じられ，業績の優劣の重要な評価基準となった。「限界革
命のトリオ」に対する手放しの高評価とマーシャルに対する限定的評価という
著しい対照は，背景に力学信仰があったことを考慮すれば納得がいく。それか
ら1世紀以上の時が流れた。経済学は厳密科学への夢を断ち切ったのかと言え
ばそうではない。本章冒頭で紹介したピケティの言にあるように，相変わらず
経済学は形式的に厳密科学の体裁を整えることに汲々としているように見える。
　しかし，マーシャルは着実に復活しつつある。もう数十年前にもなるが，ネ
ルソン＝ウィンター（Nelson and Winter 1982）あたりから企業組織論，産業組
織論が興隆し始めた。彼らの後に続いた人々がどれほど意識的だったかは分か
らないが，この流れを作り出したネルソン＝ウィンター自身は強くマーシャル

45

第Ⅰ部　マーシャルの経済思想とピグーの厚生経済学

を意識していた。彼らの見るところ，マーシャルに欠けていたのは，彼が把握していた進化的なプロセスを記述するにふさわしい数学的な装置だったのである（同書：45）。さらに，経済地理学（産業立地論）の世界でも，マーシャルの外部経済論が再評価され，（マーシャル，アロー，ローマーの頭文字を連ねた）MAR外部性は，当該分野での基本的なタームとして定着している。本章の第1節で紹介したスティグリッツのマーシャル評価とも合わせて経済分析における近年の動向を眺めれば，マーシャル的思考への回帰が着実に進んでいることは疑いない。マーシャルは「経済学者にとってのメッカは経済動学であるよりは，むしろ経済生物学である。」（Marshall 1898：318，訳：63）とのヴィジョンを提示しながらも，これを具体化する術を持たなかったのだが，ホジソンは，1980年以降の進化経済学の発展によってマーシャルのメッカが視野に入ってきたと言ってよいのではないかとの見解を表明している（Hodgson 2006：201）。

　注

⑴　仮定の非現実性を心配する必要はないというメッセージゆえに，多くの理論家から歓迎されたのが M. フリードマンの「実証主義的方法論」だった。その趣旨は，理論の適否は理論の予測能力によって判定されるべきであり，仮定の現実性に拘泥するのは無意味だというものである。フリードマンの方法論に関する解説としては馬渡（1990）の第8章「マハルプとフリードマン」を参照のこと。

⑵　費用論争がどのように進展し，その過程でマーシャル経済学がどのように改変されたのかについては，Aslanbeigui（1996），Hart（2012，特に2章4節）に詳しい。両者とも，「誠実だが信念を欠いた（loyal, but faithless）後継者」との Robertson（1952：73）のピグー評を支持している。藤井（1998）では，ピグーの外部経済理解はマーシャルの外部経済とは異なることを論じた。また，藤井（1999）では，ピグーの生きた時代が切迫していたという事情も手伝って，彼が，マーシャルが用心深く注記していた静学分析の限界を踏み越えてしまったことを論じた。

⑶　「新古典派」の用法に注意を払った解説として西部（1996：162-163）を挙げておく。そこでは「新古典派」の3つの異なる用法が紹介されている。1つ目は5つの異なる諸学派の総称としての「広義の新古典派」，2つ目はマーシャルからピグーまでのケンブリッジ学派の呼称としての「狭義の新古典派」，3つ目はミクロ経済学とマクロ経済学という区別におけるミクロ経済学（価格理論）の総称として紹介している。その後の節で，「新古典派の特徴」として3つの特徴（選択と交換の経済学，個人主義的な社会観，予定調和的で静態的な市場像）が挙げられているのだ

が，この特徴づけは 3 つ目の「新古典派」のみに妥当すると明記した方がよかった。

(4) 当論争ははじめ，イギリスで熱気を帯び，次いで次第に大陸の経済学者グループを巻き込み，1970 年代と 1980 年代を通して，さまざまな命名（ポストケインズ学派，ネオリカード学派など）を伴い，学派形成の潮流を惹き起こした。Harcourt (1969) が優れたサーヴェイを提供している。

(5) Finch (2000) は，ポスト・マーシャリアンの系譜を構成する主要経済学者として，アンドリュー（Philip Andrew），ダウニー（Jack Downie），ペンローズ（Edith Penrose），リチャードソン（George Richrdson）の名を挙げている。

(6) 邦文の学史テキストでは，寺尾 (2002) がサムエルソンに比較的多めの紙幅を割いている。また，根井 (2006：92) は「第 4 章サムエルソンの時代」で「サムエルソンの「新古典派総合」が，絶妙なる「バランス感覚」の上になりたっている」点を評価し，これがケインズとの共通点だとの肯定的な評価を披露しているが，同意しかねる評価である。サムエルソンが，マーシャルの方法を全否定しておきながら，同じ方法を踏襲しているケインズを手放しで持ち上げたことを，バランス感覚という表現で了解することは困難である。

(7) 条件付き将来市場を伴う一般均衡の存在証明は，Arrow, K. J. and G. Debreu (1954) においてなされた。条件付き財市場が完備している完全競争市場経済は，（Arrow・Debreu・Mckenzie の頭文字をとって）ADM 経済と呼ばれている。

(8) サムエルソンは経済学における力学的推論を全面的に肯定し，それゆえ数学を必須とみなしたのだが，実は，彼はそのような見解の先駆者ではない。荒川 (1999：109) によれば，「『限界革命』のトリオのうち，少なくともワルラスとジェヴォンズは，まさに経済学の理論を古典力学の理論とそっくりに建設しなおした，言い換えれば，古典力学の理論によく似た理論を『発明』した。」特に，同書第 2 章では，「新古典派」（本章で言うところの「ワルラス型の新古典派」）が，いかに忠実に力学的手法をなぞろうとしていたかが詳細に解説されている。

(9) 藤井 (2015) では，一般均衡論の同化作用にさらされ，刈り取られてしまったマーシャル経済学の生産の経済学の側面（とりわけ，組織的知識生産）に再び光を当て，その内容が現代の組織論にも通じる内容を持っていたことを論じた。

(10) ケインズの貢献を理解するためには，マーシャル的方法と経済観を共有していたことを踏まえるべきだとする見解は，De Vroey (2004) や，Dimand (2007) などでも表明されている。特に，De Vroey は，「マーシャル的パラダイム」と「ワルラス的パラダイム」とを峻別する必要性を確信しており，この文献以前に 6 本もの論文を立て続けに公表しているが参考文献には掲載していない。

参考文献

＊マーシャルの主著 2 冊 Marshall (1920) と Marshall (1923) については，『経済学

原理』，『産業と商業』と表記した。また，訳本を記した文献については，引用箇所の邦訳ページも記載した。

Aslanbeigui, N. (1996) "The Cost Controversy: Pigouvian Economics in Disequilibrium", *The European Journal of the History of Economic Thought*, 3(2): 275-295.

Arrow, K. J. and Debreu, G. (1954) "Existence of Equilibrium of for a Competitive Economy", *Eonometrica*, 22(3): 256-290.

Clower, R. W. (1965) "The Keynesian Counter revolution: A Theoretical Appraisal", in Hahn F. H. and Brechling F. P R eds. *The Theory of Interest Rates*, London: Macmillan; New York: St Martin's Press.

Dardi M. (2006) "Partial Equilibrium and period analysis", in *The Elgar Companion to Alfred Marshall*, ed. by Raffaelli, T. et al., Cheltenham: Edward Elgar, 215-225.

De Vroey, M. (2004) "The History of Macroeconomics Viewed against the Background of the Marshall-Walras Divide", *History of Political Economy*, 36, Supplement: 57-91.

Dimand, R. W. (2007) "IS-LM, and the Marshallian Tradition", *History of Political Economy*, 39(1): 81-95.

Finch, J. H. (2000) "Is Post-Marshallian Economics an Evolutionary Research Tradition?", *The European Journal of the History of Economic Thought*, 7(3): 377-406.

Harcourt, G. C. (1969) "Some Cambridge Controversies in the Theory of Capital", *Journal of Economic Literature*, 7(2): 369-405.

Hart, N. (2012), *Equilibrium and Evolution, Alfred Marshall and the Marshallians*, Houndmills: Palgrave Macmillan.

——— (2013) *Alfred Marshall and Modern Economics : Equilibrium Theory and Evolutionary Economics*, Macmillan.

Hicks, J. (1939) *Value and Capital: An inquiry into Some Fundamental Principles of Economic Theory*, Oxford at the Clarendon Press. （安井琢磨・熊谷尚夫訳『価値と資本』（上・下）——経済理論の若干の基本原理に関する研究，岩波文庫，1995年。）

Hodgson, G. M. (2006) "Economics and Biology", in Raffaelli, T., Becattini, G. and Dardi, M. eds., *The Elgar Companion to Alfred Marshall*, Cheltenham: Edward Elgar.

Kauder, E. (1965) *A History of Marginal Utility Theory*, Princeton University Press. （斧田好雄訳『限界効用理論の歴史』嵯峨野書院，1979年。）

第 1 章　マーシャルとケンブリッジ学派

Keynes, J. M.（1923）*A Tract on Monetary Reform*, IV, Macmillan and Cambridge University Press for the Royal Economic Society, 1971.（中内恒夫訳『ケインズ全集 4　貨幣改革論』東洋経済新報社，1978年。）

───（1930）"Economic Possibilities for Our Grandchildren", *JMK*, IX.（「わが孫たちの経済的可能性」。宮崎義一訳『ケインズ全集第 9 巻　説得論集』東洋経済新報社，1981年。）

───（1936）*The General Theory of Employment, Interest and Money*.（塩野谷祐一訳『ケインズ全集第 7 巻　雇用・利子および貨幣の一般理論』東洋経済新報社，1983年。）

Leijonhufvud, A.（1968）*On Keynesian Economics and the Economics of Keynes*, New York: Oxford University Press.（根岸隆監訳・日本銀行ケインズ研究会訳『ケインジアンの経済学とケインズの経済学』東洋経済新報社，1981年。）

Marshall, A.（1872）"Mr. Jevons' *Theory of Political Economy*", in Pigou ed. 1925, 93-100.（「ジェヴォンズ氏の『経済学の理論』」。永澤越郎訳『マーシャル経済論文集』岩波ブックサービスセンター，1991年所収。）

───（1898）"Mechanical and Biological Analogies in Economics", reprinted in Pigou ed. 1925: 312-322（「経済学における力学的類推と生物学的類推」。永澤越郎訳『マーシャル経済論文集』岩波ブックサービスセンター，1991年所収。）

───（1920）*Principles of Economics*, 8th Edition, London: Macmillan.（永澤越郎訳『経済学原理』1-4，岩波ブックセンター信山社，1985年。）

───（1923）*Industry and Trade*, 4th Edition, London: Macmillan.（永澤越郎訳『産業と商業』1-3，岩波ブックセンター信山社，1986年。）

Moss, L. S.（1984）"The History of the Theory of the Firm from Marshall to Robinson and Chamberlin: the Source of Positivism in Economics", *Economica*, 51: 147-157.

Nelson, R. R. and Winter S. G.（1982）*An Evolutionary Theory of Economic Change*, Cambridge, MA: Harvard University Press.

Pigou A. C.（1920）*The Economics of Welfare*, London: Macmillan.（気賀健三・千草義人他訳『厚生経済学』東洋経済新報社，1953年。）

Pigou A. C. ed.（1925）*Memorials of Alfred Marshall*, London: Macmillan.（永澤越郎訳（抄訳）『マーシャル経済論文集』岩波ブックセンター，1991年。）

Pigou A. C.（1928）"An Analysis of Supply", *Economic Journal*,（38）: 238-257.

───（1951）"Some Aspects of Welfare Economics", *The American Economic Review*, 41(3): 287-302.

Piketty, T.（2014）*Capital in the Twenty-First Century*, Cambridge, Massachusetts: The Belknap Press of Harvard University Press（山形浩生他訳『21世紀

第Ⅰ部　マーシャルの経済思想とピグーの厚生経済学

の資本』みすず書房，2014年。）

Robertson, D. H., Sraffa, P. and Shove, G. F. (1930) "Increasing Returns and the Representative Firm. A Symposium", *Economic Journal*, 40：79-116.

Robertson, D. H. (1952) *Utility and All That and Other Essays*, London：George Allen & Unwin.

Robinson, J. (1953) "The Production Function and the Theory of Capital", *Review of Economic Studies*, 21(2)：81-106.

Samuelson P. A. (1947) *Foundations of Economic Analysis*, Harvard University Press.（佐藤隆三訳『経済分析の基礎』勁草書房，1986年。）

―――― (1952) "Economic Theory and Mathematics-An Appraisal", *American Economic Review*, 42(2)：56-66.

―――― (1962) "Economists and the History of Ideas", *American Economic Review*, 52(1)：1-18.

―――― (1967) "The Monopolistic Competition Revolution", in Kuenne R. E. ed., *Monopolistic Competition Theory : Studies in Impact*, New York：John Wiley, 105-138.

Schumpeter, J. A. (1941) "Alfred Marshall's *Principles*: A Semi-Centennial Appraisal", *American Economic Review*, 51(2)：236-248.

―――― (1951) *Ten Great Economists : From Marx to Keynes*, London：Routledge.（中山伊知郎・東畑精一監訳『十大経済学者――マルクスからケインズまで』日本経済評論社，1952年。）

Sraffa, P. (1925) "Sulle relazioni fra costo e quantità prodotta", *Annali di economia*, 2：277-328.

―――― (1926) "The Laws of Returns under Competitive Conditions", *Economic Journal*, 36：535-550.

Stiglitz, J. E. (2000) "The Contributions of the Economics of Information to Twentieth Century Economics", *Quarterly Journal of Economics*, 115(4)：1441-1478.

Whitaker, J. K. ed. (1990) *Centenary Essays on Alfred Marshall*, Cambridge University Press.（ホイティカー編著・橋本昭一監訳『マーシャル経済学の体系』ミネルヴァ書房，1997年。）

O'Brien, D. P. (1990) "Marshall's Work in Relation to Classical Economics", in Whitaker ed., *Centenary Essays on Alfred Marshall*, Cambridge University Press, 127-163.（橋本昭一監訳『マーシャル経済学の体系』ミネルヴァ書房，第6章，1997年。）

青山秀夫（1999）『経済学評論　青山秀夫著作集6』創文社。

荒川章義（1999）『思想史のなかの近代経済学──その思想的・形式的基盤』中公新書。

伊藤宣広（2006）『現代経済学の誕生──ケンブリッジ学派の系譜』中央公論新社。

井上義朗（2001）「市場理論の形成」中村他編『経済学の歴史──市場経済を読み解く』有斐閣，所収。

上宮正一郎（1993）「マーシャルとジェヴォンズ」井上琢智・坂口正志編著『マーシャルと同時代の経済学』ミネルヴァ書房，所収。

江頭進（2015）『はじめての人のための経済学史』新世社。

杉本栄一（1981）『近代経済学の解明』（上），岩波書店。

寺尾健（2002）「現代経済学の潮流──マーシャルからサムエルソン，そしてスティグリッツへ」高哲男編『自由と秩序の経済思想史』名古屋大学出版会，所収。

西部忠（1996）「新古典派経済学の諸潮流」伊藤誠編『経済学史』有斐閣，所収。

根井雅弘（2009）『物語現代経済学』中公新書。

橋本昭一（1989）「近代経済学と限界革命」橋本昭一編『近代経済学の形成と展開』昭和堂所収。

───（1993）「マーシャルと古典派経済学」井上琢智・坂口正志編著『マーシャルと同時代の経済学』ミネルヴァ書房，所収。

藤井賢治（1998）「マーシャル・ピグー・費用論争──組織の解体と「市場の完全化」」『青山経済論集』49(4)：1-20頁。

───（1999）「マーシャルとピグー」西沢保・服部正治・栗田啓子編著『経済政策思想史』有斐閣，所収。

───（2015）「マーシャルにおける組織──生産の経済学の観点からの再評価」『経済学史研究』経済学史学会，56(2)：28-45頁。

馬渡尚憲（1990）『経済学のメソドロジー──スミスからフリードマンまで』日本評論社。

第2章
マーシャルの経済思想
――「進歩」と福祉・幸福の追究――

西沢　保

1　「時代の精神」

　19世紀末葉，とくに1880年代において「社会問題」,「貧困問題」に関する限り，イギリスの経済学者は政治的に「プログレッシブ（progressive）」であった。『ロンドンの見捨てられた人々の悲痛な叫び』(*Bitter Cry of Outcast London*, 1883) というパンフレットも出て，後にホブソンが述べたように，「社会的病苦としての貧困の認識は，1880年代の発見として広くイギリス人の精神を襲った」(Hobson 1929：xi)。1885年1月には，「誰もが物質的安楽と精神的文化の公正な配分を享受でき，威厳ある生活と健全な生活を営めるようにする最善の手段は何か？」をめぐって「勤労報酬会議 (Industrial Remuneration Conference)」が開かれた。マーシャルはこの会議での発言を要請され（1884年12月にはケンブリッジの経済学教授に選任されていた），それを次のように結んだ。

　社会的努力の目標は，世界のより困難な仕事ができる人の数を増やし，知的でない仕事しかできない人，あるいはそれさえもできない人の数を減らすことでなければならない。騎士道の時代は終わっていない。高貴な生活を営む可能性がいかに肉体的および道徳的環境に依存しているかを，我々は知っている。強力な社会主義に対する不信はいかに大きくても，社会の見捨てられた人々を減らし，妥当な所得を得て生活の機会をもち，高潔な生活をしようとする人々をさらに一層増やすことに時間と財の幾らかを使わないで安穏としていることは誰にもできない。(Marshall 1885a：66，傍点は引用者)

　この文章はそのまま，マーシャルの「一連の著作の3冊目」，最後の著作と

第Ⅰ部　マーシャルの経済思想とピグーの厚生経済学

なった『貨幣・信用・商業』(1923年) の結びの言葉にもなっていて，変わることのない基本的スタンスを示していると言えよう。そして，マーシャルは最後に「社会進歩の可能性」，「社会福祉 (social well-being) の条件」について書こうとしたまま未完の手稿を遺して亡くなった (Marshall 1923：v-vi，訳Ⅰ：1-2)[1]。

　マーシャルは，「勤労報酬会議」のすぐ後，1885年2月にケンブリッジの経済学教授就任講演「経済学の現状」を次のように結んだ。「強き人間の偉大な母たるケンブリッジが世界に送り出す者は，冷静な頭脳と暖かい心情をもって，自己の周囲の社会的苦悩と闘うために最善の力を捧げ，また教養ある高貴な生活のための物質的手段をすべての人に与えるのは如何なる程度まで可能であるかを明らかにするために全力を尽そうと決心する者である」(1885b：174，訳35)。社会の貧困を解消し，より多くの人々にその能力を活用・発達させ，貴き活動を可能にする自由の物的基盤を形成する経済的・社会的進歩の研究は，マーシャルが構築しようとした経済学体系の必須の部分であった。「経済学は日常の経済生活を営んでいる人間に関する研究」であり，とくに福祉の物的要件の獲得と使用 (＝生産と消費，活動と欲望) に密接に関連している側面を取り扱うものであった (1961a：1-2，訳Ⅰ：3)。福祉，幸福は，物的要件・財の獲得 (＝生産・活動・努力＝仕事) と，その使用 (＝消費・欲望・欲求＝所得) の大きさに依存し，非常に低い所得は，欲望の充足を制限するだけでなく活動を低減させる。富は，物的財の獲得＝仕事・活動とその使用・消費＝所得との双方 (能力は双方に関わる) からなり，福祉・幸福はそれに依存するのであった。

　『経済学原理』冒頭の部分でいわく。都市の下層民が高次の知能をのばす機会を奪われ肉体的・精神的・道徳的に不健全なのは，貧困こそが主要な原因であった。過重な労働で十分な教育を受けられず，安静も閑暇もないために，能力を向上させる機会をもちえないというようなことは甘受できるものではない。19世紀における労働者階級の持続的な進歩を見て，マーシャルは，「すべての人々が，貧困の苦悩と過度に単調な労苦のもたらす沈滞的な気分から解放されて，文化的な生活を送る十分な機会をもってその生涯を始めることは果たして不可能であろうか？」と問うた。「貧困の原因の研究は，人類の大部分の堕落の原因を解明すること」というのが，『経済学原理』の出発点であった (1961a：2-4，訳Ⅰ：4-6)。こうしたことは「旧世代の経済学」から「新世代の経済学」を分ける「時代の精神」(エッジワース) であった。あるいは上田辰之

54

助が言うように，旧世代の自由主義経済学への反抗として台頭してきた経済学の倫理化，社会化，厚生化（人間化）は時代の著しい傾向で，「経済学をもって日々の生活における人間の研究となす所のマーシャルの定義はひろく人口に膾炙して」いた（上田 1987：234）。[(2)]

2　19世紀における人間性の進歩と生物学的思考

マーシャルはケンブリッジの教授就任講演で「経済学の現状」について語り，新世代の経済学者が方向を転換したことは知られているが，転換の性質について大きな誤解があるとしておよそ次のように述べている。

> 経済学の見方について現世代の経済学者によって行われた変化は，帰納法をもって演繹法を補充し指導することの重要性を発見したことにあるのではない。それは，人間自身が大いに環境の産物であり，環境と共に変化するものであるということの発見によるものである。この発見の重要性が強調されるのは，近年になされた知識と真摯の増大，人間性が深く急速に変化しているという事実によるのである。（Marshall 1885b：153-154，訳4-5，傍点は引用者）

『経済学原理』の付録B「経済学の発達」でもマーシャルは旧派の経済学の見方に批判的であった。議論の単純化のために，彼らはしばしば「人間を不変のもののように」みなし，人間の多様性を研究するために十分な労をとろうとしなかった。「イギリスの法律家がイギリスの民法をインド人に押しつけたのと同じような知的習癖によって，イギリスの経済学者は暗黙のうちに世界はシティの人間によって形成されているという想定にたって理論を展開した」。旧派の経済学者の最大の欠陥は，産業・勤労の慣習や制度がいかに変化しやすいかを理解しないことであった。「とくに，貧者の貧困の原因だとされる弱さや非能率が，実は貧しさの結果であることに気づいていなかった。現代の経済学者が抱いている労働者階級の生活状態の巨大な改善可能性に対する信念を抱いていなかった」（Marshall 1961a：762-763，訳Ⅰ：173-174）。

ここでの力点は，歴史的方法とか経済理論の革新とかではなく，仕事・労働，

環境との関わりにおける人間性の問題であり，マーシャルには，歴史的に進化する人間性，道徳的水準（moral standard），人間の良き生を中心に，経済・社会・人間の進歩を追究する強固な姿勢があった。「人間の幸福と良き生（活）の機会が，多分にそれによって決まる日常業務の形態と原理を科学的な公平さで研究すること」が彼の職業であった（Keynes 1924：172，訳231）。

マーシャルがしばしば言うように，最近50年間における人間の性格の変化には目覚ましいものがあった。また，19世紀初頭には数理的・物理的な科学のグループが主導的であったが，世紀が進むにつれて生物学的なグループが台頭し，有機的成長の性質について明確な観念をもつようになった。それは倫理・歴史諸科学，経済学にも大きな変化をもたらし，「人間の性格が現行の富の生産・分配・消費の方式に影響し影響される仕方」に多くの関心が払われるようになった。そして，この新しい傾向の最初の重要な表現が J. S. ミルの『経済学原理』に見出されるようになった（Marshall 1961a：762-764，訳Ⅰ：173-177）。生物学の進歩はすべての人々の注意を奪い，精神科学，歴史学を変化させ，経済学もこの一般的動向に与した（1885b：154，訳6）。

マーシャルは『原理』第1編「予備的考察」の最後で，生物学は人類の将来に新しい希望を与えたとして，次のように言う。経済学者もいまでは「人間の進歩の可能性についてもっと広く明るい見解をもつ」ようになった。彼らは人間の意志は慎重な思考に教えられて，環境を調節することによって性格をかなり改善し，それによってさらに一層性格形成に有利な，したがって「道徳的および経済的福祉にとって有利な新しい生活条件を生み出すことができる」と信じるようになった（1961a：48，訳Ⅰ：59）。第8版への序文でいわく。

　経済学の主要な関心は，良きにせよ悪しきにせよ，変化し進歩しないではいられない人間にある。断片的な静学的な仮説は動学的――いなむしろ生物学的――思考に対する一時的な補助手段として有用であるが，経済学の中核的な観念は，それが経済原論だけを取り扱っている際においても，生きている諸力と運動の観念でなくてはならない。（ibid.：xv，訳Ⅰ：xviii，傍点は引用者）

マーシャルにとって，経済学者のメッカは経済生物学であり，マーシャルのアプローチは，mechanical に対抗して biological であり，organic であった。

第2章　マーシャルの経済思想

「経済学者の旧世代と新世代」で，社会科学は「理論化された人間の歴史（rea-soned history of man）」であり，それは一つの根本的な統一（fundamental unity）に向かってその道を進めつつあると言う。そしていわく。

　経済学において，我々は，たとえ人間性のある特殊な側面に主たる力点を置くとはいえ，要するに人間性の全体を取り扱うのである。我々の論じることが過去の歴史に立脚する場合には，それは全体としての歴史でなければならない。我々は経済史以上のものを，すなわち経済制度や習慣，賃金や価格，産業や財政等の歴史以上のものを必要とする——人間自身の歴史を求め，それに貢献するような経済史を求める。（Marshall 1897：299，訳45-46）

3　「生活基準」との関係における進歩

　マーシャルの経済思想には初期の著作から経済的・社会的・人間的進歩への関心が浸透していた。ウィタカーも言うように，マーシャルの社会哲学と経済政策観は，ミルの強い影響下にあった初期の表現から『経済学原理』の出版時に想定される成熟した形にいたるまで，そしてその後も急な断絶なく徐々に発展した（Whitaker 1975：341）。『原理』の出版以降も，著作について「壮大な構想」（1961a：xii・訳I：xv）をもちながら，「進歩と理想」を追究し，『産業と商業』，『貨幣・信用・商業』の後に，「社会進歩の可能性」についてもう一冊の本を書く望みをもったまま未刊の手稿を遺して亡くなった（1923：vi）。グレネヴェーゲンも言うように（2005：30），「進歩」の強調はマーシャルの経済学研究を一貫し，『経済学原理』は「概論的序説」であり「原論」編であったが，国民所得の分配を扱う最終編の最終章は初版から「価値に対する進歩の一般的影響」であったし，第5版ではさらなる最終章に「生活基準との関係における進歩」が付け加えられた[3]。このことは，『原理』における生物学的思考の色彩，有機的成長論の特徴を強めていると同時に，「原論」編にも歴史・倫理的色彩あるいは経済社会学的色彩を与えている。

　進歩と人間の成長という主題は，彼の大半の著作における根本的・基底的な問題であり，経済現象は進歩と進化の過程のなかで観察されている。このことは理論の中核を議論するときにも忘れられていない。『経済学原理』第5編第

57

第Ⅰ部　マーシャルの経済思想とピグーの厚生経済学

12章「正常な需要と供給の均衡続論」の結びでいわく。「事実我々はここで経済的進歩という高度なテーマに入ろうとするのだから，経済問題を有機的成長の問題ではなく，静学均衡の問題として取り扱おうとすると，ただ不完全にしか表現できなくなるということを忘れないことがとりわけ重要である。静学的取り扱いは思考に明確さと正確さを与え，社会を有機体と見る一層哲学的な取り扱い方に対して必要な序論となるのであるが，しかしそれは所詮一つの序論に過ぎないのである」（Marshall 1961a：461，訳Ⅲ：182，傍点は引用者）。

「欲望」と「活動」，「欲求」と「努力」

　タルコット・パーソンズ以来，マーシャルの「欲望」と「活動」についてはしばしば論じられてきた。ステファン・コリーニも言うように，欲望は社会的進化の低い段階における経済行動をつかさどるが，より高い段階になると，活動が欲望を形成するだけでなく，組織的な集団，階級そして社会の一員としての人間の性格や行動動機をも形成するものになる。功利主義的な経済学は，与えられた欲望の充足，すなわち「生きるための物質的必要」に関する研究に限定してきたため，どうしても「経済的進歩という高度なテーマ」を主題から切り捨てる傾向があった。しかし，活動とそれが人々の性格や道徳の形成に及ぼす支配的影響を経済学の中心的課題にすれば，経済学は，過去，現在，未来の「人間の研究」に関する指導的学問になることができるであろう（Collini 1983：320-321，訳276-277）。マーシャルは『経済学原理』で繰り返し明言している。「経済学は，日常的な実業生活（ordinary business of life）のなかで，生活し行動し思考している人間に関する研究である。」，「経済学者は，人間をあるがままの姿で，抽象的ないし「経済」人としてではなく，血と肉をもった人間として取り扱う」（Marshall 1961a：14，27，訳Ⅰ：18，34）と。

　まず，『経済学原理』第2編「若干の基本的概念」の冒頭でいわく。「経済学は一面において富の科学であるが，他面において，社会における人間行動に関する社会科学の一部門であり，努力と欲求が富もしくは富の一般的な表象である貨幣によって測定できる限りにおいて，欲求を満たすための努力を取り扱う。」『原理』の大半において，欲求（wants）と努力（efforts）を扱い，欲求の強さを示す価格と努力の強さを示す価格を均衡させるさまざまな原因を究明しようとする。そのために，第3編で，人間の種々な欲求とこれを満足すべき富

58

との関係を論じ，第4編では，人間の種々な努力とそれによって生産される富との関係を論じる（ibid.：49，同63）。欲求と富，努力・活動と富すなわち「富と生（Wealth and Life）」は統合的・一体的なものとして追究されている[4]。

　そして，『原理』第3編「欲望とその充足」の冒頭で，他の諸編との関係を論じながらいわく。需要と供給の関係は，価値という実際的問題にとって根底となる推論——経済理論の主要部分——に対して，統一と整合性を与える背骨ともなるもので，その推論は第5編「需要・供給と価値の一般的関係」で取り扱い，そのうえに第6編で展開される「国民所得の分配」という具体的な問題領域を検討する。第3編で欲望とその充足，すなわち需要と供給を研究し，第4編では，需給論との関係を明白にしながら，生産の諸要素，すなわちその働きによって欲望が充足される諸要因について，「生産の主要な要因でありかつその唯一の目標でもあるところの人間自身」も含めて論及する（1961a：83，訳Ⅱ：3）。

　そして，第3編「欲望とその充足」の「序論」で，近年に需要・消費の研究が前面に押し出されていることの理由として，古典派—旧派の経済学の時代に，生産費に過大な力点をおくことが経済学研究の習わしになっていたこと，数理的な思考を経済分析に応用する経済学者が出てきたことを挙げ，第3の要因について次のように述べる。「時代の精神」が，「公共の福祉（general wellbeing）を今より一層増進させるように，増大していく富を活用できないかという問題」に深い注意を向けさせるようになった。また，集合的用途であれ私的用途であれ，「富のある構成要素の交換価値が幸福ないし福祉に対してなす増し分をどの程度正確に表わしているか」を吟味することが必要になった。

　そしてこれに続けて，第3編では，「欲望」とその充足について，「努力・活動」との関連を考えながら研究を進めるとして，リカード・古典派のスタンスを次のように再評価しながら「序論」を締めくくっている。

　　人間の進歩していく性質は，一つの有機的な全体を形づくっている。我々が人間生活の経済的側面だけを分離して研究してなおよい効果が収められるのは，ただ一時的または暫定的に分割し研究する場合だけのことであり，そうするにしても経済的側面を全体として観察するように慎重な考慮を払っていくようにしなくてはならない。この点を強調しておかねばならない特別の理

59

第 I 部　マーシャルの経済思想とピグーの厚生経済学

由がある。リカードとその継承者が欲望の研究を比較的軽視したことに対する反動として，反対方向の極端に走る兆候が現れてさえいるからである。リカードとその一派がいささか排他的に強調しすぎたきらいはあるが，あの偉大な真理，すなわち下級動物の場合には欲望こそ生活の規制者であるかもしれないが，人類の歴史を解く鍵を求めるには努力と活動の形態の変化こそ注目しなくてはならないという真理を，確認しておくことが重要である。(Marshall 1961a : 84-5, 訳 II : 4-6, 傍点は引用者)

　このように需要論を扱う第 3 編「欲望とその充足」も，欲望を努力・活動との関連で考察することから始められ，努力と活動の形態の変化に注目することこそが重要だとされる。そして第 2 章「活動との関連における欲望」で，欲望の多様性と変化，活動，開発との関係における欲望をまとめていわく。人間の発展の初期の段階では，欲望が活動を引き起こしたのであるが，その後の進歩の一歩ごとに，新しい欲望が活動を起こすというより，新しい活動の展開が新しい欲望を呼び起こしてきたのである。ジェヴォンズがその理論の礎石として取り入れた「消費の理論が経済学の科学的基礎をなす」と見る説は正しくない。欲望の科学において主要な問題とされるものの多くは，努力と活動の科学から導き出されたものである。そして，いずれが人間の歴史の解釈をするのに適しているか強いて問うならば，それは活動の科学であると答える他ないのである (ibid. : 90, 訳 II : 12)。実際，「経済進歩の本当の基調を作り出すものは，新しい欲望の形成ではなく新しい活動の展開」であった (ibid. : 689, 訳 IV : 249)[5]。「生活基準」と進歩の関係も基本的にこのスタンスから論じられている。

「生活基準」との関係における進歩

　この「活動との関連における欲望」の検討は，『原理』第 5 版の改訂で加えられた第 6 編「国民所得の分配」の最終章「生活基準との関係における進歩」で，さらに探求が進められる。ここで経済進歩の基調を作り出すのは，「新しい欲望の形成でなく新しい活動の展開」であることが確認され，生活様式の変化と稼得率の変化の関係が問題にされる。「生活基準 (standard of life)」は「欲望を考慮に入れた活動の基準を意味する」とされ，「安楽基準 (standard of comfort)」と対比される。「生活基準の上昇は知性・活力および自主性の向上を

60

第**2**章　マーシャルの経済思想

意味し，それにしたがって支出の仕方がより綿密で思慮深くなり，食欲は満た
すが体力を増進しはしないような飲食を避け，肉体的にも道徳的にも不健全な
生活を退けるようになる」のであった（ibid.：689，訳Ⅳ：249）。生活基準の上
昇は，経済的・物質的側面だけでなく，精神的・道徳的成長を含むものである。

　マーシャルは『原理』第2版の改訂で，「生活基準」について，安楽品やぜ
いたく品だけでなく，労働にとっての「慣行的な必需品」も固定したものでな
く，労働の効率とともに変化していくとし，「賃金を上昇させる正しい方法は，
単に欲望あるいは安楽の基準を高めるだけでなく，欲望と同時に活動をも含む
生活基準を向上させていくことにある」と述べていた（1961b：40，訳Ⅰ：222）。
そして，「全住民の生活基準が向上すれば，国民分配分も大幅に上昇し，各階
層および各業種に帰属する分け前も増大するだろう。どれか一つの業種ないし
階層の生活基準が向上すれば，その効率性も上昇し，したがってまたその実質
賃金も増大する。それは国民分配分をも多少増加させ，他の業種ないし階層の
者が彼らの用益を効率性と比較して多少とも少ない費用で確保できるようにな
るだろう」（1961a：689-90，訳Ⅳ：249-250）。

　労働者階級の生活基準の向上こそ，労働者の知性・活力，あるいは効率，生
産性を引き上げ，その結果として国民分配分の増大，賃金稼得の増大，そして
生活状態の改善および子弟の教育水準の向上，労働者の資性向上，換言すれば
生活基準の上昇［生活の質・生の向上］という経路を経て，有機体としての国民
経済は累積的に成長することになる。つまり，「生活基準」の向上は，労働者
の貧困を排除し，教育・生活環境の改善によって労働者の能力を十分に開化さ
せ国民経済を成長させる，あるいは労働者の資性向上と国民分配分の増大とを
相互に増進させる基礎概念であった。

　労働時間の短縮，作業量の縮減，労働の供給制限等が賃金に及ぼす影響・効
果について，即時の効果・短期の結果だけをみて究極の効果・長期の結果を推
察すると間違いを起こす。労働に対する需要は国民分配分から生まれ，国民分
配分は労働から生まれる。ある業種の人々が作業量を縮減して賃金を作り上げ
たとしても，それは国民分配分の分け前にあずかる他の人々に，集計値でずっ
と大きな損失を与えて得られた利益に他ならない。すなわち，国民分配分こそ
は一国の全産業の賃金と利潤の源泉であり，それを抑制することから生じる損
失は，部分的には労働者階級にそして使用者や資本家にもかかってくる。効率

61

性を低下させて安楽基準を高めるような賃金引上げの方法は，反社会的で近視眼的であり，かならず急速な反動を呼び起こすのであった（ibid. : 696-698, 同257-261）。

経済進歩の基調と所得

マーシャルは最終章「生活基準との関係における進歩」で，分配の研究から出てきた基調についてまとめている。資本主義システム―市場のもとで，すでに機能している社会的・経済的諸力が「富の分配を改善の方向に変化させ」，その力は持続的で強さを増し，しかもそれらの影響の多くは累積的であった。こういう複雑で微妙に入り組んでいる「社会―経済的な有機体」の進化が重要で，不適当な変化が加えられると破滅に近い損害を引き起こしかねないのであった。国民分配分の成長は，発明の継続的な発展と生産設備の蓄積に依存しており，生産手段の公有は人類の活力を殺し経済進歩を止めてしまうのではないかと恐れる強い理由があった（1961a : 712-713, 訳Ⅳ : 279-280）。

マーシャルによれば，国民所得の分配の現状は一般に言われるほど悪くはないが，富の不平等は現代の経済組織の重大な欠陥であった。自由な創意と性格の強さの源泉を奪わずに，そして国民分配分の成長を抑制することなく，不平等を減少させることが社会的な利益であった。すべての人々の稼得を豊かな熟練工の水準以上に引き上げることはできなくても，その水準以上の所得をいくらか引き下げても，その水準以下のものを引き上げることが望ましいというのが，マーシャルの基本的なスタンスであった（ibid. : 714, 同281）。

労働者階級の所得はその他の階級に劣らず急速に増大している（ibid. : 713 n. 1, 同281-282 注16）とした後，マーシャルは，「取り残された人々（Residuum）」――肉体的・精神的ないし道徳的にかなりの賃金が得られるような仕事を行う能力のない人々――の例外的なケースについて論じる。精神も肉体もかなり健全な人々に対しては，道徳的な見地からも物質的な見地からも，経済的自由の体系が最善であろう。しかし，「取り残された人々」は経済的自由を活用できないので，思い切った対策が必要だとして，注記で，「無力な人々に対する大胆でより教育的かつ寛大な公的扶助行政」を提案している。とくに，幼い子供たちの養育者には厳しく，多額の財政資金の投入を必要とし，「彼らの個人的自由を公共の必要のためにより強く制限しなくてはならない」という。なかで

第2章　マーシャルの経済思想

も緊要なことは、「見苦しくない服装をし、清潔で栄養をとって、子供たちを
きちんと通学させること」であった。それができない場合は両親に忠告し、
「家庭を閉鎖するか、あるいは両親の自由に制限を加えて規制する」こともあ
ろう。財政上の負担は大きくなるが、これほど緊急に大胆な経費支出を必要と
するものはなく、それは「国民全体を冒している悪質な腫物を取り除く」こと
だという (ibid. : 714 n. 1, 同282, 283-284 注17)。[6]

　第12章「価値に対する進歩の一般的影響」は、とくに動学的というよりも生
物学的であることを意図していたというが (1961b : 75)、マーシャルは経済的
進歩と労働者階級の状態について、およそ次のように述べている。17世紀のイ
ングランドで政治算術が始まった時以来、人口1人当たりの蓄積された富の大
きさは恒常的にほとんど定率で上昇を続けてきている。富の成長は、将来のた
めに現在を犠牲にする性向を強め資本の蓄積をいっそう促進した。「人々はよ
り強い『望遠』的資質をもつようになった。……利己的なところは少なくなり、
家族のために将来の備えをしようとして、いっそうよく働き貯蓄するように
なった。より高次の生活を送るための公共の富と公共の機会の貯えを増すため
に、進んで働きかつ貯蓄するようなよりすばらしい時代が来るのではないかと
思わせるかすかな兆しが現れている」(1961a : 680, 訳Ⅳ : 237-238)。増大する国
富から多額のものが人的資本の投資に向けられ、その結果、訓練された能力の
供給を増加させ、それによって国民分配分を増大させ、全国民の平均所得を上
昇させた。その反面、訓練された能力の稼得額は、全般的な向上に対して相対
的に低下した。また、これまで熟練的職種であった多くのものが、賃金に関し
て言えば不熟練労働者と同格と見られるようになった (ibid. : 681-682, 同239-
240)。

　進歩の結果、労働者階級の大多数の状態は急速に改善されてきた。教育の普
及、大衆の間における慎重な性向、少額の資本を安全に投資する機会を生み出
した事業の新しい方法、これらは中位の所得の形成を促した。諸統計はいずれ
も、中流階級の所得が富者の所得よりも早い速度で上昇し、熟練労働者の稼得
が知的職業人の稼得よりも早く、また健康で活気にあふれた未熟練労働者の賃
金は平均的な熟練労働者の賃金よりも早く伸びていることを示していた
(ibid. : 687, 同246)。

63

第Ⅰ部　マーシャルの経済思想とピグーの厚生経済学

幸福の総計の増大と教育による機会の平等

　ベルヌーイに依拠していわく。生活の幸福（happiness of life）は，物的な条件に依存する限りでは，所得が最低限の生活必需品をまかなうに足る水準を上回るようになった時から始まり，それ以後，これを上回る所得については，所得の等比級数的な上昇に対応して幸福は等差級数的にしか増大しない。したがって，下層の労働者の賃金をたとえば4分の1だけ上昇させると，他の階層の同数の労働者の賃金を同率だけ上昇させたよりも，「幸福の総計（the sum total happiness)」をより多く増大させる。下層階級の所得上昇は，現に悩まされている苦難を取り除き，堕落の積極的な原因を抑え，希望への道を開くが，他の階層の所得が同率だけ上昇しても，そういう効果はない（ibid.：135-136，717，訳Ⅱ：74，Ⅳ：286)。

　工業化以降のイギリスがそうであったように，機械化の進展を大いに促進し，不熟練な作業しかできない労働の供給を減らすと，国民の平均所得はそれまでより早く上昇し，不熟練労働者が受け取る分け前も増大するだろう。「教育はもっと徹底して進めていかねばならない。」教師は，性格，能力および活動を向上させるように教育し，思慮分別のない親の子供もよく訓練して，次世代の思慮分別ある親になる機会をもてるようにする。「この目的のために公共の資金を惜しみなく投じなくてはならない。労働者の居住地区で子供たちが健全な遊戯をやれるように新鮮な空気と空地を提供するためにも，資金を惜しんではならない。……貧しい労働者階級の人々が彼らの力だけではなかなか用意できないような彼らの福祉のための施設を，国家は十分な資金，いや十分すぎるくらいの資金を惜しみなく投じて作り出す義務を負っている」（1961a：717-718，訳Ⅳ：287，傍点は引用者)。現にあるような最下層の存在は紛れもない害悪で，最下層を増やす恐れのあることは，何事によらず抑えなくてはならない。不幸にもこの最下層に生まれた子供たちに対して，彼らがそこから脱出できるようにあらゆる手を差し伸べるべきであった（ibid.：718-719，訳Ⅳ：288)。

普通教育・学校教育の重要性

　マーシャルにとって「教育は国民的投資」であった。教育投資は，「大衆に彼らが一般的に利用できるよりもはるかに多くの機会を与え」，この投資によって，「無名のまま世を去ったであろうような人々に，その潜在的な能力を顕

64

在化するのに必要な端緒を与える場合が多い。」ベッセマーのような偉大な産業上の天才が現れれば，経済的な価値からいうと，一都市全体の教育費を回収できる（1961a：216，訳Ⅱ：185-186）。イギリスの天賦の才能の持ち主の半ば以上は肉体労働者の階級に属するが，この階級に属する才能の少なからぬ部分が機会のないために無為に終わってしまう。

> たまたま社会の底辺の両親の間に生まれたというだけの理由で，天賦の才能を低級な仕事に空費してしまうという無駄ほど，国富の発達に有害なものはないだろう。わが国の学校，とくに中等教育の学校を改善し，労働者階級の有能な子弟たちが上級の学校へ進学し，この時代が与えうる最高の理論的および実際的な教育を受けられるように，広範な給費生制度を導入するなら，これほど速やかに物的富の増大をもたらす改変はないであろう。(ibid.：212，訳Ⅱ：180-181)

最近100年間に，国民の福祉はますます健全な教育の進歩と普及に依存するようになっていて，このための費用の大きな部分は国家によって賄われなければならない。そして，広義の教育が実をあげるためには適切な生活条件が必須である（1919：672，訳Ⅲ：365）。また，学校で習得したことの重要さは，習得した知識そのものよりも，将来いっそうの習得を可能にしていく力である。そして，「正しい意味の人文普通教育は，精神の最上の性能を実業に活用し，実業活動を文化向上の手段として活用するような心構えを養おうとするもの」であった（1961a：208，訳Ⅱ：175）。

4　富と生，仕事と生活，富と活動の科学

効率性と良き生の多面性・複雑性

　マーシャルが，倫理学から経済学に関心を移したのは，人間の「良き生」の手段として，「富の増大よりも生活の質の改善」に着目して経済学を研究する必要があると強く感じたからであった（Whitaker 1996：Ⅱ, 285）。それは，「労働者の福祉に直接結びついた経済問題」と題された初期の「経済学講義」（*Lectures to Women*）や『労働者階級の将来』（ともに1873年）によく表れている

が，基本的なスタンスは『経済学原理』の最終章「生活基準との関係における進歩」でも同じであった。また，未完の手稿『進歩（Progress）』の第1編第3章「賃金，効率性と良き生」においても，賃金，労働者の効率性，「活動」のもとになる人の「健康・強さ・活気（vigour）」，進歩の目標としての人間・社会の「良き生」の関係についてのマーシャルの考え方がよく出ている（Caldari and Nishizawa, 2014b）。

この『進歩（Progress）』の第1編は「経済的進歩の一般的傾向」と題され，第1章「経済的進歩の性質と条件」，第2章「人の性格と勤労状態の間の因果関係」，第4章「経済的進歩における党派的利害」となっている。そして第3章は概ね以下の構成で豊富な内容になっている。第1節「賃金と効率性」（「賃金と効率性との関係」「効率性によって報酬を調整する傾向をもつ労働に対する需要側の影響」を含む），第2節「効率性と良き生」（「良き生，その性質と条件」――活動に必要な健康，「効率性と良き生との相互関係」）。経済・社会の進歩は人の強さ，性格，道徳基準を含む効率性の上昇を前提にしている。労働者の効率性はその人がもつ一連の資質であり，彼が置かれている環境に大きく左右される。それが稼働するときの潜在能力（potency）は，環境・労働条件に左右されるが，効率性を形成する要素は多様で，その相互の重要性はその人の仕事と他の状況によって変わるのであった（folder 6. 21. 1）。

マーシャルが言う人・労働者の効率性を形成する要素は非常に多面的であった。効率性のこのような多面的な要素を考えると，「人間の効率性の社会的価値は，効率性を構成する資質の総計と同じようにほとんど計測不可能」であった。だから，労働者の「仕事の所産についてその貨幣価値を量的に正確に測ることはできるが，彼自身の効率性を構成する一連の資質については計測不可能である」（folder 6. 21. 1）。労働者の効率性は物質的富の成長に寄与する。効率性は生産性の要件であり，それが一国民の経済成長の基礎であることはアダム・スミス以来よく知られている。マーシャルによれば，さらに生産性，産業の所産は，通常は経済的側面との関係ではほとんど考慮されない要素を含む性格，知性，道徳などに依存する。「一国の富は，一定の貨幣価値をもった物資的な物だけでなく，量的に計測できるかどうかとは関係なく，非常に重要な経済的重みをもつ要素からも成り立っている」のであった（Caldari and Nishizawa, 2014b）。

66

第**2**章　マーシャルの経済思想

　マルコ・ダルディによれば，マーシャルの狭義の厚生経済学への貢献は「ほんの1章，それもあまり重要でない1章」であった。マーシャルは，消費者余剰に基づく社会厚生指標の「非常に粗い性質」に気づいていたし，その不十分さは，それに基づく厚生政策の範囲をかなり限定することを知っていた。彼はまた，あらゆる功利主義的な社会指標が，「福祉の質と分配における変化に対する潜在的な進化的影響を測ることができないという欠点」をもつことも知っていた（Dardi 2010：409）。ダルディによれば，「マーシャルの厚生経済学は，進化がその仕事をするのを待つこと以上にできることはほとんどない」のであった（ibid.：406）。要するに，狭義の厚生経済学はマーシャルの進化的経済学あるいは有機的成長論の1章にすぎないのであった（Caldari and Nishizawa 2014a も参照）。マーシャルの確信は，厚生政策よりも進歩・進化であった。「厚生政策は，産業及び社会構造の自然の発展が精神的慣習と道徳的態度にも大きな変化をもたらすまで，現在の社会状態に実質的な影響を与えようとするのを控えるべきであった。しかしその時には，社会がその福祉を自生的に制御できるようになっているだろうから，厚生政策は不要になってしまうかもしれない」（Dardi 2010：409）。マーシャルの進歩＝有機的成長によれば，産業・経済の発展は人間の知的慣習・道徳の向上を含むのであった。

仕事と生活，努力と活動の科学

　「生活の質」に関連して，マーシャルは「仕事」と「生（活）」，日々の仕事が性格形成・人間性の改善の場であることを早くから主張していた。アメリカ旅行から帰って1875年に発表した「アメリカ産業の特徴」には，ある国の産業・労働状態が倫理的発展に対してもつ関係についてのマーシャルの見方がよく出ている。経済状態が人間の性格に及ぼす影響，とくに「毎日の仕事が性格に及ぼす効果」が，そこでの大きなテーマであった。性格は倫理信条に密接に関係しており，こうして「経済状態と倫理的進歩との相互依存性」というマーシャルの重要問題が導かれる。「人間の［性格］形成において，思想とか行動とか感情とかが大きな作用をすることはまずない。……卓越した理念が及ぼす効果は，人の日々の仕事が及ぼす効果とは比較にならないのであり，後者こそが卓越した理念の形成に貢献する」のであった（Marshall 1875：352-358）。

　経済状態，労働状態，日々の仕事の状態と性格形成，そして，人と社会の道

67

徳・倫理的進歩，その相互依存性と累積性は，マーシャルの変わらないテーマであり，マーシャルの想定は合理的「経済」人とは無縁であった。経済状態が人間の性格に及ぼす影響，「毎日の仕事が性格に及ぼす効果」が大きなテーマで，『経済学原理』の冒頭で，「人間の性格は日々の仕事によって形成される」と書かれている。人間の性格は，仕事における能力の使い方，仕事中に生まれる考えや感情，そして仕事場での同僚や雇用者や被雇用者との関係によって形成されるのであった（1961a：1-2，訳 I：3-4）。

　仕事（work）は過ちに対する罰ではない。それは性格形成に不可欠であり，したがって進歩に不可欠である。……それは人間の性格形成の「背骨」（'back bone'）となる。（folder 5. 6）
　人は生きるために仕事をしなければならない。彼の，肉体的，道徳的，精神的生活はその仕事によって強力なものとなり十全にされるのである。（1873：108，訳80）

　マーシャルは，ある人が労働者階級に属するというとき，「彼の労働が，作る物に対して生み出す効果よりも，彼自身に対して生み出す効果」を重視した。ある人の仕事が彼の性格に教養と洗練さを与える傾向をもつなら，彼の職業はジェントルマンの職業と言え，他方ある人の仕事が彼の性格を粗暴で粗野にしておく傾向があれば，彼は労働者階級に属する。「富というのは一般に，若い時の教育と教養，生涯を通しての広い関心と洗練された交友を意味する。そして富のもつ主要な魅力は，性格に対するそのような効果によるのである」（Marshall 1873, 103-104：訳71-72）。マーシャルは，「時代の名誉のために」，熟練労働者の多くは着実にジェントルマンになりつつあると言う。そして「富は物質的にも精神的にも増大する。活力のある精神的な能力は継続的な活動を内包している。最善の意味での労働，すなわち能力の健康で精力的な行使は人生の目的であり生活そのものである。そしてこの意味で，すべての人が今日よりも完全な労働者になるでしょう。しかし，人々は，その高度の活力を鈍らせてしまうような単なる肉体労働を続けることを止めるでしょう。人間の生活を崩壊させるような悪い意味での労働は悪だとみられるでしょう。人々の行動的な活力は継続的に増大し，継続していく世代において，誰もが職業においてジェ

ントルマンになるということはより完全な真実になるでしょう」(ibid.：114-5,
訳89，傍点は引用者)。これが，『労働者階級の将来』の見通しであり，こうし
た「将来の可能性」についての見方は，マーシャルの著作をかなり一貫してい
る。

福祉・幸福の二つの流れ──富と福祉・幸福

このようなマーシャルの基本的な見方は，『原理』の第3編第6章「価値と
効用」の最後の数パラグラフ「効用のより広い側面」における福祉・幸福と物
的富の関係についての論述にも見られる。福祉の物的富に対する依存関係と言
うとき，①収入となる富の流れをもって測られる福祉の流れ，および②その使
用と消費がもたらす力をもって測られる福祉の流れという二つのことが考えら
れ，後者（人がその所得から得る満足）についてベルヌーイの説が紹介される[7]。
ここでもマーシャルは，「忘れられがちになる」前者についてかなり立ち入っ
た議論をしている。いわく，「人の幸福はその外部的な条件よりも，彼自身の
肉体的・精神的かつ道徳的な健康に左右されることが多い。」外部的な条件の
なかでも，自然の天与の贈り物，環境，公共的な富は，幸福の明細表から落と
されがちである。さらにいわく，「人間性には，何かの辛い仕事をして困難に
打ち克つことがないと，退化していく傾向があり，肉体的にも道徳的にも健康
であるためには，何らかの苦しい努力を傾けることが必要である」と言うこと
に真理がある。「人生の充実のためには，できるだけ多くの資質をできるだけ
高く展開させ活動させることが大切である。それが実業上の成功であれ，また
芸術と科学の発達であれ，あるいは仲間の生活の向上であれ，熱意をもって何
かの目標を追求することのうちには深い喜びがある。」（これはラスキンの「プラ
スの労働」を思わせないだろうか。）「ほどよく，かなり持続的な仕事をもってほ
どよい所得を得ることこそが，真の幸福（true happiness）をもたらすような，
肉体・知性および徳性の習慣をつちかう最善の機会を与えてくれる」(1961a：
135-136，訳Ⅱ：73-75，傍点は引用者)。

次に，富の使用がもたらす福祉の流れについていわく。まず労働者階級の富
の増大は，真の欠乏を満たすために使われるから，人間生活の充実と品位を高
める。富裕階級の不健全な富への欲求の兆候が，熟練工の間にも見られるよう
になった。贅沢禁止令は無駄であるが，社会の道徳的情操によって私的な富の

誇示を避けるようになれば便益が大きい。「富の使用における騎士道」[8]について後述するが、富が私用よりも共用（collective use）にされることが望ましく、公共建造物、公園、芸術品の公共的な収集、公共的な競技と娯楽に使われる時、最善の効果をもたらす。「富が、すべての家族に対して生活と文化の必需品を用意し、公共的な用途のために高級な楽しみを豊富に用意するように使われるのであれば、富の追求は高貴な目的となり、それがもたらす喜びは、それが促進しようとしている高次の活動（higher activites）の成長とととともに増大していく」とされる（ibid.：136-137，訳Ⅱ：75-76）。

　富が生活と文化のために使用され、公園、公共的な文化・芸術のために使われて、富の追求が高次の活動の成長を促進させるのであった。そして、生活必需品が足りてくると、人はその持ち物の数を増やすとか壮大にするよりも、美しさを増すように努めるだろう。「家具や衣服の芸術性を改善することは、それらを作る人々の高次の能力を養成するとともに、使う人々の幸福を増す源泉となる。」個人がその所得を使う仕方が一般の福祉に及ぼす影響の議論は、「生活術（art of living）に対する経済学の応用のなかでも大いに重要なものの一つ」であった（ibid.：137，訳Ⅱ：76-77）（『進歩（Progress）』第3編における「Life, Work and Art」も参照）。

　マーシャルは「生活基準との関係における進歩」の最後の箇所でも、所得の使用の仕方について論じている。非常に低い所得は、欲望の充足を削減するだけでなく、活動を低減させるのであるが、次のことにも注意しなくてはいけない。すなわち、「ある家庭が得ているような所得と機会を正しく使用する能力は、それ自体最高級の富であり、すべての階層を通じてまれにしか見られない類の富である」ということ。そしていわく、「よく働くことより富をよく使うことの方がむずかしい、余暇をよく利用することは一層むずかしい」と。人間性の改善は徐々にしか行われず、余暇を上手に利用するというむずかしい仕事については、その改善がいちばん遅い。すべての時代、国民、社会的階層において、よい働き方を知った人々に比べると、余暇の上手な利用法を知った人々はずっと少ない。余暇をもてないような肉体労働者は、完全な市民（full citizen）にもなれず、また、疲労するだけで教育効果をもたないような作業から解放された時間をもつことは、生活基準を高める必要条件であったが、人間性の改善は遅く、余暇の利用改善もいちばん遅いのであった（1961a：720，訳Ⅳ：

第2章　マーシャルの経済思想

290-291，以上，傍点は引用者)。

「経済的進歩」（economic progress）という用語は狭い

　未刊の書『進歩 (Progress)』の最初，第1編「経済的進歩の一般的傾向」第
1章「経済進歩の性質と条件」第1節「経済進歩の性質」で，「進歩の性質」
を論じて，「『経済的進歩 (economic progress)』という用語は狭い」と言う。マ
ーシャルは，進歩，発展の多面性，複雑性，有機的なつながりを認識し，「物
的富の増大が人間生活の向上に資する」場合にのみ，進歩があると考えた。
「経済的進歩」という用語は狭く，それでは人間のより高次の生活の発展ある
いは人間生活の向上をとくには説明できないのであった。（これはピグーが社会
的厚生，厚生一般を貨幣尺度に関係づけられる経済的厚生に限定したのとは対照的であ
る。）

　　進歩は多くの側面をもつ。それは精神的および道徳的能力の発達を含み，
　その行使が物質的利得を生まない時でもそうである。「経済的進歩」という
　用語は狭く，それは時に，肉体的，精神的および道徳的な良き生（physical
　mental and moral wellbeing）のための物的要件に対する人間の支配力の増大
　だけを意味するように考えられる。この支配力が，人間のより高次の生活の
　発展に資する程度については何らとくに言及されることはないのである。物
　的富の増大がそれを利用するのに充分な性格の堅固さに結び付くときはいい
　のである。……真の人間の進歩は，主に感じ得る能力・感性と思考する能力
　の上昇であり，しかもそれは強健な企業心と精力なしには持続することがで
　きない。(folder 5. 3. 1)

　「経済的進歩」という用語は狭いという一節を含むこの文章は，ピグーがマ
ーシャルの遺稿・手稿から拾い出した「富」に関するマーシャルの定義を思い
起こさせる。

　　富は人類の利益のためにのみ存在する。ヤードやトンで十分に測れるもので
　はありえないし，非常に多くの金と等価でさえもない。富の真の尺度は，そ
　れが人間の良き生に対してなす貢献度だけである。(Pigou 1925：366, 傍点は

71

第Ⅰ部　マーシャルの経済思想とピグーの厚生経済学

引用者）

　『進歩（Progress）』の第3編は「経済的将来の可能性」と題され，「仕事と生活──進歩と進化」を扱う第1章は，第1節「経済的進歩が生活の質に及ぼす影響」，第4節「『最高善』──理想のための仕事」などがあり，第5節「生活，仕事，そして芸術」でいわく。

　　我々の真の目的は人間生活の向上であり，それを十全で強くすることである。
　　（個人的，社会的側面，道徳的，宗教的側面，肉体的，知性的，感情的，および芸術
　　的側面，すべての側面における生〔活〕）。議論のために問題を提起する。最終的
　　に生活の質を改善し，それを十全にし強化するような，したがって望ましい
　　変化を支援する一般則・総則というものは得られるだろうか？　（folder 5. 9）

　物的富と人間の生活・仕事・能力，経済的進歩と生活・文化・道徳の向上についてのマーシャルのこのような考え方は，「生こそが富である」（'No Wealth But Life'）と説いた同時代のオックスフォード理想主義者ラスキンの思想に近いものをもつように思われる。ラスキンは「富」（wealth）にならないものを「害物」（'illth'）と呼んだが，ある物の経済的有用性は，物だけでなくそれを使用する人間の能力や志向に依存していた。それ故，「富の科学である経済学は，人間の能力と志向に関する学問でなければならず」，富の蓄積は，「物質と同様に能力の蓄積」を意味すべきであった（Ruskin 1860：112-114，訳118）。生活（生）と富，人間と富（経済），人間から切り離された経済──この二つを結びつけることがラスキンのヴィジョンであった（塩野谷 2010：65）[9]。このことは若き日にラスキンの強い影響を受けたウィリアム・モリスについても言えるであろう。モリスはヴィクトリア期のもう一人の偉大な賢人であるが，労働が仕事になる「労働の人間化」を求め，芸術性のある手仕事を重視して「生活の芸術化」を説いて「クオリティ・オブ・ライフ」（生活〔生き方〕の質の向上）を追究した（都留 1998：130-131，145-149）。ラスキンの "There is no wealth but life." は，都留重人，塩野谷祐一がよく用いただけでなく，宇沢弘文も「富を求めるのは道を開くためである」と訳して，経済学を学ぶ時の基本姿勢にしたという。

72

5 進歩＝有機的成長の基礎——道徳，教育，環境

道徳化する資本主義

T. H. グリーンやトインビーのオックスフォード理想主義とマーシャルとの関係はしばしば指摘されてきた。「マーシャルとグリーンの双方に共通するものは，道徳化された資本主義（moralized capitalism）の強調であり，それによって人間の最高度の可能性が発展する」のである（Jones 1971：7）。旧派の経済学者は労働者階級の徳性の変化，能力の向上について悲観的であったが，マーシャルの経済思想は「道徳化する資本主義」を具現化していた。マルサス的な見通しに代えて，マーシャルの「道徳化する資本主義」は社会問題を見る眼・見方にも大きな変化をもたらし，救貧法から福祉国家・福祉社会への転換に理論的基礎を与えることになった。また，「富」の新たな定義を与え，富のあり方は社会の道徳に依存し，富の獲得は社会の道徳水準に依存することを示そうとしたラスキンの『この最後の者にも』のメッセージは（塩野谷 2012：156），マーシャルの道徳化する資本主義に重なるようにも思われる[10]。

『産業経済学』（1879年）の「人口増加，マルサス，救貧法」という章でマーシャルは論じた。熟練労働者は，中流階級が感じているように，子供の教育に対する責任感なくしては，結婚しなくなる。「ある所与量の必需品，便宜品および贅沢品を享受できるという予想なしに，結婚しなくなるような将来の見通しをつける慣習」を身につける。「一番重要なものは，子供のための健全な肉体的，精神的，道徳的教育」であり，経済進歩は道徳水準の変化に依存し，家族愛の強さに依存している（1879：28，32，訳35，40）。『労働者階級の将来』でもマーシャルは次のように述べていた。「すべての父親は子供たちに対して，自分よりも人生でより幸福でよりよい運命を準備してやる義務を負うという真理は，いまだに理解されていない。」，「貨幣を借りた人は利子をつけて返さなければならないのと同じように，人間は自分の子供たちに，自分が受けたよりもより良いより完全な教育を与える義務を負う，という原理である。人間にはこれを行う義務がある」（1873：117，訳93）。

進歩の重要な条件は教育であり，その主要な目的は「精神的活動を完全に（*thorough*）にする」ことであった。「健全な学校教育の普及は，不熟練労働者

の子供でさえも，彼のいまの仕事よりももっと高い質の能力を喚起する仕事に就く機会をもつことを可能にする」（Caldari and Nishizawa 2011：128, n. 3）。マーシャルの進歩，有機的成長にとって家族・母性の役割は非常に重要であった。「すべての資本のなかで最も貴重なものは，人間に投下された資本であり，その資本のなかで最も貴い部分は母親の心遣いと影響力が生み出したもの」であった（1961a：564，訳Ⅳ：83. 西沢 2007，第Ⅳ部第3章参照）[11]。

新鮮な空気と衛生環境，人々の強さ

『原理』第4編「生産要因」の冒頭・序論で言うように，マーシャルにとって，人間は生産の目的であると同時にその要素でもあり，「人間の数，健康と強さ，知識と能力，性格の豊かさにおける成長」は，あらゆる研究の目的であった（1961a：139，訳Ⅱ：82）。富の生産は，人間の生存，その欲望の充足ならびにその肉体的・精神的および道徳的な活動の発達に対する手段にすぎない（ibid.：173，訳Ⅱ：129）。そして第4編第5章「人々の健康と強さ」で，肉体的・精神的・道徳的な側面で人間の健康と強さを左右する条件が考察される。それは「産業上の効率の基礎」であり，効率は物的富の生産を左右し，他方で物的富の主要な意義は，それが有効に活用されれば，肉体的・精神的および道徳的な側面にわたって人間の健康と強さの増大に役立つのであった。強い筋肉労働に耐える力は，体格その他の肉体的条件に拠るように見えるが，意思の力と性格の強さに依存する。意思や性格の活力は，肉体の強さと区別される人間の強さと考えられ，肉体的よりも道徳的な力なのである。人間自身の強さ，すなわち決断力，活力ないし克己力，要するに「活気」（vigour）こそは「あらゆる進歩の源泉」であった（ibid.：193-194，訳Ⅱ：155-156）。また，人々の健康と強さを維持し改善するための環境，新鮮な空気と健全な運動ができる住環境，衛生環境の整備が重要であり，それが維持されれば人口増加があっても富・所得は低下しないのであった（ibid.：194, 202-203，訳Ⅱ：156, 168）。

　人々の生活を「十全で強く」することが決定的で，留意すべきは人々の生活であり，「肉体的，精神的，道徳的活気」（physical mental & moral vigour）であった。
　理想は安楽・慰めではなく，生活であり活気［精力］である。大衆の安楽・

慰めは考慮しなければいけない。大衆から砂糖やタバコを奪ってはいけない。しかし，我々が留意すべきことは，彼らの生活であり，肉体的，精神的，道徳的活気である。(folder 5. 9)

進歩に関わる政府の重要な機能はそのための障害を取り除くことであり，人々を強くし安全を保障することである。(folder 5. 26)

マーシャルは，「貧困と苦痛，病気と死というのは，一見思われるよりもはるかに重要度の低い害悪で，生活・生命と性格の弱さに導くものでない限りそうである」と考えていた。かつての教え子で慈善組織協会の活動家ボザンキット夫人の近著『国民の強さ——社会経済学の研究』(1902年) に対する礼状にもあるように，マーシャルは「真の慈善は貧困を減らすことよりも強さを増大させることを目指す」ものだと考えていた。重要なことは生活・生命と性格の強さであり，救貧よりも防貧，あるいは健康と強さの増大こそが重要であった。貧困は生命と性格の弱さを生み，堕落に導くから問題であった。マーシャルの手紙に対してボザンキット夫人も，貧困に対する根本的な救済策の一つは，「より貧しい賃金稼得者を最広義の意味でもっと効率的にすること——生産者として，消費者として，そしてすべての生活関係においてより効率的にすること」だと応えた (Whitaker Ⅱ：399, 400)。

こういう論調は，『進歩 (Progress)』における政府と課税の議論にも反映される。

一般的な原理は，公的支出の無駄を増やすことなく，より貧困な層に対してはできる限り課税しないことである。公的な支出はますます彼らの支配下に置かれるようになるだろう。そして，困窮 (SUFFERING) を減らすよりも活気を増大させるために公的資金を惜しみなく使うことである。(folder 5. 39)

マーシャルは，公的および私的な資金の用途として，都会の公園や遊び場の整備より有益なものはないと考えた。子供が元気に遊べる場をつくり，都会のどの家にもきれいな空気と光が入るようにし，彼らの本当の良き生のために，相対的な貧困層のひどい害悪を軽減することは，富者の消費に手をつけなくて

もできると主張した（Whitaker 1996：Ⅲ，67）。マーシャルは「経済騎士道の社会的可能性」で，「実業における騎士道」から「富の使用における騎士道」を論じた。個人の騎士道は社会全体の騎士道を刺激し，富者に大きな負担をかけないで年々１，２億ポンドの増収を生み，公共のために利用できる。こういう資金で，「国家は屋外の快適な生活（amenities of life）のために注意を払い，市民や子供が休日の散歩に出ると間もなく新鮮な空気と様々な色彩や光景に接することができる。」健康で強い人は自分の家の整備はできるが，「自然や芸術美を一般市民の手の届くようにできるのは国家だけである」（1907：344-5，訳305）。また騎士道精神に富める富者は，オクタヴィア・ヒルのように，巨額の支出を要する計画において市当局を助けることができる。それは，「大都市と近郊に様々の距離をおいて広い緑地帯を建設し，それらを横断する街路で結び，それに沿って労働者やその妻たちが子供を周囲に戯れさせながら遊園地へ散歩して行けるという案」であった（ibid.：344-345，訳305）。

　こういう問題に対するマーシャルの省察は，ロイド・ジョージ予算の議会討論の最中に書かれた『タイムズ』宛の手紙にもよく出ている。老齢年金よりも，人を陶冶するための人的投資と緑環境の整備が急務であった。

　一国の最も重要な資本は，その国民の肉体的，精神的，および道徳的養育に投資されるものである。それは，たとえば一千万人ほどの人口が適切に緑地に接近できることから排除されていることによって，無謀にも無駄にされている。この害悪を救済することこそ，老齢年金を準備することよりも緊急の課題である。都会の急速に上昇する地価に対して「空気浄化」税（Fresh Air' rate）をまず課すべきだと思う。そしてそれを，密集した工業地域の真ん中に小さな緑地を作り出したり，融合しがちな町と町，郊外と郊外の間に広い緑地を保存することに使うべきだと思う。（Whitaker 1996, III：235-236）

　有機的成長，進歩という概念は多面的で，単に物的富の増大ではなく，精神的・道徳的能力の発達を含む。生活の質の向上が進歩の真の指標であり，それには一定水準の所得だけでなく，労働・仕事・生活の環境，経済的な尺度だけでは容易に測れない他の要素（新鮮な空気，緑地，文化・芸術など）が必要であった。マーシャルは，経済システムを他の社会的，文化的，制度的コンテキスト，

あるいは社会的諸力から切り離してしまうことを欲せず，有機体としての社会的諸力にたえず注意を払っていた。

6　経済的将来の可能性──社会哲学と資本主義観

人間性の進歩と「理想的な社会秩序」

　冒頭に引用した「勤労報酬会議」におけるマーシャルの声明は，およそ以下の引用文のように始まっている。この引用文を含むマーシャルの数ページの声明は，『貨幣・信用・商業』の最終編最終章の最後の 2 節（第 4 節と第 5 節「結語」）にほとんどそのまま用いられている[13]。ウィタカーも『マーシャルの初期経済学著作集　1867‒1890』の最後で，社会哲学と経済政策観を解説して，1885年の「勤労報酬会議」でのマーシャルの声明を長く引用しており，そこには大きく変わることのない基本的なスタンスがよく表れている。

　ある意味で私は社会主義者です。というのも既存のほとんどの制度は変えられなければならないと考えているからです。人間の努力が目指す究極の善は，義務なくして権利はないという社会状態です。そこでは，誰もが，隣人と同じ以上の報酬は期待しないで，できる限り公共の福祉のために働き，誰もが普通に仕事ができ，無駄や浪費の少しもない喜びで輝いた洗練された知的生活を営むのに必要なものをすべて得られるのです。しかし，社会主義者は私を仲間に入れてくれないでしょう，なぜなら私は，変化はゆっくりとしか進まないと考えているからです。

　経済的諸制度は，人間性の所産であり，人間性の変化よりもうんと早く変化することはあり得ないのです。教育，我々人間の道徳的・宗教的理想の向上，印刷機や電信の成長などが，イギリス人の人間性を大きく変え，経済学者が30年前には正当にも不可能だと考えていたことが，現在は可能になりました。人間性に変化がなくても，この上なく賢く有徳で強力な政府というものがあれば，現世の最悪の経済的害悪の多くのものを取り除くことができるでしょう。しかし，人間性は，不幸にも，他所と同じように政府にも見出されるものですから，政府の施策・事業が仮にまったく有徳的だったとしても，このうえなく賢いということからは程遠いのです。（Marshall 1885a：59-

第 I 部　マーシャルの経済思想とピグーの厚生経済学

61）

『進歩（Progress）』でも言うように，「真の目的は事物の完成ではなく，人間
自身の完成」であった（folder 6. 15）。『進歩（Progress）』の「政府行政と商工
業の制御」という節でいわく。

　もし政府が第一級の能力と精力をもった人材の十分な供給を得ることができ
るとすればすばらしいことであろう。彼らに自由に考えさせ，適合するあら
ゆる商工業のための最良の計画，商工業の相互関係の最良の組織を施行させ
よう。しかし，そうした人材が仕事に十分な数だけ得られたことはけっして
ない。そうした人材の数が十分で，第一級の建設的な仕事に必要な能力と精
力を十分にもっていれば，彼らは十分にユートピアの市民の資格がもてるだ
ろう。
　政府は世論に影響し，しだいに世論が政策を認めるようにできるかもしれな
い。しかし，政府は政府が統治する国民によって統治されている。（folder 6.
18. 3）

　マーシャルが遺した手稿から構成される『進歩（Progress）』の第 3 編「経済
的将来の可能性」には「Economic Ideals, Utopia」，「各人には必要に応じて」
というような「理想的な社会秩序」に関わる多少ともまとまった記述がある
（Dardi 2011 も参照）。マーシャルは，おそらく社会主義というよりも「理想的
な社会秩序」について考え，「進歩と理想」を追求しながら，「経済的将来の可
能性」を考えていた。そして著作の随所に見られるように進歩＝有機的成長の
事実，産業上の進歩と倫理的進歩，経済的進歩と人間性の進歩を重要視した。
　冒頭に述べたように，19 世紀末にイギリスの経済学者は政治的に「プログレ
ッシブ」であり，社会主義者と自由主義経済学者の違いは観念的であるよりも
実際的であった（Winch 2009：36）。そしてマーシャルは，しばしば言われる
「社会主義的傾向」を強めるよりも，19 世紀イギリスにおける進歩（経済的・社
会的・人間的）の事実を重要視していた。社会主義によらずに，経済的・社会
的・人間的進歩，肉体的・道徳的進歩＝有機的成長によって，貧困を解消し，
文化的生活・能力開発に対する機会の平等を与える。こうした福祉の追究，進

歩＝有機的成長の経済思想は，マーシャルの著作をかなり一貫しているように
思われる。

経済的将来の可能性——資本主義の前途

マーシャルの「社会主義的傾向」に関わるスタンスの変化，資本主義観，19
世紀における進歩の事実の重要視——「労働者階級の能力のすばらしい発達」，
「人間性の平均的水準の急速な上昇」——は，『産業と商業』の「序」にも顕著
である（1919：vii-viii，訳Ⅰ：8-9）。

マーシャルは『産業と商業』の第1編第1章「序論的考察」で，党派的，階
級的利害のほとんどすべてはその性格を変え，ますます柔軟になってきている
という事実に注意を喚起した。大きな変化は「教育・訓練の同化であり，その
結果としての能力の同化で，労働者階級の教育と能力が，富裕者階級のそれに
一般に接近しつつ」あった。教育の普及は，異なった社会階層の心情と性格の
相違を急速に除去していた。マーシャルは経済的進歩と将来の可能性に明るい
見通しをもっており，『産業と商業』の序章で次のような展望を示した。「我々
は過去において近似した例を知らない状態に急速に接近している」。それはか
つての状態に比べて，おそらくより自然に適った状態で，文明国民の各種の産
業階層間の関係が，「伝統に基礎を置くよりもむしろ理性に基礎を置く状態」
であった。イギリスその他の西欧諸国は，「国民全体の生活の質の向上のため
に物質的な富の一層大きな犠牲を負担できる」ことが益々明瞭になりつつある
（1919：4-5，訳Ⅰ：6-7，傍点は引用者）。

マーシャルは「社会的理想と経済的努力の終局目標」（1907：324，訳265）に
ついてしばしば論じた。マーシャルが繰り返し述べたことは，人間性の進歩，
人間の福祉・幸福の向上，物的富よりも人の生（活）の向上に経済学者の来る
べき世代がどのように関われるかということであった。

社会的目標という問題は各々の時代に新しい形態をとるが，すべての形態の
基礎に横たわる根本的な原理がある。すなわち，「進歩は，人間性の単に最高
であるだけでなく最強の力が，どの程度まで社会善の増進のために利用されう
るかということに主に依存する」。社会善が何であるかという問題はある。「社
会善は，それが自尊心を支え希望によって支えられるものであるから，無条件
に幸福を生む能力の健全な行使と発達のうちに主にある」ということについて

第Ⅰ部　マーシャルの経済思想とピグーの厚生経済学

は意見の一致がある（1897：310，訳243-244；1919：664，訳Ⅲ：354-355）。「幸福を生む能力の発達」はマーシャルが経済学に進む以前から考えていたことであった。

　マーシャルは「経済学者の旧世代と新世代」を次のように結んでいる。これはほぼそのまま『産業と商業』の最終章における「将来の可能性」という節でも繰り返されており，「経済的将来の可能性」＝資本主義の前途に関わる展望を示している。

　　あなた方の世代は，過ぎ去った如何なる世代をも超えて，熱情に燃え，しかも批判的で分析的な心情をもって，協同と共感の力が，大きな企業内のexpert officials の間に力強く作用し始めたように，どの程度一般の人々の間に広がりうるかを研究するように要求されている。……あなた方の世代は，人々は生まれながらに平等ではなく，人為的に平等ならしめることもできないこと，また高貴でないある種の仕事がされねばならないことを知るだろう。しかし，増大する世界の知識と資源をもって，こういう仕事を狭い限界内に減少させ，生活条件を貶めるようなすべてのものをなくするように努めるだろう。人の生活条件の急激な改善は期待しないだろう。生活条件が人をつくるのと同じように人が生活条件をつくるのであり，人自身は急速には変化しないからである。しかし，あなた方の世代は，高貴な生活の機会がすべての人々に達しうるような遠い目的に向かって着実に推し進むであろう。（1897：311，訳64；1919：664-665，訳Ⅲ：354-355，傍点は引用者）

　マーシャルは『経済学原理』の付録Ａ「自由な産業と企業の成長」で，「我々はしだいに共同的行動（collective action），それも力強い自律的な個性に根ざしているがゆえに，古いそれよりも高次な形態に向かって進みつつある」として，次のように言う。ここには，マーシャルの考える道徳的進歩・社会進歩の鍵があるように思われる。

　　社会組織の変更は人間性の変化をまたなくてはならないとしても，常に多少は先に進んで，社会的性向に対してたえず何らかの新しいより高い仕事を課し，目標とすべき何らかの実際的な理想をかかげて，この性向の向上を促進

80

第**2**章　マーシャルの経済思想

するのがよいだろう。このようにしてしだいに社会生活の高い秩序に進み，そこではかつて個人主義の勃興以前にあった以上にも，共同の利益が個人の恣意を抑えるようになるだろう。この無私の態度は慎重な意思から生まれたもので，個人の自由は本性に支えられてであれ，共同の自由へと発達していくであろう。(1961a：752，訳 I：153-154)

注

(1)　マーシャルの未完の最終巻『進歩（Progress）』については，Caldari and Nishizawa (2014b) を参照。本章で用いられるこの未完の書の構成等はまったく暫定的なものである。手稿からの引用は folder の番号で記す。

　　周知のように，マーシャルが経済学に到達したのは倫理学・道徳哲学を通してであり，その事情について，1917年頃に書かれ，『貨幣・信用・商業』の序に予定されていた文章で自ら次のように述べている。「人間の能力のより高度でより速やかな発展の可能性」に対する心理学の魅惑的な探求によって，マーシャルは，「労働者階級の生活状態がどの程度まで，一般的に十全な生活（fullness of life）に足りているのか」という問題に接近できた。年長で賢明な人たちが彼に対して，「大多数の人々が研究の余暇と機会をもつことができるのに十分な生産資源がなく」，経済学を学ぶ必要があるのですと語ったという（Keynes 1924：171，訳229-230に引用，傍点は引用者）。

(2)　『厚生経済研究』（1930年）を遺した福田徳三はマーシャルを強く讃えた。経済学は「到富の方法を講究するものにあらず，社会を構成するすべての階級にその精神的発達の物質的基礎を充実せしむること」としたのは，マーシャルが最も進歩的な理由であった。「経済学は人間と富との関係を研究するものなり……。しかしてその関係は単に富の多少を言うにあらず，人間に他のより高き発達，より貴き活動を得せしめんがために必要なる物質的基礎が均等に与えられあるや否やを意味すとしたる……新派といい歴史派といい倫理派というも，その根本の思想は決してこれ以外に出でず，現今斯学の最も高き立場を示して余蘊なし」（福田 2017：16）。

(3)　マーシャルは，『経済学原理』第5版の改訂（1907年）で，第6編の題名を「価値もしくは分配と交換」から「国民所得の分配」とし，新たに最終章（第13章）として「生活基準との関係における進歩」を付け加えた。それは彼がケンブリッジの経済学教授を退任する前年で，その1907年1月には「経済騎士道の社会的可能性」を講演し（*Economic Journal* 3月に掲載），その内容は「生活基準との関係における進歩」にも盛り込まれた。それは，15節からなる長文の章で，「生活基準」の向上を中核に経済進歩の動向をとらえ，それを基礎に実際の政策や歴史を検討し，経済進歩の一層の可能性を解明しようとしたもので，有機的成長の経済思想を端的

第Ⅰ部　マーシャルの経済思想とピグーの厚生経済学

に表明していた（馬場啓之助「訳者解題E」，馬場訳Ⅳ：332，347）。

(4) 「富と生」はホブソンの書 *Wealth and Life*（1929）のタイトルでもある。ホブソンの *Wealth and Life. A Study in Values*（1929）は，*Work and Wealth. A Human Valuation*（1914）とともに，ラスキンの公理 'No Wealth But Life' を受けた，ホブソンの厚生経済学・人間福祉の経済学を代表する著作で，ドナルド・ウィンチが1848～1914年の知性史をまとめた最近作のタイトル *Wealth and Life*（2009）に用いたものである。ピグーの「旧厚生経済学」からロビンズ以降の「新厚生経済学」における厚生（効用）アプローチ，厚生主義的な厚生経済学の歴史では埋もれてしまった，ラスキン，ホブソンによる福祉の経済学の伝統を再検討したい。筆者は，科研費の助成を受けて，厚生経済学と福祉国家の歴史的検証，厚生経済学史の再検討に関わる共同研究を進めてきた。「新厚生経済学」を構築したヒックスが自ら行った「経済厚生」主義への決別宣言，ヒックスの「非厚生主義」宣言の趣旨と射程は，鈴村教授によれば，「富と厚生」の批判的検討から「富の理論」「富の経済学」の再構成を意図するもの（鈴村 2013）であるが，それはマーシャルや古典派の富の理論（プルトロジーへの回帰）からラスキンやホブソンが言う「富と生」にも接点をもちうるものではないだろうか。

　なお，科研費による共同研究の成果として，"Welfare Theory, Public Action and Ethical Values: Re-evaluating the History of Welfare Economics in the Twentieth Century", ed. by R. E. Backhouse, A. Baujard and T. Nishizawa を，出版準備中であり，その中に，西沢は本章を大幅に改訂した，'Alfred Marshall on Welfare and "Organic Life-growth": Economic and Moral Wellbeing' を掲載する予定である。

(5) マーシャルは『原理』第5編第3章「正常な需要と供給の均衡」で，正常価格が正常な需要供給の安定的均衡点において決定される過程・仕組みを検討する。そして「生産費」か「効用」のどちらが価値を規制するのかという論争について，付論Ⅰを付けて「リカードの価値論」を再評価している。改訂第4版以前には，第5編の最後に「価値に対する生産費の関係についてのリカードの理論」に関して「8ページに及ぶ余論」を置いて，「リカードの復活」をしようとしていた（Ashley 1891：476）。その最初のパラグラフは第5版以降では，第5編の最後におかれ，リカード評価の要点をおよそ以下のようにまとめている。

　　リカードの価値と生産費の関係に関する理論は経済学史上たいへん重要な地位を占めているのであるが，不幸にも誤解を招くような表現のしかたになっている。リカードが敷いた理論の基礎は今日も揺らいでおらず，その基礎の上に非常に多くのものが築かれてきたが，そこから取り除かれたものはほとんどないのである。リカードは需要が価値を規制するうえで不可欠な役割をもつことを知っていたが，それは生産費に比べると相対的に単純ではっきりしているから，軽く触れておく

だけにとどめた。またリカードは，生産費が，その労働の量だけでなく質にも依存し，さらに労働を補助するのに必要な貯蔵資本の大きさ，補助が行われる時間の長さにも依存すると考えていた。(Marshall 1961a：503，訳Ⅲ：236-237)

(6) また最低賃金制について，長いこと課題になっていて，もしこの制度が実施されるようなことになれば，その便益は非常に大きいとされ，家族単位の最低賃金を設けるという提案も注記されている（ibid.：715 and n. 1，訳Ⅳ：282-284 注18）。

(7) 限界革命以降の経済学は，富を使用し消費する力で測られる福祉＝効用の側面だけを見てはいないだろうか。それは富に対する効用アプローチであり，ヒックスの非厚生主義宣言から想起されるプルトロジー，富の獲得＝労働・仕事，生活の側面を考慮する必要があるように思われる。

(8) 「生活基準との関係における進歩」の最後の部分でいわく。「経済騎士道という社会的な可能性が広く理解されるようになれば，いろいろな点で害悪の発生を抑えることができよう。富裕な人々が公共の福祉に強い関心を示すようになれば，彼らの資力を財政を通して貧しい人々のために活用でき，貧困という最大の害悪を取り除くのに貢献させられるだろう」(ibid.：719，訳Ⅳ：289)。

(9) マーシャルとラスキンについては今後の課題であるが，進歩に関わるマーシャル思想の知的環境の多様性について，Caldari and Nishizawa (2011) の第3節 "The Intellectual Milieu of Marshallian Ideas on Progress" を参照。

(10) なお，福田徳三は高等商業学校の修学旅行報告書（1894年）の一節を，「一国徳義ノ進歩ハ即チ一国生産ノ進歩ヲ誘導スル所以ノモノナリ」と結び，シジウィック，マーシャルを参照している（西沢 2007：521-522を参照）。

(11) 「低い賃金に対する主要な救済はよりよい教育である。学校教育は精神を柔軟にし，新しい考えを進んで取り入れ，他人と自由に交われるようにする。しかし，ある人を別の人よりも本当に高めるものは，活気にみちた率直な性格である。真の教育の仕事は大部分が両親によって行われなければならない。彼らは，自分の子供たちが正しく考え，強く行動し，賢く支出するように教える最良の機会をもっている」(1885a：65，Marshall 1923：262-263，訳Ⅱ：40-41)。

(12) Caldari and Nishizawa (2014b) 3. 2 を参照。

(13) 第4節は「雇用の変動を減少させ，しかも産業技術の進歩を遅らせることがないように，組織的な努力によって働きかけることが可能でありそうな方向についての当面の示唆」と題され，「経済制度は人間性の所産であり，人間性が変化するよりも速やかに変化することはできない」という「勤労報酬会議」での声明文で始まる。また最終章の最後の「結語」は，「勤労報酬会議」の声明の最後の3分の1を，ほとんどそのまま繰り返している。

第Ⅰ部　マーシャルの経済思想とピグーの厚生経済学

参考文献

Ashley, W. J. (1891) "The Rehabilitation of Ricardo," *Economic Journal*, 1(3): 474-489.

Backhouse, R. E. and Nishizawa, T. eds. (2010) *No Wealth but Life. Welfare Economics and the Welfare State in Britain, 1880-1945*, Cambridge University Press.

Caldari, K. and Nishizawa, T. (2011) "Marshall's Ideas on Progress: Roots and Diffusion", in H. Kurz, T. Nishizawa, and K. Tribe eds., *The Dissemination of Economic Ideas*, Cheltenham: Edward Elgar, 125-57.

————— (2014a) "Marshall's 'Welfare Economics' and 'Welfare': A Reappraisal Based on His Unpublished Manuscript on Progress", *History of Economic Ideas*, XXII, 2014, 1: 51-67.

————— (2014b) "Progress beyond Growth: Some Insights from Marshall's Final Book", *European Journal History of Economic Thought*, published online: 21 Feb. 2014.

Coats, B. W. and Raffaelli, T. (2006) "Economics and Ethics", in Raffaelli, T., Becattini, G., Dardi, M. eds. (2006).

Collini, S., Winch, D. and Burrow, J. (1983) *That Noble Science of Politics. A Study in Nineteenth-Century Intellectual History*, Cambridge University Press. (永井義雄他訳『かの高貴なる政治の科学——19世紀知性史研究』ミネルヴァ書房，2005年。)

Cook, S. J. (2009) *The Intellectual Foundations of Alfred Marshall's Economic Science*, Cambridge University Press.

Dardi, M. (2010) "Marshall on Welfare, or: the 'Utilitarian' Meets the 'Evolver'", *European Journal History of Economic Thought*, 17(3): 405-437.

————— (2011) "Ideal Social Orders", in T. Raffaelli, T. Nishizawa and S. Cook eds., *Marshall, Marshallians and Industrial Economics*, London: Routledge, 100-132.

Groenewegen, P. D. (2005) "A Book That Never Was: Marshall's Final Volume on Progress", *History of Economic Review*, 42: 29-44.

————— (2010) "Marshall on Welfare Economics and the Welfare State", in Backhouse and Nishizawa eds. (2010), 25-41. (藤井賢治訳「マーシャルにおける厚生経済学と福祉国家」西沢・小峯編 (2013) 61-82頁。)

Hicks, J. R. (1959) "Preface — And A Manifesto", *Essays in World Economics*, Oxford: Clarendon Press. (大石泰彦訳『世界経済論』岩波書店，1964年。)

Hobson, J. A. (1914) *Work and Wealth : A Human Valuation*, with a new intro-

84

duction by Peter Cain, London: Routledge/Thoemmes Press, 1992.

――― (1929) *Wealth and Life. A Study in Values,* London: Macmillan.

Jones, G. S. (1971) *Outcast London. A Study in Relationship between Classes in Victorian Society,* Oxford: Clarendon Press.

Keynes, J. M. (1924) "Alfred Marshall, 1842-1924", in *Essays in Biography,* vol. x, *Collected Writings,* London: Macmillan, 1972. (大野忠男訳『人物評伝』『ケインズ全集』第10巻，東洋経済新報社，1980年。)

Marshall, A. and Marshall, M. (1879) *The Economics of Industry,* with a new introduction by D. O'Brien. Bristol: Thoemmes Press, 1994. (橋本昭一訳『産業経済学』関西大学出版部，1985年。)

Marshall, A. (1873) "The Future of the Working Classes," in Pigou ed. (1925). (伊藤宣広訳「労働者階級の将来」，同訳『マーシャル クールヘッド & ウォームハート』ミネルヴァ書房，2014年。)

――― (1875) "Some Features of American Industry" in *The Early Economic Writings of Alfred Marshall, 1867-1890,* ed. by J. K. Whitaker, Vol. 2, London, Macmillan, 1975.

――― (1885a) "How Far Do Remediable Causes Influence Prejudicially (a) the Continuity of Employment, (b) the Rates of Wages ?" in Industrial Remuneration Conference (1885), reprinted in *Alfred Marshall : Critical Responses,* ed. by P. Groenewegen, Vol. 1, London: Routledge, 1998, 59-66.

――― (1885b) *The Present Position of Economics,* London: Macmillan, in Pigou ed. (1925). (伊藤宣広訳「経済学の現状」伊藤訳前掲書所収。)

――― (1897) "The Old Generation of Economists and the New", in Pigou ed. (1925). (伊藤宣広訳「経済学者の旧世代と新世代」伊藤訳前掲書所収。)

――― (1907) "Social Possibilities of Economic Chivalry", in Pigou ed. (1925). (伊藤宣広訳「経済騎士道の社会的可能性」伊藤訳前掲書所収。)

――― (1919) *Industry and Trade. A Study of Industrial Technique and Business Organization ; and of Their Influences on the Conditions of Various Classes and Nations,* London: Macmillan, 4th ed. (1923). (永澤越郎訳『産業と商業』Ⅰ-Ⅲ，岩波ブックセンター信山社，1986年。)

――― (1923) *Money, Credit & Commerce,* London: Macmillan. (永澤越郎訳『貨幣・信用・貿易』Ⅰ-Ⅱ，岩波ブックサービスセンター，1988年。)

――― (1961a; 1961b) *Principles of Economics* (1890); 9th (variorum) ed. by C. W. Guillebaud, Vol. I Text; Vol. II Notes, London: Macmillan. (馬場啓之助訳『経済学原理』Ⅰ-Ⅳ，東洋経済新報社，1965-67年。)

Parsons, T. (1932) "Wants and Activities in Marshall", *Quarterly Journal of Eco-*

nomics, 46(1)：101-140.

Pigou, A. C.（1920）*The Economics of Welfare,* London：Macmillan.（気賀健三他訳『厚生経済学』Ⅰ-Ⅳ，東洋経済新報社，1953-55年。）

――― ed.（1925）*Memorials of Alfred Marshall,* London：Macmillan.

Raffaelli, T.（2003）*Marshall's Evolutionary Economics,* London：Routledge.

Raffaelli, T., Biagini, E. and Tullberg, R. M. eds.（1995）*Alfred Marshall's Lectures to Women. Some Economic Questions Directly Connected to the Welfare of the Labourer,* Aldershot, UK：Edward Elgar.

Raffaelli, T., Becattini, G. and Dardi, M. eds.（2006）*The Elgar Companion of Alfred Marshall,* Cheltenham：Edward Elgar.

Ruskin, J.（1860）*Unto this Last : Four Essays on the First Principles of Political Economy,* London：Routledge/Thoemmes Press.（飯塚一郎訳「この最後の者にも」『世界の名著 41ラスキン・モリス』中央公論社，1971年。）

Whitaker, J. K. ed.（1975）*The Early Economic Writings of Alfred Marshall, 1867-1890,* 2 Vols., London：Macmillan.

――― ed.（1996）*The Correspondence of Alfred Marshall, Economist,* Cambridge University Press.（Vol. I Climbing, 1868-1890；Vol. II At the Summit, 1891-1902；Vol. III Towards the Close, 1903-1924.）

Winch, D.（2009）*Wealth and Life. Essays on the Intellectual History of Political Economy in Britain, 1848-1914,* Cambridge University Press.

上田辰之助（1987）『上田辰之助著作集』第2巻『トマス・アクィナス研究』みすず書房。

尾高煌之助・西沢保編（2010）『回想の都留重人――資本主義，社会主義，そして環境』勁草書房。

近藤真司（1997）『マーシャル「生活基準」の経済学』大阪府立大学経済学部。

塩野谷祐一（2012）『ロマン主義の経済思想――芸術・倫理・歴史』東京大学出版会。

――― （2013）「福祉国家の哲学的基礎――オックスフォード・アプローチ」西沢・小峯編（2013），187-223頁。

鈴村興太郎（2013）「規範的経済学の〈非厚生主義〉的・非〈帰結主義〉的基礎――ピグー，ヒックス，センを係留する連結環はなにか」西沢・小峯編（2013），339-364頁。

都留重人（1998）「ビクトリア朝時代についての一経済学者の反省――ラスキンの政治経済学上の貢献について」同著『科学的ヒューマニズムを求めて』新日本出版社，127-155頁。

橋本昭一編（1990）『マーシャル経済学』ミネルヴァ書房。

西沢保（2007）『マーシャルと歴史学派の経済思想』岩波書店．
─── （2013）「創設期の厚生経済学と福祉国家──マーシャルにおける経済進歩と福祉」『経済研究』64(1)：76-93頁．
─── （2014）「厚生経済学の源流──マーシャル，ラスキン，福田徳三」『経済研究』65(2)：97-112頁．
─── （2015）「マーシャルにおける経済学者の旧世代と新世代」『経済学論究』69(2)：29-59頁．
西沢保・小峯敦編著（2013）『創設期の厚生経済学と福祉国家』ミネルヴァ書房．
福田徳三（2017）『福田徳三著作集』第1巻『経済学講義』信山社．

第3章
ケンブリッジの厚生経済学

山崎　聡・高見典和

1　厚生経済学への歴史的視点

　厚生経済学は，社会のさまざまな経済状態の規範的価値を論じる学問分野であり，経済学の歴史を通じて，たとえ厚生経済学という用語が存在しなかった時代においても，このような意味での経済学の側面はつねに存在していた。イギリス古典派経済学においては，たとえばアダム・スミスは生産的労働と不生産的労働を区別し，前者が生み出す物質的な富が増加することをより望ましいと考えたし，スミス以降も，物質的富が，最も重要な規範的評価基準として用いられたと言ってよいであろう。この意味においては，分析的な経済学があつかう物質的な富の変化そのものが，規範的な基準としても用いられるため，特別な研究分野として厚生経済学を区別する必要はなかった。そのような区別が必要になるのは，効用という主観的概念が消費行動の分析の基礎となった限界革命以降においてである。

　限界革命後にイギリス・ケンブリッジ大学で代表的な経済学の学派を形成したアルフレッド・マーシャルおよびかれの周辺の経済学者は，そのような厚生経済学の初期の発展に大きな役割を果たした。代表的には，アーサー・ピグーがそのような貢献をなした経済学者として挙げられる。ピグーは，国民所得を用いた3つの規範的命題によって経済政策の帰結を評価することを提案し，人々の厚生を個別の概念として設定し，それを分析的な経済学と関係づけようとした。ピグーは，マーシャルを師に持つ一方で，倫理学者としても有名なヘンリー・シジウィックからも重要な知的影響を受けており，その意味においてもピグーの厚生経済学は，かれ個人の個別の思想体系というよりも，マーシャルとシジウィックの双方からの影響のもとで形成された，まさに「ケンブリッ

ジの」厚生経済学とみなすべきである。

　本章では，この３人の経済学者を個別にあつかい，かれらがそれぞれ経済学における規範的価値をどのように議論したかを考察する。それを通じて，三者三様の思想体系を示すとともに，それらの共通点について考察する。本章が「ケンブリッジの厚生経済学」の共通点として強調するのは，いずれも，経済学とは独立した個別な学説と経済学とが組み合わされた思想体系であったということである。これは，経済学史上，特異な思想体系であったと言ってよい。上記のようにイギリス古典派には，その特性上，経済学説とは独立した規範的価値を取り入れることが困難であった。いっぽう，科学的志向を増した1930年代以降の「新」厚生経済学は，規範的価値は非科学的であるとして退けた。このように，ケンブリッジの厚生経済学は，古典派と新厚生経済学とのあいだに成立した特異な学説であったと言えるのである。それにどのような評価を下すにせよ，経済学の歴史上，独特な思想体系として評価できる３者の学説を論じることには大きな意義があるであろう。以下では，シジウィック，マーシャル，ピグーの順にそれぞれの規範的経済学を考察していく。

2　シジウィックの功利主義的経済学

　ヘンリー・シジウィック（1838〜1900）は，ケンブリッジ大学で古典と数学の両方で優秀な成績を収め，学位取得後すぐに研究員（トリニティカレッジ・フェロー）として古典の指導をするようになった。[1]　その後，キリスト教信仰に対する知的疑念を感じながら，徐々に哲学に関心を寄せるようになり，最終的に，当時ケンブリッジ大学で哲学，心理学，経済学などが教えられていた「道徳科学」トライポスで講義を行った。その後は，道徳科学トライポスにおける教育および運営の中心的存在となる。

　シジウィックは，哲学に関する講義をはじめて数年ののちに『倫理学の方法』（初版1874年）という著作を発表した。本書は，現代では倫理学において近代的手法を取り入れた先駆的研究として高く評価されている（Collini 2007）。この著作は，表面上は，シジウィックが信奉する功利主義を，さまざまな対立する学説から弁護する試みであるが，この著作の重要性は，その試みを実践する方法としてかれが採用した規範的命題の基礎を分析する手法にある。シジウィ

ックは，人々の道徳的直感の重要性を認め，それを合理的に集約するという方法をとった。功利主義に対立する学説のひとつとして直観主義——すなわち，人々は直感によって得られる道徳に関する一般的規則に従うべきという考え方——をとりあげたが，かれは，直観主義によって主張される規範命題はそれ自体においては曖昧であり，例外や矛盾を多く含むことを指摘した。しかし上記のように，シジウィックは，道徳的直感を倫理の基礎として重視し，それを一貫した調和的な体系に整理・集約することが必要であると主張したのである。そして，そのような集約は，功利主義によってなされるべきであるとシジウィックは明確に主張した。

　シジウィックはこのように倫理的命題における合理性と直感的基礎づけを重視したが，このような基準——倫理的命題は合理的な直感に基づくべき——では，利己主義と利他主義の対立を解消することはできないことを認めた。すなわち，自らの幸福のために行動するべきか，あるいは他人の幸福のために行動するかは，どちらも合理的な直感に基づいているとシジウィックは考えたのである。この「実践理性の二元性」によって，かれは最終的には功利主義を弁護することはできなかった。『倫理学の方法』初版は，以下のような悲観的文章で締めくくられている。「義務の宇宙はこのようにまったく混沌に帰着される。合理的行動の完成された理想を構成しようとする人間の知的努力は，必然的な失敗になるとあらかじめ運命づけられていたと分かった」（Sidgwick 1874：473）。

　道徳科学トライポスを指導しており，また多様な知的関心を持つシジウィックにとって，経済学に関する本格的な著作を書くことは自然なことであったであろう。かれは，1883年に600ページにわたる『経済学原理』という著作を発表した。本書は，当時の経済学の潮流——歴史主義あるいは限界主義——を取り入れておらず，ミル以前の古典派に類似した叙述の方法をとっている点で消極的な評価が与えられる一方（Collini 2007），さまざまな市場の失敗を指摘している点や，のちのピグーの厚生経済学の観点を先取りしている点では高い評価が与えられている（Myint 1948）。後者の点において，シジウィックは厚生経済学の先駆者として位置づけられている。

　シジウィックは，同書第3編第1章「経済学のアート（すなわち政策応用のための術）」において，現代的な規範的経済学を提示した。最も重要な点は，かれが規範的評価の基準として，物質的な「富」ではなく主観的な「効用」を用

いていることである。この論点を出発として，シジウィックは，古典派にはないさまざまな新たな議論を提起している。たとえば，古典派においては，いわゆるレッセ・フェール，すなわち自由放任政策が一国の生産の最大化をもたらすことが当然視されたが，シジウィックは，必ずしも自由放任がそのような結果をもたらさないと指摘した。というのも，利己的な個人は自らの効用の最大化を追求するのであり，かれらが「物質に具体化されていない効用よりも生産を選好するのでないかぎり」(Sidgwick 1901：403)，自由放任の社会は生産の最大化をもたらさない。実際に，古典派経済学者もこの例外的な状況に気付いていなかったわけではなく，スミスの生産的労働と不生産的労働の区別はこの点をよく示している。

　さらに所得分配に関しても，シジウィックは古典派にはない論点を明確に指摘した。古典派においては，生産への考慮から，所得分配に関する個別の議論を避ける傾向があった。シジウィックによれば，それは，「〔所得分配に対する〕介入は，よりよい分配によって〔同じ〕生産物から得られる効用を増加するよりも，全体の生産をより大きく損なう傾向があるという考え」(Sidgwick 1901：400) があったからである。かれは，ベンサムを援用して以下のような結論を導いている。「社会の成員間における富の分配に関して社会が平等に近づけば近づくほど，社会が保有する富から得られる満足の総量は大きくなる」(Sidgwick 1901：520)。

　第3編第6章「分配正義の原理」では，倫理学者シジウィックの関心がさらに強く反映されている。かれはここで，所得分配に関する規範的評価基準として，功利主義原理とは別に，「正義の原理」と「平等の原理」を論じている。前者は，所有権を厳格に保護するべきという，政治的には保守的な議論であり，後者は，所有権を略奪として非難する社会主義者の議論である。これらの規範的価値は言わば直観主義に基づくものであり，『倫理学の方法』においてと同様に，シジウィックはこれらの考えに一定の重要性を付している。「経済科学の結論は，つねに現実の人間に関係しているはずである。実際の人間は，一般的な道徳が不正だと非難する社会秩序を恒久的に黙認することはないであろう」(Sidgwick 1901：500-501)。

　まずシジウィックは以下のような議論で，厳格な所有権の維持を訴える議論を批判している。土地のような財に関して，自己の労働による取得を所有権の

基礎とするロック的な議論を認めてはいない。というのもロックも留保条件として認めているように、ある人による土地の所有は、別の人によるその土地の利用を妨げるので、豊富に存在する財を自己の労働で入手する場合とは明らかに異なる考慮が必要であるからである。この論点は、かれの別の著作『政治学要論』でも指摘されている。そこでは、「現存の私的所有権の制度は、個人主義的理論が正当化できないほどに行き過ぎたものになっている。その一般的目的は、労働の結果をその労働者に占有させることであるのであるが、十分に人口が行き渡った国においては、ロックの『他者に十分に、同じくらい良いものを残す』という条件を完全に破棄するほどに天然資源を占有してきた」(Sidgwick 1897：163)。したがって、別の人への十分な補償が担保されるかぎりにおいてのみ、所有権は公正なものと認められるとシジウィックは論じている。

　次にシジウィックは、社会主義に対しても真剣に取り組んでいる。まずかれは、「公正な賃金 (fair wages)」を、可能なかぎり機会の不平等が是正された社会における市場賃金と定義し、どのような社会のもとで機会の不平等が最も円滑に解消されるかを議論している。シジウィックは、初等教育と自由な報道が存在する自由放任社会において、労働者が最も有利な雇用を随時見つけ出すことができるとき、機会の不平等は最も効果的に解消されるという議論を示す一方で、自由放任社会では資本家の独占は排除できないことも指摘した。社会主義者は、後者の議論をもとに、独占を「悩ましい、異端審問的な法制」(Sidgwick 1901：508) に頼らずに解決するには、産業を国有化し、社会の利益のために事業を経営するべきであると主張する、とシジウィックは紹介している。ほかにも、人口増加による土地の自然増価 (unearned increment) や、あるいはより一般的に資本家による利子収入それ自体に対して、社会主義者は、資本の国有化によってそれらをなしに済ますことができると主張することを紹介している。このようにシジウィックは、上記の直感に基づく規範原理では社会主義的政策は、富を平等に分配するという点で望ましいと認めている。しかしかれ自身の態度は、功利主義に基づいており、その理由においてかれは社会主義にも反対している。「私は社会主義に反対するが、それは、社会主義が産業の生産物を悪く分配するという理由からではなく、それがきわめて少ない生産物しか生み出さないという理由からである。しかし、この反論を行えば、論争は、抽象的正義の法廷ではなく、功利主義的考慮が決定的に重要とみなされる

第Ⅰ部　マーシャルの経済思想とピグーの厚生経済学

場に移される」（Sidgwick 1901：517）。

　シジウィックは，市場の失敗に関する体系的な議論を提供していることでも
知られている。上記のように，『経済学原理』第3編第1章において，自由放
任政策のもとで，シジウィックの理想とする功利主義的な理想が必ずしも実現
しないことを論じる際に，現代の経済学においては「市場の失敗」に分類され
るような事例をあつかっている。たとえば，灯台のような公共財は，サービス
の対価を徴収するのが現実に困難であると論じられる。労働者に対する教育・
訓練は，かれら自身に財政的余裕がないため購入されないし，かれらの雇用主
も，訓練された労働者のより効率的な労働を受けるという恩恵を，現実には十
分に得ることができないので（労働者は生産性を上げるための消費として賃金の増
加分を用いないかもしれないため），労働者に教育・訓練のための余分な金銭を提
供しようとはしない。また，のちにピグーが定式化した外部性についても，次
のような示唆的な言及がある。すなわち，「民間の事業はときどき，その事業
家が，社会に対してなす，かれの事業のすべての純利益よりも多い純利益を自
分自身のために獲得することができるので，社会的に非経済的である場合があ
る。というのも，かれは，利益と損失の両方を伴う変化のうち利益の大部分を
獲得するが，付随する損失は完全に他者にふりかかるからである」（Sidgwick
1901：408）[2]。ほかにも，独占や限定合理性の議論から，自由放任体制の弊害を
指摘している。以上の議論におけるシジウィックの目的は明らかである。それ
は，自由放任政策には，人々の啓蒙によっては取り除けない弊害があり，社会
による是正が望ましい場合があることを示すことである。

　以上の議論で明らかなように，シジウィックを厚生経済学の先駆者として評
価するのはきわめて妥当である。かれは，規範原理を明示的に議論し，それを
市場による資源の配分や生産といった経済理論と結合させた。さらに，市場の
失敗に関する萌芽的な議論を展開し，古典派よりも冷静で中立的な，市場への
政策介入に対する視点を提供した。このように，ケンブリッジ学派の厚生経済
学という知的伝統において重要な位置を占める経済学者であると言える。

　シジウィックは，保守的な政治的価値観を持っていたと評価されることがあ
る（Backhouse 2006）。当時の有名な経済論者であるヘンリー・ジョージが土地
課税を訴えたことに比べれば，このような評価はもっともである。しかし，上
記の考察でも明らかなように，議論の内容はきわめて進歩的である。功利主義

94

という明確な立場を保持しており，けっして現状維持のための議論を提供した
わけではなかった。さらに，教育や職業訓練に関する機会の不平等が広く存在
している当時のイギリス社会において，まずはそれを改善するのが適切である
と考えたのは，けっして保守論者の議論ではなかったであろう。シジウィック
の著作が主として教科書として書かれている点も考慮されるべきである。これ
らの著作の第一の目的は明らかに，特定の考えを主張することではなく，多面
的で冷静な議論を提供することであった。実際にシジウィックがかれの人生の
なかで実践したことは，ケンブリッジ大学での女子学生に対する教育の開放な
ど，きわめて進歩的なものであり，保守的論者とかれを表現するのは一面的す
ぎると言うべきであろう。

3　マーシャルの可塑的人間観と余剰概念

　アルフレッド・マーシャル（1842～1924）は，数学で学位試験学年2位の成
績を収め（ケンブリッジ大学の数学学位試験は20世紀初頭まで一般に公表されており，
高い社会的注目が与えられた），卒業後，ブリストルの公立大学で数学教師を勤め
る。同僚の教師を通じて，ケンブリッジ大学の進歩的な学者が集まる討論クラ
ブに参加するようになり，そこでシジウィックと出会った。すぐに研究員とし
てケンブリッジに戻り，心理学や哲学に関心を寄せ，シジウィックと同様に道
徳科学トライポスで講師を勤めるようになる。このときには社会主義に共感を
持っていたが，1875年に米国に長期滞在し，同国での産業の状態を直に観察し
たのちには，個々人の努力をより重視するようになったと言われる。そののち，
いまだ重要な学問業績を上げていなかったにもかかわらず，講演や討論を通じ
て新しい経済学を提示していることが知られていたマーシャルが，前任者の急
死で空席となったケンブリッジ大学経済学教授に就任した。その後，長く利用
される教科書『経済学原理』（初版1890年）を出版し，新古典派経済学の全体像
を示し，また同時に，独立の学問としての地位を経済学に与えるべく奔走し，
経済学の制度的発展にも貢献した。このように，マーシャルは，学問および教
育制度の両面においてケンブリッジ学派経済学の創始者として評価されてい
る。

　マーシャルは，需要・供給曲線，弾力性，長期・短期の区別など現在のミク

ロ経済学の基礎となる概念を生み出したことで知られるが，かれ自身は，現代の経済学者のように価値自由な学者ではけっしてなかった。[4] そのいっぽうでマーシャルは，シジウィックのように功利主義を信奉し，それを基礎として社会改良を論じたわけでもなかった。かれは，シジウィックとは異なる規範的価値を持っていた。上記のアメリカ滞在や，進歩的経営者や労働組合代表ら実際の産業にたずさわっている人々との交流や，当時のハーバート・スペンサーの社会進化論，あるいはより一般的にヴィクトリア朝時代の道徳意識への共感から，マーシャルは，環境による人格の発展に強い関心を持っていた。この点は，『経済学原理』の端々に見い出すことができる。たとえば，以下のような文章を見ても分かる。「より無知で無気力な人種や個人は，とくに南の気候に住んでいる人々は，もし賃金率が上昇し，より少ない労働で慣れ親しんだ余暇を楽しめるなら，仕事を以前より短時間で切り上げ，仕事についているときも以前より精を出さない。しかし，思考の及ぶ範囲が広く，強靭で柔軟な人格を持っている人々は，賃金が高ければ高いときほど，より真剣により長時間働くであろう」（Marshall 1920：528-529）。

　マーシャルが，人々の活力や自発性や自尊心を高く評価し，怠惰や無知を改めることを望んだのは明らかである。かれは，人間の選好あるいは欲求を所与のものとしてはとらえず，欲求は人間の活動と相互に関連することで拡大していくという視点を持っていた。「人間の発展の最も初期の段階においては，欲求が活動を生じさせるのであるが，それ以降の進歩の一歩一歩においては，その反対に新しい活動の発達が新しい欲求を生み出すと考えられるべきである」（Marshall 1920：89）。このように，生存上欠くことのできない欲求が満たされたのちには，人々が意識的に活動範囲を拡大していかないかぎり，欲求はそれ以上増加しないとマーシャルは考えていた。マーシャルはこのような問題は，「活動の科学（science of activities）」の領域であると述べており，後述するようにかれが当時の心理学などの学問に影響を受けていたことが伺える。

　以上のような欲求の拡大に関する議論は，人々が得る賃金率に関する議論とも密接に関連している。マーシャルは，経済発展と人々の生活水準，および賃金率との関連を論じた章（第6編第13章）で，「生活水準（standard of life）」と「安楽水準（standard of comfort）」を区別した。生活水準は「欲求に対して調整された活動の水準」を意味し，その上昇は，「知性や活力や自尊心の増加」を

もたらし，「食欲は満たすが，強さを与えない飲食物」や「肉体的，精神的に不健全な生活」を避けることを意味する（Marshall 1920：689）。生活水準の向上は，確実に実質賃金の上昇をもたらすとマーシャルを考えている。いっぽう安楽水準は，「低俗な欲求が支配する，単なる人為的な欲求」（Marshall 1920：690）を意味している。マーシャルは，安楽水準の上昇が間接的に人間の活動領域を拡大させることがあると認め，必ずしもそれを非難しているわけではない。しかし基本的には，安楽水準の上昇は，労働者個人個人の効率性を引き上げることはなく，むしろ労働供給を減少させるという望ましくない経路によって賃金率を引き上げることになると考えている。

　このように生活水準と安楽水準を区別したのち，マーシャルは生活水準の向上を伴わない安楽水準の向上を非難している。そのような状況は具体的には，たとえばストライキを行って人為的に労働供給を引き下げることによって実現される。この場合には，資本家やほかの労働者を犠牲にして賃金が引き上げられているのであり，長期的には，資本逃避を招き，ストを行った労働者自身の賃金も低下するとマーシャルは述べている。さらにかれは，同じ議論を用いて社会主義的政策を批判している。というのも，社会主義的政策は，人々の効率性改善をもたらす生活水準の向上をもたらさないどころか，むしろそれを傷つける恐れがあるとマーシャルは考えるからである。「生産手段の社会的所有は人間の活力を損ない，経済発展を停滞させると懸念する強力な表面上の原因が存在する」（Marshall 1920：713）。富の分配の不平等の改善は，人々の生活水準を害さないかぎりにおいて正当化できるとマーシャルは強調している。「自発性や人格の強さの源を搾り取らないような手段で，それゆえ国民所得の成長を抑制しないような手段で〔分配の不平等を〕削減することは，明確な社会的利益である」（Marshall 1920：714）。強調点は異なるにせよ，のちのピグーの厚生命題の萌芽がこの引用に容易に見て取ることができる。

　具体的にはどのような方法によって，不平等を効果的に改善できるとマーシャルは考えていたのであろうか。直接的には，機械設備をさらに充実・発展させ，労働者一般の生産性を引き上げることと，教育・訓練によって，非熟練的な労働しか行えない労働者の供給を減少させることが必要であるとマーシャルは考えている。とくに後者に関してかれは，学校教育の重要性を強調している。「教師は，かれの主な義務は知識を授けることではないと学ばなければならな

第 I 部　マーシャルの経済思想とピグーの厚生経済学

い。というのも，数シリングもあれば人間の脳が保持できるよりも多くの印刷
された知識を購入することができるからである。教師の義務は，人格，能力，
そして活発さを養うことであり，それによって思慮の足りない親を持つ子供で
あっても，次世代の思慮深い親になるように訓練することである。この目的の
ために，公共の資源をふんだんに利用しなければならない。そして同様にして，
労働者の住む地域のすべてに子供が健全に遊べるように新鮮な空気とスペース
を提供できるようにしなければならない」(Marshall 1920：718)。

　なぜこのようにマーシャルは人格の発展を強調したのであろうか。うえで言[5]
及したいくつかの理由——現実の産業に対する観察，スペンサーの社会進化論，
ヴィクトリア朝道徳——以外にも，マーシャル自身の重要な知的文脈が存在す
る。かれが道徳科学トライポスで講義を始めた1860年代後半に上記の討論クラ
ブで発表した論文「機械論（Ye Machine）」では，非常に可塑的な人間観が提
示されている。この論文でマーシャルは，アレクサンダー・ベインの心理学や，
ウィリアム・カーペンターの生理学や，チャールズ・バベッジの計算機とのア
ナロジーから，人間の精神と肉体を，感覚を受容し，行動に関する概念を形成
し，そして肉体を通じて実際に行動を行う機械として描き出している。この機
械は，過去の感覚を記憶し，特定の行動によって生じる感覚を予測することも
できる。さらに大脳と小脳とのアナロジーからマーシャルは，この機械のなか
に 2 つの回路を設定し，そのうちの一方の回路は，他方の回路の働きに介入し，
出来事の変化について思考し，可能な将来を予測することで，一定の意思をも
って行動することを可能にすると考えた。マーシャルの考えによれば，大脳に
相当する第一の回路は，小脳に相当する第二の回路が想定外の事態に直面した
ときに呼び起こされ，試行的な神経連関を行う。その過程で有効な神経連関が
発見され，一定回数繰り返されたのちには，それは第一の回路を働かせなくて
も実行できる自動的な機能となる。このようにマーシャルは，人間の精神が，
秩序だった機械性と自由な創造性との動的な相互連関性によって成り立ってい
ると考え，無限の可能性を秘めた，言わば「進化する機械」とみなしていたの
である。[6]

　以上のように，マーシャルは，当時の心理学や生理学を援用した可塑的な人
間観を有しており，それゆえ，経済学の教科書として書かれた『経済学原理』
においても，自発性や自尊心を重視した人格の発展を，経済発展の大きな一側

98

面として強調した。マーシャルの経済学は，このように価値中立的な思想体系ではけっしてなかった。さらにかれの規範的価値は，独自の観察や流行の思想的潮流に従っている点を考慮すれば，シジウィックの功利主義よりも学術的意義は劣ると言えるかもしれない。いずれにせよ，ケンブリッジ学派経済学の創始者マーシャルが特異な規範的人間観を有していたことは事実である。かれによれば，人間はつねに発達させることのできる存在であり，発達させられるべき存在であった。経済学も，その人間の可塑性を最大限に考慮する必要があるとマーシャルは考えていた。

　いっぽうで，マーシャルの生み出したさまざまな経済理論ツールは，以上のような人間観とは独立に評価することが可能である。管見のかぎり，弾力性や余剰概念を，かれの人格の発展論と結びつけて議論する研究はないし，おそらくそのような議論は不可能であろう[7]。とりわけ余剰概念は，さまざまな経済状態の厚生評価に関して非常に強力な理論ツールとして現在でも盛んに用いられる。最後に余剰概念について論じ，マーシャルの議論を終える。

　マーシャル自身の定義を用いるなら，消費者余剰は，「実際に支払う価格と，そのものなしで済ますよりは支払ってもよいと思う価格の差」（Marshall 1920：124）であり，これを説明するために，異なる価格のもとでそれぞれ異なる数量の紅茶を購入したいと思っている消費者が，実際に市場である価格を支払った場合に，いくら支払わなくても済んだかという数値例を示している。マーシャルはこの概念によって，「紅茶という特定のものにおける欲求を環境に適応させることによって得られる余分な満足」（Marshall 1920：127）を特定することができると述べている。さらにこれを個人から市場全体に広げ，市場全体の消費者余剰も考慮することができると述べている。もちろん，これは現在のミクロ経済学の教科書でも一般的な，個別および市場需要曲線と価格線との差をすべての購入単位に関して足し合わせる余剰概念そのものである。マーシャルは，余剰概念に関するさまざまな問題にも気付いている。たとえば富者と貧者のあいだで同じ額の貨幣に対して異なる効用を得ることや，取引量が非常に少ない部分まで需要曲線をすべて測定するのが難しいことを指摘している[8]。1つ目の問題に関しては，通常経済学が扱う問題の大多数が，富者にも貧者にも同程度に影響を及ぼす問題であると述べており，2つ目の問題に対しては，消費者余剰を現実に応用する場合には，ある一時点の水準を計測することではなく，

第Ⅰ部　マーシャルの経済思想とピグーの厚生経済学

異なる2つの状況での変化に関心があるので，現実の市場価格での近傍での需要曲線の形状が分かればよいと述べている。したがって，一般的には消費者余剰が増加することによって，経済活動から得られる人々の純満足が増加したことを示すことができる。マーシャルの規範的価値は，このように消費者余剰によって計測される。

　次に生産者余剰に関してマーシャルはどのように議論しているであろうか。かれは，生産者余剰に関してはわずかしか言及していない。第4編第1章の脚注において，以下のような定義を見い出せる。「何らかの仕事をするために支払われた価格が，最も嫌々行った部分に対する〔ちょうど〕十分な報酬であるなら，そして，一般的に事実であるように同じ支払いが，より少ない実質的費用をかけて，より進んで行った仕事の部分にもなされるのであれば」──すなわち，一定の仕事に対してその各単位に限界費用に等しい報酬が支払われるなら──「かれは，その後者の部分から生産者余剰を獲得する」（Marshall 1920：140n1）。しかし，この箇所以降，生産者余剰に関する言及は，税金や補助金の余剰への影響をあつかう第5編第13章までわずかしかない。さらに，後者の箇所における議論においても，重点は消費者余剰におかれる。マーシャルが生産者余剰を重視しなかった背景には，かれの供給曲線に対する多様な理解があったと思われる。短期・長期の区別のように，特定の生産要素のみを変化させる場合と，すべての生産要素を変化させられる場合とでは，描ける供給曲線は異なる。このため，生産者余剰を特定することには実際上の便益がないと考えていたのではないかと思われる。

　どのような理由にせよ，マーシャルが消費者余剰をより重視したのは明らかである。第5編第13章では以下のような有名な議論がある。すなわち，供給曲線が，それぞれ収穫一定，収穫逓減，収穫逓増の条件に従うような場合，税および補助金が消費者余剰にどのような影響を与えるかという議論である。収穫逓減のときには，一定の税金に対する生産量の減少が，ほかの条件のもとよりも小さくて済むので，税収が消費者余剰の減少を上回る可能性がある──収穫逓増の場合には反対に，補助金額が消費者余剰の拡大を下回る可能性がある──とマーシャルは議論する。現実に，収穫逓減産業に税金を，収穫逓増産業に補助金を課すことにはさまざまな困難があることを認めたうえで，マーシャルは「需要および供給に関する統計の注意深い収集および，その結果の科学的

解釈によって」(Marshall 1920：477)，このような政策を現実的に推進すること
に期待を示している。

　以上，19世紀終わりに活躍したケンブリッジの経済学者・倫理学者の規範的
経済学を考察した。しかし，のちに厚生経済学として受け継がれる学問的枠組
みを構築したのは，かれらの教え子アーサー・ピグー（1877-1959）である。以
下では，より詳細にピグーの厚生経済学全体における規範的経済学としての側
面を論じる。

4　ピグー──ケンブリッジ厚生経済学の集大成

　当時，イギリスは相対的に国際的地位が後退するとともに，国内においても，
物価上昇による実質賃金低下，貧困，労使紛争，社会主義運動，社会不安が渦
巻いていた。こうした状況下では，師マーシャルが示した，騎士道精神の浸透，
教育による労働者の漸次的進歩に伴う高能率による高賃金というシナリオだと，
即効性において幾分脆弱に映る向きもあったであろう。時代は，もっと積極的
な格差是正，公的介入を必要とした。ピグーはそのような時代に生まれついた
のである。貧困問題の解消という理念とともに，経済分析の側面においてもピ
グーは，マーシャルの忠実な継承者としての顔を持つ。ただし，理論的側面に
おけるピグーの位置づけは，マーシャル理論の維持・拡充というものであった。
むしろ彼の関心は，上記の理念を現実化するための政策志向（光よりも果実）
にあり，延いては厚生経済学という分野を確立するに至ったのである。外部性
という市場機構の限界を是正するのみならず，倫理的観察者としての国家によ
る積極的な格差是正介入をピグーは志向した。労働者の境遇改善を，マーシャ
ルのように企業家の騎士道精神に頼るのではなく，公権による課税・再分配を
通じて成し遂げようとした。失業救済のための公共事業を支持する「少数派意
見」に近い立場を取っていたこととも調和する（浅野 1977：167-168, 173）。ピ
グーの経済学は『富と厚生』（1912）において初めて体系化され，（経済的）厚
生（満足）を増進する3つの要因に関して分析するフレームワーク（生産・分
配・安定の三命題）が確立された。その後は『厚生経済学』（1920）を擁する膨
大な著作群が連なる。

　翻って，アスランベギィは，ピグー『厚生経済学』の学説史上の特徴として，

第 I 部　マーシャルの経済思想とピグーの厚生経済学

以下の側面にも触れている（Aslanbeigui 2001：lix-lx）。まず，経済学の専門高度化，それは，師マーシャルの大胆かつ効果的に追求した目標，に貢献した。と同時に，それは，マーシャルが意図した「通常の人，ビジネスマン，政治家らが理解し，評価できる」（Pigou 1953：6）経済学からの重大な離反を招いた。周知のように，マーシャルは，意図的にテクニカルな議論を脚注や付録に落とし込んでいた。対照的に，ピグーの分析は，遥かに抽象的かつ非歴史的であり，より数学的であった。マーシャルのアプローチは，素人（己が理解できない経済学者の会話を盗み聞きする）に門戸を開いてしまったとピグーは感じていたようである（ibid.：7）。

　さて，ここでの目的は，ピグーに関するスタンダードな経済学史的解説を施すことではない。本章の主題は，各々が経済学における規範的価値をどのように議論したかであることから，以下，ピグーに関してもその観点から論を進める。その際，ピグーの最初のフェローシップ応募論文の意義が検討された最近の研究（McLure 2013）が注目に値するので，議論に先立って簡単に触れておこう。

　1900年，最初のフェローシップ応募論文「宗教教師としてのロバート・ブラウニング」（結果的には不採用となったが）でバーニー賞を取り，同タイトル（以下『ブラウニング』）で翌年出版された（同賞は，倫理学，形而上学，キリスト教神学で優れたものに与えられる）。『ブラウニング』は，厳密な意味での神学，文学研究ではなく，哲学論考であり，その実態は，何が善か何ゆえに善かに関連するものであった。文学，詩，哲学，政治学に関するピグーの関心は，彼の経済学への関心を動機づけたものと同じ動因であった。つまり，個々人および社会にとって善とは何か，に関して考究したいという欲求である。ピグーは，ブラウニングの詩研究によって，何が個人的善か，社会的善かに関する洞察を得ることを期待した。同様の問題意識は，のちの経済学論考にも継続され，富と厚生に到達したという。内在的善といった倫理学的関心からブラウニングを分析しようとしたわけであるが，そうした関心が社会改良を実現するという動機となって，その後の経済研究に受け継がれていった。のちの，富と厚生に関する研究に対して，従来考えられていた以上に，影響を及ぼしたというのである。その意味において，初期の『ブラウニング』が富と厚生の研究に果たした潜在的な役割を認めることができるという（McLure 2013：256-261）。

第**3**章　ケンブリッジの厚生経済学

　結果的には，それ以降の文献においても同様の問題意識は度々登場する。こ
こでは，ピグーの厚生経済学の規範的根幹部分である，厚生概念の変遷につい
て考究したい[12]。関連文献をクロノロジカルにフォローすることによって，彼の
善・厚生主義の形成・確立・変遷を浮き彫りにしたい。ピグーの厚生概念を通
時的に考察した研究はほとんど存さないことから，ここでの議論には意義があ
ろう。併せて，最近幾らか論じられるようになった，ピグーを巡る厚生主義
的・非厚生主義的解釈（あるいは功利主義的・非功利主義的解釈）についても見て
おこう。この作業によって，今後のピグー研究およびケンブリッジの厚生経済
学の思想の研究に資することを期待したい。

厚生主義の形成・確立・変遷

『宗教教師としてのロバート・　　　同著の執筆経緯およびその後への潜在的な影
ブラウニング』（1901a）　　　　響については上述した通りである。もちろん
ブラウニング研究ではあるのだが，同著の執筆動機に反して，ピグー自身の価
値論についてはそれほど具体的な議論はなされていない。シジウィックの功利
主義に若干言及されているが[13]，最も重要なのは，最後の付録部分であり，ブラ
ウニングから学んだピグーの教訓であるという（McLure 2013：268）。

　　一国の統治に何らかにおいて関わる通常の人間にとって，理想とは「変革を
　　最小限度に，最善を尽くすこと」であろう。疑いもなく，時折，天才は現れ
　　る。「その者の名人芸は，事物を修正というよりは革新する」。だが，普通の
　　人間は，社会を一挙に変革するのでなく，むしろ人間生活を徐々に少しずつ
　　改善するべく奮闘するようにできている。その方法は，破壊的実験を含まな
　　い緩やかで慎重なものでなくてはならない。……かれ〔理想を実現する者〕が
　　役立ち得る一番明白な方法は，大衆の身体的苦痛を緩和することである。何
　　故なら，肉体的欲求の充足よりも高次なものが存在することは全く真実であ
　　るとしても，人間の肉体が飢えればその魂を滋養することは不可能となるか
　　らである。（Pigou 1901a：130）

　結果的に，善なる社会（の考究と実現）という動因は，詩，文学，神学のみ
ならず，倫理学，経済学研究への動因ともなった。その後，矢継ぎ早に論文が

第Ⅰ部　マーシャルの経済思想とピグーの厚生経済学

執筆される（〜08年くらいまで）。後で触れる『有神論の問題』（1908a）は倫理学研究成果の最も代表的なものである。

　一方，ピグーの経済学への関心は，自律的なものであったが，どちらかというと厭々の感があったという（退屈だが，自己啓発のため）。だが，次第にピグーの態度に変化が生じる。経済学を学ぶ意義について意識が変わったためである。初期において，倫理学に傾倒していたが，経済学に触れることで，それが自分の倫理的知見の深化にとって有用だと認識するようになった（McLure 2013：259-260）。同時に，社会善の実現，社会改良に対する情熱も備わっていった。社会改良の情熱によって，その後の基本的なフォーマット：倫理学―目的善―実現手段―経済学が確立されたと言えよう。

「慈善問題の諸側面」（1901b）　本郷（2009）が指摘しているように，「慈善問題の諸側面」（Pigou 1901b）は，社会科学分野におけるピグーのデビュー作である。元々，神学や倫理学を志していたピグーであったので，初期の文献にもかれのそうした要素が滲み出ていることはごく当然であると言えよう。この文献は，タイトルが示すように，慈善問題を論じたものであるが，注目すべきは，そもそも慈善の目的とは何ぞやというピグー自身の問いにある。この時期，ケンブリッジではシジウィックの功利主義，オックスフォードではグリーンの理想主義に立ち返る趨勢を見せていた（Backhouse and Nishizawa 2010：11）。ピグーもそのコンテキストにあったことは確かである。目的論に立つピグーであるので（後述），慈善であろうが，経済政策であろうが（曰く，善い慈善活動と悪い慈善活動とを峻別することが死活的に重要であるとして），その善し悪しを判断するのに目的が参照される。ここでは，慈善だが，かれは以下のように述べる。

　ある哲学者らがいて，すべての人間が希求すべきこととは快楽（ここでは幸福と同義）総計の最大量をこの世にもたらすことであると主張する。他方，別の哲学者らは，幸福ではなく人格（character）こそが重要なもののすべてだと言う。だが，幸運なことに，慈善の実践に携わる者には，そのいずれが妥当かを決める必要性はない。何となれば，どちらを信奉しようとも，すべきことに相違は生じないからである。もし，酒飲みをしらふに，悪習を健全な習慣に転換させることで，堕落した人格を改良せんとするならば，それは，同時により有能な労働者にすることであり，快適で，幸福で，自活した生活を可能とすることになる。他方，ある家族が窮屈な部屋に住み，ほとんど餓死寸前のような

生活状態であれば，まずもってそうした環境を改善することなしに彼らの人格
を高めることは不可能である。「究極善」についていずれの見解を取ろうとも，
慈善家の直接の目標は人格および物的環境の両方を改善することとなる。(Pig-
ou 1901b：239)

　功利主義と理想主義との実践政策を吟味するが，理念は分かれていても，す
べきこと（処方）は同じなので実践の場では問題ないとする。典型的なピグー
理解だと，かれは功利主義に立つので，快楽（幸福）のほうにコミットするは
ずだと思われるかもしれないが，事実は異なる。彼は，（とりわけ貧者に対して）
援助によって快楽を与えれば事足りるというような観念は全く抱いていない。
慈善にまつわる卓越性や人格の向上をピグーは主に論じている。快楽も人格も
ともに重要であるという理念を見せている。[14]「効用の物差し（the measuring rod
of utilities）」(Suzumura 1999：121) で測られない要素にこそ重点がおかれてい
る。「……人格を害することなく，しかも……人格を高めるという希望さえ抱
きつつ……」(Pigou 1901b：240)。「……こうした手段によって，人格を再度鍛
え直すことが望まれている」(ibid.：244)。貧者の満足を向上させることは，ピ
グーにとっては，単眼でしかない。満足と人格向上はいずれかのみで十全では
なく，双方不可欠（複眼）というのがかれの元々の信条である。

　こうして，ピグーは，慈善にまつわる2つの側面に絡めて以下のように述べ
る。いっぽうで，もし十分な慈善（援助）がないとしたら，生活物資の欠乏に
より，惨めさ，虚弱さ，劣悪労働，そして低賃金に至り，延いては恒常的な人
格の堕落へと至る。もういっぽうで，無配慮な援助により，自活の精神を破壊
することで直接的に人格を阻害する。物的困窮の問題は大部分において人格の
問題であることから，厳格なビジネスライクなやり方のみでは十分な解決には
けっしてなり得ず，誠実で広い友愛，親身な相談といった人格的な影響の堅実
な行使こそが，あらゆる慈善活動において，必要不可欠な部分を占める
(ibid.：256-257)。注目すべき点としては，快楽のみならず人格向上も目的とし
ていたピグーの価値論（善）がその後どのように変遷していったかである。

「効用に関する若
干の言及」(1903)

ここでは効用とは何か，その定義を巡るピグーの論考
が展開される。前半の技術的な部分は省くとして，結
局，効用とは「快楽」なのか，それとも「欲求（充足）」なのかが問われてい
る。結論から言うと，ピグーは，効用＝欲求説の立場を取る。その理由は，欲

第Ⅰ部　マーシャルの経済思想とピグーの厚生経済学

求の強度は貨幣尺度と関連づけられるとかれが考えていたからである。つまり，効用とは欲求の強さ，需要価格に反映され，それを充足した際に満足が生じる。効用≡欲求≒満足（快楽）という図式になっている。

　ピグーによると，ミルは，欲求充足と満足は必ず一致するものととらえていたが，シジウィックは異を唱えた（Pigou 1903：67）[15]。つまり，欲求の強度とそれを充足した帰結的快楽とは必ずしも一致しないというのである（心理的快楽主義の否定）。シジウィックの影響下にあったピグーは同じ見解を取り，欲求充足≠快楽（満足）の量，を主張する。だが，ピグーによれば，「この考慮が理論上きわめて重要なことは明らかである。諸種の税金および諸種の独占についての比較は，すべて消費者余剰に対するその影響を分析することから進めていくものであるが，その際，暗黙裡に需要価格（欲求の貨幣尺度）がそのまま満足の貨幣尺度であると想定している」（Pigou 1932：24）。そこで「仮にこれ〔欲求≠満足〕が認められたとするならば，それによってどれくらい技術的な装置としての『消費者余剰』の実践的有用性が影響を蒙るか。明らかにそれによって，消費者余剰を幸福全体の総計のために援用しようとする試みすべては無効とされる」（Pigou 1903：68．傍点引用者）。「しかし，それによって，消費者余剰のいっそう控え目な応用さえも無効になると考えるにはおよばない。というのも，大多数の財貨，とくに食料品や衣料品のような直接に個人的に使用するために必要とされる広汎な消費は，快楽の手段として欲求されるものであり，そして結果的にそれらによってもたらされると期待される快楽に比例する強度でもって欲求されるだろうと考えることは妥当だからである」（ibid.：68）。効用を巡る議論であったためもあるが，ここでは先のような人格といった要素は皆無である。専ら快楽，満足，幸福という心的状態が価値基準とされている。ただし，ここでの意図からして，善一般を論じようとしていたのではなく，のちに形成される（善の一部たる）経済的厚生の原型が念頭におかれていたものと思われる。

『産業平和の原理と方法』（1905）　次いで，産業平和について見ておこう。この書物は，元々，アダム・スミス賞を獲得した1903年の「産業平和の原理と方法」がベースになっている（のちの1905年に出版）。ロビンソンによれば，この書で「〔ピグーは〕経済的題材に哲学者の方法……分析的方法（the analytical method）を適用した」（Robinson 1968：91）とされる。シュンペーターによって「〔理論家の手による〕労働経済学における最も偉大な試み」（Schumpeter 1954：948）と評されたピグーの原点がこの著にあると言えよう。

『産業平和の原理と方法』は平和のための倫理的研究書であった（Pigou 1905：3）。産業平和の研究に関してピグーは，次のように言う。「それらの研究は以下のように分類されてきた。ある程度は，それらは分析の俎上におかれてきた。だが，私が見るかぎり，それらが『目的（end）』という観点から包括的に扱われたことは皆無であった。以下のページはそれを行うために割かれる」（ibid.：3）。労使に絡む調停や和解が何をなし遂げたかでも，如何になし遂げたかでもなく，何をなすべきか，如何にすべきかが問われる。ゆえに，単なる理論（theoretical）ではなく，実践（practical）哲学であると言う（ibid.：3）。さて，同著が倫理的要素を含み，そして，そこでは「～べき（ought）」と言う価値言語が含まれることから，当然，何を基準にそうした判断なり裁定なりがなされるかが問題となる。「ここでの論考は，実際，倫理的なものである。だが，その大部分において，根本的な諸論争に係うことなく議論を進めることができる。根本的な諸論争とは『善（the good）』に関する考究を含むものである。憧れの大地の地勢について未だに熱心な議論が戦わされているからといって，我々の現在の居場所から進むべき一般的な方向性の合意に至ることが不可能であるわけではないことが分かった。……何らかの考案によって，富者と貧者とが今以上に親密な関係に結ばれることになりさえすれば，すべての道徳学派はこの結果を歓迎するであろう。そして，この点に関する彼らの合意があれば現在の目的にとって十分である。ただし，思想家たちは，即座に，それが善いのは人々をより幸福にするからか，あるいはそれが神の国の道徳的連合への一歩となるからか，について論争するだろうが」（ibid.：3-4）。倫理的論考という主張に反して，ピグー自身の倫理観はそれほど明示的に打ち出されてはいない。引用にあるように，スタンスとしては，先の慈善論と同様，究極善については無理にしても，手段的善については各学派とも一致する可能性があり，ここでもそれを追求するというものである。しかしながら，漠然とはしているものの，同著内で価値基準としてピグーが参照しているのは以下の通りである。「一般（社会）厚生（general welfare）」（ibid.：42，52，114），「道徳的人格（moral character）」（ibid.：67），「友愛精神（friendly spirit）」（ibid.：xv），「友愛的関係（friendly relations）」（ibid.：16），「相互親善の雰囲気（atmosphere of mutual good-will）」（ibid.：16），「友好的議論の精神（spirit of friendly discussion）」（ibid.：26），

第Ⅰ部　マーシャルの経済思想とピグーの厚生経済学

「友愛的恩恵（friendly benefits）」（ibid.：132），「友好的仲介（friendly mediation）」（ibid.：167），「友好的解決（friendly settlement）」（ibid.：199）。ただし，これらすべてが内在的善かどうかまでは語られていない。また，「厚生」は，この時点で明確な定義が与えられているものではないことにも注意されたい（多分に，善とか利益と同義の一般名詞）。のちで見るように，『富と厚生』における厚生概念（固有名詞）とは一応分けてとらえておくべきであろう。それに対して，「人格」，「友愛」は1901年で触れられていたものと通じている（ムーア，ラッセルやケインズも重視した「友愛の情」に準じるものだとみなしてよい）。

「メモランダム」（1907a）　正式には「救貧法救済の経済諸側面ならびに諸効果に関するメモランダム」（Pigou 1907a）というタイトルであるが，これは王立救貧法委員会に提出された論考である。元々はマーシャルに求められた仕事であったが，彼が断わったため，ピグーに託されたという経緯がある。文字通り，救貧法に関する経済的論考であるが，本章の主旨からして注目すべきは，おそらくピグーにあっては初であろう「国民的福祉（National Well-being）」（Pigou 1907a：981）という観念の登場である。のちの「社会厚生（善）」の原型と言えるが，その内容がより重要であろう。ここでピグーは，福祉が3つの要素に依拠すると説明する。①「倫理的人格としての人間そのもの」，②「人々の間の直接的な社会的およびその他の交際（relations），そしてそこから生じる満足」，③「経済的環境下で得られる満足」。一点興味深いのは，政策（ここでは救貧）が①の倫理的人格に影響するのは，「経済的徳（economic virtue）」（ibid.：982）への直接的影響を介してだということである。よって，最終的な改善が得られるかどうかは，この経済的徳の水準に左右されるとピグーは説明する。曰く「おそらく，これら〔経済的徳〕のある程度の量までは善である。だが，それらの過剰は悪となる。ある閾までは，経済的徳の増加は人間的徳（human virtue）の改善をもたらす。それを超えると人間的悪徳を助長する」（ibid.：982）。ここに経済的厚生と厚生一般との区別の原型が見て取れる。そして，経済的原因が厚生全体（人間的徳）に直接的に作用するのではなく，より直接的な部分要因変化を通じて，間接的に影響するというピグー独自の視点が先取りされていることは注目に値する。

「倫理学的論争における諸問題」（1907b）「ニーチェの倫理学」（1907c）『有神論の問題』（1908a）　前者二つ「倫理学的論争」と「ニーチェ」は

後者の『有神論』に再録されているので，ここでは，後者を中心に考察する。同著は，ピグーの倫理学として最もまとまった形の論考であり，かれの基本的な立場が理解できる。ここでの中心テーマは「内在的善」である。同著の謝辞で倫理学に関してはシジウィックに多くを負っているとピグーは述べているが（Pigou 1908a：viii），具体的な善や正義の内容を語る規範倫理学については，両者は思いの外異なる側面を持つ。周知のように，シジウィックは快楽のみが究極的価値すなわち内在的善であると説いたが（快楽主義），ピグーは異なる。既に見てきたように，ここでも改めてピグーは，多元的な要因を内在的な善と認める立場に立っている。曰く，（シジウィック功利主義も含めさまざまな倫理学派があるが）「肝要な点は……意識のあらゆる綜合状態の内在的な善さが……たった一つの要素にのみ依存するとみなしているということだ」（ibid.：85）と批評し，内在的善として「快楽（pleasure）」，「善意思（good will）」，「徳（virtue）」，「愛情（love）」（ibid.：86-89）などを掲げる。もちろん，これらに尽きるものではないとされる。多元的な要素は，最終的に善の量という非常に観念的な次元に一元化され，ピグーはこれを数学の関数に準える。「……あらゆる意識状態の善さは，数学的表現を用いるならば，複数の変数〔先に挙げられたような快楽，善意思，愛情など〕から成る関数である」（ibid.：87）と。このように，内在的善を快楽のみとする伝統的な快楽主義（ベンサム，ミル，シジウィックらが掲げたもの）ではなく，多元的な善の内在性が訴えられていることが分かる。ただ，多元的な善とはいえ，カテゴリーとしては，人の意識状態に包含されるため，非快楽主義（non-hedonism）ではあるものの，非厚生主義（non-welfarism）とはならない点に注意されたい。要するに，快楽主義のような単体意識ではなく，多元的な要素がそれぞれ内在的価値を持ち，綜合されて人の意識状態（広い意味の人格）が形成され，それが目指すべき善（複合体 complex）だということである。したがって，同じ厚生主義だといっても，ベンサムやシジウィックらのそれと，ピグーのそれとでは，価値論の次元で内実が異なることを見落としてはならないように思われる。

　最も基本的なこととして，「内在的善」と「手段的善」とが概念的に明瞭に区別されている。そして，ピグーによれば，前者の内在的善が「意識的生」（のみ）であることから（Pigou 1908a：83，92），必然的に倫理的行為を含むそれ以外の事物はすべて，究極的には内在的善への貢献性ゆえに有用である（手段

第Ⅰ部　マーシャルの経済思想とピグーの厚生経済学

的価値を持つ）と認められることになる。「我々の究極目的（ultimate goal）は……それ自身における善の可能な限りの最大量を獲得することにある」（Pigou 1907c：344）。次のような言明は，ピグーの総括的な観念を叙述している。「生（life）の単なる量それ自体が唯一の善だとは我々の意識には映らない。ましてそれは必ずしも善ではないかもしれない。我々が見出したいと欲しているのは，善なる人生の性質（the nature of the good life）である」（Pigou 1908a：124）。

　ここに至り，初期のころに念頭にあった「幸福（快楽）」か「人格」かという二大倫理学説に対するピグーの立場が固まったように思われる。端的に言えば，彼の「意識状態」観念は，それらの両方を含み得るものである[17]。それがかれの学生時代から続いた倫理学研究の到達点であり，厚生経済学の規範的支柱となるものとなった。

『実践との関わりにおける経済学』（1908b）　改めて言うまでもないが，マーシャルの後継としてケンブリッジ大学教授に就任した際のマニフェスト（就任講演）である。上述の価値論を継承しつつ，後の『富と厚生』で登場する「厚生」概念に徐々に収斂していく様子が垣間見られる。講演の冒頭でピグーは次のように言う。「……経済学自体の領域を超えたものが必要になる。そこでは倫理的な意味における評価が不可欠となり，よって道徳哲学の領域に踏み込まざるを得ない。それ自身において善であるものと，善への手段であるものは以前から区別されてきた。普遍的には言えないが，一般的に広く主張されるように，それ自身において善であるものとして我々が唯一知っているのは，知覚を持つ存在——特に人間——の意識状態のみである。もしそうであるならば，どんな特定の種類の知識の獲得も，そのような意識状態を左右する場合にのみ，善——または悪——になる。……新たな知識が人の意識に入り込むだけで，意識を構成する他の要素の作用を変化させ，その意識の価値ないし善さを直接に変化させるだろう」（Pigou 1908b：8. 傍点引用者）[18]。さまざまな意識的生の状態の内在的価値比較に関する問題について判断を下すのは，倫理学の使命である。「何がしかの行為は，……意識的生を此れ此れのように変化させる傾向がある」という基準をもって，「行動のもたらす結果は善——または悪」（正邪）が決定されるという全くの目的論の立場にピグーは立っている（ibid.：13）。

『富と厚生』（1912）　本書は言うまでもなく，ピグー経済学の初の体系書であり，のちの主著『厚生経済学』（1920）の真の初版とい

第**3**章　ケンブリッジの厚生経済学

う位置づけでもある。それと同時に、「厚生（welfare）」という概念が初めて明示的に掲げられ、その定義が行われている。ピグーは、ムーアの有名なフレーズ「善とは何であるか。私〔ムーア〕の答えは、善は善であり、それでお終いである。また、善はどのように定義されるか、と尋ねられるならば、私の答えは、それは定義できない、ということであり、それが私の言うべきことのすべてである」（Moore 1903：6）を引用した後、すかさず次のように言明する。「厚生とは善と同じものを意味する。同様にそれは、分析されるという意味においては、定義され得ないものである。同時に、特定のものが厚生に属するか否か、どのようにそれらは属するか、について述べることは倫理学の主要な課題であると我々は言うことができるし、事実そうである。本書の目的にとっては、この課題に対しては2つの命題を定めておけば充分である。第一に、厚生は、さまざまな意識の諸状態のみを内包し、物質的な事物や条件等は含まない。第二に、厚生は大小の範疇の下におくことができる。厚生一般に関して、ここで述べる必要があることは、以上のことだけである」（Pigou 1912：3. 傍点引用者）と。厚生≡善と観念的に定義づけられ、しかもその観念は分析的には定義できない、と主張されている。善観念が分析的には定義できないという命題は、実はシジウィックが元祖であるが、ここでは、その点に立ち入らず、厚生（内在的善）とは意識状態であり、しかもそれらのみであるという点を押さえておこう。ここに至って、ピグーの倫理思想に則って発展してきた善観念、すなわち厚生主義の一応の完成がなされたと言える。と同時に、こののち幾らかの変遷を見せることになるのであるが。加えて、ここで初めて明示的に導入された経済的厚生と非経済的厚生との分離、前者への限定によって、同時代および後代の論者たち（ホブソン〔1914〕やヒックス〔1959〕など）から批判を受けることとなった。[19]

「住居問題の諸側面」（1914）　ラウントリーとの共編『住宅講義』の一篇である。1914年のマンチェスター大学での講義が元になっている。ここでは、主に、住宅問題が、最低賃金、公的保険、自由原理との関わりで考察されている。[20] 最低限の住宅衛生を各人に保障することは国家の義務であることが強調され、ミニマム（最低水準）＝必要の充足であることが説かれている（Pigou 1914：55-56）。[21] ここではとくに厚生について述べられてはいないが、ピグーはオクタヴィア・ヒルの住居管理人としての実践を評価し、[22] 次のように述べている。「……彼女は、意図的に金銭による慈善という強力で

111

第Ⅰ部　マーシャルの経済思想とピグーの厚生経済学

はあるが諸刃の剣となる武器を拒んだ。彼女が用いた武器は，直接の影響力，無私の友愛である。彼女は毎週家賃を集めに下宿人を訪れた。彼女はかれらを一人の男性，女性として認めるようになった。個人的魅力によって，彼女は，清潔や整頓に関するかれらの観念を高めた」。「彼女〔オクタヴィア〕がいつも与えたのは共感と助言であり，実際のところ金銭では決してなかった。その結果，こうした男女〔住人〕らの様子に変化が生じた。……ここに事のエッセンスがある。女主人（landlady）は，その貧しい下宿人との関係において，人格（character）に対して……途方もない影響を及ぼし得る立場にある」（ibid.：48-49．傍点引用者）。1901年の慈善論でも同じ論調であったが，貧困の最大の原因は人格にあるとピグーは見ており，よって，何であれ快楽や満足を与えるだけの政策では十分に厚生は高められないと考えていたことは確かであろう。

『厚生経済学』（1st ed, 1920〔4th ed, 1932〕）　厚生概念に関しては，前身の『富と厚生』を基本的に引き継いでいるが[23]，若干無視し得ないポイントがある。それは，初版（1920）と第二版（1924）との違い，しかも非常に微妙な違いにある。初版においては，次のように書かれている。「厚生は，意識の諸状態のみを含み，物質的なものは含まない」（1920：10．傍点引用者）。これは前身の『富と厚生』と全く同一の見解である。ところが，第二版の同じ箇所では，「厚生の要素は意識の諸状態と，それから，ことによると，意識諸状態の関係（relations）とである」（1924：10．傍点引用者）と書かれている。ちなみに，同版以降は変化なしである。第二版以降では，『富と厚生』および初版にはなかった「意識の諸状態の関係」も厚生（内在的善）の要素として含まれる可能性が示唆されている。当該箇所は，経済学史家およびピグー研究者らにとっては，既に幾度も目にした部分であろう。そして，厚生が多元的な意識状態（複合体）であることも既知である。だが，初版と第二版との間で，上記のような相違があることを指摘した論考は皆無であろう。とはいえ，先に問うべきは「意識の諸状態の関係」とは何かである。この点は従来あまり議論されたことはないが，『財政学研究』を見ると，再度「関係」についてピグーが言及していることが分かる（本郷 2007：185）。よって，以下順番を変え，『財政学研究』を先に見ておこう。

『財政学研究』（1st ed., 1928〔3rd ed., 1947〕）　同著はピグー体系の柱の１つであるが，要所で倫理学的な含蓄が披露されていてなかなかに興味深い。

さて，問題は冒頭部分である。「ある倫理学者らによって，善の要素であるものは意識的生の諸状態のみであると考えられている。もしそうであるならば，意識状態の間の1つの関係（relation）である公平（equity）は，善の要素たり得ない，または，それがもたらす効果を除き何らの倫理的価値をも有さないことになる。このように提起された問題は重要なものである」（Pigou 1928：8.傍点引用者）。1907年の「メモランダム」では，「人々の間の直接的な社会的およびその他の交際（relations）」も内在的価値であることが示されていたが（本郷 2007：71），ここでは，「人々の」ではなく，「意識状態〔内在的善〕の」であることから，分配関係と解釈するのがより適切であろう。公平や正義といった分配規準が厚生つまり内在的善に含まれる可能性を『厚生経済学』第二版でピグーは示唆していたのである。いずれにせよ，「『関係』は個々の意識状態（私的善）へと還元できないという意味では一種の公共善であり」（ibid.：71），価値に関する個人主義を逸脱していると解される。公平や正義は私的価値ではなく，もしそれらを内在的価値だと主張するのであれば，ここの段階に至ってピグーは厚生主義を逸脱したことになる。この事実は，彼の価値論（非厚生主義へ）の変遷を示すものである。何ゆえに，この変遷が生じたかは今後の検討課題であると言えよう。

「優生学と賃金に関する諸問題」（1923b） この論文は，優生（教育）協会が定期的に開催していた講演会ゴルトン・レクチャーが元になっていて，その後同協会が刊行する『ユージェニックス・レヴュー』に掲載されたもの（Pigou 1923a）である（1923b はリプリント）。ピグーは，優生運動には加担せず，一定の距離をおいていたが，招待講演を引き受けた。ここでもピグーの価値論が説かれているので，その部分を取り上げて検討しよう。かれは次のように述べる。「我々が目指すものは，可能なかぎりの内在的に最も善い状態にある社会である。内在的に善である素質を持った人々を含む社会である。幸福な人々である──幸福は一つの内在的善であるからである。かれらの相互関係は，親密で友好的である──何となれば，共感は明らかにいっそう善であるものの一つだからである」（Pigou 1923b, 81）。目的善と手段善との関係についても，あらためて次のように説明されている（ibid.：80）。ある素質が善であると我々が述べるとき，2つの異なったものにそれぞれ言及している。あるときは，質が内在的に，究極的に善であるといい，またあるときは，内在的善を効果的に促進する手段

第Ⅰ部　マーシャルの経済思想とピグーの厚生経済学

として善いという。「〔たとえば〕広い心，誠実，非利己性，……，生における熱心さ，目的追求の熱心さ」のようなものがある。そのいっぽうで，「鋭敏な知性，鍛えられた力，どんな目標でも成し遂げる超人的能率……」などがある。前者はそれ自身における善であり，世界の倫理的王冠の星であるとピグーは言う。後者は，「それ自身において」という意味での善ではないかもしれないが，別の意味においては善となる。それは，内在的善の手段としての善である（ibid.: 80-81）。

　既に繰り返し指摘したように，ピグーの善≡厚生≡意識的生の諸状態は，多元的な要素から成る複合体であり，すべての要素が事前に規定されているわけではない。議論する場面や状況に応じて，厚生のうちのどの要素が議論の主たる対象となるかが決まってくるのである（慈善であれば人格など）。ここでもこれまでには登場してこなかった善の要素が列挙されているのが理解できる。ただし，次の点は無視できない。「……多様性（variety）はそれ自体で善であり，全員が完全ではあるがまったく同質のグループよりも，全員が幾分完全性から劣っていても多様な人々のグループの方が善いと十分主張され得る」（ibid.: 81. 傍点引用者）。確かに，多様性は私的善ではなく公共善であると考えられることから，その価値の内在性が主張されているかぎりにおいて，先程のケースと同様，価値に関する方法論的個人主義を逸脱している（つまりは，非厚生主義・非功利主義）かに見える[24]。ただ，価値に関する個人主義にしろ，厚生主義にしろ，（現代も含め）後代の視点からの評価であり，ピグー当人がそうした観念を意識していたとは言えないであろう。この点をどう考えるべきかは学問的方法によるであろうが，ここでは論点提起に留めたい。

『マーシャル経済学論集』（1925）　マーシャル追悼論文集でピグーは次のように言う。「……かれ〔マーシャル〕は益々倫理学に傾倒していった。そして，かれは倫理学を通じて経済学に行き着いたのであった。……どんなものが，あるいは……どんな意識状態が究極的に善であるかを決定したとすれば，これらのものを努めてもたらすことが義務となる」（Pigou 1925: 82. 傍点引用者）。ピグーの眼には，マーシャルが思念していた善が（ピグー自身が考える）意識状態に包含されるものと映っていたことが読み取れる。おそらく，マーシャルも単なる快楽主義（功利主義）には反発していたことはピグーも看取していたはずであろう。それでも師の価値理念と己のそれ（厚生）が基本的には相違がないとピグーはとらえていたようである（第三者から見てどうであれ）。

第3章　ケンブリッジの厚生経済学

『社会主義対資本主義』(1937)　同著が執筆された背景やコンテキストに関しては，まだ検討する余地が残されているが，ここではその結論部分にのみ着目することにしたい。「すべての投資のうちで最も重要な投資は，人々の健康と知性と人格に対する投資である……この領域に『節約』を主張することは……犯罪となろう」(Pigou 1937：138. 傍点引用者)。健康と知性は手段的価値であるが，人格は，幾度も触れてきたように，内在的善である。ピグーによれば，人格も厚生に含まれる要素であるが，非経済的厚生であることは明らかである。ただ，ここでは，非厚生主義的な要素はとくに説かれていない。

「厚生経済学の諸側面」(1951)　同論文はアメリカン・エコノミック・レヴューに寄稿されたもので，年代から分かるようにピグーの晩年のエッセイである。冒頭で「……ここ最近の数年，このテーマ〔厚生経済学〕について膨大な量の論述がなされているが，私はそれらのほとんどを読んでいない」(Pigou 1951：287) と述べており，晩年のかれがテクニカルな話題（新厚生経済学関連であろう）には関心を示さなくなったことが見て取れる。同論文をピグー研究においてどのように評価すべきかは議論の余地があろうが，ここでもやはり厚生に関する叙述に焦点を当てることにしたい。曰く「私が思うに，厚生とは，人の心的状態の善さ（goodness），ないしそのなかに具現化した満足に関わるものと理解されなくてはならない」(ibid.：288)。原文は must で書かれているので，ニュアンスとしては相当強い。要するに，内在的に価値があるものは，人々の意識状態だということを改めて強調している。既に見てきたように，価値論としては，現代的な視点からして非厚生主義的な側面も垣間見せていたが，最終的かつ基本的には，厚生主義を保持していたということになろう（もっとも，この時点でピグーが，初期の見解（善≡厚生）を離れて，厚生も善の一要素に過ぎないと考えていたとしたら，話は別であるが）。ピグーの主張の通時的全体からすると，公平や多様性という私的価値に還元できないものが内在的善であるという判断に反対はしないが，積極的に善だと認めるのはやはり意識状態であった（厚生主義）と解される。

　以上で見てきたように，初期においてはほぼ完全に厚生主義，中期においては非厚生主義的な側面を垣間見せるが，後期においては元の厚生主義堅持に戻ったような観がある。とくに，『厚生経済学』初版 (1920) にはなかった非厚

115

第Ⅰ部　マーシャルの経済思想とピグーの厚生経済学

生主義的要素（「関係」）を第二版（1924）で（「ことによると」という消極的な姿勢ではあったが）取り入れた点は興味深く，一考に値する。こうした変遷の理由および意義が何かを検討することは別の機会に譲るとして，ここでは以下の点を指摘しておこう。

　ピグー自身の性格（「非独断的保守主義（nondogmatic conservatism）」（McLure 2013：268））とも関係しているであろうが，たとえば1901年の「慈善論」と1905年の「産業平和論」でのスタンスを想起されたい。究極善を巡っては，神々の争いとなるので，ピグーは（たとえ己の価値理念があろうと）いずれかに与するのではなく，目的（根拠）は違えど，その手段は一致し得ることを述べていた。彼が厚生経済学で取ろうとした戦略はそうした観念が基礎にあるように思われる。屋台骨である生産と分配と安定というのは手段的善の位置づけにある。が，そのいずれもが，おそらくは概ねあらゆる倫理学派からも受け入れられる処方であるとピグーは考えていたのではないだろうか（とはいえ，実際には，経済的厚生の限定，厚生主義，国家介入による平等化など論争的で一筋縄ではいかない側面も多々あるが）。加えて，保守の側面について言えば，『ブラウニング』でも示唆されていた実行可能性（天才ではなく普通の人間の想定）という視点，安定または「漸進（gradualness）」（Pigou 1937：139）が功利性を持つという視点の双方からそれは説明されると思われる。

　とかく，ピグーの厚生経済学といえば，効用，満足，厚生のみが（批判的な文脈で）強調されるが，慈善論その他に端的に現れているように，あくまでも社会的に自立した個人が前提とされていることを銘記すべきであろう。貧しく，自堕落な生活を送っている者に快楽を与えることをピグーは決して善しとはしていなかった。教育その他によって，まずその人格を鍛錬することが先決である（「人格と能力」を鍛え，「協同の精神」を備えさせる（Pigou 1923b：3-4））。満足なり欲求充足なりは，自活・自立した個人が自由に追求してこそ，意味があるものである。

厚生主義対非厚生主義

　ここでは，ピグーを非厚生主義的（非功利主義的）に解釈した代表的な研究を見ておこう。いずれもピグー研究に一石を投じたという点で大きな意味を持っていると言える。1つは塩野谷氏によるもの，もう1つは鈴村氏によるもの

第3章　ケンブリッジの厚生経済学

である。両氏の指摘は，経済学史研究者からはあまり取り上げられてはいないので，問題提起の意味も含め，本章では扱うことにしたい。

　塩野谷氏によると，ピグーによってもたらされた功利主義的厚生経済学に関する修正点の第一とは，経済的厚生と非経済的厚生との区別である。ピグーが厚生全体ではなく，考察の対象を経済的厚生に限定している事実を指す。伝統的な快楽主義的功利主義では，行為や制度の正邪は，結果的にもたらされる効用（快楽）の社会的総計の大小によって決定される。しかしながら，ピグーは原因と帰結の全過程を扱わず，経済的厚生という概念を創案して，その過程の一部分にのみ視野を限定した。何となれば，経済的厚生に対しては，貨幣尺度をもって測定が叶うとピグーが判断したからである。念のため再確認しておくと，経済的厚生とは「社会的厚生のうち，直接，間接的に貨幣尺度と関係づけられる部分」（Pigou 1932：11）である。この貨幣タームによる経済的厚生の定義は，一瞥したところ，経済的行為を通じて発生した財・サービスによってもたらされる効用のすべてを包含しているかに見えるが，これはピグーの意図ではない。確かに，貨幣尺度の適用によって，経済的要因を帰結的効用の原因として定位し，非経済的要因を排除することができるが，ピグーの思念した経済的厚生とは，経済的要因によってもたらされる帰結的効用すべてを包含するものではなく，その一部に過ぎない。こうした帰結のうちに区別を設けるという観念は貨幣尺度の適用によって生まれたものだという（塩野谷 1984：364-365）。

　ピグーは，経済的要因が非経済的厚生に影響を及ぼす様態を2つに分類する。1つは，所得の獲得を通じて，もう1つは，その使用を通じてである。

　非経済的厚生は，人間生活（意識）における審美や倫理的側面と関係がある。経済的要因によって惹起される経済的厚生に対する効果と非経済的厚生に対する効果との間に不調和が発生する可能性をピグーは認めながらも，両者は変化の方向では概ね一致するとみなし（「証明されざる蓋然性」），考察範囲を経済的厚生に限定することを是とした（ibid.：365）。

　塩野谷氏は，不調和の問題について次のように議論を運ぶ。厚生には2つの概念，すなわち満足と欲求とが存在し，ピグーにおいては，経済的厚生は何らかの原因（財など）によってもたらされた満足の量ではなく，財に対する欲求の強度であるという。経済的厚生に適用された貨幣尺度というものは，実質的には財に対する需要価格を意味していると言える。何らかの財を手にしたこと

117

第Ⅰ部　マーシャルの経済思想とピグーの厚生経済学

から生じると予測される利益のために，人々が支払おうとする金額が欲求の強度の近似測定だと措定されているのである。塩野谷氏は，これを受けて，意識状態としての経済的厚生は満足を意味しているが，この満足の意識を直接的に測定することは難しく，したがってピグーは，需要価格（欲求の強度）＝満足の量（経済的厚生）と仮定したと述べている（ibid.：366）。しかしながら，ピグー「効用論」（1903）において明記されているように，そのような等値化に関してピグーは終始慎重であった（経済分析のための方便であった）。

　さて，直接的には把握できない満足としての経済的厚生を測定する代替的指標である貨幣尺度であるが，次のような事態が当然考えられる。仮に，今ここに2つの消費財があるとして，一方は消費者の自己的な悦楽のみを助長する効験を有し，もう一方は自己のみならず他者の便益にもなるような効験を有しているとする。そして，ある消費者の両財への欲求の強度，つまり需要価格が同値であったとしたら，貨幣タームで測った経済的厚生には何ら相違がないことになる。つまり，欲求の強度すなわち貨幣尺度をもって代替的に測られた経済的厚生（満足）においては，質の相違が全く反映されていないということを意味している。何かを欲求すること，その強度に関して同等であれば，道徳的な価値（善さ）においても同等であるというのか。この点を考慮して塩野谷氏は次のように論じる。ピグーの立場は，質の相違を無視した同質の経済的厚生を想定するものであり，このことは功利主義にとって重要な含意を持つと言う。具体的には以下のことを示す。貨幣尺度を援用して同質の経済的厚生という概念を明確化し，厚生の一元的評価を可能にした点ではピグーの立場は功利主義である。しかしながら，厚生概念の同質化とその評価の一元化は貨幣尺度が適用できるかぎりにおいてであり，他面において，ピグーは経済的厚生と非経済的厚生との区別によって，個々の効用の質的相違を認めている。その面からの評価がなされないかぎり，厚生全体の最終的な評価は得られないと考え，ピグーは問題を未決に残していると塩野谷氏は言う。この点を論拠に，同氏は，ピグーの立場は典型的な功利主義ではなく，むしろそれを相対化する方向を示唆していると述べる（ibid.：366-367）。

　たとえば，快楽は測定可能であるとしたエッジワースは，二種類の通約（置換）可能性を説いている。1つは，異種の快楽の個人内における通約であり，もう1つは，効用の総計においてなされる諸個人間の快楽の通約である（Edgeworth 1881：59)。周知のように，ピグーは，経済的厚生の増進が非経済的厚生の減退によって相殺される可能性があることを認めていた。しかしながら，塩野谷氏は，この「相殺」が数量的な差し引き計算を意味するとは考え難いと述べている。何となれば，経済的厚生と非経済的厚生とは互いに質的に異なったものであり，後者に対しては貨幣尺度が適用不可能だからだと言う。経済的要因より生ずる全帰結を経済的厚生と非経済的厚生とに分類したことは，ピグーが両者を通約不可能であると認めたことを示唆すると塩野谷氏は説明する（塩野谷 1984：367)。

　次に，ピグーを非功利主義的に解する塩野谷氏の二番目の論拠に移ろう。ピグーの厚生経済学は，国民分配分と経済的厚生との同格関係を基礎に展開されている。その展開における主柱として，著名な基本命題が説かれている。第1命題は「他の事情が不変であるかぎり，国民分配分の増加は経済的厚生を増大させる」，第2命題は「他の事情が不変であるかぎり，国民分配分の平等化は経済的厚生を増大させる」である。ただし，それぞれにおける「他の事情が不変」は異なっており，第1では「貧者への分配が減少しない」であり，第2では「国民分配分が減少しない」である（Pigou 1932：82, 89)。

　国民分配分の増大と平等化とが互いに矛盾しないかぎり，それぞれ経済的厚生を改善する傾向があるとピグーは説く。この点を顧みて塩野谷氏は「この考え方は功利主義の固有の考え方から逸脱している」（塩野谷 1984：369）と言う。その理由は以下のように述べられている。少々長くなるが，重要な箇所であるので引いておきたい。

　経済的厚生への限定という……点を別とすれば，第1命題における生産の極大化そのものは効用の極大化を意味する。しかし，第1命題は他の事情が不変であるという条件を含んでおり，貧者への分配の増大を妨げないことを条件としている。功利主義における効用の極大化は集計値のみを問題とし，分配関係について別個の基準を認めていない。功利主義においては，生産の極大化のもとで成立する分配関係がそのまま承認されるのである。ところがピグーの第2命題は，再び生産の増大を妨げないことを条件とした上で，これについて貧者への分配の増大という独立の基準を設けているのである。
　第2命題は功利主義とはまったく無縁のものである。しかし，第2命題は

第Ⅰ部　マーシャルの経済思想とピグーの厚生経済学

平等化が経済的厚生の増大をもたらすと述べているために，功利主義的命題であると誤解されやすい。ピグーが第2命題の根拠としているのは限界効用逓減の法則であるが，重要なことは富者と貧者の効用関数が同一であると想定されていることである。この個人間効用比較は記述的言明ではなく，むしろ規範的言明である。事実命題としては，富者と貧者との間には「気質および嗜好の相違」が存在する。もしそれをそのまま前提として，富者の方が満足の享受能力が高いとするならば，所得分配の平等化は経済的厚生を減少させるにすぎない。……ピグーの第2命題の根拠は……すべての個人の平等という自然権的思想にある。(ibid.：369-370)

つまり，ピグーが「すべての個人の効用関数の同一性を規範的に想定」(ibid.：370. 傍点引用者) しているということである。仮に，享受能力の低い個人（たとえば貧者）をそのまま功利計算に組み込むとしたら，効用最大化のために，その個人には相対的に少なく分配したほうが効率的となる。だが，内実ピグーにあっては平等に分配することが論理的に先行していたのだが，あべこべに，同一効用関数を規範的に想定することで，さも，平等が効用最大化によって正当化されるというように装ったという解釈である（それだけ，平等の正当化が難題であったことの証左とも取れる）。

以上より，塩野谷氏は，ピグーにおいて二種類の通約不可能性が存することを説明している。すなわち，経済的厚生と非経済的厚生との質の相違が含意する個々の効用の通約不可能性と，分配において貧者（享受能力が相対的に劣る者）に配慮した（功利主義とは独立の）平等分配の規準（「平等主義の想定」）が含意する個々人の通約不可能性である。そして，この2つの通約不可能性がいずれも権利論の所論に行きつくと主張し，塩野谷氏はピグー厚生経済学を非功利主義的であると解釈する (ibid.：370-371)。たとえば，うえで言及されたエッジワースは，総効用最大化のために，より享受能力が優れた者により多くを分配すべきとして，不平等分配を是認した (Edgeworth 1879：388)。その一方，ピグーは，相対的に能力が劣った者に対して，教育その他の訓練により，人格および享受能力の改善を意図していた (Pigou 1912：26) ことも付け加えておこう。

次いで，鈴村氏の議論を見ておこう。鈴村氏は，先の塩野谷氏のようにピグーを「非功利主義的」とまでは解釈していないが，以下で見るように，非厚生

主義的要素がピグーに存することを明瞭に指摘している。「ピグー自身は『厚生経済学』を社会《福祉》に対する厚生主義的アプローチとして構想していたと理解してよいのだろうか。実のところ，この問いに対する肯定的な解答を疑問視する考え方にも，多少の根拠がある。たとえば，『厚生経済学』の第4版のある箇所……には，実質所得の最低基準に関する1つの議論が与えられていて，ピグーが非厚生情報を社会福祉に関する判断に実際に活用していたことを如実に例示しているのである」（鈴村 2007：102，傍点引用者）。ここで問題となっているピグーの「最低基準〔水準〕」とは以下の通りである。

　　……最低生活水準とは正確に何を意味するものとすべきかについて明白な観念を得ることが望ましい。それは主観的な最低満足ではなくして，客観的な最低条件であると考えねばならない。そのうえ，またその条件は生活の一部面だけにかぎられるものでなく，一般的な条件でなくてはならない。最低水準のなかには，家屋の設備，医療，教育，食物，閑暇，労働遂行の場所における衛生と安全の装置などについてある一定の量と質とが含まれる。さらに，最低水準とは絶対的なものである。(Pigou 1932：759)

これに対して，鈴村氏は以下のように指摘する。「ピグーがここで言う実質所得の最低標準という観念は，現代の開発経済学ではベーシック・ニーズと呼ばれている考え方に類似している。このような非厚生主義的な観念とベンサムの系譜に連なる厚生経済学がどこまで整合性と親和性を持つかという問題も，ベンサム流の公共【善】の考え方とフランス啓蒙思想の系譜に連なる個人主義的な《権利》の考え方との整合性と親和性の問題の一環として，本格的な検討に付されるに値する」（鈴村 2007：102-103. 傍点引用者）。

　また，ピグーが「主観的な最低満足ではなくして，客観的な最低条件」だとみなした「『実質所得の最低水準』……に対する人々の要求を論じた際，彼は個人の権利という非厚生主義的概念を先駆けて用いていた」(Suzumura 2002：6n11. 傍点引用者)と鈴村氏は述べている。先の塩野谷氏による議論とは視点が異なるが，同様に鈴村氏もピグー厚生経済学における権利の側面を指摘する。

　以上を踏まえ，鈴村氏は次のように総括している。「……ピグーの進路には，1つの難問が立ちはだかっていた。かれが明示的には提起せず，ましてや解決

第Ⅰ部　マーシャルの経済思想とピグーの厚生経済学

はしなかった難問とは，功利主義的な基礎に立つ【旧】厚生経済学の枠組みに，かれが承認した非厚生主義的なベーシック・ニーズの概念をいかに整合的に収納するかという問題だった。だが，ピグーがこの問題の解決に真剣に取り組んだ痕跡は全くない。想像するに，一九二〇年に誕生しつつ，既に一九三〇年代の初頭には Lionel Robbins ……の批判によって功利主義的基礎の《科学性》を否定された【旧】厚生経済学者には，ベーシック・ニーズという非厚生主義的な考え方と整合的に融和する道を模索する静寂な時間は，もはや残されていなかったのではなかろうか」（鈴村 2010：108-109. 傍点引用者）。

　以上の両氏の指摘は，ピグー厚生経済学，とりわけ三命題と功利主義との通説的にして頑迷な凝着から我々の視点を解き放って，もっと多角的な視点からピグーを読み直すべきことを推奨していると積極的にとらえることができよう。

5　ケンブリッジ学派の評価

　本章では，ケンブリッジ学派の厚生経済学として，シジウィック，マーシャル，およびピグーの規範的経済学の展開を考察した。以上の議論を通じてまず気付くのは，これら三人の経済学者は知的影響をお互いに与えながらも，各々異なる視点をもって「厚生経済学」を論じた側面があったことである。まず，三者の相違点は以下のように要約できよう。シジウィックは倫理学者として研究者のキャリアを始めており，かれの根本的な関心は信奉する功利主義を弁護することであった。マーシャルは，人間の能力は柔軟に発展させられることができるという特異な心理学・生理学を有しており，静態的な倫理学説にはあまり関心を持たなかった。かれは，自ら発明した余剰概念を用いて，経済的現象の変化に関する主観的評価を体系的に論じることに成功した。ピグーは「マーシャル流の方法論で表現されたシジウィック哲学」（O'Donnell 1979：588）と表現されることに反して，二人の師とは異なる側面も持つ。まず，マーシャル経済学との最大の相違の1つは，時間的要素，つまり静学と動学を巡る点にある。既知のように，マーシャルは，短期における静学としての経済学は物理学に準ずるとしたが，彼の眼目は時間を通じた動態的経済学にあり，それは物理学ではなく，生物学アナロジーだととらえていた。だが，ピグーは，マーシャル経済学を継承しつつも，この肝心の動学的あるいは生物学的要素を取り入れなか

った。社会改良という倫理的目的のための経済学という理解では一致していて
も，その道具たる経済学に対する「観」には無視し得ない大きな隔たりがあっ
たと言えよう。これは規範の側面にも言えることで，ピグーはどちらかと言え
ば，静態的な倫理学説を念頭においていたように解される。一方，シジウィッ
クとの対比で言えば，シジウィックが構想したアートとしての経済学に大きく
拠りながらも，シジウィックの快楽主義をピグーはあっさりと否定している。
初期に道徳哲学を専攻し，『倫理学の諸方法』をテキストとして学んだピグー
であったが，実質的な価値を論じる規範倫理学の次元でシジウィックと異なる
立場にあったことは注目に値する。価値が快楽に一元化されることに異を唱え
たピグーの厚生概念は，本章で見てきたように，人格をはじめ多元的な要素か
ら組成されており，（如何に入念な検討が施されていようとも）シジウィックの快
楽一元論とは根本的に袂を分かっている（反面，ピグー自身の自覚によれば，厚生
はマーシャルが唱えた生活基準（人格や卓越性）をも包摂し得るものであった）。ただ，
経済的厚生と快楽とが類似しており，ピグー厚生経済学がそれをベースとして
いることから，多くの経済学（史）テキストにおいて，ピグーが功利主義的厚
生経済学者であるとみなされているが，このような理解だとシジウィックとピ
グーとの違いを見えなくさせてしまう。

　次に，三者の共通点を学派として要約しよう。ケンブリッジの厚生経済学の
特徴は，第一に，規範的価値の内容を明示的に議論していることである。どの
ような価値を打ち出したかは三者三様であるが，どのような経済状態がより望
ましいと言えるのかについて明示的に議論していることは共通している。第二
に，規範的価値の根拠として，さまざまな経済学以外の知見を用いていること
である。シジウィックは快楽主義的功利主義を，マーシャルは生理学・心理学
を，ピグーは非快楽主義的な厚生主義および人格や卓越をも含んだ包括的な規
範哲学である。実際に，経済学内部のみから現実的な規範的価値を生み出すこ
とは難しいかもしれない。第三に，これらの評価基準に関する議論が，それを
現実の政策問題に応用する議論と同じ著作のなかにあることである。つまり，
かれらにとって規範的評価は現実の経済問題を論じるうえで必須の要素であり，
実際上，完全に価値中立的な経済学は有意義とはなり得なかったのである。[25]

　以上の特徴は，1930年代以降に発展した新たな厚生経済学の展開とは明らか
に異なる。経済政策を評価する際に個人間効用比較が必要かどうかに関して，

第 I 部　マーシャルの経済思想とピグーの厚生経済学

ロイ・ハロッド（1938）とライオネル・ロビンズ（1938）は，相対立する意見を提出した。この論争に喚起されて，ニコラス・カルドア（1939）およびジョン・ヒックス（1939）は，補償原理を提起した。しかし，ティボール・シトフスキー（1941）によって論理的な矛盾が指摘され，補償原理が矛盾なく適用できる範囲は限られていることが示された。さらにこれとは独立に，アブラム・バーグソン（1938）が提起した社会的厚生関数を，ケネス・アロー（1951）は，個人の選好の集約として理解し，満足のいく方法でそのような集約化を行うことは不可能であるということを証明した。一般的にいって，以上の「新」厚生経済学の研究は，規範的な評価基準の内容ではなく，その論理的基礎に関心を持った。これら一連の経済学者が押し進めた経済学の「科学化」および，同時進行した経済学の細分化によって，ケンブリッジ学派の厚生経済学が継承される道は途絶えた。

　また，近年の研究（Shionoya 2010）では，ケンブリッジとは別の流れの厚生経済学の積極的な再構成も行われている。「オックスフォード・アプローチ」と称される流れであり，（ケンブリッジのシジウィック哲学とライバル関係にあった）グリーンの理想主義を母体として生成したものである。さらに，トインビーの歴史的経済学も合わさって，ホブソンとホブハウスらのニュー・リベラリズム運動を鼓舞した。こうしたオックスフォード・アプローチの経済学はホブソン流の厚生経済学に結実したと言われる（Shionoya 2010：103-107）。いっぽう，ケンブリッジ派厚生経済学は，「……多分に功利主義的であって，分配的正義に関してはアドホックな推論に頼っていた。このようなケンブリッジ派の経済学および倫理学は，ニュー・リベラリズムの改革運動と何の理論的つながりも持たなかった」。社会苦悩の解消というミッションは「オックスフォードにおけるグリーンとその使徒らによってずっと良好に遂行された」（ibid.：110-111）。

　本章の冒頭で，ケンブリッジの厚生経済学は，古典派と新厚生経済学とのあいだに成立した特異な学説であったと述べた。加えて，視点を変えて，グリーンを旗手とするオックスフォード学派，シジウィック・マーシャル・ピグーのケンブリッジ学派，新厚生経済学派ら三派の位相を改めて顧みると，理論的精緻化および社会改良の実践力のいずれに関しても，ケンブリッジ学派は次点の位置にあるように思われる。結果的に，効用の個人間比較という非科学性で新厚生経済学の，また福祉国家成立への貢献という実践性でオックスフォード派

124

第3章　ケンブリッジの厚生経済学

の後塵を拝する格好となった。とは言え，次点を中庸ととらえることが許される
ならば，中庸なりのメリットも指摘できよう。科学性と没価値性を追求した
新厚生経済学は，アローの「不可能性定理」によって決定的な瑕疵を暴露され，
人間的価値を追求したオックスフォード派は，理論的基礎が必ずしも盤石では
ない。ケンブリッジ学派はその両方をバランスして備えていると評価すること
も不可能ではなかろう。その真骨頂は，文字通り「冷静な頭脳と温かい心」に
集約されている。

注
＊本章は，第1節，第2節および第3節を高見が，第4節を山崎が担当した。
(1) シジウィックの伝記的事項については，主として Collini (2007) に依拠している。
　　さらに，厚生経済学への貢献については Myint (1948)，ケンブリッジ学派経済学
　　への影響については Backhouse (2006) を参考にしている。
(2) ただし，シジウィックが例として用いたのは，現代の経済学では自然独占に分類
　　されるような事例（既存の鉄道線路の近くに別の会社が新しい線路を設ける例）で
　　あり，のちに外部性として定式化される議論がここで十分に展開されているわけで
　　はない。
(3) マーシャルの伝記的事項は主として Tullberg (2005) および Cook (2005,
　　2009) に基づいている。厚生経済学への貢献についてはひきつづき，Myint
　　(1948) の議論を参考にしている。
(4) この点は，Myint (1948) によって強調されている。
(5) この段落は Cook (2005) に依拠している。
(6) Cook (2005) は，このような人間理解の背景として，興味深い歴史的文脈を提
　　案している。本文でも言及したように，マーシャルは1865年の数学学位試験で全体
　　の2位になる非常に栄誉ある学業成績を収めた。数学学位試験は，成功者には非常
　　に明るい未来が約束されるため，非常に競争的なものであり，同試験を受ける者は
　　「コーチ」を雇い個人指導を受けるのが通常であった。また，学位試験の準備のた
　　めの適度な肉体的訓練や効率的な休息の取り方なども議論された。このように，マ
　　ーシャルの人間精神理解の背景にはケンブリッジの数学学位試験という濃密な社会
　　的文化があったと Cook は論じている。
(7) ただし，短期・長期の区別や部分均衡論に関してはマーシャルの人間心理に対す
　　る理解と結びつけることは可能であろう。たとえば，Myint (1948：138) を参照。
(8) ある財の価格の変化が消費者の実質所得を変化させ，その財の需要曲線自体を変
　　化させることも指摘している。これは，のちにヒックスによって対応された問題で

125

第Ⅰ部　マーシャルの経済思想とピグーの厚生経済学

あるが、マーシャルは『原理』においては、議論が多少複雑になるのみで、本質には影響しないと片付けている。

(9)　藤井は、この事態を称して「経済学の危機」（マーシャルの時代）から「経済の危機」（ピグーの時代）だと説明する（藤井 1999：135-137）。

(10)　とは言え、ピグーの学究人生全体を総括するならば、ときに経済学の精緻化に重きをおいたこともあって、必ずしも「果実」の観点に徹し切れてはいなかったようにも思われる。この点は、マーシャルとの対比も含め、評価が分かれるところであろう。

(11)　社会的便益の最大化からの市場の乖離のマーシャルによる説明は、限定的であり、説得性に欠け、方法論的な修正が求められるものであった（Maloney 1985：169）。

(12)　ピグーは、ベンサム、シジウィックの流れを継承する伝統的な快楽主義（功利主義）者であると通常みなされてきた。たとえば、エッジワースによれば、「〔ピグーは〕富と厚生とに関する二人の卓越した権威者からインスピレーションを引き出したと思われる。すなわちかれは、慈善家や政治家がその実現を追求すべき善をシジウィックの功利主義哲学に倣って定義し、またその目的へ導く手段の究明についてはマーシャル博士によって練磨された方法を用いた」（Edgeworth 1913：62）。オドンネル（1979）もまったく同じ見解を示す。だが、本章が示すように、最近の研究にはそうした従来の素朴な解釈に対して修正を迫るものがある。塩野谷（1984）、鈴村（2007）、本郷（2007）、Suzumura（2000；2002）、Backhouse and Nishizawa（2010）など。

(13)　ピグーは、シジウィックの功利主義が直覚主義（義務論）を包摂することに理論的に成功したと認識していた（利己主義は別）。よって、ピグーは、目的論と義務論との確執は解消されたとみなしていたようである。主な関心は、目的論における「目的（内在的善）」だったと言えよう。なお、ピグーは、ウィロビー著書の書評でシジウィック功利主義を弁護する見解を示している（Pigou 1901c：76）。

(14)　ここから、ピグーはグリーンに代表される理想主義倫理学に傾倒したのかが問われることになろう。だが、そのように解釈するのは無理がある。以下で述べる1907b および 1908a の文献において、ピグーはグリーン倫理学を明瞭に否定しているからである。

(15)　ピグーは、マーシャルはこの問題を定義によって避けたとして、やや批判的である（Pigou 1903：67n）。だが、マーシャルはピグーに賛同して次のようにコメントしている。「……いくつかの動機は快楽に関連づけられない。おそらく満足にさえ関連づけられない。ゆえに消費者余剰は全快楽の尺度でなく全満足の尺度ですらない……もしそうなら、あらためて私は全く同意する」（Whitaker 1996, Vol. 3：7）。

(16)　ここでピグーは、人為的な高賃金政策によって、相対的に富裕な消費者の懐から労働者の懐に財貨が流れれば、一般厚生は増大すると述べており、のちの第二命題

第3章　ケンブリッジの厚生経済学

につながる論調を垣間見せている（Pigou 1905：42）。

⑰　塩野谷（2002：Ch. 3）参照。塩野谷（2002：21）を手掛かりにすると，満足や快楽といった意識はフロー概念であるのに対して，人格や徳といったものはストックであると解されるかもしれない。属性が異なるものが，ともに意識状態に包含され得るか否かは議論の余地があろう。

⑱　1つ注目すべき点がある。ピグーによれば，知識は内在的善ではなく，手段的善である。だが，人が知識を獲得するといった知的生活によって，意識を構成する要素が何らかの仕方で陶冶され，より享受能力が研磨されていくということをこの引用は含意している（一種のケイパビリティ）。これは効用関数の独立変数が増えて効用が増加するだけでなく，効用関数自体が変化することを意味している。

⑲　些細なことであるが，『富と厚生』4頁に経済学の目的は，純粋科学とは異なり，むしろ「実践的（practical）」ないし「功利的（utilitarian）」なものだと説明されているが（Pigou 1912：4），後者を「功利主義的」とまで解してよいかどうかは微妙である（邦訳（2012：49）は「実利的」と訳している）。ちなみに，『厚生経済学』では同表現はないので，ピグー自身の本意を確かめることは困難である。

⑳　この点については，たとえばTakami（2014）を参照。

㉑　若干文脈は異なるがコラードは次のように述べている。「さらなる平等を……求める論拠は，もちろん，限界効用逓減であった。しかしながら，限界効用逓減が政策手段となったとき，ピグーの平等主義はほとんど消滅してしまった。かれは，マーシャルに倣って，好みと同様に必要なものも人によって異なるという理由で不平等が正当化されることを認識していた。〔ピグー曰く〕『重い責任を負い，頭脳をより多く使う人々には，かれらの効率性を維持するためにより広い居住空間，いっそうの静寂，より消化され易い食物，いっそうの状況変化が未熟練労働者に較べて必要である』（Pigou 1953：51）」（Collard 1981：112，傍点引用者）。

㉒　オクタヴィアはジョン・ラスキンと交流があり，資金面でも援助を受けていた。

㉓　『富と厚生』の冒頭でムアを援用していたが，『厚生経済学』では当該部分の一切の痕跡はない。とは言え，倫理学を真面目に追究していた者が，単に流行りだからだという理由だけでムアを引いたとは到底考えられない。とくに，厚生という自身の規範の中核概念の定義にまつわる箇所での引用であることから，たとえ後身の主著には盛り込まれなかったとしても，観念そのものまで無に帰したわけではなかろう。おそらくは，人口に膾炙するにつれて，無用に論争的となる叙述は舞台の袖に引っ込めるべきという慎慮が働いたものと思われる。

㉔　本郷はこの点を指摘している（本郷 2007：71）。ただ，ここでの「多様性」はやや唐突であるように思われる。しかし，コンテキストを考えれば，得心できよう。ゴルトン・レクチャーだという点である。おそらく，聴衆の多くは，当時の優生思想や育種に啓発され，人類の超人化の可能性に魅せられていたはずである。ピグー

第Ⅰ部　マーシャルの経済思想とピグーの厚生経済学

はそうした積極的優生思想による画一的な超人社会に対して，批判的であった。よって，たとえ劣った者を含んでいようとも，「多様であること」がより望ましいことを訴えたかったはずである。それが高じて，「多様性はそれ自体で善」だと唱えたのだと考えられる。

㉕　「かれ〔ピグー〕は最後まで，形式的論理の厳密さを追求するために無内容な抽象の世界に後退した新厚生経済学に同調しなかった。おそらくそれは，マーシャルからピグーに流れるイギリス新古典派経済学の共通した性格——常識の上に立って社会的果実を求めようとする経済学——のあらわれであるとともに，そこで展開された効用は，単なる個人的評価……ではなく，イギリス市民社会を前提とした市民にとっての社会的必要性を表現していたものだったからであろう」（伊東 1970：303）。

参考文献

Arrow, K. J. (1951) *Social Choice and Individual Value*, New York: John Wiley & Sons.

Aslanbeigui, N. (2002) Introduction to the Transaction Edition. In Pigou, A. C., *The Economics of Welfare*, with a new Introduction by Aslanbeigui, N., Transaction Pub, xxix-lxvi.

Backhouse, R. E. (2006) "Sidgwick, Marshall, and the Cambridge School of Economics", *History of Political Economy*, 38(1)：15-44.

Backhouse, R. E. and Nishizawa, T. eds. (2010) *No Wealth but Life：Welfare Economics and the Welfare State in Britain, 1880-1945*, Cambridge：Cambridge University Press.

Baldwin, T. (1990) *G. E. Moore*, London：Routledge.

Collard, D. (1981) "A. C. Pigou, 1877-1959", O'Brien, D. P. and Presley, J. R. (eds.) *Pioneers of Modern Economics in Britain*, London：Macmillan：105-139. (井上琢智他訳『近代経済学の開拓者』昭和堂，1986年。)

Collini, S. (2007) "Sidgwick, Henry (1838-1900)", *Oxford Dictionary of National Biography*, Oxford：Oxford University Press, 2004；online edn, May 2007 [http://www.oxforddnb.com/view/article/25517, accessed 10 Feb 2015].

Cook, S. (2005) "A Wrangling Machine", *History of Political Economy*, 37(4)：689-709.

——— (2009) *The Intellectual Foundations of Alfred Marshall's Economic Science*, Cambridge：Cambridge University Press.

Edgeworth, F. Y. (1879) "The Hedonical Calculus", *Mind*, 4(15)：394-408.

——— (1881) *Mathematical Psychics：An Essay on the Application of Mathe-*

matics to the Moral Sciences, London: Kegan Paul.

———— (1913) "*Wealth and Welfare* by A. C. Pigou", *Economic Journal,* 23 (89)：62-70.

Fourcade, M. (2010) *Economists and Societies,* Princeton, NJ: Princeton University Press.

Harrod, R. F. (1938) "Scope and Method of Economics", *Economic Journal,* 48 (191)：383-412.

Hicks, J. R. (1939) "The Foundations of Welfare Economics", *Economic Journal,* 49(196)：696-712.

———— (1959) *Essays in World Economics,* Oxford: Clarendon Press.

Hobson, J. A. (1914) *Work and Wealth : A Human Valuation,* New York: Macmillan.

Kaldor, N. (1939) "Welfare Propositions in Economics and Interpersonal Comparisons of Utility", *Economic Journal,* 49 (195)：549-552.

Latour, M. (1986) "Visualization and Cognition", *Knowledge and Societies,* 6：1-40.

Maloney, J. (1985) *Marshall, Orthodoxy and the Professionalisation of Economics,* Cambridge: Cambridge University Press.

Marshall, A. (1920) *The Principles of Economics*; 8th ed., London: Macmillan. (馬場啓之助訳『経済学原理』Ⅰ-Ⅳ, 東洋経済新報社, 1965-1967年。)

McCloskey, D. (1998) *The Rhetoric of Economics,* Madison, WI: The University of Wisconsin Press.

McLure, M. (2013) "Assessments of A. C. Pigou's Fellowship Theses", *History of Political Economy,* 45(2)：255-285.

Moore, G. E. (1903) *Principia Ethica,* Cambridge: Cambridge University Press.

Myint, H. (1948) *Theories of Welfare Economics,* London: Longmans, Green and Co.

O'Donnell, M. G. (1979) "Pigou: An Extension of Sidgwickian Thought", *History of Political Economy,* 11(4)：588-605.

Pigou, A. C. (1901a) *Robert Browning as a Religious Teacher,* London: C. J. Clay and Sons.

———— (1901b) "Some Aspects of the Problem of Charity", Masterman, C. F. G et al. eds., *The Heart of the Empire : Discussions of Problems of Modern City Life in England, with an Essay on Imperialism,* London: T. Fisher Unwin：236-261.

———— (1901c) "*Social Justice* by Willoughby", *Economic Journal,* 11(41)：75-

――――(1903) "Some Remarks on Utility", *Economic Journal*, 13(49): 58–68.

――――(1905) *Principles and Methods of Industrial Peace*, London: Macmillan.

――――(1907a) "Memorandum on Some Economic Aspects and Effects of Poor Law Relief", *Appendix* vol. 9. 1910, Minutes of Evidence, Royal Commission on the Poor Laws and Relief of Distress, Cd. 5068. London: His Majesty of Stationary Office and Wyman and Sons, 981–1000.

――――(1907b) "Some Points of Ethical Controversy", *International Journal of Ethics*, 18(1): 99–107.

――――(1907c) "The Ethics of Nietzsche", *International Journal of Ethics*, 18(3): 343–355.

――――(1907d) "The Ethics of Gospels", *International Journal of Ethics*, 17(3): 275–290.

――――(1908a) *The Problem of Theism, and Other Essays*, London: Macmillan.

――――(1908b) *Economic Science in Relation to Practice*, London: Macmillan.

――――(1912) *Wealth and Welfare*, London: Macmillan.（八木紀一郎監訳・本郷亮訳『ピグー 富と厚生』名古屋大学出版会、2012年。）

――――(1914) "Some Aspects of the Housing Problems", Rowntree, B. and Pigou, A. C., *Lectures on Housing*, Manchester: Manchester University Press, 35–66.

――――(1932 [1920, 1st ed.] [1924, 2nd ed.] [1929, 3rd ed.]) *Economics of Welfare*; 4th ed., London: Macmillan.（永田清監訳『厚生経済学』Ⅰ-Ⅳ、東洋経済新報社、1953–55年。）

――――(1923a) "Galton Lecture", *The Eugenics Review*, 15(1): 305–312.

――――(1923b) *Essays in Applied Economics*, London: P. S. King.

――――(1924) "Poetry and Philosophy", *The Contemporary Review*, 125: 735–744.

――――(ed.)(1925) *Memorials of Alfred Marshall*, London: Macmillan.

――――(1947 [1928, 1st ed.] [1929, 2nd ed.]) *A Study in Public Finance*; 3rd ed., London: Macmillan.

――――(1935) *Economics in Practice*, London: Macmillan.

――――(1937) *Socialism versus Capitalism*, London: Macmillan.（北野熊喜男訳『社会主義対資本主義』東洋経済新報社、1952年。）

――――(1951) "Some Aspects of Welfare Economics", *American Economic Review*, 41(3): 287–302.

—————（1952）*Essays in Economics,* London: Macmillan.

—————（1953）*Alfred Marshall and Current Thought,* London: Macmillan.

Robinson, E. A. G.（1968）"Pigou, Arthur Cecil", *International Encyclopedia of the Social Sciences,* 12：90-97.

Schneewind, J. B.（1977）*Sidgwick's Ethics and Victorian Moral Philosophy,* Oxford：Clarendon Press.

Schumpeter, J. A.（1954）*History of Economic Analysis,* New York: Oxford University Press.（東畑精一・福岡正夫訳『経済分析の歴史』（上・中・下）岩波書店，2005-2006年。）

Scitovsky, T.（1941）"A Note on Welfare Propositions in Economics", *Review of Economic Studies,* 9(1)：77-88.

Shionoya, Y.（2010）"The Oxford Approach to the Philosophical Foundations of the Welfare State", Backhouse, R. E. and Nishizawa, T. eds., *No Wealth but Life : Welfare Economics and the Welfare State in Britain, 1880-1945,* Cambridge: Cambridge University Press, 91-113.

Sidgwick, H.（1874）*The Methods of Ethics*; 1st ed., London: Macmillan.

—————（1897）*The Elements of Politics*; 2nd ed., London: Macmillan.

—————（1901）*The Principles of Political Economy*; 3rd ed., London: Macmillan.

Suzumura, K.（1999）"Welfare Economics and the Welfare State", *Review of Population and Social Policy,* 8：119-138.

—————（2000）"Welfare Economics beyond Welfarist-Consequentialism", *Japanese Economic Review,* 51(1)：1-32.

—————（2002）"Introduction to Social Choice and Welfare", Arrow, K. J., Sen, A. K., and Suzumura, K. eds., *Handbook of Social Choice and Welfare,* Vol. I, Amsterdam: Elsevier, 1-33.

Takami, N.（2014）"The Sanguine Science: the Historical Contexts of A. C. Pigou's Welfare Economics", *History of Political Economy,* 46(3)：357-386.

Tullberg, R. M.（2005）"Marshall, Alfred（1842-1924）", *Oxford Dictionary of National Biography,* Oxford: Oxford University Press, 2004; online edn, May 2005 [http://www.oxforddnb.com/view/article/34893, accessed 10 Feb 2015]

Whitaker, J. K.（ed.）（1996）*The Correspondence of Alfred Marshall, Economist,* Cambridge: Cambridge University Press.（Vol. I Climbing, 1868-1890; Vol. II At the Summit, 1891-1902; Vol. III Towards the Close, 1903-1924）.

浅野栄一（1977）「近代経済学の展開」杉原四郎・吉沢友吉編集者代表『歴史派経済

学と近代経済学』（遊部久蔵他編『講座経済学史』Ⅴ）同文舘出版：153-195頁。

伊東光晴（1970）「展開・政策体系としての理論の確立」内田義彦ほか『経済学史』
筑摩書房，271-325頁。

塩野谷祐一（1984）『価値理念の構造』東洋経済新報社。

————（2002）『経済と倫理：福祉国家の哲学』東京大学出版会。

鈴村興太郎（2007）「規範的経済学の非厚生主義的・非帰結主義的基礎——ピグー，
ヒックス，センの連結環」『経済研究』58(2)：97-109頁。

————（2010）「厚生経済学の実践者，都留重人」尾高煌之助・西沢保編『回想の
都留重人：資本主義，社会主義，そして環境』勁草書房，99-114頁。

藤井賢治（1999）「マーシャルとピグー」西沢保・服部正治・栗田啓子編『経済政策
思想史』有斐閣，133-148頁。

本郷亮（2007）『ピグーの思想と経済学——ケンブリッジの知的展開のなかで』名古
屋大学出版会。

————（2009）「初期ピグーの慈善論と救貧法改革論」『弘前学院大学社会福祉学部
研究紀要』9：65-76頁。

第Ⅱ部

ケインズ革命をめぐって

第4章
ケインズ革命とは何か
——マーシャルからケインズへ——

小峯　敦

1　「ケインズ革命」の論じ方

　本章の目的は，「ケンブリッジ学派における伝統と革新」という視点を採ることで，「ケインズ革命が何を意味しているか」という問いに一定の回答を与えることである。

　「ケインズ革命」を巡る言説は極めて多いが，「ケインズ革命が存在したことは，幸か不幸か，ほぼ万人の合意があるだろう。しかし，それが正確には何を含むのかについては，ほとんど合意がない」（Backhouse 2006：19）という現状がある。長い研究史をあえて三類型に絞れば，次のようになる。第一に，Dimand（1988：2010）を典型として，「ケインズ革命はどのように発生したのか」を追究する発生史である。発生からさらに過去へ遡る論述方法となる。第二に，Cord（2013）を典型に，「ケインズ革命はなぜ支配的になったのか」を探る知の社会学がある。発生の同時代が主な論述対象となる。第三に，De Vroey（2016）を典型に，「ケインズ革命はどのように受容され，さらに次の反革命をもたらしたか」というマクロ経済学の現代史である。発生から現代までが論述の射程となる。

　このうち，「ケインズ革命とは何か」を直接問うのは第一の方向である。本章もこの流れに属するが，その際に，第二と第三の視点も取り入れつつ，次の点にも留意する。すなわち「ケインズ革命」の起源を探究する者は，Eshag（1963）やLaidler（1999）が典型であるように，ケインズ経済学がマーシャルの伝統にあるとして，革命的な要素を薄める（または拒絶する）傾向にある。ケインズが予言しているように，この態度は「私がまったく誤っていると信ずるか，あるいは私がなんら新しいことを言っていないと信ずるかのどちらか」

135

第Ⅱ部　ケインズ革命をめぐって

(CW 7 : xxi) となる。本章ではマーシャル的伝統を継ぐ部分と拒否する部分を峻別することで，こうした傾向とは一線を画す。

　以下の叙述は，次の方法論を意識する。知識の科学史・社会学からの知見である。知的な革命を叙述するには，主に科学革命・科学的研究計画・レトリック・科学者集団という4つの方法がありえる (Cord 2013 : 15-17)。それぞれ①パラダイム変換，通常科学，②複数のパラダイム，計画のコアと周辺，進歩的・退行的の判定，③知的発見的・直観的な性質，④集団のカリスマ・制度・人的関係・メディアなどが重視されている。本章はすべての方法を意識しながら，特に第四の科学者集団の知的発展に注目する。

　さらに直接的な叙述の手段は，マーシャル的伝統を持つ「ケンブリッジ学派」の研究計画，特にトライポス（ケンブリッジ大学の優等学位試験）への注目である。「ケンブリッジ学派」はトライポスを実施する主体としても特徴づけられ，マーシャル的伝統の進化・浸透を促すと同時に，その分裂を同時に用意する。この過程が主に本章の叙述対象となる。

　「ケインズ革命」は理論・政策・体制というそれぞれの領域で語られてきた。[1]本章はさらに知的革命という観点から，マーシャルやケインズはどのような社会に生きたのか，どのような社会を目指したのかをも掬い取ろうとする。以下，第2節ではトライポスの創設とマーシャルの意図，弟子による改定を述べる。第3節では「マーシャル的伝統」を経済分析と経済認識の二部門から把握する。第4節では「ケンブリッジ学派」の特徴を確定する。第5節ではこの伝統を踏まえたケインズが何を受諾し，何を拒絶したかを結論する。

2　トライポスの創設とその改定

　マーシャル的伝統を探るためには，その主著を精査するだけでなく，弟子がどのように師の体系を受け止めたかが重要になる。マーシャルは，経済学のトライポス（優等学位の卒業試験およびカリキュラム）をモラル・サイエンスのそれから1903年に分離独立させた。本節では，トライポスに体現されたマーシャルの理想と，弟子たちによる改定作業（1910〜11年）に注目することで，「マーシャル的伝統」を具体化する。

第4章　ケインズ革命とは何か

表4-1　1903年の最終案——マーシャルによる当初のトライポス

第一部	課題論文	1題	必修
	現行のイギリス政治構造	1題	必修
	近現代の経済史および一般史	2題	必修
	経済学原理総論	3題	必修
第二部	課題論文	1題	必修
	一般経済学	3題	必修
	上級経済学（主に即実的）	2題	選択
	上級経済学（主に分析的）	2題	選択
	現代政治理論	1題	選択
	政治状況に関する国際法	1題	選択
	経済状況に関する国際法	1題	選択
	経済問題に応用される法原理	2題	選択
	特殊問題	各1題	選択

（出典）　Marshall（1903：30）.

オルガノン

　マーシャルがトライポスを独立させた意図は複雑だが（Komine 2014：82-84），ここでは，経済学の機関・方法論的原則・論理と言うべき「オルガノン」economic organon の修得という1点のみを指摘しよう。これは「普遍的な真実というよりは，ある種の真実を発見するために必要な普遍的な応用という機能」（Pigou ed. 1925 [1885]：156）である。それには細分化された専門分野を単に修得させるだけでなく，体系的な知識を，広範な視点から厚みのある分析体系として学生に提示することが求められた。「経済学の論理は，作用する動機を分析・分類する方法，それらの相互作用を辿る方法を示してくれる」（Pigou ed. 1925 [1885]：164）。オルガノンへの希求を，単なる専門化・細分化と捉えてはならない。マーシャルは統一された原理に向けた単純化と，現実的な現象を見据えた多様化を，同時に求めているのである。「経済学者は一の中に多を，多の中に一を追究しなければならない」（Marshall 1902：13；1903：25）。

トライポスの確立

　こうした意図は，マーシャル自身が設計した科目配置からもわかる。以下で表4-1に依りながら説明しておこう。トライポス第二部では必修は「課題論文」と「一般経済学」のみ（12時間分）で，あとは選択科目となる。「一般経済学」では「財政と政府の経済的機能（中央および地方）」を特に留意するように

137

第Ⅱ部　ケインズ革命をめぐって

指示が出され，同時に「出題は経済問題の倫理的側面に関する問題も含むだろう」（Marshall 1903：32）とされた。

　マーシャルの入念なカリキュラム構成は，「上級経済学」Advanced Economics の内容にある。この科目は 2 系統にわたって 4 分野の経済問題を網羅しようとする。まず 2 系統とは，即実的 realistic と分析的 analytic という区分である。前者は実務教育と言うよりは，むしろ広範な知識を獲得し，事実と事実の間にある関係性に鋭敏となること(2)が必要となる。「専門的な経済学者の必要性と同様に，公的もしくは私的な事業に就こうとしている者の必要性に応じる」（Marshall 1903：33）。後者はもっぱら分析的な性質を持ち，次の 3 つの内容を準備するべきであろう。すなわち，(a)税の転嫁問題など，目立たない価値問題，(b)経済学説の歴史，(c)経済学や統計学における数学的な問題，である。「候補者の学習は広範にならざるを得ない。しかしある程度，どれか 1 つの……分野に無理なく特化することになるだろう」（Marshall 1906：12）。

　そしてこの両系統ともに，次の 4 分野から同じ比率で出題される。A.「現代産業の構造と問題」：生産・輸送・マーケティングの方法。産業合同・独占。株式会社の発展。鉄道と運輸など。B.「賃金と雇用条件」：使用者と労働者の関係，労働組合，調停・仲裁など。C.「貨幣・信用および物価」：通貨制度，銀行組織，株式市場，外国為替，信用変動，購買力の変動など。D.「国際貿易とその政策」：物価の国際水準，信用・通貨の国際的側面，外国為替，関税，補助金，輸送機関など（Marshall 1906：11）。上級経済学の実際の問題では，貧困線を確定する方法の批判的検討，鉄道運賃，ルピー価値の攪乱，アメリカ・ロシアの輸出超過などが即実的と分類され，ミル，ワルラス，ベーム－バヴェルクを含む価値論の変遷，消費者協同組合と利潤，郵送費の低減と外国貿易，お茶の需要弾力性を図る手段とデータ収集，価格と利子率の関係などが分析的と分類された（*CUEP*, 1905 to 1906, volume XXXV, pp. 420, 423, 428-430）。ここに見られるのは，即実的でも分析的でも，広範で多様な問題が含まれていることである。

1910/11の改革

　マーシャルは1908年に引退したので，新しいトライポスの運営をその弟子たちに委ねた。1913年から約10年間続く改定されたカリキュラム（詳細は Komine

2014：86-92）には，3つの点から
マーシャル的伝統がうかがえる。

第一に，「政府の経済的機能」
が科目名として明示化された上で，
さらに必修に繰り上がったことで
ある。改定の途中では「政府およ
び慈善的団体の経済的機能」とい
う科目名であった。また，産業と
の関連における政策が科目の内容
であり，「国民保険，貧民への政

表4-2　第二部の改訂（22 February 1911）

1．課題論文	1題（必修）
2．経済学原理	1題（必修）
3．政府の経済的機能	1題（必修）
4．現代産業の構造と問題	1題（選択必修）
5．分配と労働	1題（選択必修）
6．貨幣・信用および物価	1題（選択必修）
7．雑多な経済問題	1題
8．政治科学	1題
9．国際法	1題
10．特殊問題	各1題

（出典）　Min. v. 114, p. 167.

策，課税における正義」も含まれる[3]。ゆえに，弟子たちの意図では，この科目
では中央政府・地方自治体のみならず，COS などの中間団体も視野に入って
いた。資本家や労働者とは異なった第三者（政府や非利益団体）による経済的介
入を，マーシャルの弟子たちも大いに重視していたことがわかる。

　第二に，マーシャルが実施要項で挙げていた重要な3分野，つまり産業・労
働・貨幣が試験科目として独立したことである。既に開講科目として，「賃金
と雇用条件」（ピグー担当），「貨幣・信用および物価」（ケインズ担当），「現代産
業の構造と問題」（レイトン担当）という具合に，教師間の分業体制が1908年秋
学期以来，確立していた。それゆえ1910/11年の改革案では，この現状を追認
する側面も持っていた。他方，「国際貿易とその政策」に関してはトライポス
向けの科目・担当者が存在しなかったため，「一般経済学」や「上級経済学」
の中に塗す形で処理され，出題科目には昇格しなかった（以上，表4-2）。

　第三に，経済学の教育における方法も明示的に踏襲された。マーシャルは経
済史や政治学・法学などにも幅広い目配りをした上で，「上級経済学」の出題
範囲として，経済学説の歴史，さらに経済学における統計的・数学的方法も
「分析的」とする科目の中で取り上げた。マーシャルの弟子たちは「特殊問題」
という形で，経済史，経済理論の歴史，政治科学，統計学の理論と方法などを
出題範囲に含め，やはり師匠の意図に忠実であろうとしたのである。

　実際には細かな点で[4]，カリキュラム構成に重要な変更はある。しかし，政府
の機能を重視して主要3科目を明示し，経済学を修得する方法も踏襲するなど，
この時期の弟子たちはトライポスの実施に当たって，マーシャルの意図をでき

第Ⅱ部　ケインズ革命をめぐって

るだけ忠実に実現しようと試みていた。

3　マーシャル的伝統の確立

　この節では，マーシャル的伝統を二部門5要素の観点から確定させる。二部門とは経済分析の特徴（A-1, A-2, A-3）と経済認識の特徴（B-1, B-2）である。前者は経済学の本質（定義），目的（応用），方法（分野など）に分かれる。後者は経済社会の本質に関する認識（B-1）と調整機能に関する認識（B-2）に二分される。調整に関する認識の中にも，現実（短期；貨幣的現象）と理想（長期；実物的現象）という時間的な二分法と，ミクロ（主体；私的利益）とマクロ（現象；社会的利益）という空間的な二分法も包含されている。

経済分析の特徴①
　マーシャル的伝統の第一部門として，経済分析における3つの特徴を挙げることができる。これらが総体として，オルガノンを形成している。
　第一に，経済学の本質（A-1）に関しては，研究対象を客観的に定義することを通じて，その本質的な特徴を明確にしなければならない。端的に言えば，経済学はモラル・サイエンスであり，倫理学との境界線が曖昧である。
　マーシャルによる経済学の本質は，主著冒頭の定義に顕示されている。

　　経済学は日常業務を営む人間の研究である。それは個人的そして集団的な行
　　動という一部を検討し，これは福祉の物質的な必要品を獲得し使用すること
　　と極めて強く結びついている。（Marshall 1920［1890］：1）

経済学は古典派と同様に富の研究なのだが，より重要なのは人間の個人的・社会的行動を探究する研究の一部なのである。この意味で，物質的な福利の追求を基盤としつつ，個人の動機・心理と社会的な帰結・現象との相互作用を探ることになる。まさに社会科学の中の経済学を意識した定義であった。マーシャルは高等教育の制度としては，体系的な学習機会を優先して経済学をモラル・サイエンスから独立させたが，学問の内容としては，経済学はあくまでその一部門なのであった。ここでモラル・サイエンスとは，自然界の事象を記述する

フィジカル・サイエンスに対応する概念で，社会的存在である人間の精神的働きと，その相互作用である社会現象を包括的に研究する学問体系である（人文科学と社会科学を合わせた総合的科学），と説明しておこう。

この定義に関連して，経済学の境界線問題（倫理学との関係）がある。マーシャルは一方で「経済学の法則は，暗示された感情の中に表現された傾向を言明することであり，倫理的な指針は急務ではない」（Marshall 1920［1890］: vi）と述べて，倫理学から区別される実証的な経済学を強く求めている。モラル・サイエンスのトライポスでは，形而上学を完全に習得した後のみでしか，経済学の学習に向かえなかった。この現状を変えるために，マーシャルは教育上，倫理学と経済学の分離を説いた。しかし他方，「倫理的な諸力こそ，経済学者が取り上げなければならないものである」（Marshall 1920［1890］: vi）とも述べる。これは生活基準や経済騎士道の重要性と合致する言明である（Fujii 2008）。短期的な場面では貨幣的尺度に基づいた満足が支配的になるが，進歩を含む長期的な場面では倫理の力が強く働く。

このため，経済学の倫理学からの境界線問題としては，一応の区分は暫定的に付けられるが，大きな視野からは曖昧である，とまとめることができる。

経済分析の特徴②

第二に，経済学の目的（A-2）は，国民の厚生（福祉）を増大させることである。経済学は知識のための知識ではなく，政策指向の極めて強い科学である。マーシャルは具体的に，イギリス産業の対外競争力を維持・向上させると同時に，国民（特に労働者階級）の物質的・精神的向上を図るという二重の政策目標を提示した。前者は，「大戦前，イギリスはかつてないほど繁栄していた。……産業の方法は増加する率で進化していた。しかし今やイギリスはある点で主導権を失ってしまった」（Marshall 1919: 3）という認識を出発点としている。アメリカ旅行，ロンドン貧民街の観察などを通じた現実感覚であった。後者の認識は「私はこの25年間，貧困問題に自らを捧げてきた」という王立委員会での証言（Keynes ed. 1926［1893］: 205）や，「富の不平等は……我々の経済組織の重大な瑕疵である」（Marshall 1920［1890］: 714）という言明からも明らかである。

第Ⅱ部　ケインズ革命をめぐって

経済分析の特徴③

　第三に，経済学の方法（A-3）は，基本的認識，数学の利用法，基本概念，分析に必要な分野，という4点に集約される。

　まず，経済学は「分析的 analytic かつ即実的 realistic」であることが大前提となる。これはマーシャルがトライポスの科目「上級経済学」の副題にそれぞれ付けた形容詞であり，次のような基本的認識に相当する。

　　一般的な論理的思考は本質的である。しかし事実を広範に徹底的に研究することは，同様に本質的である。そしてその研究の両面を結合することのみ，経済学を適切なものにする。（エッジワースへの手紙，1902年8月28日，Pigou ed. 1925：437；強調は原典）

さらにこの認識は，マーシャルがトライポス第二部向けの講義の題材をその朝の *The Times* から取り，その日のニュースで印象に残ったことを話すという習慣（Groenewegen 1995：314）とも合致している。

　次に，数学の利用に関しては，ミル原文の数学的翻訳から研究を出発したこと，『経済学原理』における本文と数学付録の関係[5]が象徴的であること，という2点が重要である。さらに，10あまりの基本概念が重要視された。主な概念のみを列挙しておけば，進歩，代表的企業，消費者余剰，外部性，収穫逓増，準地代，産業構造，経済介入，失業，投機，長期などである。

4つの分野の発展

　最後に，これらを体系的に分析するために，4つの分野が固有に発展した。厚生経済学，産業組織論，協同組合論，貨幣論である。これらの前提として，『経済学原理』が内包する経済主体の静態的均衡（第2編から第5編）と動態的発展（第6編）という世界観として，それぞれマーシャルによる価格論と国民所得論が基礎にある。これはトライポス第二部の試験科目名（表4-2）によれば，「経済学原理」（2番，必修）に相当する。

　この基本体系と「政府の経済的機能」（3番，必修）という認識を組み合わせると，ピグーが新たに提唱した厚生経済学となる。厚生経済学の中身は，「現代産業の構造と問題」（4番，選択必修）による「産業組織論」，「分配と労働」

（5番，選択必修）による「協同組合論」，「貨幣・信用および物価」（6番，選択必修）による「貨幣論」に分かれる。それぞれ，厚生経済学の第1命題（生産），第2命題（分配），第3命題（変動）と大まかには対応していることも確認しておこう。ミクロとマクロの体系が厚生経済学として統一的に把握され，さらに3分野に細分化されたという構図である。

厚生経済学に関して，マーシャルは生活基準（質的向上）・消費者余剰という分析概念を中核にして，特に労働者の幸福追求を経済学の目標の1つに掲げていた。Pigou（1912）が開発した厚生経済学は——シジウィックの私的・社会的な費用の乖離という発想も借りながら——この目標と合致する形で，なお効率（第1命題）と公平（第2命題）の同時達成を企図した。

産業組織論に関して，経済学の扱う現場の一部をできるだけ正確に描くこと（Marshall 1919：v）という目的に従って，弟子たちは対照的な道を選んだ。まず，マーシャルの意図を現実の観察によって類型化・実証化する試みである（MacGregor 1906；Lavington 1927）。次に，マーシャルが編み出した中心的な概念を，実証的・理論的見地から批判する試みである（Clapham 1922；Sraffa 1926）。この事態はマーシャル的なミクロ理論とマクロ現象の両立性に対する重大な疑義を内部に孕んだ（Bigg 1990：40）。

協同組合論に関して，マーシャルはこの組織を時代の象徴と見なした（Pigou ed. 1925：227）。なぜなら，高い倫理・志と経済的効率性を結びつけ，集団の助けを借りて個人の創意を発展させるからである。Fay（1920 [1908]），MacGregor（1911），Pigou（1912），Robertson（1923）など，資本家と労働者の共同統治という文脈で，多くの弟子たちがこの問題[6]に取り組んだ。

貨幣論（信用論）に関して，代表的消費者による選択の概念が内包されている貨幣論（残高方程式）と，マクロ経済学に分類できる景気変動論に大別できる。厚生経済学の場合と異なり，この分野にはほとんどすべての弟子が参入した。Hawtrey（1913；1919），Robertson（1915；1922；1926），Pigou（1917），Lavington（1921；1922；1926），CW 4，CW 5など，マーシャルのアイデアを拡張したり精緻化したりした。

経済社会の本質に関する認識

マーシャル的伝統の第二部門として，経済認識の特徴を挙げよう。これは経

済社会の本質に関する3点の認識と，調整機能に関する3点の認識に分割できる。

　まず，前者の経済認識（B-1）には，①全体は個別の単純な総和ではない，という主に空間に関する二分法がある。

　　人間は一連の思考・感情を超えたものであるように，社会の生命も個別の成
　　因の生命を合計したもの以上のなにものかである。……経済学は集団的な財
　　産所有や重要な目的の集団的な追求に関連する動機に，ますます大きな関心
　　を払うようになっている。（Marshall 1920［1890］：25）

マーシャルはこのように，マクロという考慮すべき実在があると想定していた。この認識は，全体の現象を個別主体の行動に還元する経済学（例：オーストリア学派や現代経済学）とは対極にある。

　次に，②経済の調整には長い時間がかかる，という主に時間に関する二分法もある。マーシャルにとって「時間の要素は……困難の中心」（Marshall 1920［1890］：vii）にあり，短期と長期の区分は便宜的で，両者は気付かれないほど徐々に移行していく微妙な位置づけである。しかし，「需給の正常な調整をもたらす傾向にある経済的な諸力が十分に発揮するには，労働の場合は特に長い期間がかかる」（Marshall 1920［1890］：661）。この認識は，競り売りの市場がコアとして存在し，調整過程が非常に円滑に進む――極端な場合は無時間で，不均衡場面では取引されない――ローザンヌ学派の経済学とも対極にある。

　さらに，③貨幣が経済モデルに最初から使用され実質的な力を有するが，長期には技術・労働の質などの実物要因が支配的になる（Eshag 1963：72）という根本認識がある。貨幣はラスキンやカーライルが非難するように，それ自体を守銭奴のように求めるから経済学に必要なのではなく，「大規模で人間の動機を測定する便利な手段として」（Marshall 1920［1890］：22）必要なのである。貨幣所得も分析対象なのであり，この認識も，貨幣なしの交換経済をコアと置くローザンヌ学派から遠い。ただし，貨幣の長期的な中立は保たれている。

調整機能に関する認識

以上3点に分類される経済の根本認識に対して，3層の異なる調整メカニズ

ムの認識（B-2）を用意しているのが，マーシャル的伝統の特徴である。

　まず，④価格メカニズムとして，伝統的な経済学の教えの通り，経済には究極的には長期の均衡に至る傾向がある，という認識である。「長期には，この宝石の正常価値は，需要と供給の均衡を維持するようなものになるだろう」（Marshall 1920 [1890]：418）。この正常な状態では，空間的には全体（社会）と個別（個人）は一致し，時間的には短期は長期に調整され，貨幣の短期的な便宜・攪乱は長期的な中立に移行していく。ここでは通常の経済学的思考の通り，長期というアンカーに向かって短期という攪乱が存在するという構造になっている。

　さらに，⑤経済主体側の進化によって将来を見渡す力（遠望能力[7]）などの能力を身につけられる，という認識である。この能力は確実な計算が可能であるという前提において，道徳的進歩も内包し，将来を十分に考慮した上で現在の決定を行うという概念である。この認識には，経済主体は人間本性の持続的な進歩を果たす，という信念が隠れている。

　最後に，⑥産業における組織側も大きく進化する，という認識である。代表的企業[8]は外部性を享受しながら，競争的な状況でも収穫逓増状態を実現できる。企業も有機体に喩えられ，差別化（分業や特殊技能の発展）と統合化（各部分の深い接合）が同時に発生する（Marshall 1920 [1890]：241）組織である。特に産業ではメゾの組織——会社組織，個別の産業，集積した産業など——が介在して，「もっと完璧に，もっと注意深く組織され，もっと効率的になった」（Marshall 1919：362）。

　こうした3つの調整を経て，現実（短期）と理想（長期）のギャップが徐々に確実に埋まる。個別主体と環境は相互に作用し，有機的な成長をもたらす。

　〈進歩〉や〈進化〉は，産業的であれ社会的であれ，単なる増加や減少ではない。それは有機的成長 organic growth であり，無数の要因が衰退することで抑制され限定され時には逆転させられる。互いに影響を与え，まわりのものに影響を与えられる。（Pigou ed. 1925 [1898]：317）

その結果，経済は有機的な全体 organic whole（Marshall 1919：599）を構成し，全体としての緩やかな調和を保つことになる。私的利益と社会的利益はたいて

いの場合，背反しない。

④は通常の経済学的思考だが，マーシャルの特長は⑤と⑥をさらに付け加えることで，「生物の進化」の比喩を用いて経済の調和的発展というヴィジョンを秘めていることである。それゆえ最終局面だけを見れば，そのヴィジョンはセイ法則，重心としての長期均衡（菱山 1993：60，105），貯蓄が主で投資が従，貨幣の中立性，実物要因の優位性などの古典的な「長期」を指向している。しかし同時に，それは貨幣や効用が圧倒的な存在感を持つ現実の短期からの連続性をも包含している。この調和は，有名な「木と森の比喩」で記述されている。

企業は盛衰するが，ちょうど野性の林で代表的な木がそうであるように，〈代表的な〉企業は常に同じ規模である。（Marshall 1920［1890］：367）

マーシャルは時間と空間の二分法を意識し，それぞれ生じうる矛盾や困難性を，単に狭い意味での経済的諸力（価格メカニズムによる需給調整）だけでなく，有機的な成長・全体という工夫を用いて解消する，という経済分析および経済認識の特徴を持っていた。

4 「ケンブリッジ学派」の形成

ケンブリッジ学派と何か。マーシャル的伝統を特定化することにより，この難問に答える準備は整った。Komine（2014：14-15）で論じた通り，「ケンブリッジ学派」という単語そのものもケインズが意識的に自己規定として用いていた。具体的な人物はピグー，レイトン，ケインズ，ロバートソン，ヘンダーソン，ラヴィントンである。彼らはケンブリッジの内部にいて，トライポスを運営する立場におり，ほとんどが「ケンブリッジ経済叢書」にも関わり，『エコノミック・ジャーナル』の執筆や運営に関連し，王立経済学会の中心メンバーでもあった。彼らはマーシャル的伝統である経済分析と経済認識を熟知した上で――そのいくつかのみを，意識的にせよ無意識的にせよ，保留にしつつ――，その総体を大枠として受け入れた。その上で，マーシャルが十分には展開しなかった領域を重点的に研究した。その重点とは，価格理論と国民所得論そして政府の経済的役割を前提とした厚生経済学，さらに産業組織論・協同組合論・

第4章　ケインズ革命とは何か

貨幣論という専門領域である。

ケンブリッジ学派の確立①

以下で，代表的な例を掲げて，まずは経済分析の認識に関するマーシャル的伝統がケンブリッジ学派に受け継がれていることを簡単に例証しておこう。

経済学の本質（A-1）に関して，ピグーもロバートソンもモラル・サイエンスとしての経済学を強く意識している。ピグーは一方では経済学は規範ではなく実証を扱い，純粋科学ではなく現実科学であると見なす。後者では一般法則の確立が求められる。ただし他方では経済学と倫理学は互いに依存しており——しかも経済学は倫理学に奉仕する役割を持ち——，経済学者は同時に倫理学者でもなければならない（Pigou 1908：13-14，訳9-10）。ロバートソンはマーシャルの注意喚起を掲げ，通常の分析では便宜として純粋科学に集中するが，究極的な判定材料としては，理論分析を政策に応用する際は倫理的本能や分別が重要となる，とした（Robertson 1957：18）。ヘンダーソンもマーシャルを十分意識し，「経済理論は事実に立脚しなければならない。……この事実は日常業務の世界に出現し，関連する……経済的な事実である」（Henderson 1932 [1922]：1）と語る。

ただしピグーとロバートソンは，マーシャルよりもさらに経済的厚生に引きつけて経済学の本質を理解しようとしていた。ピグーは厚生を「意識の状態」として定義して広範な要素を含ませたが，実際には経済的厚生と全体の厚生はたいてい同じ方向に動くだろう（Pigou 1912：11，訳55）という楽観から，貨幣換算可能な経済的厚生——さらには国民分配分——に絞って議論を進めた。ロバートソンもピグーを踏襲した上で，さらにラスキンの提唱——生命のみが富である——では「研究が制御不能」となるので，「我々は厚生のより物質的な部分，精神的からはより離れた部分に限定しなければならない」（Robertson 1957：18）と説いた。とはいえ，経済学と技術・政治・倫理との間にそれぞれ線を引くのは困難であることも認めた（Robertson 1957：30）。ヘンダーソンも「あるべきこと」と「あること」は往々にして混在してしまうと説いた（Henderson 1932 [1922]：142）。

経済学の目的（A-2）に関して，ケンブリッジ学派は一致して，経済学は知識のための知識ではなく，果実（政策による成果）をもたらす存在（Pigou

147

1908：9，訳6）という認識を共有している。マーシャルは対外競争力の維持と貧困問題の解決に大別される政策目標を持っていたが，ケンブリッジ学派は後者に集中した関心を示した。ピグーは「国民分配分における分配の平等化」（Pigou 1912：24，訳66），すなわち第2命題を強く推奨した。ピグーの関心は国民分配分の上昇とその平等化を調和的に実現することであり，それゆえ貧困や不平等の是正が，経済全体の利益になると確信していた。それゆえ，貧者への再分配の「科学的」根拠である限界効用の逓減と比較可能性について，最後まで撤回しなかった。ヘンダーソンは遺産相続を強化して，不平等状態に置かれている貧者の救済を指向した（Henderson 1926）。レイトンは現代社会に存在する極端な富と貧困という固有の不公正を是正すべき（Layton 1914：7-8）という観点から，労使関係の分析に入っている。

ロバートソンの政策課題を取り上げておこう（仲北浦 2016）。彼は経済学の内容を生産・分配・統治の問題に分ける。第一は人口増加と「安楽基準」（物質的な最低限までの量的な基準）の持続的上昇を可能にさせる問題である。第二は「人間的な厚生をより生産的にさせ，正義の観念により適合的にさせるように」（Robertson 1923：1），経済的成果を分配する問題である。第三は産業における男女が自己決定できる権限を持たせる問題である。特に，雇用環境の変化というリスクを負っている労働者が，そもそも経営に関与できない（Robertson 1923：94）という非対称性・不平等性が問題となった。このように「物質的」な問題に限定されていたとしても，何らかの規範的判断が混入していることに留意する必要がある。第一と第二はピグーの命題にそれぞれ相当する。第三は協同組合論に通底する問題意識であり，産業統治が階層間の不平等と密接に関係していることがわかるだろう。

経済学の方法（A-3）もケンブリッジ学派の共有事項であった。数学への態度を例示してみよう。ピグーはマーシャルが「熟達した数学者であるにも関わらず，マーシャルは数学を控えめに使用した。……この道具を過度に頼ってしまえば，……数学的な機械では精密に動かないような要因を無視することになって，我々の釣り合いの感覚をかき乱してしまうかもしれない」（Pigou ed. 1925：84）ことを熟知していた。このピグーを別として，他のメンバーは数学を用いた経済学の記述を行わなかった。この伝統が崩れるのは1930年代の前後からである。ロバートソンは経済学の数学利用について，「数学的な関心がな

い経済学者は落胆する必要はない。彼は……演繹的な理由づけを，有益である以上にさらに洗練させよう，という誘惑から逃れられる。数学的な関心を持っていようといまいと，すべての経済学者は〈量的な想像力〉の癖を獲得しなければならない」（Robertson 1957：28）と説いた。

ケンブリッジ学派の確立②

次に，経済社会の本質に関する認識について，6点ある要素のいずれについても，ケンブリッジ学派は——その濃淡はあるが——受諾していた。空間・時間・貨幣に関する根本的な認識を共有し，両極（例：ミクロとマクロ，短期と長期）をつなぐ価格・主体・組織に関する矯正的な力にも期待をかけていた。しかし，その矯正的な力が有機的な全体による調和をもたらすかどうかについては，逆にかなりの疑問が広がっていたと考えられる。

例外的に，ラヴィントンはもっともマーシャルに忠実であり，有機体としての市場における調和という観点も共有した。ラヴィントンによると，市場（特にイギリスの金融市場）は「資源が目的に調整される組織という凝縮した部分」を形成し，この市場は「産業システムの中で生きており，発展するもの，つまり有機体 an organic thing」（Lavington 1921：5）である。このような有機体が私的利益と社会的利益，現実と理想の架け橋を生み出す。ラヴィントンは産業構造の研究において，銀行家・投機家・大規模産業の寡占家・独占家という4タイプの類型を想定した。公平無私で有能な様々な企業家が，産業の構造に応じて私的利益を社会的利益に一致させようと奮闘するのである（Lavington 1926：199）。

ピグーは次のように論じて，経済主体の進歩も想定している。[10]

> 祖先の環境の変化は，その後の環境条件と……環境に一部依存する人間の性質を，継続的・累積的に変えていく力の始まりとなる。……単に永続的だけでなく成長的でもある進歩 progress は，血統や生殖細胞とは無関係な原因からも生じうるのである。（Pigou 1912：61，訳97，強調は原典）

ただし有機体的な社会観による調和というよりは，別の方策による調和が前面に出ている。私的純生産物と社会的純生産物の乖離や，富者から貧者への移転

は，課税を通じて是正できる。これは生物学的な発展の外にある人為的な経済介入であろう。[11]

ロバートソンは資本主義の内部に，過剰投資という本来的な変動の根源があると見なしている。大規模生産による生産期間の長期化，分割不可能性，相応のリスクを引き受けていない経営者，不適切な貨幣政策などの理由で，投資主体に「誤算」miscalculation が必然的に生じてしまうのである。この矯正には有能な企業家や有望な労働者は「単に機能を失った異常なもの」（Robertson 1920：539）になってしまうので，個人ではなく適切な銀行政策の他，産業構造の改良が望ましい（Robertson 1915：242）。ロバートソンは資本家と労働者の共同委員会方式を推奨する場面で，労使の代表者が全体の総需要を熟知するなど，進化した役割を期待した（Robertson 1923：163）。共同経営方式 joint control という人為的組織によって，社会に公正と効率を取り戻す必要があった。

最終的に，ケンブリッジ学派の特徴は次の3点にまとめられる。第一に，マーシャル的伝統を経済分析の面でも経済認識の面でも，ほぼ全面的に受容したこと。第二に，長期的な趨勢は『経済学原理』の内容に任せ，それぞれの活躍の場は，トライポスの科目で顕示された3分野（産業組織論，協同組合論，貨幣論）における中期・短期の議論であること。第三に，マーシャルの生物学的な均衡装置である「有機体的全体」の考えが薄れ，代わりに政府・中央銀行の裁量的政策や労使間の新組織構築など，人為的な施策が前面に出てきたこと。

5　「ケインズ革命」の確立

こうしたマーシャル的伝統を前提として，ケンブリッジ学派が活躍する中で，ケインズは何を受け継ぎ，何に反発したのか。「ケインズ革命」を確立する作業に移ろう（以下，表4‐3を参照）。

マーシャル的伝統の受容

マーシャル的伝統における経済分析の特徴として，ケインズはそのほとんどを受け入れている。経済学の本質はモラル・サイエンスであり，「内省と価値判断を扱う」（CW 14：297）。[12]適切なモデルを選択すること自体が技巧 art に属するのである。数学の利用についても，微分は因果傾向を分析する経済学には

第4章　ケインズ革命とは何か

表4-3　マーシャル的伝統とケインズ革命

経済分析		経済認識	
A-1　本質（モラル・サイエンス）	◎	B-1　経済社会の本質に関する認識	
A-2　目的（厚生増大）	○	マクロ≠ミクロ	◎
A-3　方法		長い時間調整	◎
即実的かつ分析的	◎	貨幣の力	×
数学利用	◎	B-2　調整機能に関する認識	
基本概念	◎	価格機構	×
重点分野		経済主体の進歩	×
厚生経済学	×	組織の進化	×
産業組織論	○		
協同組合論	×		
貨幣論（需要と景気）	◎	◎深く受容，○受容，×拒絶	

（出典）　筆者作成。

適さないし，必要もない（Rymes ed. 1989：138, 訳160）とした。経済学の目的は国民福祉の増大であることに異存はなく，ケインズの「文明の可能性の受託者」である経済学者という表現を顧みれば，最低限の効率的な経済的資源の実現（つまり具体的な成果）という観点を経済学に求めるのは自然であろう。マーシャルの二大目標に絡めれば，対外競争力の維持はイギリス国民のために大前提であった。この面から第二次世界大戦中の対米交渉がその活動に当てはまるだろう。労働者の福祉に関しては，モラル向上や所得再分配による引き上げではなく，非自発的失業を根絶するための論理が提示された。他のケンブリッジ学派のメンバーのように，労使の民主的協働による直接的な分配は希薄で，所得・雇用の実現を通じた消費者の福祉向上というルートが重視された。

　経済学の手段として，分析的かつ即実的という教えはケインズ自身の座右の銘となった。利子・賃金単位・マーシャルの K など基本概念の共有もある。伝統の中でもっとも顕著なのは，トライポスの実施であろう。ケインズは「貨幣・信用および物価」の担当者として，自らもこの分野に多くの貢献を果たした。経済主体の側から貨幣需要論（流動性選好説），経済現象の側から景気循環論（投資と貯蓄の差，中央銀行の制御）という実例がある。ただし，他のメンバーの多くが関わった産業組織論と協同組合論については，ほとんど研究を進めていない。この点を除けば，ケインズは経済分析のマーシャル的伝統を完全に受容し，自らの強みを発揮した。

151

第Ⅱ部　ケインズ革命をめぐって

マーシャル的伝統の拒絶

　マーシャル的伝統から離れるのは，経済認識の場面である。ただし経済社会の本質に関する認識の根本的特徴に関しては，3つのうち2つまでは共有している。①全体は個別の単純な総和ではない，という認識は「合成の誤謬」の重視からわかる。「節約の逆理」でもそうだったように，個人で正しい行為が社会的にも適切とは限らないのである。「我々は常に有機的統一体，分離性，非連続性という問題に直面している。全体は個別の合計とは一致しない[13]」（CW 10：262）。②経済の調整には長い時間がかかる，という認識は「経済体系は自己調整的ではなく，意図的な指導なしには現実の貧困を潜在的な豊富に移行させることはできない」（CW 13：491）という形でケインズに共有された。ただし本当の含意は，調整速度ではなく，調整が誤った方向に向かったり，そもそも原理的にある変数が調整されなかったり，という事態である。③しかし，貨幣の現実的使用を受け継ぎながら，その長期的中立については，完全に破棄した。この部分はケンブリッジ学派の他のメンバーからも大きく乖離している。

　さらに，ケインズがマーシャル的伝統から抜けだし，他のケンブリッジ学派とも異なるのは，経済調整の認識すべてを拒絶したり刷新したりする点である。④価格メカニズムによる均衡収束力は，長期（均衡：実物体系）を重心として，短期（攪乱：貨幣体系）が衛星のように振動するという経済観を含む。ケインズはこの世界観に挑戦し，貨幣的諸力や政策によって定まった短期の点に応じて，長期がいくらでも変更されるという新しいヴィジョンを提示した。⑤経済主体の進化に関しては，道徳力・遠望能力・管理能力が向上していくマーシャルの進化する有能な経済主体は「色褪せた偶像」（CW 10：287）と揶揄された。その代わりに，根源的な不確実性の中で，頼りない慣行と血気に左右される企業家が新しいモデルとなった。歴史的に制約される一方で，芸術を観照し，未来に向かって投企する存在でもある。⑥組織の進化については，やや人工的な介入に頼ったケンブリッジ学派のメンバーと一部のみ問題意識を共有した。すなわち，有機的な進化は望めず，人工的な組織作りが必要とされる。

　しかし，ケインズはケンブリッジ学派の最大の強みである協同組合論を拒絶した。その理由は3つある。第一に，対立と協調の場である労使という境界線そのものが不適切だからである。本当の境界線は，活動階級（企業家と消費者）と不活動階級（金利生活者）に引かなければならない。第二に，組織の進化に

別個の複合体⁽¹⁴⁾が必要だからである。すなわち，公共心を持った大規模経営者，真性な長期期待に基づく投資家，公平無私な政策担当者，専門的知を持った経済助言官，適切な経済情報を流す公共メディアなどから成る複合体である。彼らは個別主体からの主導権を保ちつつ，外部からの監査も受ける。半自治組織の一例である。第三に，協同組合経済は中立経済であり，貨幣の役割が事実上消えてしまい，セイ法則が成り立つからである。

　ケインズは『一般理論』の草稿や1933年秋学期の授業で，経済を3つの類型に分けている。第一に，実質賃金経済または協同組合経済であり，協同組合として生産した産出物を事前に合意した比率で分配し尽くされるように，生産要素の報酬が定まる経済である（Rymes ed. 1989：91，訳103）。第二に，中立経済では，企業家は貨幣を対価に生産要素を雇用するが，生産要素が受け取る貨幣所得の交換価値が，現行生産量の比率——これは協同組合経済における生産要素のシェアに等しいのだが——と総額では常に等しくなるような機構が備わっている。第三に，貨幣賃金経済または企業家経済では，貨幣でもって生産要素を雇用するが，このような機構が欠けている経済である（CW 29：78）。

　ここに，ケインズをマーシャルおよびケンブリッジ学派から分けるのに最重要な区分がある。マーシャルの世界でも貨幣を用いるが，企業家の利潤が財タームで予想され長期的には実物と同一視される機構を備えている。これは中立経済である。ロバートソンの世界は貨幣を最初の段階では排除し，協同組合方式による労使の分配を理想とするので，実質賃金経済なのである。こうした経済では古典的なセイ法則が成立していることになる。貨幣は実質的に存在せず，企業家は完璧に将来を予想し，売れ残りはない。それに対して「貨幣賃金経済では，現在の所得は，自由な選択の問題として支出されるか支出されないかとなる」（Rymes ed. 1989：92，訳104）。企業家の予想次第では，当然に有効需要が不足する。

　このような経済認識の違いをケインズ自身が説明している。次の引用はケインズがなぜ，マーシャルとピグーを「古典派」に含めるという語法違反を犯したのかの一端を説明する。

　　いかなる経験からもかけ離れているほど，完璧なまでに静的な世界をあなたが仮定しているのか，それとも現実世界のほのかな像をまだあなたが保持で

第Ⅱ部　ケインズ革命をめぐって

きているのか，どちらなのか明らかではない。私の批判は，あなたが簡単で
明白なこと（つまり代数）に全労苦を使いすぎていると言えること，そして
あなたが没入している抽象的な世界の正確な性質と，抽象的な世界と現実世
界の関係とを，読み手にどうやっても明瞭にできないこと，ここにある。
（ピグーへの手紙，1928年1月10日）[15]

この引用は，代表的企業の概念を批判したSraffa（1926）と反論するピグーとの
論争におけるケインズの論評である。ケインズはピグーのモデルが代数に頼り
すぎていて，現実からかけ離れていると批判した。
　他方，ケインズはマーシャルのモデルを複雑すぎると批判した。

　経済学における進歩は，モデルの選択における革新的な改善がほとんどであ
る。ピグーに代表されるような後期の古典派による重大な欠陥は，あまりに
単純な，あるいは時代遅れのモデルに没頭しすぎであることである。……他
方，マーシャルはモデルを考案することには天才的だったが，即実的である
ことを求めて，そして簡潔で抽象的な概要を不必要に恥じることによって，
自分のモデルをしばしば混同していた。（CW 14：296，強調は原典）

この引用はティンバーゲンの計量経済学をめぐるハロッドへの手紙（1938年7
月4日）である。抽象に偏ることなく，具体に拘りすぎることもなく，適切な
モデルが必要なのである。
　ケンブリッジ学派はマーシャルの教えに忠実であり，「分析的かつ即実的」
な経済学を常に求めていた。その伝統にいたケインズは，しかしながら，この
学派のモデルが現実に合わない，という経済認識を持つようになった。それゆ
え，新しい時代に合わせた経済分析・モデルを考案する必要があった。伝統的
な経済分析を熟知したケインズは，新しい経済認識に基づいて，刷新された適
切なモデルを構築しようとした。過去の知的財産を保有し，現在への鋭い現実
感覚を携え，未来への知的挑戦を果たす。これがケインズ革命である。

ケインズ革命の確立
　ケインズが構築した経済認識は，「生産の貨幣的理論」であった。ここでは

「貨幣は本質的かつ独特の仕方で経済機構の中に入り込む」，つまり「将来に対する予想の変化が雇用の方向だけではなく，その量までも左右することのできる経済である」（CW 7：xxii）。この経済においては，安定的な重心（理想，長期，実物）の周りに不安定な衛星（現実，短期，貨幣）が振動するという世界観はない。また，全体の現象（マクロ，社会的利益）が個人の行動（ミクロ，私的利益）に還元できてしまう構造もない。むしろ，歴史的制約と未来に関する期待を同時に秘めた個別の主体が，複合的に合わさって何らかの社会的現象を出現させ（それがまた個別の主体に影響を与え），別個の未来を独自に形成するという世界観がある。

　ケインズはマーシャル的伝統のうち経済分析の必要条件（本質・目的・方法）のほとんどを受け継ぎ，ケンブリッジ学派と切磋琢磨する中で，独自の経済認識を育むようになった。ケンブリッジという地は知の集積地であり，まさにマーシャルの外部性と内部性を同時に享受し，かつ安定的な場所であった。その意味でケンブリッジ大学は「代表的大学」である。しかし，マーシャルの研究計画は経済主体と経済全体に各々の進化という理想的な――つまり，過剰に要求が高い――前提を秘めており，当初から分裂含みであった。ケンブリッジ学派の面々は短中期の景気変動論を発展させながら，同時に，産業組織論・協同組合論の中でこの理想を実現できる条件・モデルを模索していた。しかし，その努力はついに高弟によって放棄される。20世紀前半の激動を経験して，ケインズはマーシャル的伝統のうち経済認識の特徴のいくつか（空間と時間）を確実に受け継ぎつつ，その大部分（貨幣の中立性，調整方式）を拒否するようになった。この二重構造の中から，適切な経済分析の十分条件として，乗数・有効需要・流動性選好などを用いた新しいモデルが独自に考案された。

　表4−3でまとめたように，ケンブリッジ学派は「分析的かつ即実的」という精神のもと，マーシャル的伝統に基づく経済学の刷新を果たした。それゆえマーシャルの影響力は全世界にあふれ，ケインズ自身がその福音を普及させる一番手となった。しかし，大英帝国（＝ケインズにとっては西洋文明）の没落を目の当たりにした第一の伝道師ケインズは，特に貨幣や調整機構に関する経済認識に大いなる不満を覚え，付随的に，厚生経済学や協同組合論とは一線を画した経済分析を模索した。その暫定的な回答が『雇用・利子および貨幣の一般理論』（1936）である。世界を支配した経済認識と経済分析の両面を拒絶する

第Ⅱ部　ケインズ革命をめぐって

こと，これこそ，認識レベルまで辿れる「ケインズ革命」の姿である。

　ケインズはマーシャル的伝統を前提としつつ，重要な部分を拒絶した。ケインズ革命とは新しい時代に合わせて「分析的かつ即実的」な経済モデルを再生させる長い闘いであり，ケンブリッジ学派のメンバーとの切磋琢磨があって初めて可能になった知的現象である。

　注

⑴　次のような言説が標準的である。理論：マクロ経済学の創出である。乗数・有効需要・流動性選好などを組み合わせ，不完全雇用が常態となる経済をモデル化した。正統（通常科学の進展）と異端（異常）を共に内包しているのが，多くの経済学者を魅了した理由である。政策：完全雇用を目標として，財政・金融・所得・社会の各政策を具体的に提示した。その中核には総需要の安定による物価・雇用量の制御があり，政府の適度な経済介入が正当化された。政策担当者が理解可能なヴィジョンとなる。体制：自由放任主義でも社会主義でもない第三の道。「投資の社会化」（中村 2013）という洞察力を秘めている。

⑵　Whitaker（1996 Ⅱ：353；Letter 676），to John Neville Keynes, 6 February 1902.

⑶　*Min. v. 114,* "Report of Committees on the Revision of the Economics Tripos"（dated 11 January 1911），annexed between p. 158 and p. 160.

⑷　法学の設置科目を減らす，歴史の出題範囲を限定する，外国語の出題を制限する，倫理的側面を実施要項で明示しなくなる，など。詳しくは Komine（2014：94-95）。

⑸　「探究の動力源としてというよりも，要約した言語として数学を使いなさい」（Pigou ed. 1925：427）。

⑹　従来，この分野の研究は進んでいなかったが，Shimodaira（2011），Komine（2014：ch. 1）を端緒に，その重要性が認知されてきた。

⑺　「未来を実現し，自分の眼前に明白に持ってくるという力をますます獲得するのである」（Marshall 1920［1890］：680）。

⑻　「通常の能力で経営され，大規模生産では内部経済と外部経済を普通に利用できる代表的企業」（Marshall 1920［1890］：318）。

⑼　ホートリーは貨幣論の領域でケンブリッジ学派の面々と論争を続け，互いに刺激を受けたので，その意味でのみ準構成員と見なしてもよいだろう。ショーヴやギルボーも教員としてトライポスに関わるが，代表作がないという点で本章では準構成員と見なしている。

⑽　レイトンも労働組合が進化して経済発展に貢献した例を挙げている（Groenewegen 2012：133）。

⑾　ピグーは次のように述べ，この介入も限定的であり，一般法則は需給の一致傾向であると指摘するのを忘れない。「利己心は，もし妨げられなければ，あらゆる用途の資源の限界純生産物を均等化させる傾向にある。……介入が概して有害であることは，特定の弊害を是正するために慎重に計画された特定の介入行動が有益であることと，何ら矛盾しない」(Pigou 1912：148，訳167，強調は引用者による)。

⑿　Lainé (2012：65) は，異質な財が法則に則らない形で常に変化する，人間という別個の存在があるという点をケインズのモラル・サイエンスの特徴とする。

⒀　こうした教えを Marchionatti (2010：124) はマーシャルからの方法論を受け継いだと見る。

⒁　ケインズは既に『確率論』で，「個別の部分を結合させた法則によっては記述し得ない，複雑さを結合する法則」(CW 8：277) の存在を認め，自然法則は原子論的ではなく，有機体的であると見なした。伊藤 (1999：70) も参照。

⒂　The Keynes Papers, EJ/1/3.

⒃　主にマクロの革命である。ミクロの革命としては，スラッファ等の「ケンブリッジ費用論争」による不完全競争論などがある。

参考文献

〈ケンブリッジ大学の資料〉

CUEP : Cambridge University Examination Papers, Cambridge: University of Cambridge (L952. b. 5, West Room, University Library, University of Cambridge).

CUR : Cambridge University Reporter, Cambridge: University of Cambridge.

Min. v. 114/115/116 : Minutes of the Special Board for Economics and Politics, Min. v. 114 (1903-1911), Min. v. 115 (1911-1923), Min. v. 116 (1923-1929), Manuscript Room, University Library, University of Cambridge.

〈その他の文献〉

CW: *The Collected Writings of John Maynard Keynes,* London: Macmillan and Cambridge University Press for the Royal Economic Society, 1971-1989.

CW vol. 4, *A Tract on Monetary Reform,* 1971 (1923).

CW vol. 5, *A Treatise on Money I : The Pure Theory of Money,* 1971 (1930).

CW vol. 6, *A Treatise on Money II : The Applied Theory of Money,* 1971 (1930).

CW vol. 7, *The General Theory of Employment, Interest and Money,* 1973 (1936).

CW vol. 8, *A Treatise on Probability,* 1973 (1921).

CW vol. 10, *Essays in Biography,* 1972 (1931).

CW vol. 12, *Economic Articles and Correspondence : Investment and Editorial,*

第Ⅱ部　ケインズ革命をめぐって

1983.

CW vol. 13, *The General Theory and After : Part I, Preparation,* 1973.

CW vol. 14, *The General Theory and After : Part II, Defence and Development,* paperback, 1987（1973）.

CW vol. 29, *The General Theory and After : A Supplement,* Preparation, paperback, 1979.

Backhouse, R. E.（2006）"The Keynesian Revolution", in Backhouse, R. and Bateman, B. W.（eds.）*The Cambridge Companion to Keynes,* Cambridge: Cambridge University Press : 19-38.

Bigg, R. J.（1990）*Cambridge and the Monetary Theory of Production : The Collapse of Marshallian Macroeconomics,* London: Macmillan.

Clapham, J. H.（1922）"Of Empty Boxes", *Economic Journal,* 32 : 305-314.

Cord, R.（2013）*Reinterpreting the Keynesian Revolution,* London and New York: Routledge.

Dimand, R. W.（1988）*The Origins of the Keynesian Revolution : The Development of Keynes' Theory of Employment and Output,* Aldershot, UK: Edward Elgar.

――――（2010）"What Keynesian Revolution ?: A Reconsideration Seventy Years after *The General Theory*", in Dimand, R. W., Mundell, A., and Vervelli, A.（eds.）*Keynes's General Theory after Seventy Years,* Basingstoke, UK: Palgrave Macmillan : 287-311.

De Vroey, M.（2016）*A History of Macroeconomics from Keynes to Lucas and Beyond,* Cambridge: Cambridge University Press.

Eshag, E.（1963）*From Marshall to Keynes : An Essay on the Monetary Theory of the Cambridge School,* Oxford: Basil Blackwell.

Fay, C. R.（1920 [1908]）*Co-operation at Home and Abroad,* London: P. S. King & Son.

Fujii, K.（2008）"Marshall on Economic Chivalry and Business Ethics", in Shionoya, Y. and Nishizawa, T.（eds.）*Marshall and Schumpeter on Evolution : Economic Sociology of Capitalist Development,* Cheltenham, UK: Edward Elgar.

Groenewegen, P. D.（1995）*A Soaring Eagle : Alfred Marshall 1842-1924,* Aldershot, UK: Edward Elgar.

――――（2012）*The Minor Marshallians and Alfred Marshall : An Evolution,* Abingdon, Oxon, UK: Edward Elgar.

Hawtrey, R. G.（1913）*Good and Bad Trade : An Enquiry into the Causes of Trade Fluctuations,* London: Constable & Company.

第4章　ケインズ革命とは何か

———— (1919) *Currency and Credit*, London: Longmans, Green and Co.

Henderson, H. D. (1932 [1922]) *Supply and Demand*; with an introduction by J. M. Keynes, revised version, Oxford: Clarendon Press.

———— (1926) *Inheritance and Inequality : A Practical Proposal*, London: The Daily News.

Hirai, T. (2008) *Keynes's Theoretical Development : From the Tract to the General Theory*, Abingdon, UK: Routledge.

Keynes, J. M. ed. (1926) *Official Papers of Alfred Marshall*, London: Macmillan.

Komine, A. (2014) *Keynes and his Contemporaries : Tradition and Enterprise of the Cambridge School of Economics*, Abingdon, Oxon, UK: Routledge.

———— (2016) "Recent Research on Keynes: After the Financial Crisis of 2007/8", *The History of Economic Thought*, 58(1) : 120-138.

Laidler, D. (1999) *Fabricating the Keynesian Revolution : Studies of the Inter-war Literature on Money, the Cycle, and Unemployment*, Cambridge: Cambridge University Press.

Lainé, M. (2012) "Keynes on Method: Is Economics a Moral Science ?", in Jespersen, J. and Madsen, M. O. (eds.), *Keynes's General Theory for Today : Contemporary Perspectives*, Cheltenham, UK: Edward Elgar, 60-78.

Lavington, F. (1921) *The English Capital Market*, London: Methuen & Co.

———— (1922) *The Trade Cycle : An Account of the Causes Producing Rhythmical Change*, London: P. S. King.

———— (1926) "An Approach to the Theory of Business Risks II", *Economic Journal*, 36(142) : 192-203.

———— (1927) "Technical Influences on Vertical Integration", *Economica*, 19 : 27-36.

Layton, W. (1914) *The Relations of Capital and Labour*, London, Glasgow: Collins Clear Type P.

Lee, F. S. (2011) "David H. MacGregor and Industrial Economics at Oxford", in Raffaelli, T., Nishizawa, T. and Cook, S. (eds.), 231-249.

MacGregor, D. H. (1906) *Industrial Combination*, London: Routledge.

———— (1911) *The Evolution of Industry*, London: Williams and Norgate.

Marchionatti, M. (2010) "J. M. Keynes: Thinker of Economic Complexity", *History of Economic Ideas*, 18(2) : 115-146.

Marshall, A. (1902) *A Plea for the Creation of a Curriculum in Economics and Associated Branches of Political Science*, Cambridge: Cambridge University Press.

第Ⅱ部　ケインズ革命をめぐって

───── (1903) *The New Cambridge Curriculum in Economics,* London : Macmillan and Co.

───── (1906) *Introduction to the Tripos in Economics and Associated Branches of Political Science,* Cambridge : Cambridge University Press.

───── (1919) *Industry and Trade : A Study of Industrial Technique and Business Organization ; and of their Influences on the Condition of Various Classes and Nations,* London : Macmillan.

───── (1920 [1890]) *Principles of Economics,* 8th edition, London : Macmillan.

───── (1923) *Money, Credit and Commerce,* London : Macmillan.

Marshall, A. and Marshall, M. P. (1879) *Economics of Industry,* London : Macmillan.

Nishizawa, T. (2004) "The Economics Tripos and the Marshallian School in the Making : With Special Reference to his Industrial Economics", *The Economic Review,* 55(4) : 358-378.

Pigou, A. C. (1908) *Economic Science in Relation to Practice : An Inaugural Lecture Given at Cambridge, 30th October, 1908,* London : Macmillan.（本郷亮訳『ピグー　富と厚生』名古屋大学出版会，2012年所収。)

───── (1912) *Wealth and Welfare,* London : Macmillan.（本郷亮訳『ピグー　富と厚生』名古屋大学出版会，2012年。)

───── (1917) "The Value of Money", *The Quarterly Journal of Economics,* 32 (1) : 38-65.

───── (1920) *The Economics of Welfare,* London : Macmillan.

───── ed. (1925) *Memorials of Alfred Marshall,* London : Macmillan.

Raffaelli, T., Nishizawa, T. and Cook, S. (eds.) (2011) *Marshall, Marshallians and Industrial Economics,* London and New York : Routledge.

Robertson, D. H. (1915) *A Study of Industrial Fluctuation : An Enquiry into the Character and Causes of the So-called Cyclical Movements of Trade,* London : P. S. King & Son.

───── (1920) "Mr. Cole's Social Theories, [A review of *Chaos and Order in Industry* by G. D. H. Cole]", *Economic Journal,* 30 (120) : 536-541.

───── (1922) *Money,* London : Nisbet & Co.

───── (1923) *The Control of Industry,* London : Nisbet & Co.

───── (1926) *Banking Policy and the Price Level : An Essay in the Theory of the Trade Cycle,* London : P. S. King & Son.

───── (1957) *Lectures on Economic Principles,* volume I, London : Staples Press.

Rymes, T. K. ed.（1989）*Keynes's Lectures, 1932-35：Notes of a Representative Student,* Ann Arbor: The University of Michigan Press.（平井俊顕訳『ケインズの講義——代表的学生のノート』東洋経済新報社，1993年。）

Shimodaira, H.（2011）"Dennis Robertson's *The Control of Industry*", in Raffaelli, T., Nishizawa, T. and Cook, S.（eds.）：213-227.

Sraffa, P.（1926）"The Laws of Returns under Competitive Conditions", *Economic Journal,* 36：535-550.

Vaizey, J.（1978）"Keynes and the Cambridge Tradition", *The Spectator,* 7718（29 May）：20-22.

Whitaker, J. K. ed.（1996）*The Correspondence of Alfred Marshall Economist,* Vol. II: At the Summit, 1891-1902, Cambridge: Cambridge University Press.

伊藤邦武（1999）『ケインズの哲学』岩波書店。

伊藤宣広（2007）『ケンブリッジ学派のマクロ経済分析——マーシャル・ピグー・ロバートソン』ミネルヴァ書房。

仲北浦淳基（2016）「ロバートソンの経済観」mimeo.

中村隆之（2013）「ケインズの「投資の社会化」概念の変遷——マーシャルとの関係を通じて」『青山経済論集』64（4）：159-177頁。

橋本昭一（2001）「マーシャルとケンブリッジ学派」『経済学史研究』39：66-73頁。

菱山泉（1993）『スラッファ経済学の現代的評価』京都大学学術出版会。

松山直樹（2018）「経済騎士道の伝統——マーシャルからケインズへ」『経済学史研究』59（2）：56-74。

第5章
マーシャル経済学からケインズ経済学へ
──1930年前後のケンブリッジにおけるカーンの役割──

袴田兆彦

1　ケンブリッジにおけるマーシャルの伝統

　ケンブリッジ学派の経済学はマーシャルによって礎が築かれ，ピグーやケインズによって受け継がれた。それと同時に，ジョーン・ロビンソンに代表される世代が新しい領域を切り開いていった。したがって，「ケンブリッジ学派」という場合，どの時期を考えるかによって，その内容も異なる。ケンブリッジ学派が多様であるといわれるゆえんである。[1]

　ケインズに限って見ても，『貨幣改革論』，『貨幣論』，『一般理論』と考え方は変わってきた。『一般理論』ではミクロにおいてマーシャルの「短期」の枠組みを受け継いだといわれているが，それとてマーシャルの短期の価格理論をすんなりと受け入れたのではない。

　他方，スラッファによるマーシャル批判はジョーン・ロビンソンによる不完全競争論の導入へと繋がるが，彼女はやがてマーシャル流の価格理論を放棄してカレツキを支持するようになる。ケインズの死後，ケンブリッジ大学で彼のポストを継いだカルドアもまた，ロビンソンとともに限界原理を否定し，マーシャルやケインズとは異なった道を歩むことになる。こうして，マーシャルの『経済学原理』の中で最も成功した部分といわれた価格理論をそのままの形で受け継ぐものは，少なくともケンブリッジ内部のケインズの後継者においては途絶えたように思われる。

　もちろん，ケンブリッジにおけるマーシャルの伝統は価格理論に限定されない。分析道具の背後にある経済思想の問題も考慮するならば，例えばマーシャルがもっていた弱者救済の考え方は時代を超えてケンブリッジを貫く流れであり，のちの世代によっても受け継がれたといっていいだろう。これらについて

163

検討することは，ケンブリッジ学派全体を考える上で不可欠である。しかし，それはあまりにも範囲が広いため，本章では問題をマーシャルとケインズの経済学における理論上の若干の問題に限定したい。

マーシャル経済学のどの部分がケインズにより継承され，あるいは継承されなかったのか——この問題はこれまでにも議論されてきたが，近年の研究により，ケインズ経済学の形成過程でカーンが重要な役割を果たしていたことが次第に明らかになってきた。[2]

そこで，本章では，マーシャルの『経済学原理』からケインズ『一般理論』に至る道筋において，カーンが果たした役割に注目して検討したい。[3]

2　マーシャルの経済学

まず，マーシャル経済学について概観しておくことにしよう。マーシャルの経済学は『経済学原理』をはじめとして多くの著作にわたって展開されており，豊富な内容をもっている。しかし，ケインズが「マーシャル伝」（Keynes 1972b）で述べたように，マーシャルは熟慮の人であり，出版によるよりもケンブリッジに特有の口伝によって伝えられたものも多い。そのため，彼の経済学の全体像を出版物から摑むことは容易ではないが，ここではケインズの『一般理論』に繋がる2つの分野に絞って見ていくことにする。

短期の価格理論

マーシャルが有機的成長の視点から資本主義の長期的な問題に強い関心を抱いていたことは，よく知られている。産業革命は成長や進歩といった光とともに，貧困や格差という影をもたらした。したがって，マーシャルは人間の進歩というプラス面を扱うだけでなく，所得分配のようなマイナス面にも十分な注意を払っていた。そうした影の部分を伴うにもかかわらず，イギリス経済は進歩を続ける。これがマーシャルの基本的な見方である。さらに，『経済学原理』の巻頭に掲げられた「自然は飛躍せず」（*Natura non facit saltum*）という格言の通り，彼は，社会の進歩は連続していると認識していた。

『経済学原理』のもう1つの特徴は，経済分析に時間の要素を導入して，いわゆる部分均衡分析の手法を示したことである。マーシャルは，連続的な進歩

第5章 マーシャル経済学からケインズ経済学へ

というヴィジョンをもちながらも，生産経済に焦点を合わせてさまざまな経済
変数の変化する速度を念頭におき，時間の経過とともにこれらが一定不変から
可変的になる順番に並べ，分析の範囲を区切った。連続的な成長や進歩を時間
の長さに応じて区切ることはあくまでも便宜的なものであるが，こうした手法
により，マーシャルは第1次接近として物理学から借用した均衡概念を適用し，
需要と供給による市場経済の分析を試みた。しかもマーシャルは，発展する経
済を念頭において，価格→生産→設備→技術という順番にしたがって変化を観
察したのである。

「短期」の均衡分析は『経済学原理』で最も成功した部分となり，標準的な
分析道具となった。その結果，彼の経済学が形成された当時の「時代背景」か
ら切り離され，今日ではワルラス（L. Walras）やその他の経済学者の遺産とと
もに，経済学の「理論体系」としてテキストの1ページを占めている。[4]

貨幣理論

マーシャル経済学のもう1つの特徴は貨幣保有に着目した貨幣数量説であり，
現金残高方程式と呼ばれる。この議論は議会での証言などの断片の中に現れた
が，彼やピグーの講義を通じてケンブリッジに広まった（Keynes 1972b：189,
訳253）。

マーシャルの方程式はつぎのようなものである。

$$M = KPY$$

ここで，M は貨幣量，P は物価水準，Y は実質取引量，K は PY に対して公
衆が手元に保有しようと欲する比率であり，マーシャルの K と呼ばれている。
マーシャルの考え方を解説したケインズによれば，貨幣の価値（すなわち物価
水準 P の逆数）は，貨幣供給量 M と，公衆が貨幣の形で手元におこうとする割
合 K によって決まる貨幣需要量との関数である（Keynes 1972b：191, 訳255-
256）。したがって，M と Y を所与とすれば，貨幣の価値は公衆の貨幣保有へ
の欲求の強弱によって左右される。ケインズによると，マーシャルの考え方は
1871年頃には草稿の形で固まっていたというが，マーシャル自身が定式化しな
かったこともあり，1911年に公表されたフィッシャーの交換方程式に比べると，
一般的には十分に知られていたとはいいがたい。そのため，その影響力は主と

165

第Ⅱ部　ケインズ革命をめぐって

してケンブリッジの内部にとどまった。これに比べて，フィッシャーの方程式は，出版を通じていわば世界標準となった。その結果，マーシャルの方程式からの脱却を目指したケインズも，つねにフィッシャーの方程式を意識し，これとの関係を明示せざるを得なかった。しかし，この貨幣保有動機を重視する姿勢は，ケインズに受け継がれていった。『一般理論』における貨幣保有の4つの動機，すなわち取引動機，所得動機，予備的動機，ならびに投機的動機の分類は，マーシャルの考え方をケインズが発展させたものといえよう。

3　カーンの略歴——1933年まで

　第一次世界大戦はさまざまな意味で世界を一変させた。経済面ではこれによりイギリス経済の没落が決定的になり，アメリカが繁栄を謳歌する中でイギリスは国際競争力の低下と不況に苦しむことになる。こうした中で，ケンブリッジ学派を築いたマーシャルが1924年7月13日に亡くなった。また26年にはマーシャルと並ぶイギリス経済学界の重鎮で，エコノミック・ジャーナルの編集者を創刊号から務めたエッジワースも亡くなった。イギリスの経済と経済学は，ともに転換期を迎えつつあった。

　だが，エッジワースは，亡くなる前の年に一粒の種を蒔いていた。エコノミック・ジャーナルの共同編集者であったケインズは，外国語文献によく通じていたエッジワースに，スラッファ（P. Sraffa）によって書かれた1925年のイタリア語論文（Sraffa 1925）の内容を評価するという仕事を依頼していたが，その結果，スラッファはケインズの求めに応じて，あらためてエコノミック・ジャーナルに英語版の論文（Sraffa 1926）を書くこととなったのである。

　マーシャルが亡くなった年，カーンがケンブリッジに入学した。彼は当初自然科学を専攻し，また時期的にもマーシャルの謦咳に接することはなかったが，ケインズやショーヴなどの教育を受けて経済学者となり，1930年代にはケインズやジョーン・ロビンソンと並んで活躍することになる。とくに，彼はケインズの『一般理論』成立に協力した人物であり，従来から乗数理論の発案者として有名である。戦後はケンブリッジ資本論争などでジョーン・ロビンソンらと協力してサムエルソンらアメリカ・ケインジアンと対決したが，その名前が前面に出ることはほとんどなかった。1970年代以降，ケインズ『一般理論』成立

史研究が発展するにつれてケンブリッジ・サーカスの中心人物として認識されるようになったが，著書が少ないこともあって，同時代のケンブリッジの経済学者に比べてその経歴は未だに一般的に知られているとはいいがたい。そこで，つぎに，本章が対象とする1933年までのカーンの経歴を簡単に紹介しておきたい[6]。

経済学研究への途

リチャード・ファーディナンド・カーンは1905年8月10日，ロンドンのハムステッドで，教養あるユダヤ系ドイツ人移民の家庭に生まれた（King's College 1990：28）。父親のオーガスタス・カーンはケンブリッジのセント・ジョーンズ・カレッジで数学を修めたあと教育関係の職に就いた人のようであり，ショーヴなどとも交流のあるアマチュア経済学者でもあった[7]。カーンは1924年にロンドンのセント・ポールズ校を卒業したあと，奨学金を得てケンブリッジのキングズ・カレッジに進んだ。彼は理数系に秀でており，すでにセント・ポールズでもいくどか表彰されていたが，25年には数学トライポスの第Ⅰ部で1等になった[8]。その後，物理学を専攻したが，卒業時の自然科学トライポス第Ⅱ部の成績は2等という不本意なものだった。そこで彼は，父親の助言もあり，27年から1年間在学期間を延長し，ショーヴとケインズの下で経済学を修めた。2人はケンブリッジの伝統である個人指導（supervision）の方法にしたがって，原則として2週間ごとにテーマを与えて小論文を提出させた。今日遺されているカーンの小論文には，$\alpha+$とか$\beta-$といった評価が付けられている[9]。

カーンは1928年6月に経済学トライポスの第Ⅱ部を受験し，1等となった[10]。彼はキングズ・カレッジのフェローを目指しており，そのためにフェロー資格論文をカレッジに提出して審査を受けなければならなかった。はじめにケインズが与えた論文のテーマは貨幣数量説の研究であり，ミッドランド銀行の資料を利用することを期待していたようである（Kahn 1989：x-xi）。しかし，ケインズが紹介したミッドランド銀行の担当者が統計資料の提供を拒否したため，この研究計画は潰えた[11]。

一方，カーンはフェロー資格論文のテーマを選ぶに当たってショーヴに手紙で相談したようであるが，ショーヴはマーシャル研究を勧めている[12]。彼らは7月末には会って話し合う予定であった。カーンは6月末から10月はじめまでの

167

第Ⅱ部　ケインズ革命をめぐって

長期休暇中に，マーシャルについての猛勉強を開始した（Kahn 1984：170，訳262）。最終的に，カーンはテーマをマーシャルの「短期」に変更し，ケインズもこれを承認した。そして，ケインズが主催するポリティカル・エコノミー・クラブで発表するべく，1928年10月30日から原稿に着手し，11月12日に最初の研究（SP1）を発表した。[13]

ジョーン・ロビンソンとの出会い

　そのころから，彼はスラッファの講義に出席した。スラッファは，1925年に書いたイタリア語のマーシャル批判論文とこれに続く英語論文をケインズにより高く評価され，1927年にはケンブリッジに招聘された。そして，1928～29年に上級価値論の講義を行った。カーンは，ここでジョーン・ロビンソンと出会うことになる。

　ジョーン・モーリス（のちのロビンソン）は，1903年10月31日，サリーにおいてサー・フレデリック・モーリスの娘として生まれた。そしてロンドンのセント・ポールズ女子校を卒業したあと，1922年にガートン・カレッジに入学し，25年に卒業した。経済学トライポスの成績は２等であった。卒業の翌年オースチン・ロビンソンと結婚し，インドの藩王の家庭教師に採用された夫とともにケンブリッジを離れた。1928年に帰国するとスラッファの講義に出席し，カーンとの生涯の交流が始まる。[14]

　スラッファの講義はカーンに独占や市場の不完全性の問題への関心を呼び起こし，「短期」に関する彼の研究は市場の不完全性を前提としたものへと変わった（SP2）。同時に，ケインズから提供された不況産業のデータは，この研究に実証的な基礎を与えた。ロビンソン夫妻もまた，独占の問題に強い関心を抱いていた。夫のオースチンはケンブリッジ経済学ハンドブックのシリーズとして，1931年に『競争的産業の構造』（A. Robinson 1931）を，41年には『独占』（A. Robinson 1941）を出版した。妻のジョーンは分配問題への強い関心から，やはり独占の問題に取り組んだ。

　帰国したばかりのロビンソン夫妻はカレッジに職をもっておらず，そのため，オースチンは何人かの学部学生の個人指導をして生計を立てなくてはならなかった。しかし，このことが，ジョーン・ロビンソンの研究のきっかけを作ることになる。オースチンが指導していた学生の１人であるギッフォードが，ある

168

日，限界収入に繋がるアメリカのイェンティマの着想をもたらし，カーンとロビンソン夫妻3人の間で限界収入の概念をめぐる議論が始まったのである（袴田 1999：400）。

　こうした議論の成果は最終的にはロビンソンの『不完全競争の経済学』（J. Robinson 1933b）として実を結んだが[15]，そこにはカーンの献身的な協力があった。彼は1932年12月にアメリカに渡ったが，翌年春に帰国するまで，手紙や小包によりアドバイスと原稿のチェックを続けた。

ケインズへの協力

　スラッファの影響を受けたカーンは，SP2によって1929年11月にアダム・スミス賞を受賞した。その後，彼はこれに若干の加筆・修正を行った上で，12月7日にフェロー資格論文（SP3）としてキングズ・カレッジに提出した。論文の審査にはロバートソンとピグーが当たり，数学的側面についてはフランク・ラムゼーが審査を行うはずであった。しかし，ラムゼーは1930年1月に病死したため，代わってケインズがピグー宛に書いた手紙が添付された。そして3月，彼はカレッジのフェローに選出された。

　キングズのメンバーになったあと，カーンはフェロー資格論文の出版をピグーなどから勧められ，改訂に取り組んだ。出版の機会は，思いがけなくもロビンソンの著書によりもたらされた（袴田 1999：416-418）。ジョーン・ロビンソンは伝手を頼ってハロルド・マクミランのところに独占に関する著書の原稿を持ち込んだが[16]，彼は出版の価値があるかどうかをケインズに問い合わせた。その際，ケインズが協力者であるカーンを激賞したところからマクミランはカーンに関心をもち，その著書を出版したいと申し出たのである。こうして，1932年12月の段階では，ジョーン・ロビンソンとカーンは，ともに著作をマクミランから出版する方向で，事態が進みつつあった。

　この原稿の執筆はカーンが訪米する直前の1932年12月まで続けられ，原稿は出来上がったところからタイピストに回された。タイプ原稿はカーボン・コピーを含めて2部が存在する。カーンは未完成のまま，オリジナルのタイプ原稿をジョーン・ロビンソンに，カーボン・コピーをケインズに託して，アメリカに向けて出発した[17]。これが出版されていれば，『短期の経済学』は『不完全競争の経済学』と並んでこの時期のケンブリッジ価格理論を代表する双子の著作

第Ⅱ部　ケインズ革命をめぐって

として，経済学史に名前を刻んだであろう。しかし，12月からの訪米によって
その執筆は途中で停止され，33年の帰国後も再開されることはなかった。結局，
彼の名前は1931年に出版された雇用乗数の論文によって記憶されることとなっ
たのである。

　その雇用乗数の論文を執筆することになったきっかけは，彼が1930年7月に
経済諮問会議における秘書となったことである。ケインズから「ロイド・ジョ
ージはそれをなしうるか」の理論的な裏付けを命じられたカーンは雇用乗数の
理論をまとめ，それは最終的には1931年6月にエコノミック・ジャーナルに発
表された。乗数自体は数学的には無限等比級数の応用問題であるが，この論文
で注目すべきは，失業手当の節減，輸入や物価上昇，為替相場など，波及効果
に影響する要素にカーンが細心の注意を払って乗数の値を推計していることで
ある。そこでは，『短期の経済学』（SP4）の研究で培った成果も，右上がりの
供給曲線という形で活かされた。

　1930年に『貨幣論』が出版されると，カーンはサーカスにおける議論をケイ
ンズに取り次ぎ，『一般理論』の形成に貢献した。カーンはまた，大学の休暇
中にはケインズとともにティルトンの別荘に滞在し，『一般理論』についての
議論を重ねた。それは，ケインズの弟子という立場を超えて，共同研究者とい
うべきものであった。

4　カーンの思考とその発展

　それでは，カーン自身の思考はどのようなものであったのか。ここではまず，
カーンがマーシャルの短期の価格理論をどのように継承し，発展させていった
のかを，「短期の経済学」の各版によりながら見ていくことにしたい。

短期の価格理論

SP1　不況下の短期　　　　カーンがマーシャルの「短期」に取り組むことを決め
　　　　　　　　　　　　た当時，イギリス経済は不況の底に沈んでおり，この
ことがその後のカーンの問題意識を方向付けた。[18]

　マーシャルが「長期」を重視した1つの理由は，カーンによれば，「前世紀
の大部分を通じてほとんどの産業で持続した拡張への一般的な傾向のために，

短期と長期の間の相違点は，今日見られるほどにはそれほど根本的なものとは見えなかった，ということである」(Kahn 1989：xxiii-xxiv)。しかし，1920年代のイギリスでは，すでにこれは実情に合わなくなっていた。ロバートソンが強調したように，「短期はその両端 (ends) における長さは同じではないし，これまでそうだったこともない」(Kahn 1989：2)。彼は，当時のイギリス経済が直面していた不況というテーマを本格的に扱うために，マーシャルの「短期」を研究テーマとしたのである。

カーンの最初の論文 (SP1) は，ひとことでいえば不況下の企業行動を検討したものであり，分析の大半は，短期における個別企業の費用分類，ことに固定費用についての立ち入った考察と，損失の埋め合わせの問題とに費やされている。[19] 費用曲線としては通常の U 字型のものが想定されており，企業は純粋競争の行われる市場で同質的で無限に分割可能な生産物を生産しており，生産規模は小さいものと仮定されている。また，産出量は連続的に変化しうる。カーンは，こうした現実離れした仮定は承認できないとし，スラッファによって提唱された市場の不完全性の問題への関心を示しながらも，現実世界の複雑な問題に接近を挑むのは，理想的に単純な世界を熟考したあとで初めてできることだとしている。

SP2 および SP3
不完全市場の導入　カーンは28年秋からスラッファの講義に出席して彼の影響を受けると，市場の不完全性を重要な要素として取り入れるようになった。もっとも，カーンによれば，同じことはショーヴも口頭で指摘していたという。ともかく，彼は市場の不完全性の要素を取り入れて，右下がりの個別需要曲線に直面した企業の問題を検討するようになった。その際，供給側については，ケインズから提供された綿紡績業や石炭産業などの実証データに基づき，完全能力まで水平で，能力点で垂直になるユニークな逆 L 字型費用曲線を案出した (SP2 および SP3)。

このようにカーンの研究は先駆的であったが，『不完全競争の経済学』が1933年に出版されると大きな反響を呼んだのに対して，SP3 は出版されなかったために，その存在すらほとんど知られないまま数十年の歳月が過ぎた。

しかし，イタリアの経済学者マルコ・ダルディらはカーンの論文に着目して，1983年にイタリア語訳を，89年には英語版を出版した。また，カーンが89年に亡くなったあと，彼の資料であるカーン・ペーパーズのカタログが完成して

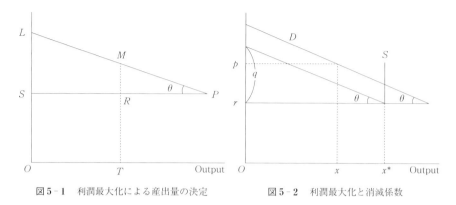

図5-1　利潤最大化による産出量の決定　　図5-2　利潤最大化と消滅係数

1994年ごろから利用可能になり，ようやくカーンの研究に光が当てられるようになった。これにより，ロビンソンの『不完全競争の経済学』がカーンの協力の下に執筆されたことが資料の面から裏付けられ，また，カーンのフェロー資格論文（SP3）と『不完全競争の経済学』がいずれも不完全競争市場を分析の対象としていたことから，SP3を評価する動きが出てきた。そこで，ここでは1929年にキングズ・カレッジに提出されたフェロー資格論文（SP3）のエッセンスを紹介しておくことにしたい。

カーンは，逆L字型の費用曲線と右下がりの個別需要曲線とから，個別企業の均衡をつぎのように示す（Kahn 1989：119-121）。[20] 図5-1において，横軸は産出量，縦軸は価格を示している。第1次接近として費用曲線の接線 SP と需要曲線の接線 LP を想定する。この場合，SP の中点 R を通る垂線 MRT を引くと，通常の独占分析の方法によって，利潤最大の産出量は OT になる。[21]

そして，LP と SP の作る角度，すなわち均衡産出量水準における需要曲線の勾配を θ とすると，

$\tan\theta = RM/RP$
$\quad\quad = RM/SR$

となる。つぎに，図5-2において D を個別需要曲線，S を逆L字型費用曲線，p を価格，r を平均主要費用，x を産出量とすれば，これは，

$$\tan\theta = (p-r)/x$$
$$p-r = x\tan\theta$$

と書きなおすことができる。

さて，f を能力産出量 x^* に対する均衡産出量の比率とすれば，

$$f = x/x^*$$

である。能力産出量 x^* を産出量の単位であるとし，この x^* を削減するのに必要な価格の上昇を q として消滅係数（annihilation coefficient）と呼べば，つぎの式が成り立つ。

$$q = x^*\tan\theta$$

そうすると，

$$fq = x\tan\theta$$

となるので，

$$p-r = fq \qquad f \leq 1$$

と書きなおすことができる。

こうして，カーンは，市場の不完全性を導入することによって，利潤を最大化する均衡産出量の下での価格と生産費との関係を明らかにすることができたのである。

SP4 不況の重視と短期の特徴　すでに述べたように，フェローに選出されたあと，カーンは SP3 を改訂して出版用の原稿（SP4）を用意しつつあった[22]。この原稿においては，注目すべきことがいくつかある。

1つ目は，ビジネスマンへのインタビューや手紙などを通じて，不況下での価格決定の実際の方法などを調査したことである[23]。これはのちのオックスフォード経済調査に先立つものであるが[24]，オックスフォード経済調査がビジネスマンの行動としてフル・コスト原理を提唱したのに対して，カーンはこれを認めようとしなかった。その理由は，ビジネスマンは口では費用に利潤を上乗せして価格を決定するといいながら，不況期にはその通りに行動しない，というこ

173

第Ⅱ部　ケインズ革命をめぐって

とであった。この考え方は，1931年6月の雇用乗数の論文でもつぎのように表明されている。

　　……実業家によって支持される経済理論が彼自身の実際の行動とあまり関係をもたないことは，あまりにも多い——彼らの理論が正当でありうるのは，彼自身および彼と同類の他の人々の実際の行動が現に観察されるものと異なっていない場合だけである。実業家の理論が彼自身の個人的行為が従い得ないような人間行為についての仮説を含んでいる場合には，彼が理論経済学者よりもずっと健全な判断をもっているとみなすことなどできない相談である。(Kahn 1972：27，訳32-33)

　ここから，カーンはかなり早い段階でフル・コスト原理の可能性を見限っていたことが分かる。
　2つ目は，市場についての仮定が，不完全性競争から完全競争へと変わったことである。その結果，SP4では逆L字型費用曲線と右下がりの需要曲線の想定は放棄された。
　このことは，現実に関するカーンの認識が変化したということを意味するものではない。カーンが依然として不完全競争を重視していることは，SP4において，不完全競争に関する箇所についてはロビンソンの新著を参照するように脚注で指示しているほか，1932年末から33年にかけて訪米した際に，シカゴやハーバードで「不完全競争と限界原理」(Imperfect Competition and the Marginal Principle, RFK2/5) と題する原稿に基づいて講演を行ったことからも明らかである。
　しかし，カーンによれば，競争は決して完全ではないが，同時に，多くの事例において競争はかなり完全であり，完全競争の仮定をおくことによって合理的な近似がしばしば得られるという (RFK2/7, Chapter 8：1-5)。SP4は未完成であるが，この点に関連して，タイプ原稿の最後に，「もしその不況が全般的な不況の一部であるならば，社会はより貧しくなり，貧しい人々の需要は裕福な人々のそれよりもよりいっそう弾力的なので，そのように［需要がよりいっそう弾力的になることに］なりそうである。」という興味深い記述がある (RFK2/7, Chapter 11：41)。需要の価格弾力性の概念を導入したマーシャルは，通常の教科書的な説明のように奢侈品と必需品とでその大きさが違うことを指摘するだ

174

第5章　マーシャル経済学からケインズ経済学へ

けでなく，豊かな社会と貧しい社会とで異なることも指摘していた（Marshall 1920：103，邦訳：第Ⅰ分冊152）。カーンはこれを景気循環と結びつけることにより，社会が全体的に貧しくなる不況下では弾力性が大きくなり，したがって完全競争で市場を近似できることを示した。これは，ハロッドがのちに『景気循環論』（Harrod 1936）で示した「需要の価格弾力性逓減の法則」と同じものである。[27]

　このように，カーンはあえて完全競争の仮定を採用したわけであるが，以上2つの点はいずれも不況と関係している。一時はロビンソンと同様に市場の不完全性を重視したものの，カーンの関心は本来の不況問題に戻ったのである。

　完全競争を仮定すれば，これと両立するのは逆L字型費用曲線ではなくU字型の費用曲線となるが，これにも一定の合理的な根拠が考えられる。

　まず，SP3の逆L字型費用曲線を用いて不完全操業を説明しようとすると，右下がりの需要曲線，すなわち市場の不完全性を前提にしなければならないため，不況下の競争的な市場でなおかつ産出量が完全操業以下にある状況は説明することができない。[28]また，逆L字型費用曲線は紡績業など，設備の年齢（すなわち能率や運転費用）が等しい多数の機械を抱える工場の減産方法から得られた費用曲線である。このような工場で減産するには，週のうち何日かはすべての機械を動かし，何日かは休業する操業時間短縮の方法が採用される。カーンが対象としたのは1920年代のイギリスにおける紡績業や炭鉱業のデータであったためにこのような結果が導かれたが，[29]こうした減産方法はどこにでも当てはまるわけではない。一般的には，工場に設置された機械の年齢はさまざまであり，減産する場合には最も古くて効率の悪いものから停止していく。反対に増産する場合には，最も年齢の若い機械から動かす。これを図示すれば，U字型費用曲線の右上がり部分となる。

　したがって，逆L字型費用曲線よりもU字型費用曲線と需要の価格弾力性を用いる方が，分析方法としては一般的であることは明らかである。おそらく，こうしたことがカーンに不完全市場と逆L字型費用曲線の組み合わせを放棄させ，ロビンソンらとともに研究を進めていた限界収入概念の採用に踏み切らせたのではないかと考えられる。そして，完全競争を仮定すれば，短期均衡を得るためには，費用曲線は右上がりにならなければならない。これが，SP4でカーンが右上がりの供給曲線を想定した大きな理由であろう。この方針は雇用

175

第Ⅱ部　ケインズ革命をめぐって

乗数の論文でも引き継がれた。

　SP4 では SP3 に比べて「短期」分析の特徴をより厳密に研究しており，SP3 までは問題にされなかった新たな点が指摘されている。それは，資本財の耐久性にはさまざまなものがある，ということである（RFK2/7, Chapter 2）。ロバートソンが指摘するように，資本財の耐久性が問題になるのは好況期というよりも不況期である。そして，資本財の耐久性は機関車のように長いものから石炭やドリルのように短いものまで連続的であって，この間に明確な線を引くことは困難である。確かに理論的にはその通りであるが，これをそのまま認めてしまえば短期分析の存在する余地はなくなる。しかし，事実に基づいて考えれば，この 2 つを区別することは可能である，とカーンは考える。こうして，カーンはマーシャルの「短期」分析を，マーシャルとは異なる時代の文脈において受け継ぐことになったのである。

貨幣理論

　すでに述べたように，カーンに対してフェロー資格論文のテーマとしてケインズが与えたものは貨幣数量説であったが，彼は貨幣数量説に反対であった。それでは，貨幣理論についてはどのような考え方をもっていたのだろうか。ここでは，まず，カーンが1933年 1 月にシカゴ大学で行った貨幣数量説に関する講演メモに基づいて，彼の思考の一端を明らかにしたい。[31]

　1933年 1 月19日にカーンが行った講演の内容は，カーン・ペーパーズの中の手書きのメモ（RFK 4/17）によって，概要を知ることができる。これはきちんとした文章の形にはなっていない部分が多いが，幸いにも同じ年の10月に出版されたジョーン・ロビンソンの論文（J. Robinson 1933a）の中で言及されているので，こうしたものによって可能な限り補いながら，メモの内容を見ていくことにしたい。[32]

　　　　　　　　　　　　　　それによると，カーンは，まず貨幣数量説の因果関係が重
ヘアピン方程式　　　　　要であるとして，この点で自分は貨幣数量説と袂を分かつ
と述べている。そして，この点をはっきりさせるために，つぎのようなヘアピン方程式の例を取り上げる。

　ここで，T を女性の数，P をそのうちの長髪の人の比率，$1/V$ を平均して 1 日当たりに失われるヘアピンの数，M をヘアピンの 1 日当たりの産出量と

176

第5章 マーシャル経済学からケインズ経済学へ

する。そうすると，これらの間には，

$$\frac{1}{V}PT = M$$

または

$$MV = PT$$

という関係が成立する。

　ここで，カーンは，「ポープ家の人々」のたとえ話をもち出し，これと完全な類似性があると述べたようである。これに関して，カーンはおおよそつぎのように述べている。

[しかし，]この因果関係は全部間違っている。貨幣の数量は個人の意思によって決定される純粋な効果である。数量説が行うことは，貨幣量を決定するものの基礎を用意することである。Mを物価と産出量を決定するものとみなすこと［は］望みのない接近法［である］。Mは需要される量なのである。

　産出量を増加させるには，需要曲線を引き上げることが必要であるが，このことはつぎの2つのやり方で行うことができる。

(a)いままでよりも多くのものを直接，消費に振り向けることにより，つまり，貯蓄を減らすことにより，行うことができる。

(b)消費不可能な財（non-consumable goods）への需要を引き上げ，投資を増加させることにより，行うことができる。

　減少した貯蓄と増加した投資をともなわない，いかなるやり方も考えにくい。産出量が増加すれば，それに伴って物価の上昇も起こる。その結果，貨幣量も増加する。

　［しかし，これは］わざと誇張されている。事実上，直接的にではないが，Mが原因となる事例はいくつかある。

(a)原始的な共同体。この場合は一定量の鋳貨だけが貨幣であり，それ以外の形態のものは存在しない。

(b)より現代的な社会。総貨幣量は金の量に対して何らかの関係をもっている。

銀行組織は，貨幣数量がある大きさであることが望ましいと考えている。そ

177

第Ⅱ部　ケインズ革命をめぐって

こで，それはなんとかして所得と物価を変化させるようになる。

　しかし，今日では，一般的には，銀行家が貨幣量について心配すべきであるという理由は存在しない。かくして，貨幣数量説は，通常のエコノミストにとってはほんのわずかな重要性すらもたなくなっている。それは，［技術に関心を寄せる］専門家によって研究されているのである。（RFK4/17/1-2）

このように，カーンは，信用経済においては貨幣数量説における貨幣量から物価へという因果関係が逆転するとして，批判を行った。これがヘアピン方程式の議論の内容である(33)。

ストックの導入　ロビンソンが紹介しているカーンの貨幣数量説批判はこのヘアピン方程式までであるが，カーンは，実は4枚綴りのメモの後半（3枚目以降）でつぎのような重要な指摘を行っている(34)。

　しかし，ここで再び誇張［になる］。無関係（irrelevant）であろうと思われるものは活動的な流通，すなわち有効な取引（effective transaction(35)）のために利用される貨幣であろう。これは，われわれが貨幣数量説の方程式に結びつけて考えているものである。しかし，貯蓄預金または保蔵の不活動的な流通はつねに重要な考慮すべきことがらにとどまるだろう。というのは，別の形態の証券の量に関して，こうした証券の価格，したがって利子率を決定し，その結果として投資率を決定するのは，不活動預金の量だからである。

　銀行組織はつねに資産を購入することによって総貨幣量を増加させることができる。……しかし，証券購入の結果，証券価格は引き上げられ，すなわち利子率は引き下げられる。そしてこの下落は投資量を引き上げ，所得と物価を上昇させる（その結果，究極的には流通している活動貨幣の残高を引き上げる）。……［これが］極めて肝心な点［である］。（RFK4/17/3）

これは『一般理論』と同じ体系であるが，このような指摘を行ったあと，カーンはつぎのように金利引き下げのみによる経済活性化策の限界をも指摘している。

　さて，現段階では，個人を激励して，支出するために借入れをさせることは

きわめて困難である。このことが示唆しているのは，国家が貨幣の借り手ならびに支出者として介入しなければならない，ということである。(RFK4/17/3)

こうして，不況期においては国家による公共事業が借入れをともなうことによって登場する。

以上が，このメモから判読できた範囲での講演の概要である。これまでのところをまとめると，つぎのようになろう。

①銀行組織は証券の購入によって貨幣量を増加させる。

②銀行組織による証券購入は証券価格を上昇させ，利子率を引き下げる。

③利子率の低下は投資量を引き上げる。

④投資量の増加は所得と物価を引き上げる。

⑤所得と物価の上昇は活動貨幣の残高を増加させる。

ただ，細かい点でははっきりしていないこともある。

まず，②の貨幣供給の増加が利子率を引き下げるという説明はケインズの流動性選好理論と同じものと考えられるが，その詳細なメカニズムについては説明されていない。

つぎに，③で利子率の低下がどのように投資を増大させるのか，というメカニズムについても，資本財の需要価格と費用を比較しているのか，それとも利子率と直接比較される資本の限界効率という概念をすでにもっていたのか，詳細は分からない。

5　ケインズへの影響

ここで，カーンの研究がケインズにどのような影響を与えたかを整理しておきたい。

不況の問題と価格理論

まず，カーンの研究の出発点が不況の問題にあったことが重要である。カーンは，すでに示したように，完全競争市場は現実的ではないと認識していたが，理論が現実をすべて反映させなければならないということではない。問題の原

第Ⅱ部　ケインズ革命をめぐって

因を絞り込むためには，いくつかある現実の中から最も本質的と思われるものを選択しなければならない。この点で，はじめから独占への強い関心をもっていたロビンソンは，ケインズと関心を共有していなかったことになる。「ケインズは，不完全競争を主題とするわたしの書物（「『不完全競争の経済学』1933年」）に，曖昧な祝福を与えてくれはしたけれども，不完全競争理論にはあまり関心をもっていなかった。」（J. Robinson 1969：第二版への序文──30年後に）というケインズの態度には，十分な理由があったと思われる。

　ケインズのこうした態度は，ただ単に関心がなかったためとは考えにくい。ロビンソンは，市場の不完全性ないし独占は能力産出量以下での操業を説明できるものと考えていたが，この考え方を敷衍すれば，完全競争市場は原則として完全操業，完全雇用に従うはずである，ということになる。そして，市場の不完全性は構造的な問題なので，失業の存在が市場の不完全性のためだとすれば，失業は不完全な市場経済にとっては避けられない慢性的な問題でなければならない。

　しかし，これでは，好況と不況が繰り返すことを説明できない。景気循環という現象を説明するには，これとは別の説明が必要になる。ケインズはリカード以来のセイ法則に不満をもち，これからの脱却を目指していた。そうした立場からすれば，市場の不完全性は需要の価格弾力性を「原因」とする相対的な問題であるということでは，セイ法則を否定する決定的な論拠にはなり得ない。

　このように考えてくると，ロビンソンに対するケインズの評価も自ずから明らかになる。一般的には，ロビンソンはカーンと並んでケインズ革命を推進した若手の優秀な経済学者と評価されている。サーカスの議論においてロビンソンがカーンらとともに，『貨幣論』の世界から『一般理論』へとケインズをリードしたことは間違いないだろう。しかし，ロビンソン自身の不完全競争の理論という点に限っていえば，ケインズへの影響はない。それどころか，上で述べたように，ケインズから見れば不完全競争論はセイ法則の特殊ケースへの適用に過ぎないことになる。セイ法則からの脱却にはもっと根本的な思考の転換を必要とすると，ケインズは考えていたのである。

　さて，以上は市場における需要側の問題であるが，ケインズはマーシャル流の短期の費用曲線と完全競争の仮定を受け入れるとともに，供給側にも新しい考え方を導入した。それが使用者費用（user cost）である。この費用の概念は，

ケインズ独自のものというよりもカーンの着想に端を発するものである可能性が高い。それは，少し長くなるが，以下で述べるような理由による。

まず，スラッファの1925年論文の中に，不変的要素について，つぎのような重要な指摘がある。

……一般的な場合について，ある１つの生産要素が過剰である場合に，それから解放され得ないと想定するのは，明らかに独断的なことである。具体的な場合について見ると，《不変的》要素は増加することこそできないが，減少しうるものであることは，一般に見られる。不変的要素の典型的な場合は土地である。地代論は土地が不変だという事実の上に立つ。しかしながら，耕作が沃地から瘠地に移行するという考え方からすれば，農業者が現存するすべての地面をつねに耕作しなければならぬという想定を，誰しも考えていないことは明らかである。(Sraffa 1925：282，訳９)

そして，「減少しうるということはそれを使用するものの意志による」(Sraffa 1925：282，訳10)。

つまり，固定的な生産要素に土地の優劣のような等級が存在するならば，その使用者は必ずしも全部を使用する必要がないのであり，それを減少させる場合には可変的な生産要素と同様に取り扱うことが可能になる。これをさらに敷衍すれば，固定的な生産要素をその存在量の範囲内でどの程度使用するかは，使用者によって自由に決められるということになる。

それでは，固定的な生産要素をどの程度生産に使用するかは，どのようにして決まるのか。この問題に関連して，カーンは「短期」の研究を始めたばかりの1928年11月の段階で，移転地代（transfer rent）という概念を明らかにしている（RFK3/18/3）。それによると，移転地代とは「土地を別の用途に使うことを妨げるために，それを支払うことが必要であるような地代の一部」であるが，それは「非常に変動しやすい量であって，期間の長さと企業の将来の見込みについての地主の予想とに依存している」としている。

カーンはこの考え方をSP3においてさらに発展させ，産出量とともに変化する主要費用に含められる主要減価償却費（prime depreciation）に適用している。それによると，主要費用は現在の犠牲を表わす貨幣支出だけでなく，実際

第Ⅱ部　ケインズ革命をめぐって

の主要減価償却費によって代表される将来の犠牲をも含んでいるが，不況産業
では，こうした将来の犠牲を非常に高率で割り引くか，またはそれらを完全に
無視してしまう（Kahn 1989 : 34-35）。つまり，移転地代と同様に，主要減価償
却費も将来の見込みとともに変動する，ということになる。主要減価償却費の
概念は SP4 においてもほぼそのまま踏襲された。

　『一般理論』の使用者費用はこの考え方の延長線上にあると思われる。ケイ
ンズは使用者費用についてつぎのように述べている。

　　使用者費用は現在と将来とを結ぶ連鎖の一環をなしている。なぜなら，企業
　者は自分の生産規模を決定するに当たって，設備を現在使ってしまうか，そ
　れともそれをのちに使用するためにとっておくべきかについて選択しなけれ
　ばならないからである。使用者費用の大きさを決定するものは，現在の使用
　にともなって生ずる将来利益の犠牲の予想であって，限界要素費用および限
　界売上金額の期待値とあいまって生産規模を決定するものは，この犠牲の限
　界量である。（Keynes 1973 : 69-70，訳70）

以上見てきたように，
　①固定資本と原材料の費用は基本的に明確に区別することができないこと
　②固定的な要素といえどもすべて使用する必要はなく，使用するかどうかは
　　使用するものの意思によって決められること
　③さらに，これらを使用するかどうかは将来の見込みについての企業者の予
　　想に依存すること
が，少しずつ明らかにされ，資本の使用者である企業者の期待に基づく費用と
しての使用者費用が供給曲線の中に取り入れられることになったと思われる。

　このように使用者費用が生産者の意思決定に関係すると考える点ではカーン
と同様であるが，それだけでなく，ケインズにおいては，それは固定資本と流
動資本を統一的に捉える役割をも果たしている。

　　使用の結果生ずる負の投資を考慮しなければならない原材料と，それを無視
　してもかまわない固定資本との間にはっきりとした区別があるという想定は
　事実に合致しない。……原材料と固定資本との間の根本的な差異は，使用者

182

費用および補足費用を要するか否かという点にあるのではなく，流動資本に対する収穫は単一期間のものから成るのに，耐久性をもち徐々に消耗していく固定資本の場合には，収穫は連続的ないくつかの期間において得られる一連の使用者費用および利潤から成るという点にある。(Keynes 1973：73，訳74)

　カーンは SP4 で資本設備の耐久性の問題に直面しながらも，マーシャルに従って耐久性が連続する区間に線を引き「短期」分析に集中した。また，使用者費用の元になるアイデアを出したが，ケインズは使用者費用という新たな概念を用いることによって，耐久性が連続する原材料と固定資本を統一的に把握しただけでなく，マクロ分析にとって不可欠な社会全体の集計値である国民所得を付加価値の合計と定義することとなったのである。

物価水準と価格理論

　カーンの「短期」の研究とケインズとの関係の 2 番目の点は，物価水準の決定について，ケインズが貨幣数量説から脱却するのに，SP4 が影響したと考えられることである。

　ケインズ自身はマーシャルの伝統である現金残高方程式の中で教育され，ここから出発した。『貨幣改革論』で，ケインズはつぎのような数量方程式を提唱した。

$$n = pk \tag{5.1}$$

ここで，k は消費単位，n は政府紙幣その他の流通現金量であり，p は各消費単位の価格である。これは現金のみを想定した場合であるが，現実の世界では銀行組織が預金を創造し，信用を供与している。ケインズによれば，イギリスの現金流通高に対するイギリス本国における銀行預金は，好況末期の1920年10月で 5 億8,500万ポンドに対して20億ポンド，不況の底の1922年10月で 5 億400万ポンドに対して17億ポンドであり，銀行預金の重要性は圧倒的であった (Keynes 1971a：67，訳68)。この点を考慮して，ケインズは上の (5.1) 式をつぎのように修正する。

$$n = p(k + rk') \tag{5.2}$$

第Ⅱ部　ケインズ革命をめぐって

　ここで，人々は消費単位 k の代金を支払うために一定の現金を準備するのに加えて，消費単位 k' に対しては当座勘定を準備するものとする。銀行組織は k' の当座勘定に対して一定の比率 r だけの現金準備をもたなければならない。

　1928年になると，カーンのノートには J.M.K.'s equation として，つぎの方程式が登場する。

$$\frac{R(\text{consumer's expenditure})}{G(\text{consumption})} = P = \frac{E-S}{O-C} \tag{5.3}$$

$$R = E\,(earnings) - S\,(savings)$$

$$G = O\,(output) - C\,(investment)$$

$$P = \frac{E}{O} + \frac{PC-S}{O} \tag{5.4}$$

　これらは明らかに『貨幣論』の基本方程式の原型というべきものである[37]。『貨幣論』の基本方程式には貨幣量が登場せず，物価との間に直接的な関係は見られない。しかし，それは同時に，産出量を一定とするという仮定に依存したものであり，カーンをはじめとするケンブリッジ・サーカスによって批判されることになる。

　基本方程式に代わって，カーンは SP4 において，完全競争下で産出量と物価が供給曲線に沿って同時に決定されるとする考え方を示した。彼が1931年6月に発表した乗数論文でも，物価は U 字型費用曲線の右上がり部分に沿って産出量とともに変化するものとしている。

　乗数理論を取り入れたケインズは，物価の説明についてもカーンの考え方を受け入れた。

　単一の産業においてはその特定の価格水準は，一部分は限界費用に入る生産要素の報酬率に依存し，一部分は産出量の規模に依存する。この結論は，全体としての産業に移っても修正する理由はない。一般物価水準は，一部分は限界費用に入る生産要素の報酬率に依存し，一部分は全体としての産出量の

規模，すなわち（設備と技術を与えられたものとすれば）雇用量に依存する。も
ちろん，全体としての産出量に移った場合には，一産業における生産費は一
部分は他の産業の産出量に依存する。しかし，考慮に入れなければならない
いっそう重要な変化は，需要の変化が生産費と産出量に及ぼす効果である。
われわれが全体としての需要を不変と仮定して，孤立的に取り上げられた単
一の生産物への需要を問題とするのではなく，全体としての需要を問題とす
る場合に，われわれがまったく新しい考えを導入しなければならないのは需
要の側においてである。（Keynes 1973：294-295，訳294-295）

　こうして，有効需要の大きさは産出量とともに物価にも影響するのだが，そ
の際，産出量と物価にそれぞれどの程度の影響が出るかは，供給曲線の形状に
よる。この点に関して，ケインズはつぎのように述べる。まず，単純化された
事例として収穫不変と賃金の硬直性を想定すると，貨幣量が増加した場合，失
業が存在する限り，雇用は貨幣量の増加によってもたらされる有効需要の増加
に正比例して増加するであろうが，物価は変化しない。また，完全雇用に到達
したあとは，有効需要の増加に正比例して賃金と物価が上昇する。これは，逆
L字型費用曲線の想定である。かくして，貨幣量と同じ割合で有効需要が増加
するとすれば，貨幣量の増加は完全雇用までは雇用と生産を同じ割合で増加さ
せるが，完全雇用点以降は物価だけが上昇する。

　このような，完全雇用以下では有効需要の増加は産出量や雇用の増加となり，
それ以降では物価の上昇になるという理解は，貨幣賃金の下方硬直性という仮
定とともにケインズ経済学の特徴とされることが多いが，ケインズ自身は，こ
れは貨幣数量説の叙述を明確にするための単純化された仮定であり，実際には
さらに以下のような錯綜要因を考慮しなければならないと述べている（Keynes
1973：296，訳296）。

　①有効需要は，貨幣量に正比例的には変化しない。

　②資源は同質的ではないから，雇用が次第に増加するにつれて，収穫は逓減
　　し，不変ではない。

　③資源は代替可能ではないから，他の商品の生産のために利用可能な資源が
　　なお利用されずに残されているのに，ある商品は非弾力的供給の状態に到
　　達することがある。

185

第Ⅱ部　ケインズ革命をめぐって

④賃金単位は，完全雇用に到達する以前に上昇する傾向をもつ。

⑤限界費用に入るさまざまな生産要素の報酬は，すべて同じ割合で変化する
　　ことはない。

これらのうち，②は収穫逓減の仮定であり，これを採用することによって，カーンと同じくマーシャル流の右上がりの供給曲線を想定する。そして，①から⑤の要因を考慮して，彼は，貨幣数量と物価との間を多くの弾力性で結んだ「一般化された貨幣数量説」を示している。

$$e = e_d - (1 - e_w) e_d \cdot e_e \cdot e_k \qquad (5.5)$$

ここで，それぞれの記号は弾力性を示すが，e は貨幣量の変化に対する物価の反応，e_d は貨幣量の変化に対する有効需要の反応，e_w は有効需要の変化に対する貨幣賃金の反応，e_e は有効需要の変化に対する雇用量の反応，e_k は雇用量の変化に対する生産量の反応を，示す弾力性である。[38]

貨幣数量説には，①貨幣量と物価との間の比例関係と，②貨幣量から物価への因果関係の２つの側面がある。このうち，カーンが「ヘアピン方程式」によって批判したのは②の因果関係であった。ヘアピン方程式の観点からすれば，貨幣量は物価変化の原因ではなく結果であり，『貨幣改革論』や『貨幣論』でケインズが重視した銀行預金の量がこれに当たる。

ケインズは『一般理論』において貨幣数量説のうち②の因果関係ではなく①の比例関係を否定する方を選び，（5.5）式のような形の式を敢えて示した。彼自身はこの式は形式的なものであって重要な意味はないとしているが，貨幣量から物価への伝達経路にカーンの議論を組み込むことにより，その他の錯綜要因とあいまって，因果関係を維持しつつも比例関係を否定したのである。

流動性選好とストック

（5.5）式から分かるように，貨幣は最終的には物価に影響するものの，その間には多くの媒介項があるが，貨幣が最も強い影響を与えるのは利子率である。利子率決定論の基礎にある流動性選好のメカニズムは貨幣の中立性を否定する上での核心となるものであるが，カーンの『短期の経済学』にそのヒントが隠されていると思われる。そこで，つぎに，この点を見ていくことにしたい。[39]

『貨幣論』の弱気関数と『一般理論』の流動性選好理論を比べると，投資財

物価水準の決定から利子率の決定へという変化のほかに，実物資産と債券の区別という点でも進歩があった。通常，実物資産そのものが市場で取引されることはそれほど多くはないが，これは株式によって代表される。株価は，利子率だけでなく，会社の業績を反映した配当によっても影響される。配当の変化に基づく株価の変化は所有者に所得危険をもたらし，利子率の変化に基づく株価の変化は資本危険をもたらすが，『貨幣論』の段階ではこれらの2種類の危険は未分離のままであった[40]。

さらに，『貨幣論』では実物資産と債券を一括したものと代替的に保有される貨幣は，利子がつく銀行貨幣であった。ケインズによれば，それは「銀行預金」と「証券」との選択の問題であった（Keynes 1971b：127，訳144）。

そして，銀行預金を保有するか証券を保有するかという選択は，それぞれから得られるはずの将来の収益に関する期待によって左右されるのであって，それは証券の価格または銀行預金の利子率によって左右される。これが，『貨幣論』の弱気関数についてのケインズの説明である。

これに対して，『一般理論』の流動性選好理論は確定利付債券と無利子の貨幣との間の選択の問題になっている。そして，人々が利子のつかない貨幣を選択するのは，「将来の収益に関する期待」ではなく，「将来の各時点に成立するさまざまな満期についての利子率の複合体に関する不確実性の存在」のためである（Keynes 1973：168，訳166）。

流動性選好理論は弱気関数の発展したものであり基本的に同じものとする見方があるが，2つの理論の間には根本的な違いがある。それは，不確実性の原因を，弱気関数では実物資本と債券を一括した「証券」の収益に求めているのに対して，流動性選好理論では債券に限定し，満期の違いによって説明している点である。

さて，この満期の異なる債券という想定は流動性選好理論における不確実性論証の鍵になっているが，この発想はどこから来たものであろうか。

これに対するヒントはカーンの『短期の経済学』（SP4）にあると思われる。すでに説明したように，『短期の経済学』の最終版では，資本財の耐久性はドリルのように短いものから機関車のように長いものまでさまざまであることが指摘されている。これはSP4だけに見られる指摘であり，「短期」を定義する中で生まれた見方だと思われる[41]。ストックは，通常，ある一時点において存在

第Ⅱ部　ケインズ革命をめぐって

している量と教えられているが，カーンはその耐久性の長さで捉えなおしたわけである。およそ存在するものには必ずといっていいほど寿命がある。そして，放射性元素の例が教えるように，その崩壊までの期間は物質によってさまざまに異なる。物理学を学んだカーンには，このような予備知識があったはずである。これを経済分野に応用すれば，資本資産の耐久性の違いという問題になる。さらに，この知識を金融資産に応用すれば，将来の利子率がなぜ不確実になるのか，そしてなぜ人々が債券ではなく利子のつかない貨幣を保有するのかを説明できる。こうしたことから，『短期の経済学』の中のストックについてのアイデアは，流動性選好理論にも影響を与えているのではないかと思われる。

　ただし，こうした推測からカーンの役割を過大評価することには慎重でなければならない。ケインズは『貨幣論』の弱気関数以前から投機の問題に関心をもっており，そうした基礎の上に，流動性選好理論を完成したことは間違いない。ケインズはもともと貨幣理論の専門家であり，また，マーシャルから貨幣保有に重点をおいた貨幣数量説の考え方を受け継いでいた。したがって，利子論の場合，カーンの研究の影響は，仮にあったとしても，いわば完成を促す触媒として作用したと考えるのが妥当であろう。

6　カーンとケインズ

　これまで，マーシャルの経済学からケインズの経済学への移行過程でカーンが果たした役割について見てきた。マルクッツオなど欧米のカーン研究は1929年のフェロー資格論文（SP3）を高く評価する一方で出版用の原稿（SP4）にはほとんど言及することがないが，[42]以上のことから，『一般理論』との関係でいえば，マーシャルの「短期」に関するカーンの複数の原稿の中で，SP4こそが重要と考えられる。

　ケインズ自身はカーンと同様に景気の問題に強い関心をもったが，その原因を貨幣に求めた。

　　経済学を一方における価値および分配の理論と，他方における貨幣の理論とに分けることは，わたしの考えでは誤った分類である。わたしの提案したい正しい二分法は，一方に個々の産業あるいは企業の理論と与えられた資源量

の報酬および異なった用途への配分の理論をおき，他方に全体としての産出量および雇用の理論をおくことである。われわれが利用されている資源の総量を不変と仮定し，さらに暫定的に，他の諸産業あるいは諸企業の状態を不変と仮定し，個々の産業あるいは個々の企業の研究に限定している限りでは，貨幣の重要な性質がわれわれの問題ではないことはたしかである。しかし，なにが全体としての産出量と雇用を決定するかという問題に移るや否や，われわれには貨幣経済の完全な理論が必要となる。(Keynes 1973：293，訳293)

ここから明らかなように，ケインズの関心は，資源配分の経済学ではなく，全体としての産出量と雇用を決定する経済学であり，そこでは貨幣が重要な役割を果たす。

貨幣はその重要な属性においては，なににもまして，現在と将来とを結ぶ巧妙な手段であって，われわれは貨幣に基づく以外には，期待の変化が現在の活動に及ぼす影響を論じ始めることすらできない。われわれは金や銀や法貨を撤廃しても貨幣から逃れることはできない。なんらかの耐久資産が存在するかぎり，それは貨幣的属性をもつことができ，したがって貨幣経済の特徴的な問題を提起することができるのである。(Keynes 1973：294，訳294)

そして，ケインズは『一般理論』第16章で資本について，第17章で貨幣と利子について，それらの性質を詳細に検討し，資本主義経済における非自発的失業の究極的な原因を資産所有者による貨幣愛だとしている。

マーシャルの経済学は，1920年代のイギリスの経済的困難とそれに続く30年代の世界大不況という現実的問題に直面したが，カーンが「短期」の研究を不況下の企業行動という視点から見なおし，『一般理論』の成立に協力したことによって，ケインズに引き継がれた。カーンは，1989年に出版された『短期の経済学』（英語版）において，「彼もわたしも，短期に関するわたしの研究がのちにケインズ自身の思考の発展に影響を与えることになろうとは，みじんも考えなかった。しかし，フェロー資格論文それ自体にはケインズ流の思考の跡はまったくないのである。」(Kahn 1989：xi) と述べている。

それでは，カーンのSP4は出版が予定されながら，なぜ執筆が中止された

第Ⅱ部　ケインズ革命をめぐって

のであろうか。最後にこの問題を考えてみたい。

　SP4の原稿の状態を見ると，計画された11章のうち，３つの章が書かれない
まま，一部は未完のまま，原稿がタイピストの手にわたっている。ここから考
えると，少なくともアメリカに渡る直前まで，カーンは執筆を継続するつもり
でいたはずである。1930年にキングズ・カレッジのフェローに選出されたカー
ンは，自分の研究だけでなく，教育や学外のさまざまな仕事に追われることに
なる。ケインズに命じられた雇用乗数の検討もその１つである。カーンはそう
した多忙の中，アメリカを訪問したのである。カーンが執筆を再開しなかった
理由は明確ではない。しかし，執筆のためにほぼ３年を費やし，大半の部分を
書き上げていたにもかかわらず執筆再開を断念したのは，単なる多忙のためだ
けとは考えにくい。[43]

　カーンがアメリカから帰国した1933年は，『一般理論』へ向けて，ケインズ
の思考が急速に進歩した年でもある（浅野 1987：第３章および第４章）。この年，
ケインズはカーンの乗数理論を「繁栄への途」（Keynes 1972a 所収）で取り上げ，
需要の変化が物価の変化を介してではなく直接的に産出量と雇用量の変化を引
き起こすことを示した。また，マルサスの評伝（Keynes 1972b 所収）において，
産出量の水準を決定する要因として，有効需要の重要性を強調した。講義のタ
イトルは32年の「貨幣の純粋理論」（イースター・ターム）から「生産の貨幣的
理論」（ミカエルマス・ターム）へと変化していたが，新著の目次のタイトルも，
32年の「生産の貨幣的理論」から33年には「雇用の貨幣的理論」を経て「雇用
の一般理論」へと変わった。

　すでに述べたように「短期」に関するカーンの研究がケインズに影響を与え
たことは確かであるが，逆にケインズの思考がすべてカーンの影響を蒙ってい
るということにはならないであろう。このことに関連するが，ケンブリッジに
おけるカーンの役割について，カーンがケインズを動かしていたのではないか
という趣旨の質問をぶつけるサムエルソンに対して，カーンをよく知るオース
チン・ロビンソンはつぎのように答えている。

　　全体としてのリチャード・カーンの果たした役割は非常に大きく，ある意味
　　では，それこそが決定的な点であると私は常々思っている。当時ケンブリッ
　　ジにいたわれわれのすべては，何かを書きあげるとそれをリチャード・カー

ンのところへもって行き，それが大丈夫であるかどうか見てもらった。そして，（私の場合には）その論理上の誤りをすべて指摘した上でそれを返してもらった。……もし不完全競争の著作を取り上げるならば，それがジョーンとリチャード・カーンとの間の結合的な仕事として始められたものであることに，私は1点の疑いももたない。彼ら両人は，それ以前にはわれわれが解き得なかった，あるいはケンブリッジにいたわれわれがそれ以前には解かなかった諸問題の解決のために，限界収入の技法を応用しようとしていた。この分野における彼の役割はとてつもなく大きかった。しかし同時に，（リチャード・カーンをご存じであればだれでも私に同意されると思うが）彼から彼自身の建設的な出版物を引き出すことは，等しく容易なことではなかった。思うに，リチャード・カーンの天分を用いる最善の方法は，もとのあまり適切でない作品を真に満足のいく何物かに変えてしまう，彼の周到な批判力を利用することであったろう。多くの場合，リチャード・カーンがいなかったならば，過去にわれわれがなし遂げたことをわれわれがなすことはできなかったであろう。彼はケインズの仕事の全体に対してどれほど貢献しているか，私にはそれが分かるとは思わない。それは多大の貢献であった。しかし，ケインズがリチャード・カーンの腹話術によって動かされていた操り人形などではなかったということは，わたしには確信をもって断固としていえる。(Patinkin and Leith 1977：80，訳120-121)

　この発言を「短期」に関するカーンの研究とケインズ『一般理論』との関係に当てはめれば，カーンの研究が不況という条件を所与として企業の行動を考察したのに対して，ケインズは不況をもたらす原因の究明に取り組んでいる。カーンとケインズは，『一般理論』の完成に向けて共同研究ともいうべき関係を続けていった。ケインズは「短期」に関するカーンの研究成果を吸収するだけにとどまらず，さらに進んで，マーシャルの基礎にあった連続的な進歩という視点から離れ，貨幣経済が停滞に陥りやすいことを理論的に明らかにした。その結果，ケインズの研究が進むにつれて，カーンはSP4を出版する必要を感じなくなったのではないか。このことを，本章の暫定的な結論としたい。

第Ⅱ部　ケインズ革命をめぐって

注

(1) マルクッツオは，ケインズを中心として，彼の同時代人および弟子たちの間の関係に注目して，学派（school）ではなく集団（group）と呼んでいる（Marcuzzo 2012）。マルクッツオが取り上げる10人とは，ケインズ，ロバートソン，ピグー，ショーヴ，カーン，カルドア，ジョーン・ロビンソン，ハロッド，ハイエク，それにスラッファである。彼女はこの時期のケンブリッジ経済学の中心人物をケインズと見ているが，上記の10人の中には，ピグーやロバートソンのようにケンブリッジの内部で教育を受けながらケインズとは異なる学説をもつものや，ハイエクやスラッファのように，基本的にケンブリッジ外部の人間でありながらケインズと学説的あるいは人間的な点で重要な接点をもつものが含まれている。これに対して，本章ではマーシャルからケインズ以降に至る学説の流れに注目し，学派として把えている。

(2) Marcuzzo（2012）等を参照。

(3) 本章は袴田（1998）から袴田（2015）までの初期カーン研究の暫定的なまとめを中心としたものであり，主として，彼がキングズ・カレッジに提出したフェロー資格論文「短期の経済学」とその周辺の資料を対象とする。副題では考察対象となる期間を1930年前後としているが，実際に本章で扱う期間は，27年にカーンが経済学の研究を開始した時から彼がアメリカから帰国した33年の前半に限定される。この間，ケインズの『貨幣論』とジョーン・ロビンソンの『不完全競争の経済学』が出版され，『一般理論』の研究が始まった。従来，『貨幣論』から『一般理論』への移行期間については，主として『ケインズ全集』やケインズ・ペーパーズを利用した研究は行われてきたが，カーンの資料を利用した研究はごく少数の例外を除いてなかったといってよい。本章は，カーン・ペーパーズの中でも理論的な研究である「短期の経済学」の関係資料を手がかりに，この期間におけるケンブリッジ内部の変化を見ていく。なお，ケンブリッジ大学キングズ・カレッジのモダン・アーカイブ・センター所蔵のカーンの資料を引用するに当たっては，著作権者であるデヴィッド・パピノー教授の許可を得た。

(4) しかも多くの場合，彼の均衡分析は一般均衡分析に対して劣位におかれている。

(5) 例えば，『貨幣論』の中で第14章「種々の形式の基本方程式」はこれまでほとんど見過ごされてきたが，そこでケインズは，ケンブリッジ型とフィッシャー型の数量方程式，それに自分自身の『貨幣改革論』における方程式を比較している。詳しくは，袴田（2007）参照。

(6) 戦後も含めたより詳しい経歴については，Kahn（1972）邦訳巻末の「訳者あとがき」ならびにKahn（1984）の「リチャード・カーン小伝」を参照。

(7) キングズ・カレッジの年報に掲載されたカーンの追悼記事によれば，カーンの父親は校長（school master）になったとあるが（King's College 1990：28），『雇用と成長』の日本語訳のためにカーン自身が寄せた「自伝」によれば，政府視学官

第5章　マーシャル経済学からケインズ経済学へ

(school inspector) となっている (Kahn 1972, 訳285)。

(8)　ケンブリッジにおけるトライポス (Tripos) とは優秀な学生にとっての名誉を与えるための試験であり，数学から始まった。ケンブリッジ大学のトライポスの歴史については，Green (1969) や Leedham-Green (1996) などを参照。

(9)　小論文のテーマについては，袴田 (2015) の表4-1を参照。

(10)　この時の試験官は，キングズ・カレッジのピグーとショーヴのほか，外部からヘンリー・クレイ，それに LSE でカルドアの指導教授となるアリン・ヤングの4名によって構成されていた (CUR, 1927-28 : 1157)。この時の1等は，カーンを含めて5名であった。

(11)　カーン・ペーパーズには，カーンがミッドランド銀行の担当者に宛てて書いた手紙の下書きが残されている (RFK3/6/14, 日付なし)。ケインズがカーンにテーマを与えた正確な時期は分かっていないが，カーンが学部を卒業した28年6月には，ケインズは少なくとも『貨幣改革論』出版当時の実質残高数量説の立場に立っていたとはいえない。そして，遅くも28年10月までには『貨幣論』の基本方程式の原型が登場する。この時期は，ケインズ自身の考え方も変化していたのである (袴田 2007参照)。一方，カーンは貨幣数量説には否定的であり，ケインズから与えられたテーマに不満をもっていた。そのため，ミッドランド銀行によって資料提供が拒否されたことを，彼は幸いと感じた (Kahn 1989 : xi)。

(12)　ショーヴからカーンへの6月29日付のはがき (RFK13/100/1) による。他方，カーンがショーヴに相談した手紙は残っていない。

(13)　これまでの調査から，「短期の経済学」には，研究着手の段階から32年末の出版用原稿の段階まで，4つの版が存在したことが分かっている (袴田 1998)。ここでは，これらを年代順に SP1, SP2, SP3, SP4 と呼ぶことにする。最初の原稿 SP1 には「短期の経済学」というタイトルはないが，内容から考えて，この後に続く一連の研究の，最初のまとまったものである。これらのうち，SP2 以外のものは現存する。カーンは32年末からの訪米によって SP4 の執筆を中断した。資料から判断して訪米中も執筆継続を意図していたと考えられるが，33年の帰国後，執筆が再開された形跡はない。

(14)　キングズ・カレッジのモダン・アーカイブ・センター所蔵のカーン・ペーパーズのカタログによれば，1930年から81年の間にカーンがジョーン・ロビンソンから受け取った手紙で現存するものは約1,000通に上るという。一方，これ以外のアーカイブを含めたマルクッツォらの調査によると，1946年までにカーンがロビンソンから受け取った手紙で現存するものは461通，逆にロビンソンが受け取ったもので現存するものは57通となっている (Marcuzzo and Rosselli 2005 : 18)。

(15)　ロビンソンの最も早い段階と思われる目次では，本のタイトルは『独占の経済学』(*Economics of Monopoly*) となっている。マクミラン社との出版交渉の過程

193

第Ⅱ部　ケインズ革命をめぐって

でケインズは書名を『独占および競争下の価値の理論』（*The Theory of Value under Monopoly and Competition*）と改めるように指示したが，最終的にはオースチンのアイデアで『不完全競争の経済学』と名付けられた。ロビンソンはアメリカ滞在中のカーンに手紙でこのことを伝えたが，「わたしは元のタイトルに固執したかったのですが，メイナードがそうさせてはくれないでしょう」（RFK13/90/1/74）と述べており，彼女がタイトルに不満であったことが窺われる。

⑯　『ケインズ全集』第12巻の編集者のモグリッジによれば，ジョーン・ロビンソンの祖父 F. D. モーリスは，1843年創業のマクミラン社が出版業を始める際に援助を与えてくれた恩人であるとされる（Keynes 1983：867 n29）。

⑰　2部の原稿のうち，ロビンソンによる書き込みはごくわずかであるが，ケインズは多くのページに詳細な書き込みを行っている。

⑱　詳しくは袴田（1998）および袴田（1999）を参照。なお，スラッファの問題提起はその後ジョーン・ロビンソンの『不完全競争の経済学』へとつながったが，スラッファとカーン，ジョーン・ロビンソンの関心はそれぞれ異なっていたということを忘れてはならない。スラッファはマーシャルのジレンマの長期的な帰結に，カーンは不況下の短期の企業行動に，そしてジョーン・ロビンソンは独占とそれがもたらす分配上の歪みに，それぞれ最も関心を寄せていた。

⑲　カーンは固定費用を技術的固定費用（technical fixed cost）と金融的固定費用（financial fixed cost）とに分けて考察しているが，前者には，地代の一部のように，それを支払うことによってその土地を他の用途に転用することを妨げるような，一種の機会費用も含まれている。カーンはこれを移転地代（transfer rent）と呼んでいる。

⑳　ここでの説明は，基本的に袴田（1998）による。

㉑　このことは，つぎのようにして簡単に確かめることができる。点 M から縦軸の方向に水平な線を引き，交点を N とする。SR の長さを a，NS の長さを b とおくと，三角形 LPS の面積は $2ab$ である。ここで，LP 上の点 M 以外の任意のところ（例えばやや左側）に点 Q をとり，横軸までの垂線を引く。点 R からのこの垂線までの横方向の距離を c とし，また，点 Q から縦方向に引いた水平線が縦軸上に交わる点と点 N との距離を d とする。点 Q を含む四角形の面積は，$2ab$ よりも cd だけ小さくなるので，三角形の辺の中点 M を含む四角形の面積よりも任意に取った点 Q を含む四角形の面積の方が小さくなり，産出量 OT における利潤は最大であったことになる。

㉒　カーンは1970年代に自分の論文集『雇用と成長』（Kahn 1972）を出版したが，73年6月6日付のモグリッジへの手紙（RFK2/18/4-5）によると，当初は2巻を予定しており，しかもその第2巻にはフェロー資格論文（SP3）とその後の未公刊の原稿（SP4）を収録しようとしていた。彼は原稿を読みなおして，SP3が生き生

第**5**章　マーシャル経済学からケインズ経済学へ

きとしているのに対して SP4 は長たらしくて退屈だとして，SP4 については一部分だけを公表しようと考えていた。

⑻　ビジネスマンに対するカーンの調査の資料で早いものとしては，1929年5月10日付でカレッジの知人を通して得た返信がある（RFK3/13）。カーンの質問内容は不明であるが，内容から判断して，市場の完全性，需要の価格弾力性，工場閉鎖と価格引き下げの選択などについての質問があったのではないかと思われる。また，インタビューの多くは1932年6月から8月ころにかけて行われている（RFK2/8）。

⑼　生産費に関するカーンの研究は，ケンブリッジの外部にも知られていた。計量経済学会は生産費や限界生産力などに関する実証研究を目指して1932年秋に国際委員会を立ち上げ，イギリスのデータ収集の責任者となったフェルプス・ブラウンは，12月11日付で協力を依頼する手紙をカーンに送っている（RFK2/8）。しかし，それからほどなくして，カーンはアメリカに向けて出発した。

⑽　オックスフォード経済調査に対するカーンの批判は，戦後に出版された書物への書評でも行われている（Kahn 1952）。

⑾　彼はこの原稿を *Quarterly Journal of Economics* に掲載してもらうようタウシッグに依頼したが，拒絶された。

⑿　カーンに先立って，コルウィン委員会報告書の中で W. H. コーツは「好況期に需要が供給を遥かに上回っている場合には，競争条件は消滅し，独占の問題によって置き換えられる傾向がある」（Committee on National Debt and Taxation 1927：Appendix XI 85）という重要な指摘を行っている。カーンはこれを参考にしたものと思われる。カレツキはこれとは反対に，不況期には独占度が高まるとの認識を示した。

⒀　SP3 では市場の不完全性の程度を消滅係数 q によって表わしているが，仮に完全競争を想定すると q は 0 になり，完全操業になる。このように，不完全操業を説明しようとすると，逆 L 字型費用曲線は不完全市場としか両立できないのに対して，U 字型費用曲線は需要の価格弾力性の値次第で不完全市場とも完全競争市場とも両立しうる。ロビンソンとカーン（SP4）は市場について異なる想定に立っていたが，こうして同じ道具を共有することができたのである。

⒁　カーンによれば，炭鉱の場合には炭層により作業の難易度が異なるが，換気用の導管や地上での作業のための準固定費用が大きいため，紡績業と同様の操業方法が採用されているという（Kahn 1989：49）。

⒂　この問題はリカードによって指摘されたが，マーシャルは，ミルに従って，資本財を一回の生産期間で消耗し尽くす流動資本と，この期間を超えて耐久性をもつ固定資本とに分類した（Marshall 1920：75，邦訳：第1分冊107-108）。

⒃　以下は，袴田（2004）の「3.2　カーンのシカゴ講演」に基づく。

⒄　以下，[　　]内の言葉は筆者が補ったものである。

195

(33) カーンのこうした批判には，彼自身が体験した第一次大戦後のドイツのハイパー・インフレーションが影響している（Kahn 1984：52，訳75）。カルドアもまたドイツのインフレーションを体験し，これがマネタリズム批判の基礎になっている点は興味深い。

(34) ロビンソンの論文は，このメモの後半部分には触れていない。ダルディはロビンソンに依拠して貨幣数量説否定においてカーンが果たした役割に言及しているが，カーン・ペーパーズの資料自体を参照していない（Dardi 1994：91）。マルクッツオはこの資料を参照しながらも，後半部分には触れていない（Marcuzzo 2002：56 n. 13）。

(35) ここで，「有効な取引」とは，のちの「有効需要」に対応するもので，実際に貨幣の支出を伴うものを意味していると考えられる。

(36) スラッファが資本の「使用者」という表現を用いたのは，スミスの『諸国民の富』（Smith 1776）における表現を踏まえたものではないかと思われる。インターネット版 *OED* によれば capitalist の初出は1774年であるが，『諸国民の富』において，スミスは，capitalist ではなく「資本の所有者」（owner of this capital）という表現を３カ所で使っている。

(37) （5.3）式はケインズ・ペーパーズの中にも登場する（TM/3/2/86）。なお，『貨幣改革論』と『貨幣論』の間には，もう１つ別の形の方程式が存在した。詳細は袴田（2007）を参照。

(38) ケインズ自身の表記には若干の混乱が見られるため，ここでは塩野谷祐一訳の訳者注に従った。

(39) 以下は，袴田（2004）の「5. 流動性選好理論と『短期の経済学』」に基づく。

(40) のちにケインズはこの点を反省している（Keynes 1973：173，訳171-172）。

(41) 固定資本と流動資本の区別は耐久性の違いによるもので，両者は連続しているということは，リカード『経済学および課税の原理』第１章「価値について」第４節でも指摘されており，また，ロバートソンも設備の寿命の長さに言及している。ケインズが見た SP4 の資料の中には，リカードに言及したジェヴォンズの文章の抜き書きがある。ここで重要なことは，ケインズと密接な関係にあったカーンがそのことを SP4 の段階で指摘したこと，そしてケインズが弱気関数とは異なる論理に到達したことである。

(42) マルクッツオが SP4 に本格的に言及しているのは，Marcuzzo（2012）第８章「ジョーン・ロビンソンとリチャード・カーン」の第５節にすぎない。また，ケインズが目を通した原稿のコピーには触れていない。Aslanbeigui, N. and Oakes, G.（2011）はカーンの『短期の経済学』を取り上げた数少ない研究であるが，彼らは「短期」に関するカーンの研究の特徴は市場の不完全性や複占にあると考えており，版の違いにはほとんど触れていない。わずかに SP3 と SP4 とでは競争についての

仮定が異なることを指摘してはいるが，立ち入った考察は見られない（387 n7）。そして，彼らは，SP3とSP4を区別することなく，著作の出版が不可能になった理由として，つぎの2つを挙げている（397-402）。

　①ジョーン・ロビンソンの『不完全競争の経済学』が先に世に出ることによって，独創性を主張できなくなったこと。

　②1929年のフェロー資格論文では複占に関する数少ない研究者であったカーンが，1930年代になると出版に慎重になり，後発の多くの研究に埋もれてしまったこと。

　カーンが複占問題でも重要な貢献を行ったことは間違いないが，彼の研究は不況下の「短期」における企業行動から始まったものであり，SP3とSP4でも「短期」のタイトルを変更しなかったことを忘れてはならない。

(43)　カーンは，フェロー資格論文（SP3）を書き改めたSP4が結局出版されずに終わったことを振り返り，若い人は著作を完全なものにしようと考えないで，他人の忠告を求めた上で，一部分でもいいから遅くならないうちに出版すること，そうしないと，通例は教育と行政の職務のために泥沼にはまり込む，と忠告している（Kahn 1989：xii）。

参考文献

CUR: *Cambridge University Reporter,* Cambridge: University of Cambridge.

RFK: *Kahn Papers,* King's College Archive Centre, Cambridge: University of Cambridge.

Aslanbeigui, N. and Oakes, G. (2011), "Richard Kahn's Fellowship Dissertation: The Fate of 'The Economics of the Short Period'", *The European Journal of the History of Economic Thought,* 381-405.

Committee on National Debt and Taxation (1927) *Appendices to the Report of the Committee on National Debt and Taxation,* H. M. S. O.

Dardi, M. (1994) "Kahn's Theory of Liquidity Preference and Monetary Policy", *Cambridge Journal of Economics,* 18(1)：91-106.

Green, V. H. H. (1969) *The Universities,* London：Pelican Books.（安原義仁・成定薫訳『イギリスの大学——その歴史と生態』法政大学出版局，1994年。）

Harrod, R. F. (1936) *The Trade Cycle : An Essay,* Oxford, Clarendon Press.（宮崎義一・浅野栄一訳『景気循環論——一試論』東洋経済新報社，1955年。）

Kahn, R. F. (1952) "Oxford Studies in the Price Mechanism", *Economic Journal,* 62, March：119-130.

———— (1972) *Selected Essays on Employment and Growth,* Cambridge: Cambridge University Press.（浅野栄一・袴田兆彦訳『雇用と成長』日本経済評論社，1983年。）

第Ⅱ部　ケインズ革命をめぐって

───── (1984) *The Making of Keynes' General Theory*, Milano: Banca Commerciale Italiana. (浅野栄一・地主重美訳『ケインズ『一般理論』の形成』岩波書店, 1987年。)

───── (1989) *The Economics of the Short Period*, London: Macmillan.

Keynes, J. M. (1971a) *The Collected Writings of John Maynard Keynes, Vol. 4, A Tract on Monetary Reform*, London: Macmillan. (中内恒夫訳『貨幣改革論』東洋経済新報社, 1978年。)

───── (1971b) *The Collected Writings of John Maynard Keynes, Vol. 5, A Treatise on Money, 1 The Pure Theory of Money*, London: Macmillan. (小泉明・長澤惟恭訳『貨幣論Ⅰ──貨幣の純粋理論』東洋経済新報社, 1979年。)

───── (1972a) *The Collected Writings of John Maynard Keynes, Vol. 9, Essays in Persuasion*, London: Macmillan. (宮崎義一訳『説得論集』東洋経済新報社, 1981年。)

───── (1972b) *The Collected Writings of John Maynard Keynes, Vol. 10, Essays in Biography*, London: Macmillan. (大野忠男訳『人物評伝』東洋経済新報社, 1980年。)

───── (1973) *The Collected Writings of John Maynard Keynes, Vol. 7, The General Theory of Employment, Interest and Money*, London: Macmillan. (塩野谷祐一訳『雇用・利子および貨幣の一般理論』東洋経済新報社, 1983年。)

───── (1983) *The Collected Writings of John Maynard Keynes, Vol. 12, Economic Articles and Correspondence : Investment and Editorial*, London: Macmillan.

King's College (1990) *King's College Annual Report*, Cambridge: King's College.

Leedham-Green, E. (1996) *A Concise History of the University of Cambridge*, Cambridge: Cambridge University Press.

Marcuzzo, M. C. (2002) "The Demise of the Quantity Theory of Money", *History of Economic Ideas*, 10(1) : 49-62.

Marcuzzo, M. C. and Rosselli, A. eds. (2005) *Economists in Cambridge : A Study through Their Correspondence, 1907-1946*, Routledge Studies in the History of Economics 320, Abingdon: Routledge.

Marcuzzo, M. C. (2012) *Fighting Market Failure : Collected Essays in the Cambridge Tradition of Economics*, Abingdon: Routledge. (平井俊顕監訳『市場の失敗との闘い』日本経済評論社, 2015年。)

Marshall, A. (1920) *Principles of Economics*, 8th edition, London: Macmillan. (永澤越郎訳『経済学原理』岩波ブックセンター, 1985年。)

Patinkin, D. and Leith, J. C. eds. (1977) *Keynes, Cambridge, and the General*

Theory : the Process of Criticism and Discussion Connected with the Develop-
ment of the General Theory : Proceedings of a Conference Held at the Univer-
sity of Western Ontario, London : Macmillan.（保坂直達・菊本義治訳『ケインズ，
ケムブリッジおよび『一般理論』』マグロウヒル好学社，1979年。）

Ricardo, D.（1819）*On the Principles of Political Economy, and Taxation.* 2nd ed.
（羽鳥卓也・吉沢芳樹訳『経済学および課税の原理（上）（下）』岩波書店，1987年。）

Robinson, A.（1931）*The Structure of Competitive Industry,* Cambridge : Cam-
bridge University Press.

─────（1941）*Monopoly,* Cambridge : Cambridge University Press.

Robinson, J.（1933a）"The Theory of Money and the Analysis of Output", *Review*
of Economic Studies, Oct. : 22-26.

─────（1933b）*The Economics of Imperfect Competition,* London : Macmillan,
2nd ed., 1969.（加藤泰男訳『不完全競争の経済学』文雅堂銀行研究社，1956年。）

─────（1969）*Introduction to the Theory of Employment* 2nd ed., London :
Macmillan.（川口弘訳『ケインズ雇用理論入門』巌松堂，1970年。）

Smith, A.（1776）*An Inquiry into the Nature and Causes of the Wealth of Na-*
tions, Oxford : Oxford University Press.

Sraffa, P.（1925）"Sulle relazioni fra costo e quantità prodotta", *Annali di Econo-*
mia, 2 : 277-328.（菱山泉・田口芳弘訳『経済学における古典と近代──新古典学
派の検討と独占理論の展開』有斐閣，1956年，所収。）

─────（1926）"The Laws of Returns under Competitive Conditions", *Economic*
Journal, Vol. 36, Dec. : 535-550.

浅野栄一（1987）『ケインズ『一般理論』形成史』日本評論社。

袴田兆彦（1998）「カーン・ペーパーズと『短期の経済学』」『中央大学経済研究所年
報』第28号，101-133頁。

─────（1999）「『不完全競争の経済学』とリチャード・カーン」『商学論纂』第40
（3・4）：393-426頁。

─────（2003）「物価と生産の理論におけるカーンの貢献」『商学論纂』44(6)：323
-370頁。

─────（2004）「貨幣と利子率の理論におけるカーンの貢献」『中央大学経済研究所
年報』第34号：479-503頁。

─────（2007）「『貨幣論』における基本方程式の形成──『貨幣改革論』から『貨
幣論』へ」『中央大学経済研究所年報』第38号：281-309頁。

─────（2015）「資料から見たケンブリッジ学派研究の現状と課題──カーンの資
料を中心として」『中央大学経済研究所年報』第46号：635-661頁。

第6章
ケンブリッジ学派の景気循環論

下平裕之

　本章では，デニス・ロバートソンの学説を軸としたケンブリッジ学派の景気循環論の形成と展開を論じる。ロバートソンはその最初の著作である『産業変動の研究』（1915年）から最後の著作である『経済原論講義』（1957～59年）に至るまで一貫して，技術革新等の実物的要因と銀行による信用創造等の貨幣的要因を融合した独自の景気循環論を展開した。彼の理論はピグーの『産業変動論』（1927年）やケインズの『貨幣論』（1930年）の形成に強い影響を与えるとともに，『貨幣論』や『一般理論』（1936年）執筆以降のケインズとの論争の的となった。そしてロバートソン自身もこれらの論争を通じ自らの理論を改良していった。

　本章では上記の展開を考慮しつつ，①『産業変動の研究』が執筆された1910年代，②『銀行政策と価格水準』が執筆された1920年代，③『貨幣論』と『一般理論』を巡る論争が中心となった1930年代，④ロバートソンの『経済原論講義』に至る1940～50年代，を中心に，ロバートソンの景気循環論に影響を与えた，あるいは影響を受けた経済学者としてマーシャル，ピグー，ホートリー，ケインズも考察の対象とする。各時点において景気循環理論に関する論点は何であったのか，相互の論争からどのような理論的発展がなされたのか，そして（後期ロバートソンの議論を中心に）ケンブリッジ学派の景気循環論の最終的到達点はどのようなものであったのか，等について検討する。

1　マーシャルの景気循環論とその展開

　ケンブリッジ学派の創設者として後世に大きな影響を与えたマーシャルの業績は，現在のミクロ経済学の分野ではいわゆる新古典派経済学の代表例として広く知られているが，彼の景気循環論については現在ではあまり顧みられるこ

第Ⅱ部　ケインズ革命をめぐって

とはない。しかし以下にみるように，彼は古典派の恐慌あるいは信用循環に関する分析を基本的には継承しつつも，信用を媒介とした総需要の変動が景気循環を引き起こす，という要因を初めて明確にした。以下ではマーシャル自身の分析をまず説明し，またその分析がその後のイギリスにおける景気循環理論の展開に与えた影響を，A. C. ピグー，および R. G. ホートリーの学説を概観することにより確認する。

マーシャルの景気循環論

　マーシャルは，短期における価格変動の過程において，信用の急激な拡大と収縮を通じる総需要の大きな変化が「信用循環」を引き起こすと考えている。彼によれば，信用循環は通常次のような過程をたどる。

　まず豊作や新事業の発展，あるいは信用市場に対する金の流入による貸出条件の緩和等の要因により，一度生産物への需要が大幅に拡大すれば，信用の拡張と価格・利潤・賃金の増大の累積過程が始まる。

　　生産者たちは自分たちの商品への需要が増大しつつあることをみてとり，利
　　益を得て売ることができると期待して，彼らが必要とするものの迅速な引渡
　　しのために進んで高値を支払おうとする。雇用者たちは労働力を求めて互い
　　に競争しあい，賃金は騰貴し，被雇用者たちは賃金の支出を通じてあらゆる
　　種類の商品への需要を高める。このような経済全体の活動のうちに現われる
　　有望な機会を利用しようとして，公開・非公開の新会社が発足する。こうし
　　て騰貴した価格における購買意欲と支払い意欲とがともに増加する。信用は
　　有頂天に達し，約束手形も即座に引き受けられる。価格，賃金および利潤は
　　上昇し続ける。取引に従事する人々の所得は全般的に上昇する。彼らは自由
　　に支出し，財貨への需要を増加させ，一層価格を引き上げる。(Marshall
　　1879：194)

そしてこの過程は，商品の価格上昇期待を通じた投機を通じて促進される。

　　多くの投機家たちがこの価格上昇を眺め，なおこれが続くと考えて，利益を
　　得て売ることを期待して財貨を購入する……。この動きは，ついに巨額の取

引が信用と借入金が営まれるまで持続する。(Marshall 1879：162)

しかしやがて貸手の確信の状態の変化により貸出が抑制される。これによりまず未完成の資本財生産に対する追加資本供給が困難となり，これが資本財に対する需要を縮小させる。そしてこの一部門における需要の縮小は，他の部門に対する需要の縮小と投機家の破産による信用取引の縮小を引き起こす。このようにして総需要収縮の累積過程が生じる。

しかし，人々は購買力を持っているけれども自由にそれを使うことができない。なぜなら，企業の倒産によって信頼が動揺すると，資本は新しい会社を設立したり既存の会社を拡張したりすることができなくなるからである。新しい鉄道を作る計画がだれからも指示されず，船舶も遊休化し，新しい船に対する注文がなくなる……。固定資本を作る全ての部門に仕事がほとんどなくなる……。その他の部門も，製品市場が縮小したのを知って，生産量を減らす。同時に，彼らの製品への需要が縮小したことは，彼らの他の部門への需要を削減させる。かくして，商業的混乱が全体に波及し，一生産部門の援乱は他の諸部門を混乱に陥れ，それはまた前者への反作用を通じてその部門の撹乱を増大する。(Marshall 1879：163)

ピグー，ホートリーによる継承と展開

以上のマーシャルの景気循環論は，その後のイギリスにおける景気循環理論の展開に影響を与えている。まずピグーは，マーシャルの循環論における確信の状態の変化という側面を強調し，今日景気循環の心理説と呼ばれるものを明確にした。彼によれば，

[企業家の間には]ある程度の心理的な相互依存関係が存在している。実業界の一部の調子の変化は，極めて不合理な様式で他の全てのつながりのない部分に広がっていく……。企業家による予測は，彼らの現在の成功に強く彩られている。したがって，事業の成功の相互依存性は，その予測の相互依存性を伴うものであり，群をなして行動を起こそうとする力として拡大的な心理的傾向を伴っている。(Pigou 1912：460-462)

第Ⅱ部　ケインズ革命をめぐって

したがって景気の循環は，企業家の確信の状態の全体的な上下動によって説明
されることになる。

　一方大蔵省のエコノミストであったホートリーは，経済主体の貨幣支出の増
減を財に対する総需要の増減であると考え，銀行の貸付条件の変化による商人
による在庫投資の変動と，それに伴う所得-支出の変動を主軸とした景気循環
理論を明らかにした。

　　商人の特別な機能の一つは，自身が扱う財の在庫……を維持することにある。
　　……利子率が上昇するときには……商人は財の在庫を減らすことによって債
　　務を減らすことができ，また財が売れた時にその補充を遅らせることで在庫
　　を減らすことができるだろう。……その結果製造業者は需要の減退に直面す
　　ることになるだろう。(Hawtray 1913：62)

　　貨幣［支出］の縮小は，全ての種類の商品に対する需要の縮小，価格の下落，
　　雇用の不足，利潤の縮小，および低利子率という，不況に随伴する諸現象の
　　現われである……。他方，貨幣［支出］の増加は，需要の刺激，価格の上昇，
　　高い労働需要，利潤の拡大，および高利子率という，活発な取引に伴う諸兆
　　候をもたらす。(Hawtray 1913：53-54)

彼自身はマーシャルの直接の弟子ではなかったが，その基本的概念はマーシャ
ルの分析から引き出されたものと考えられる。[1]
　以上19世紀末から20世紀初頭にかけてのイギリスにおける景気循環理論の展
開を概観したが，これを踏まえた上で，次にロバートソンの景気循環理論が当
時の歴史的文脈の中でどのような特徴を持っていたのかを明らかにしていく。

2　ロバートソンによる実物的景気循環論の展開——『産業変動の研究』

大陸における過剰投資説からの影響

　まずイギリスから大陸に目を転じてみると，景気循環の原因を資本財の過剰
投資に求める，景気循環の過剰投資説が19世紀後半から20世紀初頭に展開され
ていた。ロバートソンの分析に影響を与えたという意味で，当時重要な過剰投

資説であったのは，M. ラボルデール，M. ツガン－バラノフスキーおよび
A. アフタリオンの学説である。ラボルデールは，投資を実現するために必要
な消費財ストックの不足により生じる貯蓄不足型の過剰投資説を唱えている。
またツガン－バラノフスキーは，好況期の投資の拡大の結果としてこれを支え
る信用が欠乏することにより過剰投資が生じるという理論を展開した。一方ア
フタリオンは，過剰投資は実物貯蓄や信用の不足により生じるのではなく，資
本財の生産期間の存在により生産がその需要以上に行われるためであると論じ
ている。

　ロバートソンはこれらの学説を通じて過剰投資説の重要性を認識したと考え
られるが，彼はこれらを無批判に受け入れたわけではない。このことは，彼が
書評においてツガン－バラノフスキーの理論に対してはその関心が信用等の貨
幣的要因に偏って，産出量と消費とにおける変化の検討が不十分であるという
点を批判する一方，アフタリオンの生産期間の存在に伴う過剰生産の可能性と
いう議論をより評価していたことに示されている（Robertson 1914：84-86）。こ
のように，資本財の過剰生産を中心とする実物的な景気循環理論というロバー
トソンの循環論は，大陸の過剰投資説――特にアフタリオンの学説――を批判
的に摂取することを通じて構築されたと考えられ，これが同時代のイギリスの
景気循環論の中で彼の学説が特異な存在となった一つの理由となっている。

分析用具としてのマーシャル価値論の導入

　一方ロバートソンは『産業変動の研究』序章において，「この書物の抽象的
な議論のいくつかの部分においては，……マーシャル博士の名の下にある経済
思想の学派において共通に使われている思考法と用語を用いる」（Robertson
1915：11）と述べ，景気循環の分析的側面においてマーシャルにより用いられ
た分析用具を継承しようとすることを明らかにしている[2]。ただしここでロバー
トソンが用いようとするマーシャルの分析用具は，先にみた総需要の変化を重
視する景気循環理論ではなく，価値論において用いられた諸概念であることが，
彼の循環論を同時代のそれと比べて特異なものとしている。彼はこの理由を，
従来の景気循環に関する分析における曖昧さがその分析的統一性の欠如によっ
て生じている，という見解を持っているためであるとしている（Robertson
1915：11）。彼は具体的に用いられた分析を明言していないが，以下で概説する

第Ⅱ部　ケインズ革命をめぐって

同書の「抽象的な議論」の部分から推定すると，これらは，経済主体の行動基準として異時点間における効用最大化の基準を導入したこと，および景気の波及過程の説明において実物的な需要弾力性の概念を採用したことであると考えられる。これらは，過剰投資や過剰生産の意味を明確にし，その原因を求めるために利用されている。次にこれまでの議論を考慮しつつ，ロバートソン自身の理論を検討する。

景気循環の原因

ロバートソンは，生産者が自身が生産する財の交換価値が上昇するという予想が生じることによって，不況からの回復の原因を説明することができると考えている。この時生産者が抱く将来の予想に関して，設備財（construction goods）の限界効用に関する推計が消費財に比べ正確で安定的ではないとロバートソンは判断していた。設備財に関する推計は，その将来の生産性に依拠しなければならないからである。

　消費財の限界効用は，ほとんどの人々がかなり正確で安定的な判断を下すことができることがらであるのに対し，設備財の限界効用に関する推定は，それほど一定なものではない。なぜならこれは，設備財の持つ将来の期待される限界効用に依存するためである……。この［設備財の期待効用の］変動が，現代の産業変動のもっとも重要な側面を理解する鍵を与えるということを，筆者［ロバートソン］は確信している。（Robertson 1915：156-157）

また設備財の限界効用は，次のような要因により（上方に）修正されると考えられている（Robertson 1915：157）。

(a)予想外の豊作が与える心理的効果
(b)主要産業における，減耗した資本財を大量に置き換える必要性
(c)主要産業における発明の利用

景気の上昇過程

設備財部門において生じる産出量の上昇の大きさは，「［第一に］その社会が

第6章　ケンブリッジ学派の景気循環論

固定投資の必要性に応えようとする傾向が強いほど，その影響は大きくなる。
……第二に，より多くのそして重要な設備材産業が含まれる［割合が大きい］
ほど，その影響は大きくなる傾向がある」(Robertson 1915：157-158) とロバー
トソンは論じている。したがって景気の上昇過程は，新たに行われる設備投資
自体の規模と，それと補完的な財を生産する諸産業の産出量の拡大の規模に依
存している。

　また彼は全般的な景気の波及過程を説明するために，需要の労力弾力性 (ef-
fort elasticity of demand) という概念を導入している (Robertson 1915：125)。こ
の概念は，特に農業が景気の上昇へ与える効果を分析するために有効であるが，
それは交換価値の変化が，単に一定水準の購買力を各部門へ再分配するのみで
はない理由を説明するからであると考えられる。需要の労力弾力性は 1 より大
きい，すなわち満足で測った穀物消費者の労力生産性が上昇するとされており，
このことは穀物価格の下落がそれに比例する以上の穀物に対する需要を生み，
需要の増加は工業製品の供給増加をもたらすであろうことを意味している。し
たがって，穀物を得るための労力が他の生産物を需要するための労力投入を必
ずしも犠牲にすることなく新たに投入され，総需要の増加をもたらすのである
(Robertson 1915：130-137)。

景気の転換と下降局面

　景気回復から経済活動は急速に好況期に入り，やがて景気の転換と後退がそ
れに続くこととなるが，この理由としてロバートソンは，景気上昇を引き起こ
した力がまた「全般的な回復過程を終わらせる力」(Robertson 1915：165) を生
むということを指摘している。これは二つの形で生じうる。

　第一の理由は，投資に対する貯蓄の不足によるものである。

　投資誘因の増加がもたらす一つの結果は，消費財ストックが相当量投資のた
めに吸収されてしまうことである。したがって，新投資によって生み出され
る消費財が，この吸収された財を補うのに十分なだけ生産されるまで，設備
財に対する投資が当初の規模で維持されることは物理的に不可能となるだろ
う。このような状況で，設備財産業において崩壊が生じる根本的原因は，原
材料費の高騰によるものではなく投資に必要な実物資本［消費財］の不足に

第Ⅱ部　ケインズ革命をめぐって

よると考えられる。(Robertson 1915：170-171)

　もう一つの理由は，以下に述べるような「現代の大規模生産に必然的な特徴」(Robertson 1915：187) により設備財が消費財に対し過剰に生産される可能性である。

　第一に，「投資の懐妊期間」が存在する。「生産に必要な設備を生産し準備するのに必要な時間の長さ」(Robertson 1915：13) や，個々の生産者は競争相手がどのような準備をしているかについて無知であるために，結果として過剰な投資が行われることになる。「したがって，懐妊期間が長いほど，高価格は長く続きまた投資はますます過剰となり，その結果不況はより深刻化するであろう」(Robertson 1915：14) とロバートソンは結論づけている。

　第二に，資本主義的企業の規模の大きさによって生じる，「設備の不可分性」とその「扱いにくさ」(Robertson 1915：31-36) である。最適生産規模や適切な投資水準が大きい場合には，企業家は自らの製品の交換価値の上昇に見合った程度を超えて生産能力を拡張しようとする。その結果として生じる生産設備を廃棄したり再稼働させることに伴う費用のために，生産者が効率的に資本設備を用いることは困難となるだろう。

　最後に，「設備の寿命」という問題が存在する。資本設備の寿命は周期的に大量の資本を更新する必要性によって，経済活動に影響を与えるだろう (Robertson 1915：36-45)。

　そしてロバートソンは上記の設備財の持つ諸特性により，景気の拡大局面において過剰な設備が注文され生産される過剰投資が生じると考えている。

　　投資に対する障害は，……それが，［投資の結果として生じる，将来消費から得られると考えられる効用という］結果に不相応の現在の［消費から得られる効用の］享受を犠牲にしている，ということを認識することから生じる……。過剰投資の本質的意味は，時間を通じて消費財という経済全体の所得を理想的に配分することができないことである。(Robertson 1915：180)

　そして設備財産業における生産の縮小は，不況期においては設備財に対する他産業の需要が非弾力的であるという理由により，それらの産業における生産

208

の縮小を引き起こすだろう（Robertson 1915：204）。このようにして，実物的な価格弾力性という概念を用いることによって，過剰投資により設備財産業のみではなく全ての産業において産出量が縮小するという「全般的不況（general depression）」が生じることをロバートソンは説明している。

3　信用経済における景気循環論の展開——『銀行政策と価格水準』

　ロバートソンは『産業変動の研究』において特別な貨幣的要因を導入することなく景気循環のプロセスを説明する理論を確立したが，同書の終わり近くにおいて（Part II, Ch. III）景気循環過程に与える貨幣の影響を考察し，「現状の貨幣制度が理論に導入されることによる，本質的な修正を考慮することからは逃れられない」（Robertson 1915：212）ということを認めている。鍵となる主体は銀行であるということが明確に認識されているが，それは銀行が貸付を通じて，企業者階級の資源に対する支配力を増大させることができるからである。また，銀行貸付の増加は価格水準と貯蓄の価値に影響するということも認識されている。ロバートソンが信用経済における景気循環理論により貨幣と貯蓄・投資との関係を究明する試みは，『貨幣』（1922年）における萌芽的分析を経て，『銀行政策と価格水準』の刊行という形で結実することとなった。

資本と「ラッキング」
　ロバートソンの体系においては，現代の産業は異なる2種類の資本を必要としている。すなわち「工場や鉄道，機械等［からなる］固定的耐久生産手段」（Robertson 1926：41-42）である固定資本と，「土地から始まって最終の使用者すなわち消費者に到達するまでの，その経過する全ての段階におけるさまざまな財の集合からなる」（Robertson 1926：42）流動資本である。これに対する資本の供給の側面については，経済主体の名目消費がその名目可処分所得より少ない場合，「貯蓄」がなされたと定義される。一方経済主体の実質消費がその実質可処分所得よりも少ない場合，「ラッキング（lacking）」がなされたと定義される。

　所与の期間に，ある人の消費がその期間の自身の経済的産出量の価値よりも

209

第Ⅱ部　ケインズ革命をめぐって

少ないならば，ラッキングを行うことになる。このことは……その期間中の消費支出がその期間の貨幣所得よりも少ない，ということと必ずしも同じことではない。（Robertson 1926：41）

ラッキングには，「自発的」なものと「賦課的」なものの2種類がありうるとされていた（Robertson 1926：47-49）。自発的ラッキングは「通常貯蓄として考えられているものとかなりよく対応しており，ほとんど立ち入った定義を必要としない」（Robertson 1926：47）。それが生産的な目的のために用いられるならば，ラッキングは設備の購入のためあるいは生産的目的のための貸付として「適用された」ものとなるが，保蔵された場合ラッキングは「不妊」となる。

賦課的ラッキングはさらに，「自動的（automatic）」ラッキングと「誘発的（induced）」ラッキングとに分類される。まず自動的ラッキングは，保蔵を減らすかまたは銀行によって創造された信用を用いることにより人々が支出を増やした結果，生産された財の購入に向かう既存の貨幣の流れが増大することで生じる。物価水準が上昇するため，新たに支出を増やした人々によりこれまでの消費の一部が奪われることになる。一方誘発的ラッキングは，物価水準の上昇によって失われた実質残高を調整する手段としての支出削減と関係しており，現代における「実質残高効果」の原型である。

ラッキングを分類するもう一つの方法は，関連する産業資本の形態によるものである。固定資本を供給するのが「長期ラッキング」であり，流動資本を供給するのが「短期ラッキング」である。そして長期ラッキングの大部分は個人や企業によって（自発的に）供給されるのに対し，短期ラッキングのかなりの部分は銀行を経由して獲得されると考えられている（Robertson 1926：50）。

信用経済の安定条件

ロバートソンが想定する信用経済では，社会全体の貨幣供給は単一の銀行の下に集中されており，高度に発展した信用制度の下で，現金保有は行われず，貨幣は全て小切手口座（当座預金）の形で保有される。そして銀行預金の供給量はそれに対する需要を満たすように銀行の自由な裁量によって内生的に決定される。また銀行は二重の責任を負わなければならない。一つは資本の増加に見合う十分な短期ラッキングを供給することであり，もう一つは経済変動が適

210

切な水準となることを保証することである。

ロバートソンは，銀行が物価水準を攪乱することなく短期ラッキングの供給を確保しうる程度を決定するための条件を提示した（Robertson 1926：Ch. 5）。[4] 以下では K を貨幣の流通期間（公衆の年間貨幣所得に占める貨幣ストックの割合，または所得流通速度）、R を年間産出量、D を生産期間、また n をある生産期間において年間産出量に占める流動資本の割合とする。

ロバートソンは中間生産物としての流動資本を媒介とした生産構造を考えている。したがって産出量の増加に先立って，生産者は銀行から資金を借り入れ生産要素を雇用し，これにより生産期間 D に渡って原材料から最終生産物を生産する。この間に用いられる中間生産物の総体が流動資本であり，年間産出量 R を生産するために必要な流動資本 C の大きさは，$C = nDR$ という式で表される。

ここで単純化のために流動資本 C の全体が銀行からの貸付により形成され，銀行はそれ以外の目的のために貸付を行わなかったと想定する。この時公衆の手にある貨幣の実質価値は，M を貨幣量、P を物価水準とすると $M／P = KR$ となる。ここで銀行資産の実質価値は $C = nDR$ であり，銀行のバランスシートの均衡を考慮すれば $KR = nDR$ すなわち $K = nD$ が成立し，結果として産出量に対する貨幣の流通期間と生産期間との関係が，均衡の基本的条件となることがわかる。そしてロバートソンは，両者の関係が経済に与える影響について以下のように結論している。

① $K = nD$ ならば，必要なラッキングは物価変動を伴わずに各生産期間に得られる。
② $K < nD$ ならば，各期において新たに形成される流動資本に対する需要が，公衆が保有する貨幣の実質残高よりも大きいため物価水準は上昇する。このとき経済は自動的・誘発的ラッキングを伴いながら成長していく。
③ $K > nD$ ならば，各期において新たに形成される流動資本に対する需要が実質残高よりも小さいため，物価水準は下落する。

K, n および D は体系にとっては外生変数であるとみなされるので，流動資本の適当な供給と物価水準の安定という目標は，外生的要因の一致という特殊

第Ⅱ部　ケインズ革命をめぐって

なケースを除いては両立しえないであろう。

信用経済における景気循環のプロセス

　『銀行政策と価格水準』における景気循環の原因に関する説明は，『産業変動の研究』における景気循環理論に基づいているが，彼は資本財の限界効用の変動という実物的要因に基づく変動について，それを「適当な（appropriate）変動」と名づけている。既にみたように彼は資本財需要の増大は必然的に循環的変動を生み出すと考えており，一方それは特に新発明の導入による経済発展のための不可欠な要素とみなされていた。したがって「我々が考察している単純化された産業社会においてさえ，産業産出量の適当な（あるいは最適な）率は一定であるとは考えられず，少なくともかなり周期的な性格を持つ『正当な』増減と呼ばれうるものが連続すると考えられるだろう」（Robertson 1926：18）。

　『銀行政策と価格水準』が想定する信用経済における景気循環の上昇局面の基本的特徴は，産出量の拡大に不可欠な準備として生じる流動資本への需要に対応した，短期ラッキングへの需要の大幅かつ不連続な増加である。この状況において，需要を満たすように迅速に行動できるのは銀行だけである。しかし先にみたように，流動資本の必要量を決定する要因と公衆が保有しようとする貨幣の実質残高を決定する要因とはそれぞれ独立の要素により決定されるため，金融制度が流動資本の適切な追加量を保証することと同時に，物価水準の絶対的安定性を保証することを期待することは不合理であると考えられている（Robertson 1926：72）。

　そしてさまざまな理由により，正当であるとみなされた物価水準の上昇はその一層の上昇を促進する可能性があり，これらが景気の上昇過程を引き起こした要因に加えられることによって「不適当な（inappropriate）」循環が生じる。その結果，銀行は「適当な」産出量の増加を容易にするために介入しなければならないのみならず，また「産業の拡大に伴う二次的現象」（Robertson 1926：79）を防止または抑制するために行動しなければならない。さらに，銀行は産出量の縮小という反対の状況においては，産出量の「不適当な」減少や過度の物価水準の下落を防止しなければならないだろう。

　またロバートソンは銀行が短期ラッキングの主要な供給源であるのに対し，長期ラッキングは主に公衆の自発的決意の結果であると想定している。しかし

ながら，これは明快な分け方ではない。景気拡大期に自発的な長期ラッキング
が投資に対する需要に見合うとは考えられないからである。その結果，再び銀
行が公衆に賦課的ラッキングを課すことにより不足を補い，また資本の深刻な
不足という危機的状況でその需要を減らすよう行動するために介入しなければ
ならないのである（Robertson 1926：88-91）。

ホートリーの批判とピグーによる受容

　ロバートソンは『銀行政策と価格水準』において，自身が『産業変動の研
究』において確立した実物的景気循環理論に貨幣的要因を導入し，信用経済に
おける経済変動を説明する理論モデルを構築した。これに対しホートリーは，
『好況と不況』および『通貨と信用』（1919年）において展開された在庫変動を
基軸とした景気循環理論に基づき，物価水準の変動により生じる自動的・誘発
的ラッキングを軸として展開されるロバートソンの動学的プロセスは，産出量
が一定であるという仮定に依拠しているという批判を行った（Hawtray 1926）。
ロバートソンはこの批判に対し最後まで自説を変えることはなかったが，これ[6]
は『銀行政策と価格水準』の中で示された以下のような理由によるものと考え
られる。すなわち生産期間の存在により最終的な消費財の生産までに必要なタ
イムラグが特に景気の上昇過程では無視できず，結果として産出量の増加に物
価上昇が先行することを重視したのである。

　　[物価の騰貴が促進される] 傾向の効果は，初めのうちは貯蔵された財がこれ
　　までよりも急速に引き出されることにより緩和されるかもしれない。このよ
　　うな引き出しは……流動資本需要増加を抑制することを意味する。しかしこ
　　のような緩和作用は，……おそらく生産期間の延長をもたらす強い力によっ
　　てまもなく押しつぶされるのである。（Robertson 1926：95）

　一方ピグーは1927年に出版された『産業変動論』において，すでに『富と厚
生』および『厚生経済学』（1920年）において展開されていた心理的要因を中心
とする景気循環論に，景気の波及要因としてロバートソンと同様の「需要の労
力弾力性」を用いた分析を導入し（Pigou 1929：Part I, Ch. V），さらに貨幣的
要因の説明においても「強制貯蓄」概念を用いている（Pigou 1929：Part I, Ch.

第Ⅱ部　ケインズ革命をめぐって

XIV)⁽⁷⁾。

　このように1920年代末にはロバートソンとピグーという二人のケンブリッジ
学派の経済学者がほぼ同様の景気循環に関する基本的モデルを共有したという
ことが明確となった。しかしケインズ『貨幣論』の出現により，ケンブリッジ
における景気循環理論に関する議論の様相は大きく変化することとなる。

4　景気循環と利子率──『貨幣論』から「産業変動と自然利子率」へ

　ロバートソンが『銀行政策と価格水準』を執筆する際にケインズとの密接な
協力関係にあったこと⁽⁸⁾はよく知られているが，ケインズはロバートソンとの協
力で得られた知見や『銀行政策と価格水準』で提示された信用経済に関する経
済分析に影響を受けながら独自の貨幣経済論を構築し，そしてこれは1930年に
『貨幣論』として刊行された。

　『貨幣論』の執筆にあたりケインズは，先駆的な役割を与えられたロバート
ソンを含め，他の経済学者たちから恩恵を得たことを認め配慮していた。

　　……しかしこれらの著者たちのだれ一人として，貯蓄と投資との不均衡が物
　　価に及ぼす直接的効果と，銀行組織が演じる役割とを明確に理解していたも
　　のはいなかった。この点での先駆的研究は，D. H. ロバートソン氏（『銀行政
　　策と価格水準』）に帰せられるものである。(Keynes 1930：90)

　しかし彼の提示した理論は，特に貯蓄と投資（あるいは自然利子率と市場利子
率）との解離に伴う物価水準の変動を説明するために（意外の利潤を含まないと
いう）特殊な所得の定義を行っており，この定義に基づき物価水準の変動を説
明しようとする「基本方程式」を含め大きな批判にさらされることになった。
　一方自然利子率と市場利子率を用いて景気循環を分析するという着想は，
『貨幣論』や同時代に執筆されたハイエクの『価格と生産』(1931年) に共通す
る「ヴィクセル的」要素であった。これはロバートソンにとって新たな領域で
あり，景気循環の過程における貯蓄・投資・利子率に関する自身の見解を明ら
かにする必要から「貯蓄と保蔵」(Robertson 1933) および「産業変動と自然利
子率」(Robertson 1934) という二つの論文を執筆することとなった。

214

第6章 ケンブリッジ学派の景気循環論

『貨幣論』とその景気循環理論

『貨幣論』は，貯蓄，投資そして利子率の次元から物価の安定を達成するための条件を検討しているが，その中心となるのは消費財価格水準，および消費財と投資財の平均物価水準としての一般物価水準を表す「基本方程式」である。ケインズによれば，投資財価格水準は①不活動預金の量，②保蔵性向または弱気の状態，そして③保蔵性向または弱気の状態の変化の三つの要因により決定される。一方消費財価格水準は，消費財の単位あたり生産費と超過利潤（意外の利潤）により決定されるため，投資財価格水準と消費財価格水準は独立に決定されると考えられている。

また以上の価格水準の決定要因の議論から，貯蓄が増加したとしても投資財価格水準を決定する3要素が変化しないかぎり投資財価格水準の上昇をもたらさない，すなわち貯蓄と投資は（貨幣量の変化がなくとも）独立に変化するということも明らかにされた。これは保蔵や銀行信用の増加といった貨幣量の変化が貯蓄と投資との乖離をもたらすという『銀行政策と価格水準』において展開されたロバートソンの理論構造とは大きく異なるものであった。

さらにケインズは貯蓄と投資とが一致する（意外の利潤がゼロとなる）利子率を自然利子率と定義し，そして自然利子率と市場利子率との乖離とそれに伴う超過利潤（または損失）の発生が，物価水準の変動とそれに付随すると考えられる産出量や雇用の変動をもたらすと主張した。『貨幣論』における信用循環の説明（Keynes 1930：271-273）は，自然利子率と市場利子率との乖離によりもたらされる不均衡現象として把握されており，以下に示すように自然利子率の変動が原因となると考えられていた。

投資の魅力を増加させるような――非貨幣的な性質の――ある現象が生じる。……投資の魅力の増加に応じ自然利子率は上昇するが，それは貯蓄の増加により抑制されていない。また投資量は増加するが，市場利子率はそれを抑制するほどには十分に上昇しない。（Keynes 1930：271）

景気の上昇過程では物価上昇と産出量の増大が生じるとともに，生産者は意外の利潤を獲得しそれがさらに生産を刺激することとなる。

第Ⅱ部 ケインズ革命をめぐって

この段階で，産出量と資本財価格とが上昇し始める。雇用は増加し卸売物価指数は上昇する。新たに雇用された人々の支出は増加し，消費財の価格を引き上げる。そしてそれらの財の生産者に対し意外の利潤を与えることになる。この時までに，実際には全ての種類の財の価格は騰貴しており，そして全ての企業家が利潤を享受しているだろう。(Keynes 1930：272)

　一方景気の転換と下降過程は，経常的産出のために主に用いられる産業的流通と，弱気の状態の変化による金融的流通に必要な貨幣量の増大という観点から，以下のように説明される。

　したがってその間，産業的流通の必要額は増加し続けるであろう。……したがって，銀行システムがその原則や慣習と一致するような必要な貨幣量を供給することがもはや不可能となる時点がやってくるだろう。(Keynes 1930：272)

　[景気の] 転換点は，金融市場の心理の変化から生じるかもしれない。……そうであるならば，……「弱気」な市場心理が支配的になるとともに金融的流通の必要額が増加するだろう。したがって金融的流通が増加しようとする傾向は，産業的流通の増加に加えて，銀行システムに対し背負いきれない負担を負わせ，ついには自然利子率にちょうど等しいだけにとどまらず，情勢の変化のもとではそれを超えるような利子率を課すようになる可能性が強いだろう。(Keynes 1930：272-273)

　このように以下のような種々の有力な原因の累積の結果として，ついには崩壊が生じるであろう。それはすなわち，新投資の魅力の消滅，金融市場の心理の変化，消費財物価水準の反動，そして銀行システムが最初は産業的流通の必要額の増加に，後には金融的流通の必要額の増加にもまた，次第に歩調を合わせていくことができなくなることである。(Keynes 1930：273)

　このようにケインズはロバートソンと同様に投資の変動を景気循環の主因として捉えているが，ロバートソンが生産期間や資本財の持つ諸特性が景気の上

昇過程や転換点に対し決定的な影響を与えたことに比べ，これらにほとんど注意を払っていなかった。そして景気循環は金融政策を通じて市場利子率と自然利子率との乖離を埋めることにより制御可能であるという考えを明確にしており，この点においても金融当局が直面する困難を強調したロバートソンとは大きく異なっている。[9]

景気循環と利子率

ロバートソンは1933年に執筆された論文「貯蓄と保蔵」において，『銀行政策と価格水準』で展開された動学理論の観点から『貨幣論』に対する批判を行った。彼は貯蓄と投資が乖離するのは貨幣の保蔵または銀行による信用貨幣の供給がある場合のみであり，保蔵や貨幣供給の増加がない場合には，貯蓄と投資は乖離せず物価水準も変化しないということを示した。その上で物価を変化させるのは貨幣量の変化であると結論し，貨幣量の変化がなくとも貯蓄と投資との乖離が生じるという『貨幣論』の動学理論を否定した。

ロバートソンはこのように『貨幣論』の理論構造を批判する一方で，ケインズが用いた自然利子率と市場利子率との乖離に伴う景気変動という枠組を，自身の信用経済における景気循環理論に取り入れることを意図して，1934年に「産業変動と自然利子率」を著した。

「産業変動と自然利子率」では，『銀行政策と価格水準』において進められた景気循環過程に関する分析が，利子率を含む新しい用語法で展開されている。ロバートソンの景気循環に関する新しい分析は，二つの利子率の相対的変動という観点から行われている。一つは銀行の行動によりその動きが左右される単一の代表的な「現実の（actual）」利子率であり，もう一つは，賃金・利潤が正常水準にあり資本が安定的に成長している状態で成立すると考えられる「自然」利子率である（Robertson 1934：651）。

この分析について，ロバートソンが用いた図により説明する。図6-1における二つの曲線はそれぞれ産業組織の貸付資金需要（DD'）とそれに対する供給すなわち貯蓄（SS'）を表している。均衡利子率（PM）においては，新たに利用可能となった貯蓄は産業によって吸収されている。

「ディーゼルエンジンの発明や南アメリカの発見等」（Robertson 1934：652）の拡張的なショックが生じた際に，需要曲線は全体として右に移動する（D_1D_1'）。

217

第Ⅱ部　ケインズ革命をめぐって

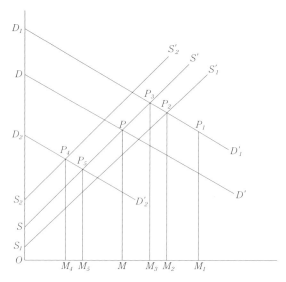

図6-1　貸付資金需給と自然利子率

この時最初の利子率水準において資金に対する超過需要が発生する。この時銀行が介入し利子率水準を維持するならば（P_1M_1），総融資量は新投資を超え貨幣供給は増加する（MM_1）だろう。一方銀行が介入しないならば，資金に対する超過需要が現実の利子率を引き上げ，これが銀行融資の代わりに過去の貯蓄（保蔵された貨幣）を新たに動員するという効果を生むと考えられる。しかしながら入手可能な貨幣供給が増加する結果，所得が上昇するとともに企業家に有利な貯蓄の増加をもたらす所得再分配が引き起こされることにより，結果として貯蓄関数を右に移動させるだろう（$S_1S'_1$）。

新しい貸付資金に対する需要曲線と供給曲線との交点では「準自然（quasi-natural）」利子率と呼ばれるものが決定される。

新たな条件下で産業が必要とする［資金］と利用可能な貯蓄とを等しくする率であり，現実の利子率がそこへ向けて上昇する傾向がある。現実の利子率がそこに到達した際には，それ以上の信用創造や過去の貯蓄の解放が生じないという意味における，準均衡状態となるだろう。（Robertson 1934：652-653）

準均衡の特徴はそれが不安定なことであるが，これには二つの理由がある（Robertson 1934：653）。まず第一に，賃金が上昇することにより利潤が失われ，その結果貯蓄が減少するだろう。貯蓄関数が左へシフトすることにより，準自然利子率は上昇し（P_3M_3）現実の利子率がそれに引き寄せられていくだろう。その結果設備財に対する需要が減少し，借入需要は減少する。第二に，設備財の深刻な過剰供給によりその限界生産力が大幅に減少し，投資需要関数は急速に左に移動する（$D_2D'_2$）。これにより所得の減少と貯蓄をしていない人々に有利な再分配が生じ，さらに損失を被った企業や失業に陥った家計による「緊急の借入（distress borrowing）」もなされるだろう。その結果貯蓄関数は左に移動する（$S_2S'_2$）。準自然利子率は低い水準となるが（P_4M_4），現実の利子率がそれを上回っている限り貯蓄の超過供給が生じるだろう。その結果銀行融資は縮小し，貯蓄は銀行預金に向かう（すなわち保蔵される）だろう。

やがて現実の利子率が準自然利子率の水準に低下すると新たな準均衡状態に到達するが，これは以前の均衡状態よりも持続することになるだろう。資本の耐久期間が長いことと，賃金の下方への動きは硬直的であるためである（Robertson 1934：654）。

5 『一般理論』とその批判

『貨幣論』を巡る論争とそこから生み出されたロバートソンの新たな景気循環論により，1930年代前半には（いくつかの理論的側面における対立を含みながらも）自然利子率と市場利子率との乖離に景気変動の原因をみる理論が，ケンブリッジ学派の景気循環論の新たな基本的枠組となる可能性が現われていた。しかし1936年の『一般理論』の刊行は，再度景気循環論に関する新たな論争をもたらすこととなった。以下ではまず『一般理論』の基本的分析と景気循環論を概説し，それに対するロバートソンの批判を検討する。

ケインズによる所得・雇用・利子率の決定因
『一般理論』において雇用は実質賃金ではなく実質所得の関数であり，所得は消費と投資からなる総需要の水準によって決定される。投資の結果として生じる支出や所得の変化とは「乗数」により結びつけられている。これは波及的

第Ⅱ部　ケインズ革命をめぐって

な概念であり，受け取られた所得はより多くの所得や支出を生み出すように伝播していくが，それらの所得や支出は徐々に一定率の貯蓄により減衰し，最終的により高い新たな均衡所得水準に至る。乗数の大きさ，したがって所得変化の程度は，受け取られた所得の増分のうち支出されなかった部分の比率を表す限界貯蓄性向により決定される。

　一方利子率は古典派経済学における生産性と節倹（あるいは投資と貯蓄）によってはもはや決定されず，資本市場において投資と貯蓄のフローを釣り合わせるように作用しない。その代わりに，貯蓄と投資との均衡は所得の変動を通じてもたらされ，投資と貯蓄とが一致することが均衡所得の条件となる。自然利子率が存在するという考えは，投資が貯蓄と一致しない均衡所得水準というものが存在しないという理由から放棄された。代わりに利子率は貨幣市場において決定され，貨幣の需要と供給を均衡させるという貨幣的現象となった。したがって貨幣需要あるいは「流動性選好」は，貨幣保有の諸動機（取引動機，予備的動機，投機的動機）により決定されることになる。

　利子と貨幣とは，貨幣保有に関する投機的動機によって結びつけられている。利子率の将来動向に関する不確実性により，投機家は貨幣と金融資産との間で資産選択を行い，それにより市場利子率の実際の動向が決定される。

ケインズの景気循環論

　一方第22章「景気循環に関する覚書」においては，産出量の変動を中心としたケインズの新たなヴィジョンに基づく景気循環に関する説明がなされている。彼はまず景気変動の原因として，期待の変化に伴う資本の限界効率の変動という要因を取り上げる。

　　私の考えでは，景気循環は，資本の限界効率の循環的な変動によって引き起こされると見るのが最も適当である。……資本の限界効率は……資本財の将来の収益に関する現在の期待にも依存している。したがって，耐久資産の場合には，将来に関する期待が，有利と考えられる新投資の規模を決定するに当たって支配的な役割を演ずることは当然であり，合理的である。（Keynes 1936：315）

第❻章　ケンブリッジ学派の景気循環論

そして景気の上昇過程は，資本の限界効率の上方への過大な評価によって促進されると考えられている。

　　好況の本質的な特徴は，完全雇用の状態において実際には例えば2パーセントの収益をもたらす投資が，例えば6パーセントの収益をもたらすという期待のもとに行われ，それに応じて評価されることである。(Keynes 1936：321)

景気の上昇過程における投資と貯蓄との関係については，貯蓄と投資との不均衡や投資の増加に伴う貯蓄の増加が物価上昇を伴うといった（ロバートソンが主張した）関係を否定し，「貯蓄の増加をもたらすものは産出量の増加であって，物価の上昇は単に産出量増加の副産物にすぎない」(Keynes 1936：328) としており，有効需要の原理に基づく貯蓄と投資，そして産出量の変動に関する分析が組み込まれている。

　しかしやがて資本の限界効率に対する過大な評価は幻滅へと変わり，景気の転換とさらには下降への運動がもたらされる。

　　しかし，恐慌の一層典型的な，そしてしばしば支配的な原因は，主として利子率の上昇にあるのではなく，資本の限界効率の急激な崩壊にあるということが示唆される。(Keynes 1936：315)

　　ひとたび幻滅がやってくると，この期待は逆の「悲観の誤謬」によって置き換えられ，その結果，完全雇用の状態において実際には2パーセントの収益をもたらす投資が，ゼロ以下の収益しかもたらさないと期待されるようになる。そして，その結果生ずる新投資の崩壊は，次に失業状態をもたらし，完全雇用の状態において2パーセントの収益をもたらしたはずの投資が，実際にはゼロ以下の収益しかもたらさないことになる。(Keynes 1936：321-322)

　以上のように景気の変動過程における産出量の変動を主軸とするケインズの景気循環論は，一方では景気変動の原因や転換点の説明の際に資本の限界効率に関する期待の変化を指摘しており，この点では同時代のケンブリッジ学派の

221

第Ⅱ部　ケインズ革命をめぐって

経済学者との類似性がみいだせる。また同様の類似性がみられる要素として，景気循環の周期性の説明としてケインズが耐久資産の寿命や在庫費用といった要因に言及していることが挙げられる。

　景気循環における時間要素の説明，すなわち回復が始まるためには通常特定の長さを持った期間の経過が必要であるという事実の説明は，資本の限界効率の回復を支配する諸要因の中に求められなければならない。下降運動の持続は偶然ではない一定の長さを持っており……，その理由は，第一に，一定の時代における正常な成長率との関係における耐久資産の寿命の長さによって与えられ，第二に，余剰在庫の持ち越し費用によって与えられる。(Keynes 1936：317)

ロバートソンのケインズ批判

　『一般理論』出版後のロバートソンとケインズとの論争の焦点は，ロバートソンが自身の動学モデルの観点からケインズの静学的（とみなされた）理論を批判するというところにあった。乗数過程を比較静学的に解釈すれば，追加的な投資はそれをまかなうのに必要な自発的貯蓄が創出されることを保証し，したがって追加的な資金供給を引きつけるために利子率が上昇する必要はなくなるだろう。これに対しロバートソンは，現実の世界が動態的であることから，経済問題を考えるためには動学分析を用いなければならないと批判した。すなわち「自発的貯蓄が乗数過程から生み出されるには時間がかかるであろう。所得を受領するときとそれが支出される時との間にはタイムラグがあり（ロバートソン・ラグ）追加的支出とそれによる産出［の増加］との間にもずれがある（懐妊期間）。その間に投資がまかなわれねばならず，また企業家は銀行部門からの借入に頼らなければならない。動態的な世界では依然として強制貯蓄が必要とされるのである」(Presley 1981：190-191)。

　また利子率の問題に対しては，ケインズが提示した流動性選好理論に対し，生産性と節倹（あるいは投資と貯蓄）が利子率の決定に不可欠な要素であるとして厳しく批判した。ロバートソンは，貨幣を重視したことのみならず実物的諸力を除外したという理由でもケインズを批判していた。期待が重要な役割を果たす流動性選好という変数は，あまりにも漠然として不十分な基礎しか持って

いないとみなされていた。

このことは，1939年のLSEでの講義（Robertson 1940：Ch. I）において明らかにされている。ロバートソンは，実物的諸力の役割がより大きくなるのは長期においてであると論じある程度の譲歩を示したが，また一方でケインズの手法は生産性と節倹が利子率の決定に果たす正当な役割を否定したと考えていた。

> したがって利子率がある値をとるのは，それ以外の値になることはないと予想されるためである。そのようになると予想されないならば，なぜその値をとるのかという理由を与えるものはもはや残されていない。……将来の利子率を現在のそれと異なるものであると考える資産家の判断を，究極的に支配している要因がどのようなものであるかと問われれば，確実に生産性と節倹という基本的現象へと真っすぐに引き戻されることになるだろう。（Robertson 1940：25）

一方『一般理論』が持つ長期停滞論的性格に関する批判として，ロバートソンは1930年代の大量失業に関する説明として「ヘビ」と「芋虫」というユニークな比喩を用いた区別を行った。前者は景気循環における下降過程を表しているが，構造変化の局面において特に振幅が大きくなったものと考えられていた。後者は，資本主義経済に固有のものと想定されるより深刻な傾向を表していた。この論文は，停滞論によって支配されているとロバートソンが見なした『一般理論』の出版直後に現れたものであるが，これはケインズが提示した新しい経済学に対する疑問を直接にぶつけたものと考えられる。最後の文章が暗示するように，ロバートソンは不況の問題を停滞論ではなくあくまでも景気循環の問題として捉えようとしており，それはまた自身の景気循環理論の有効性に対する自負の現われでもあったとも考えられる。

> それはむしろ次のような見解の対立である。すなわち，循環的変動は管理された資本主義がなお制圧していない最大の敵であると信じている人々と，とぐろを巻いた［景気］循環というヘビの下に潜伏している，さらに油断ならない敵を見出したと考えている人々との対立である。この疑わしい敵は，企業活動を抑圧し人々の倹約を漏出させ，ついには全ての制度を衰えさせる周

期的で固有の傾向を持っている。それは我々の社会の制度的・心理的基礎の
まさに中心に存在する一種の芋虫であり，無益に努力している富の成長その
ものを食い物にしているのである。それは本当の芋虫であるのだろうか。そ
れとも歴史上最悪で最も深刻な不況という悲劇にひどく苦しめられた惜しみ
ない想像力が生み出した虚構なのだろうか。(Robertson 1940 : 111)

6　ロバートソンの景気循環論の到達点──『経済原論講義』

　以上のようにロバートソンは，ケインズが『一般理論』で明らかにした新た
な理論に批判的であり，あくまでも自身の動学モデルに基づく景気循環論を保
持しようとした。双方の見解の間の深い溝は埋まることなく，ケインズの早す
ぎる死によって，ケンブリッジ学派の景気循環論の建設的な発展への途は閉ざ
されたように思われる。第二次大戦後のロバートソンは，「もはや大きな独創
性のある研究をしなくなったが，その代わりにケインズ批判が彼の主な仕事と
なり，そして青年期やケインズとの実りある協力関係があったころの理論を展
開し精緻化していった」(Fletcher 2008 : 10)。

ハロッド＝ドーマー・モデルへの積極的評価

　第二次大戦後にロバートソンが自身の景気循環論以外の理論についてもっと
も積極的な評価を行ったのは，ハロッド＝ドーマー・モデルに関するものであ
った。彼はハロッドの『景気循環論』に対する書評において，景気循環を説明
する際に「加速度原理」に対してハロッドが与えた重要性について評価してお
り，また1953年に行われた講演「重要人物たちとの出会いに関する想い
(Thoughts on Meeting Some Important Persons)」(Robertson 1954) において「ド
ーマー方程式 (The Domar Equation)」について言及している。

　ドーマー方程式においては，均衡成長の条件を特定化する際に，投資が所得
と生産能力の双方を生み出す効果を持つことが明示的に考慮されている。ロバ
ートソンは自身がドーマー方程式の生みの親であるということは否定したが，
「それでも……みればみるほどその中のいくつかの要素は自分にとってなじみ
深いものである」(Robertson 1954 : 185) と述べ，『銀行政策と価格水準』にお
ける研究から派生している方程式に関し，その類似性を主張している。

『銀行政策と価格水準』の分析において，定常経済における安定条件は $K=nD$ という式で表されていた。この式は以前みたように，信用経済の下において公衆が保有する貨幣の実質残高が，新たに形成される流動資本と一致することが安定条件であることを示している。ロバートソンは経済成長を考慮して，この方程式を「ハロッド流に言えば，保証成長率を維持しかつ自然〔成長〕率に対応することを可能とするように」(Robertson 1954：186) $K=nD(1+r)$ と修正している。

ロバートソン自身の定式化とドーマー方程式とを比較した際に，彼は流動資本のみを考慮していたのに対しドーマー方程式は固定資本と流動資本双方を視野に入れていたことを認めている。またロバートソンは自身の方程式が，銀行業務に関する硬直性を前提としているという意味であまりにも悲観的である一方，銀行を経由しない貯蓄を固定資本へと円滑に変換する資本市場を想定しているという意味であまりにも楽観的である，と理解されていると考えている。一方でロバートソンは自身の定式化について，生産期間 D が一定であるという仮定に利点があると考えている。なぜならこれにより，中間財の数量的重要性やその生産過程における有機的な一体性に注意が向けられるからである (Robertson 1954：187-188)。

『経済原論講義』における景気循環理論

ロバートソンの最後の著作となった『経済原論講義』は，1945〜57年に行われたケンブリッジでの講義が基となっているが，各巻はそれぞれ価値理論（効用と需要，企業と市場構造に関する理論），分配理論（生産要素に支払われる国民所得の割合の決定に関する理論），そして最後の巻で貨幣と景気循環に関する理論を扱っている。

ロバートソンは『経済原論講義』第3巻第6章において，自身の景気循環理論の最終的な提示を行っている。まず景気循環の原因としては，本書においても『産業変動の研究』以来不変である実物的要因に言及している。

　……活動水準の上昇は，さまざまな理由のどの一つからも起きるであろう。それは豊作から生ずる需要に応じようとして起こることもある……。上昇はまた「新しい」国の発見によって刺激されるかもしれないし，新しい発明を

第Ⅱ部　ケインズ革命をめぐって

利用しようとする欲求，または以前の発明の新しい応用によって刺激される
かもしれない。(Robertson 1959：93-94)

こうして景気の上昇過程が始まるが，その際には『銀行政策と価格水準』以降
さまざまな論争を経たこの時点においても，なお強制貯蓄が果たす役割が強調
されている。

　このようにして物価騰貴と「強制課徴」の過程が発動し始める。しかもこの
　過程は，新しい生産設備が完成するのにある長さの時間を要するために……
　かえって各種の因子によって強化される傾向がある。(Robertson 1959：95)

　一方『経済原論講義』においては，景気の上昇過程の説明において「乗数」
と「加速度原理」概念が導入されている一方で，『産業変動の研究』で中心的
役割を果たしていた「労力弾力性」概念については言及がなく，上昇過程の説
明に関しては大きな変化がみられることが特徴である。

　しかし基準を超える回復が，単に前段階の回復過程の延長であって，有休生
　産設備の再雇用と消費力の増大を伴うことはありえないわけではない。その
　発展が生産財企業に端を発し，購買力の増加を通じて消費財産業に伝播させ
　られようと［乗数原理］……あるいはまた発展が消費財産業に始まり，それ
　が新設備に対する派生的需要を通じて生産財産業に伝播させられようと［加
　速度原理］……どちらでも大した差異はない。(Robertson 1959：94)

　最後に景気の反転・下降過程の説明については，『産業変動の研究』から変
わらず資本財の過剰生産がもっとも重視されている。

　信用不足または「貯蓄不足」が現実に作用する景気反転の原因であるときで
　も，私がそれと区別する第三の原因，すなわち重要な資本設備群における一
　時的な飽和状態が，しばしば現実の事態の根底にあるもっとも重要な特徴と
　なっており，例え他の原因が作用しないとしても，遠からずこの要因は作用
　するようになるものである。(Robertson 1959：98)

226

第**6**章　ケンブリッジ学派の景気循環論

7　ロバートソンとケンブリッジ学派の景気循環論

　本章ではデニス・ロバートソンの景気循環論を軸に，(1)『産業変動の研究』が執筆された1910年代，(2)『銀行政策と価格水準』が執筆された1920年代，(3)『貨幣論』と『一般理論』を巡る論争が中心となった1930年代，(4)ロバートソンの『経済原論講義』に至る1940～50年代，をおおまかな時代区分として，ケンブリッジ学派の景気循環論の展開をみてきた。

　これまでに考察したように，「ケンブリッジ学派の景気循環理論」の体系的構築への動きがあったか否かについては明確とはならなかった。これは戦間期特に1929年の大恐慌以降の長期的な景気の低迷を背景に，持続的な失業をいかに説明し克服するかという課題が優先され，『一般理論』に代表される雇用・産出量の決定に関する理論の構築が，景気の循環的変動を説明する理論に対して優位となったことが影響していると考えられる。本章の議論においても『貨幣論』，『一般理論』における景気循環理論を取り上げたが，これらはそれぞれの著作の中心的テーマであるというよりも補足的なものとして述べられており，これらをケインズの景気循環理論として位置づけ検討せざるをえなかった本章の議論には一定の限界があることを認めざるをえない。

　それでも各時点において複数の学者により共有された概念・理論が存在したことは明らかとなった。これらはロバートソンの著作・論文が現れた時系列を用いて以下のように整理できるだろう。

①『産業変動の研究』は，大陸における景気循環論の展開からの影響を受けながらも，期待効用の変動と実物的弾力性というマーシャルの分析を継承した。
②『銀行政策と価格水準』は，信用経済における景気循環理論の構築に大きく貢献し，その分析は同書の執筆過程でケインズに大きな影響を与え，またピグー『産業変動論』により多くの部分が共有された。
③「産業変動と自然利子率」は，ケインズ『貨幣論』における動学分析を否定する一方，同書で展開された景気循環過程における貯蓄・投資・利子率の変動に関する分析を取り入れ，この「ヴィクセル的」分析が共有される可能性があった。

227

第Ⅱ部　ケインズ革命をめぐって

④『一般理論』の理論モデルはロバートソンの景気循環論を否定する形で構築され，これに対しロバートソンも自身の理論の正当性を主張し，双方の議論はかみ合わないまま終わった。

⑤最後の著作である『経済原論講義』においては，自身が『産業変動の研究』『銀行政策と価格理論』で展開した景気循環理論が再述されているが，景気の上昇過程の説明において特に加速度原理の重要性が認識されモデルに導入された。またハロッド＝ドーマー型の景気循環理論については自身の理論との類似性を認め積極的に評価しているが，ロバートソンはこの中に産出量の変動を主軸とする信用経済における景気循環理論の到達点を見出したのかもしれない。

注

(1)　ただしホートリーの理論がマーシャル的であるか否かについては，論者によりさまざまな見解が存在している。詳細については伊藤（2008：182-183）を参照。

(2)　フレッチャーは，『産業変動の研究』はピグー『富と厚生』からも強い影響を受けていることを指摘している。「『富と厚生』は，1885年のマーシャルの行動への呼びかけと，1915年のロバートソンによる景気循環の実証研究との有益なリンクを提供した。……ピグーの［著作］はロバートソンに，［『産業変動の研究』の基となった］フェロー論文の課題を選択する際の理論的正当性を与え，また『［産業変動の］研究』にはこの本を明らかに参照している箇所がいくつか存在する」（Fletcher 2008：53。）

(3)　需要の労力弾力性を用いた景気循環過程の説明に関する詳細は，Presley（1978：41-46）を参照。

(4)　『銀行政策と価格水準』第5章における信用経済の動学分析は，「ほとんど解読できない」（Samuelson 1963：518）と言われるほど難解なものであるが，『貨幣』の1928年改訂版および論文「銀行政策の諸理論」（Robertson 1928b）においてより理解しやすい形で提示されている。以下の説明はこれらの著書，論文も参考にしている。

(5)　ロバートソンは以下の三つの理由を挙げている。①物価水準が騰貴するにつれて，流動資本の実質価値をそのまま保持しようとする企業家でさえも，より多くの貨幣フローを支出しなければならなくなる，②生産期間が延長されることによる，所与の算出率を達成するために必要とされる流動資本量の増大，③消費者の負の保蔵の増大（Robertson 1926：73-76）。

(6)　ロバートソンの採ったこの姿勢については，需要の変化に対する産出量の変動に

228

よる調整という考え方を彼が拒否あるいは理解できなかったという批判を招いた。

> ロバートソンのモデルにおける主要な調整手段は，物価水準の変動であった。一方この調整手段は，（ホートリーが力説した）完成財の在庫変動がそれを無効にする効果をロバートソンがはっきりと拒否することに依存していた。（Fletcher 2008：199）

> ロバートソンの見解に存在する弱点は，需要の変化は初期段階では価格の変化より，むしろ所与の価格の下での在庫変動を通じて調整される，ということを十分に理解できなかったということである……。（Goodhart 1992：20）

一方ロバートソンは財の生産には時間がかかるという生産構造を前提としていたため，在庫変動による調整の可能性は理解しつつも，実際には最終消費財が市場に現れるまでの間は物価の変動が先行するという可能性を重視したと考えられる。

(7) ピグーの景気循環理論の詳細とロバートソンの循環論との関係については，伊藤（2008：第4章・第5章）を参照。

(8) 2人の密接な協力関係は，『銀行政策と価格水準』序文にある以下の文章に表れている。「私はJ. M. ケインズ氏と第5章と第6章の主題について多くの議論を重ね，彼の示唆に基づきその内容を大幅に書き換えてきた。したがって本書に含まれる考えのうち，どれだけが彼のものでありどれだけが私のものであるかは，双方ともわからないと思われる」（Robertson 1926：5）。また同書の執筆過程におけるロバートソンとケインズとのやり取りについては，Keynes（1973）を参照。

(9) 市場利子率と自然利子率との均衡を維持するための，通貨管理の手法に関するケインズの説明については，Keynes（1930：Ch. 33）を参照。

参考文献

Fletcher, G. (2000) *Understanding Dennis Robertson : The Man and his Work,* Cheltenham : Edward Elgar.

───── (2008) *Dennis Robertson* (Great Thinkers in Economics), London : Palgrave Macmillan.

Goodhart, C. A. E. (1992) "Dennis Robertson and the Real Business Cycle" in Presley (ed.) (1992).

Hawtray, R. G. (1913) *Good and Bad Trade : An Inquiry into the Causes of Trade Fluctuations,* London : Longmans, Green and Co.

───── (1919) *Currency and Credit,* London : Longmans, Green and Co.

───── (1926) "Mr. Robertson on Banking Policy", *Economic Journal,* Septem-

第Ⅱ部　ケインズ革命をめぐって

ber.

Hayek, F. A.（1931）*Prices and Production,* London : Routledge and Kegan Paul.（佐野晋一・古賀勝次郎・嶋中雄二・川俣雅弘・谷口洋志訳『貨幣理論と景気循環／価格と生産』西山千明・矢島鈞次監修『ハイエク全集　新版』第1期第1巻，春秋社，2008年所収。）

Keynes, J. M.（1930）*Treatise on Money ; I : The Pure Theory of Money*（小泉明・長澤惟恭訳『貨幣論1．貨幣の純粋理論』東洋経済新報社，1979年。）

─────（1936）*The General Theory of Employment, Interest and Money,* London : Macmillan and Co.（塩野谷祐一訳『雇用・利子および貨幣の一般理論』東洋経済新報社，1983年。）

─────（1973）*The Collected Writings of John Maynard Keynes,* Vol. XIII *The General Theory and After : Part I, Preparation,* London : Macmillan.

Komine, A.（2014）*Keynes and his Contemporaries : Tradition and Enterprise in the Cambridge School of Economics,* London : Routledge.

Laidler, D.（1999）*Fabricating the Keynesian Revolution : Studies of the Inter-War Literature on Money, the Cycle, and Unemployment,* Cambridge : Cambridge University Press.

Marshall, A.（1879）*The Economics of Industry,* London : Macmillan.（橋本昭一訳『産業経済学』関西大学出版部，1985年。）

─────（1890）*Principles of Economics : An Introductory Volume,* London : Macmillan.

Pigou, A. C.（1912）*Wealth and Welfare,* London : Macmillan.（八木紀一郎・本郷亮訳『ピグー　富と厚生』名古屋大学出版会，2012年。）

─────（1929）*Industrial Fluctuations* 2nd ed., London : Macmillan.

Presley, J. R.（1978）*Robertsonian Economics : An Examination of the Work of Sir D. H. Robertson on Industrial Fluctuation,* London : Macmillan.

─────（1981）"D. H. Robertson 1890-1963", in : O'Brien, D. P. and Presley, J. R.（eds.）, *Pioneers of Modern Economics in Britain,* London : Macmillan.（井上琢智・上宮正一郎・八木紀一郎他訳『近代経済学の開拓者』昭和堂，1986年。）

───── ed.（1992）*Essays on Robertsonian Economics,* Basingstoke and London : Macmillan.

Robertson, D. H.（1914）"Reviews of, M. Tougan-Baranowsky, 1913; *Les Crises Industrielles en Angleterre*; A. Aftalion, 1913, *Les Crises Periodiques de Surproduction*", *Economic Journal,* March.

─────（1915）*A Study of Industrial Fluctuation : An Enquiry into the Character and Causes of the So-Called Cyclical Movements of Trade,* London : P. S.

King and Son.

―――― (1922) *Money*, Cambridge Economic Handbooks II, London: Nisbet & Co.

―――― (1926) *Banking Policy and the Price Level : An Essay in the Theory of the Trade Cycle*, London: P. S. King.

―――― (1928a) *Money*, Cambridge Economic Handbooks II, revised ed., London: Nisbet & Co.

―――― (1928b) "Theories of Banking Policy", *Economica*, June.

―――― (1933) "Saving and Hoarding", *Economica*, September.

―――― (1934) "Industrial Fluctuation and the Natural Rate of Interest", *Economic Journal*, December.

―――― (1940) *Essays in Monetary Theory*, London: P. S. King & Son.

―――― (1954) "Thoughts on Meeting Some Important Persons", *Quarterly Journal of Economics*, 68(2): 181-190.

―――― (1957) *Lectures on Economic Principles*, Vol. I, London: Staples.（森川太郎・高本昇訳『経済原論講義 I』東洋経済新報社，1960年。）

―――― (1958) *Lectures on Economic Principles*, Vol. II, London: Staples.（森川太郎・高本昇訳『経済原論講義 II』東洋経済新報社，1961年。）

―――― (1959) *Lectures on Economic Principles*, Vol. III, London: Staples.（森川太郎・高本昇訳『経済原論講義 III』東洋経済新報社，1962年。）

Samuelson, P. A. (1963) "D. H. Robertson (1890-1963)", *Quarterly Journal of Economics*, November.

伊藤宣広（2007）『ケンブリッジ学派のマクロ経済分析――マーシャル・ピグー・ロバートソン』ミネルヴァ書房。

下平裕之（1995）「D. H. ロバートソンの貨幣経済論：信用経済の安定分析」『一橋論叢』114(6)：1062-1076頁。

――――（1996）「デニス・ロバートソン『産業変動の研究』の歴史的意義」『一橋論叢』116(6)：1069-1082頁。

本郷亮（2007）『ピグーの思想と経済学――ケンブリッジの知的展開のなかで』名古屋大学出版会。

第7章
ケインズ経済学の貨幣的側面
──ポスト・ケインジアンによる貨幣経済理論の展開──

渡辺良夫

1 貨幣経済理論の着想

ケインズ貨幣経済思想の復活

　リーマン・ショックの発生からほぼ9年の歳月が経過したにもかかわらず,資本主義経済はグローバル金融危機から完全に立ち直ったとはいえず,実体経済のそこかしこに後遺症が残っている。こうした世界的規模での経済・金融危機が発生したという事実は,自由放任主義に基礎を置く主流の経済学に対する信用を失墜させるとともに,はからずもケインズの貨幣経済思想に対する関心を復活させる契機にもなった。[1]

　ケインズの『一般理論』(以下ではGTと略記)は,資本主義経済におけるマクロ的関係を分析した「実物的」な理論である,と論じられることが多かった。しかし,ケインズはGT刊行前の「生産の貨幣理論」と題する論文(Keynes 1933)において,古典派理論が物々交換経済ないし実物交換経済のパラダイムに基づいているのに対し,自らの分析対象が古典派とは異なる貨幣契約に基づいて組織された貨幣生産経済にあることを強調した。またケインズは,GT刊行後の論文(Keynes 1937a, 1937b, 1937c および 1937d)でよりいっそう具体的に主要な問題関心が貨幣にかかわっていることを表明し,古典派に取って代わる代替的な利子理論の構築をつうじて,有効需要に基づいた雇用理論を精密に仕上げようと試みていたのである。そこでケインズは,現実の経済では完全雇用均衡よりもむしろ不完全雇用均衡がノーマルな状態であることを論証するさい,貨幣および利子の重要性と不確実性下の期待が演じる役割とを強調した。

233

第Ⅱ部　ケインズ革命をめぐって

貨幣経済理論の構築へ向けて前進

　ケインズは，雇用理論と両立するよう貨幣および利子の理論を統合する試みにおいて，スラッファがハイエク批判に用いた商品利子率概念を厳密化したものを自己利子率（own rates of interest）と命名し，こうした自己利子率概念を貨幣経済の分析の理論的基礎として活用したのである（Sraffa 1932）。ケインズGT の第17章は，実物的現象と貨幣的現象を巧みに統合し，貨幣経済に関する理論的フレイムワークを提示した重要な章である。

　貨幣経済において，企業家は不確実性に立ち向かって現在の貨幣を資本資産に投資し，時間をつうじて資本資産が現在の貨幣額よりも大きな将来の貨幣額の流れを生み出すかどうかを推測する。こうした企業家の投資決意やファイナンスは，不確実性から切り離して論じることができないし，不確実性に対処するための流動性選好と不可分に結び付いている。貨幣が「本質的かつ独特な仕方で経済機構に入り込む」（Keynes 1936：xxii）貨幣経済の理論は，GT 刊行前における古典派理論の基底をなしてきた中立貨幣の公理に取って代わる斬新な非中立貨幣経済理論であった。ケインズが貨幣経済理論に込めた考えは，「貨幣はそれ自らの役割を演じ，動機や意思決定に影響を及ぼすのである。端的にいえば，貨幣が状況の枢要な要因となっている経済であり，初めの状態と終わりの状態との間での貨幣の運動に関する知識なくして，長期あるいは短期のいずれにおいても，事態の推移は予測され得ない」（Keynes 1933：408-409）と表現されるような，貨幣が資本主義経済で演じる独特な役割を分析することにある。一言でいえば，こうした短期だけでなく長期における貨幣の非中立性というパラダイムこそ，貨幣経済を特徴付ける最も重要な性質に他ならないし，1930年代にケンブリッジで生じた貨幣経済思想における革命的な研究動向でもあった。

流動性選好説をめぐる攻防と否定的評価

　これに対して，こうした貨幣的革命の象徴であった流動性選好説に冷淡な評価を下したサムエルソンとクラインによる実物的なケインズ解釈[2]と，ヒックスの「ケインズ氏と古典派」（Hicks 1937）を契機として開始された新古典派総合は，GT の貨幣経済理論を無時間的な実物交換の一般均衡理論に変質させることによって，ケインズ貨幣理論の矛先を異なった研究進路に向けてしまった。流動性選好はたんなる貨幣需要という狭い範囲に閉じ込められ，不確実性や流

234

動性プレミアムについてほとんど言及しなくても，貨幣需要が利子感応的となりうることを示す試みに限定されてしまった。その結果，貨幣の非中立性に関する議論は，経済主体が貨幣錯覚に陥っているか（実質値のみ重要とする公理），あるいは賃金・価格の硬直性など供給サイドの不完全性や情報の非対称性を想定する場合に見られる一時的な非中立性に限定され，主流の貨幣理論によって再び中立貨幣の公理で置き換えられてしまった。

ケンブリッジ・ケインジアンによる反論

　新古典派総合が流動性選好説のもつ意義を希薄化したが，他方でケンブリッジ・ケインジアンはケインズのオリジナルな洞察を発展させようと試みた。ジョーン・ロビンソンはケインズの単一（代表的）利子率モデルを利子率構造理論に拡張しようと試みたし，カーンはケインズの予備的動機に基づく貨幣需要を再検討し，予備的動機と投機的動機の相互連関を明らかにした。ハロッドは，ケインズの流動性選好説が「今世紀においてこれに匹敵するものを見出しえない権威のある深い研究」（Harrod 1969：180）であり，それがケインズ貨幣理論の中心であると強調した（Harrod 1947：103-104）。またシャックルは，流動性選好が不確実性のもとでの多様な期待に基礎を置いているために，時間をつうじて資産市場の均衡が本来的に不安定であることを示した（Shackle 1965：170-175，187-191）。

ポスト・ケインジアンによる貨幣的側面の展開

　こうしたケインズ本来の流動性選好説を追究するスタンスは，ケンブリッジ・ケインジアンの動きに呼応する形でデヴィッドソン，ミンスキー，ワイントローブなどの1970年代初めにアメリカで勃興しつつあったポスト・ケインジアンによって受け継がれ，その後クレーゲル，チック，ダウなどを代表とする第二世代のポスト・ケインジアンによって再び取り上げられることになった。以下で考察するように，本章の目的はポスト・ケインズジアンがケインズの貨幣経済思想からいかなる視点を受け継ぎそれらをどのように発展させてきたかを，貨幣の非中立性，金融の不安定性および貨幣の内生性に焦点をあてた三つのアプローチを中心に検討することにある。

第Ⅱ部　ケインズ革命をめぐって

2　貨幣的均衡アプローチ

実物的分析から貨幣的分析への移行

　よく知られているように，シュンペーターは貨幣が含まれているが中立的な
役割を演じるにすぎない「実物的分析」に対し，貨幣が経済の基盤にまで影響
を及ぼす見方を「貨幣的分析」と呼び，ケインズ理論が後者の系統に属するこ
とを指摘した。こうしたシュンペーターの区別にしたがうならば，ポスト・ケ
インジアンは，貨幣の長期的な非中立性を理論的基盤に据えるため，ケインズ
から自己利子率フレイムワークを継承して，流動性選好説を多種多様な資産が
存在する状況の分析に拡張し，不確実性のもとで運動する資本主義的生産経済
の分析を「貨幣的均衡アプローチ」として展開することに精力的に取り組んで
きたといえよう。

貨幣的分析の基礎としての自己利子率フレイムワーク

　ケインズは，まず「貨幣利子率はたとえば，一年先というような先渡契約の
貨幣額が，その先渡契約額の『現物』価格あるいは現金価格と呼ばれるものを
超過する百分率に他ならない。したがって，あらゆる種類の資本資産について，
貨幣に対する利子率に類似したものが存在しなければならないように見える。
……このようにして，あらゆる耐久財について，それ自身によって測られた利
子率が存在する」(Keynes 1936 : 222-223) と述べた。ケインズは，さまざまな
耐久財の自己利子率が次の四つの属性によって特徴付けられると論じた。すな
わち，

①生産用役あるいはキャッシュ・フロー（利潤，利子，配当など）の形で生み
　出される当該資産で測った収益 q_i
②資産の保有に伴う持越費用 c_i
③資産の安全性と処分の容易さに対して資産保有者が進んで支払おうとする
　流動性プレミアム l_i
④資産価値の予想される増減，つまりキャピタル・ゲイン（ないしロス）a_i

である。これらの属性は，資産に対する需要を規定する要因であると考えられる。資産保有者は，(7.1) 式によって示される貨幣表示の自己利子率 r_i にしたがって，各種の資産を需要するであろう。

$$r_i = (q_i - c_i + l_i + a_i) \tag{7.1}$$

そこで長期期待の状態を所与とすれば，資産保有者はより高い自己利子率が期待できる資産を需要するので，そうした資産の市場価格は上昇するであろう。他方，より低い期待収益しか提供しない資産に対する需要は減少するので，その資産価格は低下するであろう。資産市場の均衡において，資産価格はこれらの収益率，すなわち自己利子率を均等化するように調整されるであろう。ケインズは，既存の資産ストックの現物価格と先物価格の関係に各資産の収益に関する将来の期待を連結することによって，資産保有者の投機的行動と裁定行動に注目した。異なる種類の資産に対して期待される収益の間の均衡を決定するためには，ケインズは自己利子率の方程式の中に資産価値の変化 a_i を含めることにより，資産の相対的価値にどのような変化が期待されるかを考慮した。

　当該資産それ自身で表される実物的な自己利子率（ヴィクセルの自然利子率）が

$$R_i = (q_i - c_i + l_i) \tag{7.2}$$

で表されるものとすれば，こうした資産価格調整要因 a_i は，実物表示の自己利子率を貨幣表示の自己利子率に転換する役割を果たす。(7.1) 式と (7.2) 式から，

$$a_i = r_i - R_i = (P_2 - P_1 / P_1) \cdot (Q_2 / Q_1) \tag{7.3}$$

という関係式が導かれる。そこで P_1 は資産の現物価格，P_2 は資産の先物価格，Q_1 は現在の資産量，Q_2 は将来の資産量を表している。個々の経済主体は共通の価値標準で測った自己利子率が等しくなるように資産を選択し，全体としての資産市場において共通の価値標準で測った収益率に格差が存在する場合には，金利裁定のメカニズムをつうじて資産価格を均衡へ収斂させる諸力が作用するのである。

237

第Ⅱ部　ケインズ革命をめぐって

資産収益率間の調整方向の逆転

　ヴィクセル理論では，貨幣利子率が自然利子率に対して調整されるとき，経済システムが均衡に到達することになる。長期均衡に至るプロセスにおいては，実物的要因によって決定される自然利子率が調整作用の中心としての役割を演じ，貨幣利子率は自然利子率に吸い寄せられると考えられているからである。これに対して，ケインズの貨幣的均衡分析の考え方は，実物的諸力と貨幣的諸力の双方が長期均衡の決定に関与し，貨幣が長期均衡状態に影響を与える持続的な決定因のひとつであるということである。ケインズがヴィクセルから大幅に乖離することになるのは，一義的な自然利子率という概念をはっきりと否定し，実物収益率と貨幣収益率の間の調整の方向を逆転させる点からである。ケインズが伝統的な実物的分析から逸脱するようになるのは，諸資産の限界効率が収斂していく調整の中心を決定する諸力に関する点においてであり，古典派とケインズの根本的な相違が利子理論にあることを示している。ケインズをして古典派からの訣別を決定付けたものは，流動性選好に基づく利子率決定という着想に他ならなかった。ケインズの貨幣理論が流動性選好説を軸として動いていることを理解するため，われわれは自己利子率理論に遡って検討しなければならない。

流動性プレミアムと資産価格の調整

　ケインズの自己利子率の枠組みにおいて，さまざまな資産は，それらが提供する貨幣的収益（$q_i - c_i + a_i$）と流動性プレミアム（l_i）の組み合わせにしたがって，完全流動資産（貨幣），流動資産および非流動資産に大きく分類される。貨幣（および他の流動資産）に対する収益は，名目価値の安定性に由来する資産を自由に処分しうる能力に対して，資産保有者が主観的に評価する流動性プレミアムからなっている。その意味で貨幣はきわめて素早く処分することができ，しかも資本価値の損失から免れているため，最も高い流動性プレミアムをもつ。これらの流動性プレミアムに関する期待は，さまざまな資産の自己利子率の構成における l_i の大きさに依存して，諸資産の自己利子率（限界効率）に対して異なったインパクトを与える。たとえばいま，将来の利潤に関する長期期待に抱いている確信が高まるならば，この場合流動性に割り当てられた主観的な価値評価＝流動性プレミアムは低下するであろう。したがって，流動性プレミア

238

ムに収益の多くを依存する資産に比べて，非流動資産の現物価格は上昇し，その自己利子率＝限界効率も上昇するであろう。このように，現物資産価格が供給価格を超えるとき，生産現場で用いられる固定資本資産は，資本財生産企業によって新たに生産されるであろう。こうした固定資産に対する投資の増加は，次いで関連産業における生産・雇用および所得を拡大する波及効果を引き起こし，関連産業の固定資産に対する投資の増加を促すであろう。現物資産価格の上昇によって始発された投資の増大は，関連産業だけでなく経済全般に波及する乗数効果を引き起こすとともに，資産市場におけるさまざまな資本資産間の相対価格の調整を生じることになるのである。このように，貨幣が経済主体の生産および投資に関する意思決定に深く入り込んでいるがゆえに，流動性選好説は，諸資産の相対価格の決定に関与することをつうじて，有効需要の理論と不可分に結び付いている。有効需要の原理の背後では流動性選好メカニズムが作用しており，それと同時に流動性選好説の背後では有効需要メカニズムが働いているという見方が，ケインズ経済学における貨幣の非中立性の基礎に据えられているのである（Kregel 1983：1997）。

貨幣と利子の基本的性質

　ケインズを実物的均衡分析から貨幣的均衡分析へ移行させたのは，貨幣が長期均衡に影響する持続的要因となることを認め，自然利子率に代わって貨幣利子率が支配的な役割を果たすという着想にあった。貨幣利子率がこうした戦略的な位置に着くためには，産出量が低下するにつれて，貨幣の自己利子率を低下させにくくするような独特な性質が存在する，とケインズは考えた。貨幣の第一の基本的性質は，生産の弾力性がゼロか非常に低いことである。将来に関する不確実性に直面する経済主体が，追加的な資源の投入を延期したいと欲するならば，彼らの行動を延期するためのひとつの形態としての貨幣に対する需要は，企業家に対し貨幣商品の追加的数量の生産に追加的資源を使用するよう促進させないであろう。貨幣の第二の基本的性質は，代替の弾力性がゼロかきわめて低いことである。もし貨幣の自己利子率がその価格上昇とともに低下するならば，貨幣に対する需要の増加は他の対象物に対する需要の増加となって殺到するであろう。その場合には，資産としての貨幣に対する需要は，生産可能な財との代替性が存在するかぎり，少なくとも間接的には新たな雇用を引き

第Ⅱ部　ケインズ革命をめぐって

起こすように作用するであろう。しかし，貨幣と生産可能財との代替性がきわめて低いならば，そのとき貨幣は購買力の大部分を吸い尽くすブラックホールとなりうるのである。貨幣のこれら二つの特性により，貨幣需要の増大は資本財の新規生産を直接に引き出すことができないし，ポートフォリオ内部での代替をつうじて間接的にさえも資本財生産を引き出すことができない。たとえ貨幣需要の増加が貨幣供給の内生的増加を引き起こすとしても，こうした二つの特性により，貨幣の自己利子率の動きは相対的に緩慢になり，多くの未利用の投資機会が残されているにもかかわらず，貨幣という特殊な性質をもった資産の存在が生産可能財に対する需要を飲み込む底なし沼と化すことによって，実物資産の新規生産を促すルートを閉ざす障害になってしまう（Davidson 1972；1994；2007）。

不確実性・貨幣・流動性の不可分な関係

　これまで概観してきたように，GT 第17章の自己利子率フレイムワークは，ケインズ貨幣経済思想の縦糸である実物的要因と横糸である貨幣的要因とを織り合わせた布地のようなものである。この実物的要因と貨幣的要因の統合された体系において，貨幣は均衡価値を決定する役割を演じる要因として位置付けられている。ケインズはこうした非中立貨幣観に立脚して，貨幣経済においてはなぜ投資支出は完全雇用を生み出すに十分なように調整しないのかという理由を明らかにすることによって，古典派貨幣理論に引導を渡そうとしたのである。

　ケインズ経済学において，利子率は本質的に不確実性に起因する貨幣的な現象であると考えられている（Keynes 1979：221）。というのは，不確実性下で形成される長期期待に対して抱く確信の程度は，流動性プレミアムに反映されるからである（Keynes 1979：293）。こうした不確実性・貨幣・流動性の不可分な関係を重視する立場は，デヴィッドソン（1972；1994；2007），クレーゲル（1983；1997；2010），ロジャース（1989）等によって推し進められてきた。これらのポスト・ケインジアンは，貨幣の中立性公理を前提とする主流の貨幣理論に対して批判的であるだけでなく，貨幣錯覚，賃金・価格の硬直性，情報の非対称性のもとにおける貨幣の短期的・一時的な非中立性に限定する現代的アプローチに対しても批判的である。

第**7**章 ケインズ経済学の貨幣的側面

3 金融不安定性アプローチ

投資決定とファイナンス

ミンスキーは，ケインズ経済学の主題が資本主義経済の分析にあり，企業の投資決定と資本主義的金融の密接不可分な関連を重視し，自らの三部作（Minsky 1975：1982：1986）をつうじて一貫して金融不安定性仮説を唱えてきた。ミンスキーは，資本主義経済におけるキャッシュフローの不確実性や資産価格決定において流動性選好が果たす役割を重視する点では，前節で取り上げた貨幣的均衡アプローチと基本的に同じ方角を目指しているが，いくつかの点で強調が異なっている。貨幣的均衡アプローチと異なっているのは，ケインズが GT において経済主体が資産購入をどのようにファイナンスするかに関する問題について明確に言及しなかったのに対して，ミンスキーにおいては投資およびポートフォリオがどのようにファイナンスされるかに焦点をあて，資産の価値評価や種々の負債を発行する決意を含めた全体のバランスシートの選択へ分析アプローチへ拡張したことである。

ミンスキー・アプローチでは，自己利子率理論は個別の資産の諸収益率に対してではなく，負債面を含むポートフォリオ全体の収益率に関連付けて考えられている。具体的には，ミンスキーはケインズの自己利子率を構成する資産属性を定義し直し，q_i を種々の資産からなるポートフォリオによって生み出されるキャッシュインフロー，c_i をポートフォリオを持ち越すさいの金融費用，すなわちポートフォリオ保有をファイナンスするために発行される負債に伴うキャッシュアウトフローを意味するように拡張した。l_i は貨幣ないし流動資産の形で保有されるポートフォリオ全体の流動性の評価額を意味し，それには流動資産として銀行によって提供される事前に合意されたバックアップ・ファイナンス枠や，保有資産を負債発行のために担保として使用する可能性も含まれることになる。a_i はポートフォリオの期待される価値の増加を表す。

金融脆弱性と資本主義における投資

このようにして，ミンスキーは自己利子率フレイムワークにファイナンスの側面を導入することによって，流動性選好説をバランスシート選択に基づく資

241

産価格決定の理論として拡張した。流動性がいかなる価値を有するかについて，ケインズは予期しない出来事が生じた場合，即座にコストをかけないで安全資産に取り替えることができるという価値を強調したが，ミンスキーはさらに負債を支払う能力を流動性概念に追加した。いうまでもなく，経済主体のバランスシートは契約上の支払いをするために借入をしたり，資産を流動化する必要性を生じさせるが，そうした資産や負債のリストからもたらされるキャッシュインフローとキャッシュアウトフローは時間的特質が異なっている。前者は時間をつうじて不確実であるのに対し，後者は契約締結時点でほぼ確定的な性質をもつ。したがって，狭い意味での流動性は，契約上の固定的なキャッシュアウトフローの支払いを履行する能力ということになる。この場合，資産の処分力（市場性）は流動性が与える形のひとつにすぎない。一定の種類の資産を保有することは，それが生み出すと期待されるキャッシュインフローがどの程度確実であるか，資産の処分力や負債発行のための担保となりうる可能性に依存して，ポートフォリオ全体の流動性に影響を与える。これらの条件のもとでは，ポートフォリオの流動性プレミアム，すなわち資産保有者によって資産処分力について認識されている価値は，資産購入をファイナンスするために発行される負債の性質にも依存する。

内生的に生じる金融不安定性

ミンスキーは，資本主義経済における投資決定がポートフォリオ選択やファイナンス問題から独立して分析することができないという視点をケインズから受け継ぎ，産出物価格と既存資本資産価格からなる二組の価格体系に基づいた投資決定の金融理論を展開した。前者は産出物市場と労働市場における条件に依存し，産出物一単位あたりの労働コストと利潤マークアップによって決定される。これに対して後者は，資本資産の期待収益の流れと金融市場における流動性の程度に依存しており，決定される市場とメカニズムが本質的に異なっている。ミンスキーの投資決定の金融理論は，債務構造が投資価値に影響しないとする主流のM―M仮説とは異なり，企業の債務構造に織り込まれた借り手リスクと貸し手リスクが重要な役割を演じる。一般に，景気循環の初期には企業のバランスシート構造は，キャッシュインフローがキャッシュアウトフローを上回る頑健な「健全金融」の状態にある。やがて景気拡張につれて，企業は

第7章　ケインズ経済学の貨幣的側面

内部資金の範囲を超えて外部資金調達を用い，将来の債務返済の借り換えをあらかじめ織り込んでファイナンスするようになると，キャッシュインフローがキャッシュアウトフローをわずかに上回るにすぎない脆弱な「投機的金融」に変換していく。しかし，実現される利潤の増加が借り手および貸し手に楽観的な期待の形成を促し，負債の累積を招くようになると，キャッシュインフローがキャッシュアウトフローを下回り，債務不履行が生じる不健全な「ポンツィ金融」の状態に陥る。このとき，借り手リスクは投資資金に占める外部負債への依存度が高まるにつれて，財務上の安全性のゆとり幅が狭くなることから生じる。また貸し手リスクは，内部金融比率の低下，利払い額のキャッシュフローに対する比率の上昇および債券の格付けの引き下げが生じるときに高まる。

金融不安定性と流動性選好

投資増加によって生じる景気拡大期には，企業および銀行はともに金融上のリスクを低く見積もるようになる傾向がある。一般に，ブーム期には借り手の外部資金調達比率と貸し手のレバレッジ比率は急上昇するが，企業および銀行の流動性選好が低く貨幣供給の内生的拡大も生じるので，市場利子率はほとんど上昇しないですむことが多い。これらは楽観的な期待のもとでさらなる投機的金融を助長するので，負債の急増と利払い額の膨張を招く。こうして，企業および銀行の金融構造は脆弱で不健全なものと化し，ブーム期をつうじて金融不安定性の火種が形成されていくことになる。好況期や高成長が続くような状況では，企業・家計および銀行はより大きなリスクを伴う行動や投資戦略をとるようになる。そのような状況では銀行は審査基準を緩めるとともに，貸し手リスクを引き下げて，企業の債務依存度の上昇を許容するようになる。さらに経済主体は流動性選好を引き下げて，保有する流動資産の比率（安全性クッション）が低下する。

金融の構造的変化と脆弱性の高まり

アメリカにおける銀行・証券の分離を定めたグラス＝スティーガル法は，金融自由化の嵐が吹き荒れるなか，「1999年金融サービス現代化法」（グラム＝リーチ＝ブライリー法）の成立によってほとんど骨抜きにされた。銀行は持ち株会社経由で証券や保険商品を引き受け・販売することが，また証券会社は金融持

243

ち株会社の傘下に子会社として銀行や保険会社をぶら下げることが認められた。今回の金融恐慌の主役は投資銀行などの「影の銀行システム」であり，銀行・証券分離規制が事実上撤廃されることによって，高額の手数料収入を狙う組成販売型ビジネス・モデルに転換するようになった。アメリカの住宅バブルの膨張・崩壊において，金融機関は本体だけでなく，むしろ規制がほとんどない投資運用会社（SIV）や投資ファンドをつうじて住宅ローンを証券化し，さらに債務担保証券（CDO）などのデリバティブに組み替えることによって信用を膨張させてきた。金融当局の規制監督が及ばなかったか，あるいは杜撰であったため，これら影の銀行システムは，事実上いくらでもレバレッジを効かせて信用を膨張させることができたからである。

　景気循環の回復局面においては健全金融の状態にある経済主体数が多くを占めるものの，投機性が高まる景気拡大局面の後期になると，投機的金融状態やポンツィ金融状態にある経済主体数が増えていき，実体経済で生じたわずかな期待の失望は金融市場に大混乱を引き起こす契機となる「ミンスキー・モーメント」が出現する。こうした金融状態の進行は全体の金融システムを頑健な状態から脆弱な状態へ変換させ，さらには金融不安定性へと発展していく。これは，金融安定性が金融脆弱性の芽を育み，次いで金融不安定性に自然に変換する，いわば前段階の状況が次の段階の状況の変化を生み出す原因となっているとする見方である。

ミンスキーの金融不安定性仮説が脚光を浴びる

　ミンスキーは「景気拡張期においては，当初は健全金融の状態にある経済主体数が多く，ついで投機的金融状態やさらにはポンツィ金融状態にある主体数が増えていく」（Minsky 1982：83）とき，こうした金融状態の進行は金融システムを頑健な状態から脆弱な状態へ変換させ，さらに小さな政府と裁量性を欠く中央銀行のもとでは金融不安定性へと発展させていくと結論している。ミンスキーは流動性選好説を資産価格決定の理論と解釈し，こうした金融的要因に起因する不安定性が景気循環を引き起こすメカニズムを解明してきた。周知のように，こうした金融不安定性仮説は，2007年のサブプライムローン危機の発生により「ミンスキー・モーメント」として脚光を浴び，現在ではポスト・ケインジアン経済学の中核を占めるようになっている。

第**7**章　ケインズ経済学の貨幣的側面

　景気拡張期には企業と銀行のリスクが低く見積もられ，不健全なほどの信用膨張が内生的貨幣供給プロセスをつうじて引き起こされる。ケインズ経済学が資本主義の運動に関する分析であるという論理立てでは，資本主義が首尾良く機能するためには，経済の変化に順応するよう貨幣は内生的であることを要請される。次に，こうした貨幣の内生性について検討してみよう。

4　内生的貨幣アプローチ

貨幣供給の内生化に関する諸研究

　ポスト・ケインジアンによるケインズ貨幣理論の拡張の第三の流れは，1970年代に台頭してきたマネタリズムの基本前提となっている外生的貨幣供給に対抗し，貨幣経済における投資支出のファイナンスをつうじて貨幣供給が貨幣需要に反応して内生的に決定されることを強調する内生的貨幣供給理論の展開に向けられた。内生的貨幣供給理論は，貨幣の非中立性論や金融の不安定性論とともに，ポスト・ケインジアン貨幣理論の支柱をなしている（Cottrel 1994）。しかし，内生的貨幣供給理論の領域のなかにおいて，中央銀行が金融的状態に与える影響の性質と程度や，銀行セクターと非銀行セクターに対して与える相対的な影響の性質と程度をめぐって，重要な相違点が浮かび上がってきた。これらの考え方は，大きく二つのグループに分かれる。ホリゾンタリスト・アプローチは，利子率—貨幣量の座標で「水平」の貨幣供給曲線を描くところから，ムーアによってこのような新奇な名称が付けられた。ホリゾンタリストは，貨幣供給を内生化する推進力が民間部門による銀行信用需要と，中央銀行が政策的に操作する短期利子率であると強調する。もうひとつの見方は，信用および貨幣量の決定において，信用需要および流動性選好とともに，金融システムの構造的変化に多くの関心を払うところから，ストラクチャラリスト・アプローチと呼ばれる（Pollin 1991）。

マネタリズムへの対抗軸としてのホリゾンタリスト・アプローチ

　カルドアは，マネタリズムに対する徹底した批判を展開する一方，ケインズの流動性選好説における外生的貨幣供給の想定を批判し，貨幣供給の内生化と中央銀行による利子率の外生的決定を提唱する（Kaldor 1982）。カルドアによ

245

第Ⅱ部　ケインズ革命をめぐって

れば，ケインズは貨幣供給の内生性を認識していたにもかかわらず，内生的貨幣供給という見方が貨幣数量説からの「真の脱却法」となりうることを十分には理解していなかったとされる（Kaldor 1982：66-70）。ケインズ理論においては，全体としての財に対する有効需要が貨幣供給量によって決定されるのではなく，銀行借り入れによってファイナンスされる独立的支出と乗数によって決定される。したがって，貯蓄と投資の不一致が産出量・所得の調整によって均等化されることになるので，利子率は，何か追加的な方程式が導入されないと，その決定が宙に浮いてしまう。カルドアによれば，ケインズは利子率の決定を循環論に陥らないよう，利子率—貨幣量の座標で「垂直」の貨幣供給曲線で描かれる外生的な貨幣供給のもとで流動性選好利子論を展開し，貨幣の流通速度が可変的・受動的であることを強調することが貨幣数量説から脱却しうる方途であると考えた。

　このように，カルドアの視点から見れば，ケインズはたしかにある段階までは貨幣数量説からの脱却に成功したが，「可変的な流通速度型の数量説者」としての名残をとどめるがゆえに，その解決法は不徹底であったということになる。カルドアは，ケインズ経済学のうち有効需要の原理のみを重視し，外生的貨幣供給と流動性選好による利子率決定を，内生的貨幣供給と金融政策による利子率決定で取り替えることが必要であると主張する。しかしながら，カルドアの内生的貨幣供給理論は，マネタリズムの理論と政策の数量説的基礎を批判する点では相当の成果を収めたが，中央銀行の金融政策の運営方式に依存したものとなっており，商業銀行が貨幣供給の内生化において果たす役割を明らかにしていない。ムーアはカルドア・モデルに欠けていた銀行行動を取り上げ，ホリゾンタリスト・アプローチのミクロ的基礎にあたる銀行の資産・負債管理と短期金融市場の役割を考察することによって理論の肉付けを図る（Moore 1979）。

　ムーアは金融市場をリテイル市場とホールセール市場に分け，商業銀行がリテイル貸出・預金市場において「価格設定者・数量受容者」として行動するものと把握する。そこでは，銀行貸出が顧客関係をつうじて創出される市場性の低い資産であり，銀行にとって非裁量的な変数であるとみなされる。したがって，銀行がなしうることは利子率や担保などの貸付条件を定めることに限定され，貸出量は主として借り手主導的な性質が強いということが強調される。ホ

リゾンタリスト・アプローチが基礎に据えている信用貨幣経済では，当座貸越制やクレジット・ラインなどの制度が広く普及しているものと想定されるので，銀行貸出の増加は借り手側のイニシアティブで創り出されると考えられているからである。銀行はリテイル金融市場において価格設定者・数量受容者として行動するので，貸出量によって誘発される預金量を裁量的に調整することができない。また，中央銀行も最後の貸し手として銀行システムに弾力的な準備供給を行うことが最優先の責務とみなされるので，中央銀行がコントロールできるのは準備の供給価格としての短期利子率であると考えられる（Moore 1988）。

　このように，ホリゾンタリスト・アプローチにおいて，内生的貨幣供給プロセスを駆動する要因は銀行貸出に対する需要である。インターバンク市場において，準備供給曲線は中央銀行によって外生的に決定される政策短期利子率の水準で完全に水平となる。準備需要曲線は，銀行が超過準備の保有を可能な限り圧縮して経営していることや，現行の準備預金制度のもとでは所要準備が前もって与えられる所与変数になると考えられるため，事実上垂直に近い線で表される。リテイル貸出市場において，貸付資金供給曲線はこの短期利子率に一定の利潤マークアップを賦課した水準で水平となり，銀行は自らが管理する貸出利子率で生じる貸出に対する需要をすべて充足する。こうした銀行貸出によって駆動された派生預金の大部分が銀行システムに還流するものとすれば，銀行貨幣ストックは，単純化のため信用乗数を所与とすれば，銀行貸出に対する需要の大きさによって決定されることになる。

　ホリゾンタリスト・アプローチは中央銀行が短期利子率を外生的に設定するという点を強調し，銀行が短期利子率に（金融市場における競争の程度によって決められる）マークアップを上乗せした貸出利子率で信用需要をすべて充足するとしている。また貨幣需要は信用需要と混同され，流動性選好が経済に与える潜在的な抑制力を取り去っている。このように，流動性選好を軽視するホリゾンタリスト・アプローチは，現代経済における貨幣と銀行の理解にとって根本的な誤りをもたらしかねない。ケインズ貨幣理論から流動性選好を取り除くことによって，資本主義経済における貨幣の役割は分析の視界から消えてしまうからである。

第Ⅱ部　ケインズ革命をめぐって

流動性選好と両立するストラクチャラリスト・アプローチの提唱

　ポーリンは，貨幣供給の内生化において金融構造の変化や金融イノベーションが果たす役割を重視し，流動性選好説と両立する形で内生的貨幣供給理論を構築しようと試みるやり方をストラクチャラリスト・アプローチと命名した（Pollin 1991：373-377）。ストラクチャラリスト・アプローチは，(1)貨幣供給が必ずしも貨幣当局によって外生的に決定されないし，(2)貨幣が信用市場をつうじて創出される，と考える点ではホリゾンタリスト・アプローチと見解の一致をみている。しかしながら，ストラクチャラリスト・アプローチは次のような考えを強調する点でホリゾンタリスト・アプローチと異なっている。

　ストラクチャラリスト・アプローチの第一の特徴は，金融制度上の規制や金融引締政策がしばしば金融イノベーションを引き起こし，投資および資産ポートフォリオをファイナンスする新しい金融手段を生み出してきたことに注目することにある。ストラクチャラリスト・アプローチにおいて，銀行はけっして中央銀行の政策に機械的に反応する経済主体としてではなく，他の産業の企業と同様，積極的に利潤を追求する主体として把握される。こうした資本主義的企業としての銀行と借り手が規制や政策を回避する新たな金融手段を開発・利用しようと試み，金融イノベーションの過程において流通速度の上昇と貨幣供給量の拡大がもたらされるところから，貨幣供給の内生性は「構造的」であるとみなされる。

　第二の特徴は，静態的な長期均衡論よりもむしろ景気循環論の視角に立ち，貨幣経済の正常な運行から生み出される金融不安定性を重視し，こうした金融不安定性論の構成要素のひとつとして貨幣供給の内生性を捉えようとしていることである。経済がブームに向かう過程において，借り手リスクと貸し手リスクはともに過小評価され，不健全なまでの信用拡張が行われる。銀行はレバレッジ比率を高めて信用拡大をはかり，他方借り手の企業も外部負債調達にいっそう依存するようになり，貨幣供給の内生的増加は加速されていく。企業および銀行の流動性比率は極端なまでに低下し，その財務構造もいっそう脆弱化する。流動性選好がいっそう低下し，貨幣供給の内生的増大が大きければ大きいほど，金融恐慌へ陥る危険は高まるであろう。

　第三に，ホリゾンタリスト・アプローチにおいて，銀行システムが民間部門の貸出需要を充足するチャンネルは，中央銀行の利子率設定スタンスのもとで

248

の需要追随型の受動的な準備供給に依存しており，商業銀行の負債管理行動は積極的な存在意義をもたなかった。これに対しストラクチャラリスト・アプローチにおいては，銀行の負債管理行動は顧客の貸出に応ずるための主要なチャンネルを形成することとなり，金融政策のスタンスよりもむしろ短期金融市場につうじる流動性の調節が重視されるのである。バリーは銀行の予備的動機に基づく第二線準備を明示的に導入し，銀行の負債管理による流動性調節が準備節約行動を可能にすることを重視する。

金融イノベーションと銀行の流動性選好

　カルバロは，ストラクチャラリスト・アプローチを支持しながら，銀行の流動性選好が信用創造に与えるインパクトと銀行業における構造変化とを重視している（Carvalho 1999）。ダウとチックは，貨幣供給の内生化の進展を銀行構造の変化と結び付けて論じている（Dow 2006；Chick 1986）。1970年代以降，先進主要各国は貨幣供給量を金融政策の中間目標とするマネタリー・ターゲティングを採用してきたが，度重なる金融不安に見舞われた。各国中央銀行は，金融不安定性を防止するため最後の貸し手機能を行使し，銀行システムに対する確信を維持しようと試みた。しかし，こうした最後の貸し手介入は中央銀行の貨幣供給量に対するコントロールを実質的に弱め，貨幣供給の内生性の程度を高める結果をもたらした。80年代の後半になると，規制を受けない投資銀行などのノンバンクの急速な成長は，金融市場シェアをめぐる銀行との新たな競争を招き，負債管理という形で銀行業のなかに構造変化をもたらした。銀行は流動性需要を充たすため新しい債務手段を創造することによって市場シェアを引き付けたが，それは同時に中央銀行の貨幣的コントロールを浸食することになった。さらに，90年代の金融の自由化・グローバル化の進展は，銀行規制を所要準備規制から適正資本比率規制へと移行させ，銀行業にさらなる構造変化をもたらした。ダウはこうした構造変化が所要自己資本を節約するためセキュリタイゼーションを促進させ，銀行をオフバランス取引による利潤追求へ駆り立てるメカニズムを含んでいると指摘しており，正鵠を射たものであるといえよう。銀行業における構造的変化は，銀行の信用創造と流動性選好の相互作用を生み出し，貨幣供給量と利子率の内生的変化をもたらすことになった。

　カルバロは，銀行が信用創造にさいして流動性の程度を選好していることに

第Ⅱ部　ケインズ革命をめぐって

注目する。金融仲介者としての銀行は，貸し手が短期の流動資産を選好し借り手が長期の固定金利債務を選好するという暗黙の前提のもとで，金融資産の満期を短期から長期へ変換する。こうした満期の変換に加えて，銀行は長期資産に対して短期債務を発行することによって流動性を供給する。このプロセスにおいて，銀行は民間部門が保有する非流動資産をより流動的にする一方，銀行自身は非流動的になる。こうした銀行の流動性選好は，銀行によって選択されたバランスシートに反映される。民間部門向け貸付によって銀行が流動性を供給する意欲は，銀行自身の流動性選好に依存する。銀行業において資産・負債管理手法が広範に用いられている事実は，銀行が流動性選好を行っている証左のひとつとみなすことができる。こうした流動性創出に対して銀行が課す価格は，流動性プレミアムに他ならない。このように，銀行の流動性選好はバランスシート戦略を表しており，流動性選好を行う銀行は信用需要に受動的に応じるのではなく，買い入れ可能なすべての資産について期待収益と流動性プレミアムを比較考量しているのである。

金融自由化，貨幣供給の内生化および金融の不安定化

　要するに，議論のポイントは貨幣供給曲線が水平になるか右上がりの形状をとるかではなく，流動性選好が銀行の信用創造プロセスに作用を及ぼすことを認めるか否かにある。貸出需要の増加が利子率の上昇を伴う理由は，ストラクチャラリスト・アプローチによれば，銀行の流動性選好の高まりが信用創造プロセスに収縮的な作用を及ぼすからに他ならない。銀行の流動性選好の程度は融資審査における貸し手リスクに反映され，次いでリスク・プレミアムはマークアップ率に織り込まれるであろう。投資増加によって生じる景気拡大期には，企業および銀行はともに金融上のリスクを低く見積もるようになる傾向がある。一般に，ブーム期には借り手の外部負債調達比率と貸し手のレバレッジ比率は急上昇するが，企業および銀行の流動性選好が低く貨幣供給の内生的拡大も生じるので，市場利子率はほとんど上昇しないことが多い。これらは楽観的な期待のもとでさらなる投機的金融を助長するので，負債の急増と利払い額の膨張を招く。こうして，企業および銀行の金融構造は脆弱で不健全なものと化し，ブーム期をつうじて金融不安定性の火種が形成されていくことになる。

　欧米においては金融規制緩和や撤廃が進むことにより，銀行は簿外の投資子

会社（SIV）を設立し，債券取引などの資産運用に傾斜するようになった。また，店頭（OTC）デリバティブ取引が銀行の収益源として急速に比重を増してきた。一方，投資銀行はヘッジファンドなどの投資ファンドを起ち上げ，証券本体以外でも大量の証券取引を行って収益を飛躍的に高めてきた。今回の住宅バブルの膨張・崩壊において，金融機関は本体だけでなく，むしろ規制がほとんどない SIV や投資ファンドなどの影の銀行システムをつうじて，住宅ローンを証券化し，さらに債務担保証券（CDO）などのデリバティブに組み替えることによって信用を膨張させてきた。金融当局の規制監督が及ばないため，これら影の銀行システムは，事実上いくらでもレバレッジを効かせて信用を膨張させることできたが，他方このプロセスにおいて安全性のゆとり幅は大幅に低下した。これら影の銀行システムは，資産担保コマーシャルペーパー（ABCP）の流出や投資信託解約の増大にさいして，正式な流動性支援の仕組みを備えてはいない。こうしたレポ取引をつうじる市場性資金に大きく依存した影の銀行システムは，金融市場が強いストレスを受けたときには，資産の投げ売りに追い込まれ，市場流動性（market liquidity）の収縮と資金流動性（funding liquidity）の強い制約を被ることになった。市場流動性の急減は，金融機関相互の疑心暗鬼を高めることによって，金融機関の資金調達をも困難にする。他方，こうした市場性資金に依存した金融機関の資金調達構造は，カウンターパーティー・リスクに過敏に反応するとき，市場流動性の急減を招きやすくなる。

5　ケインズ貨幣経済理論の現代的意義

　ケインズはわれわれが生活を営んでいる資本主義経済を分析対象とし，貨幣的変化が実物経済に影響する貨幣の非中立性を強調した。ケインズが意図していたことは，貨幣の非中立性を基本的な前提に据えた貨幣経済理論を展開することにあった。ケインズ理論における貨幣は，不確実性のもとにある経済主体の動機付けや意思決定に影響を与えることにより，短期だけでなく長期においても，実体経済の動向に作用を及ぼす実質的な要因である。このように貨幣が意思決定に深く織り込まれていることは，貨幣が流動性選好をつうじて投資決定にインパクトを与え，それと同時に貨幣の創出が利潤追求に依存するという文脈の中に置かれている。したがって，ケインズ経済学が資本主義経済の分析

第Ⅱ部　ケインズ革命をめぐって

であるという論理立てにおいて，貨幣は非中立的であるとともに，内生的であることを要請される。資本主義経済が安定して首尾良く機能するためには，十分な投資をファイナンスする貨幣が内生的に供給されなければならない。

　ポスト・ケインジアンによるケインズ貨幣経済理論の展開は，こうした非中立貨幣が演じる独特な作用を現代的な視点からさらに掘り下げるための試みである。ポスト・ケインジアンの貨幣的均衡アプローチは，ケインズの自己利子率理論の拡充をつうじて資産価格の決定メカニズムを構築し，貨幣を資本蓄積過程に接合する試みである。貨幣の非中立性を経済理論の基盤に据え付けるためには，われわれは新古典派の貨幣理論とは本質的に異なる仕方で貨幣を組み込まなければならない。内生的貨幣供給理論においては二つのアプローチへの分岐が見られたが，銀行の流動性選好を摂取することによって，われわれはホリゾンタリスト・アプローチをストラクチャラリスト・アプローチの特殊ケースとして吸収することができる。[6]

　今回のグローバル金融危機の発生は，高度に発達した金融システムが潜在的に不安定であり，その安定性を維持するためにマクロ・プルーデンス政策が必要であることが明らかになり，自己資本比率規制の補完的指標として「流動性カバレッジ比率」と「安定調達比率」が導入されることになった。[7]これは，ミンスキー・モーメントとして注目されるだけでなく，ケインズの流動性選好説の見方が今なおレリバントであることを含意している。資本主義経済における貨幣および金融的な要因に関するケインズの思想とそれを引き継いだポスト・ケインジアンは，貨幣の非中立性，金融の不安定性および貨幣の内生性の三つの視点を一体化して展開する必要がある。そうすることによって初めて，われわれはグローバル金融危機と大不況を理解するための理論的基礎と政策的に対応する諸手段を得ることができるであろう。

注

(1)　ケインズの伝記作家として優れた作品を発表してきたスキデルスキーは，この度のグローバル・クライシスの発生により，ケインズの貨幣経済思想において不確実性が非常に大きな役割を演じているという見解を表明するようになった（Skidelsky 2010：146-149）。またノーベル経済学賞の受賞者であるアカロフとシラーでさえ，「経済の本当の仕組みを理解するには，マクロ経済理論にアニマル・スピリ

第7章 ケインズ経済学の貨幣的側面

ットを組み込む必要がある……マクロ経済学をきれいにして科学的にしようとする なかで，標準のマクロ経済学者たちは，完全に合理的に行動したら経済がどう動く かだけに専念することで研究の構造と規律を課してきた」（Akerlof and Shiler 2009：268）と率直な心情を吐露するようになったのである。

(2) 流動性選好説を過小評価する傾向はアメリカ・ケインジアンに顕著であり，たと えばサムエルソンは，「利子率はケインズが考えたほど重要ではない。それゆえ， 流動性選好は非常に決定的な重要さをもつものではあり得ない」（Samuelson 1947：229）と低い評価を下している。クラインは，サムエルソンと同じ立場から， ケインズ革命の核心が貯蓄・投資均等による所得決定理論にあり，「この流動性選 好説をもって，現代ケインズ体系の本質的要素と見る必要はない。それはたんにこ の［所得決定］理論をまとめあげ，これを完結させているだけである」（Klein 1947：46）と冷淡に評価している。またレイヨンフーヴッドも，「筆者は，ケイン ズ『一般理論』の流動性選好利子論，あるいはそこからわき出るいかなる副命題を も容認しない。筆者は，その利子論を，理論的に不合理であり，実証的に誤りであ り，かつ実践上は危険であると確信するものである」（Leijonhufvud 1981：197） と論難している。

(3) ロビンソンは，流動性選好説を貨幣需給による利子決定理論とみなす考え方が有 用な単純化であったことを認めるものの，「いっそう洗練された理論を発展させる ためには，資産家を誘って彼らに貨幣以外の資産をもたせるに必要な報酬によって 測定される流動性選好という概念は，多くの面に分けられねばならない」（Robin- son 1952：6）と注意を喚起した。ロビンソンは，ケインズが GT で考察したより も広範なリスク，すなわち不便宜性（狭義の非流動性），資本不確実性，所得不確 実性，貸し手リスク（借り手の部分的もしくは全面的不履行についての危惧を含 む）に分類するとともに，流動性選好説をより一般的な「資産需要の理論」として 解釈する必要があることを示唆した。彼女が示唆した重要な点は，流動的な資産と 非流動的な資産との二分化を考えるのではなく，種々の資産と結び付いた「流動性 の程度」を考えるべきであるということにある。もしポートフォリオを処分しなけ ればならない時期について不確実性が存在するとき，流動性の程度が高いというこ とは特別に高い価値をもつであろう。その場合，流動性に価値を認める資産保有者 は，得べかりし収益を手放してでも，流動性を維持するために高いプレミアムを進 んで支払うであろう。このように，不確実性が高まっていると知覚することは，流 動性に対する事前的な価値を高め，各種の資産からなる一定のストックについて， 流動性選好が異なった種類の資産に対する需要表のシフトを引き起こし，主として 流動性プレミアムを求めて需要される資産の価格を，流動性の低い資産の価格に比 べて，上昇させることを意味する。たとえば，何らかの理由により貸し手リスクが 高まるとするならば，貸し手は相対的に低い流動性を体化した危険資産から相対的

253

第Ⅱ部　ケインズ革命をめぐって

に高い流動性を体化した安全資産に乗り換えようと試みるであろう。こうした諸資産間で起こる「質への逃避」は，いまや流動性選好が高まるさいの典型的な現象として理解することができる。

⑷　よく知られているように，カーンはロビンソンとともに GT の形成で重要な役割を果たした。カーンは，非常に示唆に富む論文において，異なる満期をもった証券を考察し，投機的動機に基づく貨幣需要が働くことを明らかにすることによって流動性選好説をサポートした（Kahn 1954）。貨幣が貨幣経済で独特な役割を演ずるものと考えられるのは，不確実な将来に備える予防手段としての役割にあるにもかかわらず，ケインズは予備的動機を驚くほど表面的に取り扱った。カーンは確信の状態が予備的動機に基づく貨幣需要に与える影響を考察し，予備的需要をキャピタル・ロスおよびインカム・ロスの双方のリスクを避けるために，経済主体が貨幣ならびに証券を同時に保有することを明らかにした。こうした予備的動機分析は，最近ケインズ『確率論』とのかかわり合いで不確実性や方法論を探求しているルンデによって彫琢が加えられている（Runde 1994）。

⑸　シュンペーターは，中立貨幣からなる実物的分析と対置されるものとして，貨幣的分析では貨幣の非中立性が重要な分析課題になると指摘している（Schumpeter 1954：579-581）。ロジャーズによれば，GT 第17章の自己利子率アプローチは，古典派の二分法を克服して実物的要因と貨幣的要因を巧みに統合した貨幣的均衡分析の体系を示している（Rogers 1989：第 7 章 – 第10章）。

⑹　これに対して，ロショーン＝ロッシは金融制度の変化や流動性選好を取り入れた内生的貨幣アプローチが 'evolutionary' にすぎないと批判し，むしろ制度的変化とかかわりなく徹底して貨幣の内生性を強調するアプローチこそが 'revolutionary' であると極端な主張を展開している（Rochon and Rossi 2013）。

⑺　バーゼル銀行監督委員会は，2010年12月に公表した「バーゼルⅢ」において，流動性カバレッジ比率と安定調達比率をバーゼル規制に加えることを決定した。前者は，ストレス下において30日間に流出すると見込まれる資金をまかなうために，短期間に資金化可能な資産を十分に保有しているかを表す指標をさす。後者は，銀行の資産保有に対して，より中長期的での資金調達を促すことに目的があり，1 年間という期間にわたって金融機関の資産や事業内容がもつ流動性の特性に基づき，許容される最低限の安定調達金額を規定しようとするものである。

参考文献

Akerlof, G. A. and Shiller, R. J. (2009) *Animal Spirits,* Princeton University Press, 2009.（山形浩生訳『アニマルスピリット』東洋経済新報社，2009年。）

Carvalho, F. J. C. (1999) "On Bank's Liquidity Preference" (in Davidson, P. and Kregel, J. A. (ed.), *Full Employment and Price Stability in a Global Economy,*

第**7**章 ケインズ経済学の貨幣的側面

Edward Elgar : 123-138).

Chick, V. (1986) "The Evolution of the Banking System and the Theory of Saving, Investment and Interest", *Economie et Société* : 111-126.

Cottrel, A. (1994) "Post-Keynesian Monetary Economics : Critical Survey", *Cambridge Journal of Economics* : 587-605.

Davidson, P. (1972) *Money and the Real World,* Macmillan, 1972, 2nd ed., 1978. (原正彦監訳, 金子邦彦・渡辺良夫訳『貨幣的経済理論』日本経済評論社, 1980年。)

————— (1994) *Post Keynesian Macroeconomic Theory : A Foundation for Successful Economic Policies for the Twenty-first Century,* Edward Elgar. (渡辺良夫・小山庄三訳『ポスト・ケインズ派のマクロ経済学──21世紀の経済政策の基礎を求めて』多賀出版, 1997年。)

————— (2007) *John Maynard Keynes,* Palgrave Macmillan. (小谷野俊夫訳『ケインズ』一灯舎, 2014年。)

Dow, S. C. (2006) "Endogenous Money : Structuralist" (in Arestis, P. and Sawyer, M. (eds.), *A Handbook of Alternative Monetary Economics,* Edward Elgar : 35-51).

Harrod, R. F. (1947) "Keynes, the Economist" (in Harris, S. M. (ed.), *The New Economics*). (ハリス編『新しい経済学』東洋経済新報社, 1949年, 第 8 章所収。)

————— (1969) *Money,* Macmillan. (塩野谷九十九訳『貨幣』東洋経済新報社, 1974年。)

Hicks, J. R. (1937) "Mr. Keynes and The 'Classics'", reprinted in his *Critical Essays in Monetary Theory,* Oxford University Press, 1967. (江沢太一・鬼木甫訳『貨幣理論』東洋経済新報社, 1972年。)

Kahn, R. F. (1954) "Some Notes on Liquidity Preference", reprinted in his *Selected Essays on Employment and Growth,* Cambridge University Press, 1972. (浅野栄一・袴田兆彦訳『雇用と成長』日本経済評論社, 1983年。)

Kaldor, N. (1970) "The New Monetarism", *Lloyds Bank Review*. (新飯田宏訳『インフレーションと金融政策』日本経済新聞社, 1972年所収。)

————— (1982) *The Scourge of Monetarism,* Oxford University Press. (原正彦・高川清明訳『マネタリズム──その罪過』日本経済評論社, 1984年。)

Keynes, J. M. (1933) "A Monetary Theory of Production", *The Collected Writings of John Maynard Keynes* (*CWK*), Vol. XIII, Macmillan, 1973 : 408-411.

————— (1936) *The General Theory of Employment, Interest and Money, CWK,* Vol. VII, 1973. (塩野谷祐一訳『雇用・利子および貨幣の一般理論』東洋経済新報社, 1983年。)

255

第Ⅱ部　ケインズ革命をめぐって

――――（1937a）"The General Theory of Employment", *Quarterly Journal of Economics*：209-223.（ハリス編・日本銀行調査局訳『新しい経済学』東洋経済新報社，1949年，第15章所収）。

――――（1937b）"Alternative Theories of the Rate of Interest", *Economic Journal*：241-252.

――――（1937c）"The Ex-Ante Theory of the Rate of Interest", *Economic Journal*：663-669.

――――（1937d）"The Theory of the Rate of Interest", *CWK*, Vol. XIV.

――――（1979）*The General Theory and After : A Supplement, CWK*, Vol. XXIX, Macmillan：101-108.

Klein, L.（1947）*The Keynesian Revolution.*（篠原三代平・宮沢健一訳『ケインズ革命』有斐閣，1965年。）

Kregel, J. A.（1983）"Effective Demand: Origins and Development of the Notion".（緒方俊雄・渡辺良夫訳『ポスト・ケインズ経済学の新展開』日本経済評論社，1991年所収。）

――――（1997）"The Theory of Value, Expectations and Chapter 17 of The General Theory"（in Harcourt, G. C. and Riach, P. A.（eds.）, *A Second Edition of The General Theory*, Vol. 1, Routledge, 1997：261-282.）（小山庄三訳『一般理論（第2版）』多賀出版，2005年所収。）

――――（2010）Keynes's Influence on Modern Economics: Some Overlooked Contributions of Keynes's Theory of Finance and Economic Policy, in Bateman, B., Hirai, T. and Murcuzzo, M. C.（eds.）, *The Return to Keynes,* Harvard University Press.（平井俊顕監訳『リターン・トゥ・ケインズ』東京大学出版会，2014年所収。）

Leijonhufvud, A.（1981）*Information and Coordination.*（中山靖夫監訳『ケインズ経済学を超えて』東洋経済新報社，1984年。）

Minsky, H. P.（1975）*John Maynard Keynes,* Columbia University Press.（堀内昭義訳『ケインズ理論とは何か』岩波書店，1988年。）

――――（1982）*Can 'It' Happen Again ? : Essays on Instability and Finance,* M. E. Sharpe.（岩佐代市訳『投資と金融――資本主義経済の不安定性』日本経済評論社，1988年。）

――――（1986）*Stabilizing an Unstable Economy,* Yale University Press.（吉野紀・浅田統一郎・内田和男訳『金融不安定性の経済学』多賀出版，1989年。）

Moore, B. J.（1979）"The Endogenous Money Stock", *Journal of Post Keynesian Economics*：49-70.

――――（1988）*Horizontalists and Verticalists : The Macroeconomics of Credit*

Money, Cambridge University Press.

Palley, T. I. (1994) "Competing Views of the Money Supply Process: Theory and Evidence", *Metroeconomica*, 45(1): 67-88.

Pollin, R. (1991) "Two Theories of Money Supply Endogeneity: Some Empirical Evidence", *Journal of Post Keynesian Economics*: 366-96.

Robinson, J. (1952) *The Rate of Interest and Other Essays*, Macmillan.（大川一司・梅村又次訳『利子率その他諸研究』東洋経済新報社，1955年。）

Rochon, L. and Rossi, S. (2013) "Endogenous Money: The Evolutionary versus Revolutionary Views", *Review of Keynesian Economics*: 1(2): 210-229.

Rogers, C. (1989) *Money, Interest and Capital: A Study in the Foundations of Monetary Theory*, Cambridge University Press.（貨幣的経済理論研究会訳『貨幣・利子および資本』日本経済評論社，2004年。）

Runde, J. (1994) "Keynesian Uncertainty and Liquidity Preference", *Cambridge Journal of Economics*: 129-144.

Samuelson, P. A. (1947) "The General Theory"（ハリス編・日本銀行調査局訳『新しい経済学』東洋経済新報社，1949年，第13章所収。）

Schumpeter, J. A. (1954) *A History of Economic Analysis*.（東畑精一訳『経済分析の歴史』全7冊，岩波書店，1955-1962年。）

Shackle, G. L. S. (1965) "Recent Theories concerning the Nature and Role of Interest" (in *Royal Economic Society Surveys of Economic Theory*, Palgrave Macmillan).（神戸大学経済理論研究会訳『現代経済理論の展望』I，ダイヤモンド社，1972年，第3章所収。）

Skidelsky, R. (2010) *Keynes: A Very Short Introduction*, Oxford University Press.

Sraffa, P. (1932) "Dr. Hayek on Money and Capital", *Economic Journal*: 42-53.

Watanabe, Y. (2008) "The Post Keynesian Theory of Endogenous Money Supply as a Development of Keynes's Monetary Thought", *The Bulletin of Social Science*, Meiji University, 30(1): 1-19.

Wray, L. R. (1990) *Money and Credit in Capitalist Economies: The Endogenous Money Approach*, Edward Elgar.

——— (2013) "Financial Keynesianism and Market Instability" (in Hirai, T., Marcuzzo, M. C. and Mehrling, P. (eds.), *Keynesian Reflections: Effective Demand, Money, Finance, and Policies in the Crisis*, Oxford University Press: 244-267).

浅野栄一（2005）『ケインズの経済思考革命——思想・理論・政策のパラダイム転換』

勁草書房。

伊藤邦武（1999）『ケインズの哲学』岩波書店。

酒井泰弘（2010）『リスクの経済思想』ミネルヴァ書房。

内藤敦之（2011）『内生的貨幣供給理論の再構築——ポスト・ケインズ派の貨幣・信用アプローチ』日本経済評論社。

鍋島直樹（2001）『ケインズとカレツキ——ポスト・ケインズ派経済学の源泉』名古屋大学出版会。

二宮健史郎（2006）『金融恐慌のマクロ経済学』中央経済社。

原正彦（1994）『ケインズ経済学の再構築——リアルとマネーの統合』東洋経済新報社。

平井俊顕（2003）『ケインズの理論——複合的視座からの研究』東京大学出版会。

間宮陽介（1986）『モラル・サイエンスとしての経済学』ミネルヴァ書房。

渡辺良夫（1998）『内生的貨幣供給理論——ポスト・ケインズ派アプローチ』多賀出版。

第Ⅲ部

ケンブリッジの哲学・社会哲学・文芸

第8章
ケインズにおける哲学・芸術・経済学
——啓蒙主義対ロマン主義の構図に照らして——

塩野谷祐一

1 ケインズの全体像を求めて——総体としての多面性

　ケインズは偉大な経済学者であったが，同時に生涯を通じて哲学・政治・芸術などを含む多様な領域において足跡を残した超一流の知識人であった。彼にとって，多面性への関心は意識的なものであって，彼は1924年に書かれたマーシャル論の中で，「経済学者はある程度まで数学者，歴史家，政治家，哲学者，芸術家でなければならない」と述べ，経済学の研究にとっては多面的な資質が必要であると論じた（Keynes［1924］1972：173）［*Collected Writings*, X］。ケインズはこのような多面性の多くをマーシャルが備えていたことを評価したが，ケインズ自身の特徴の1つは，マーシャルとは比較にならぬほどの大規模な多面性への関心であった。

　ケインズの多面性を語る際，私は，彼が単に多様な領域にわたって活動したということよりも，「総体としての多面性」をとらえていたことに注目したい。ケインズにおいて，経済・政治・哲学・芸術などが1つの構造を持った総体として把握されていたと解釈することができるのではないか。そのためには，芸術と哲学，芸術と経済学，哲学と経済学といった interdisciplinary な関係をばらばらにとらえるのではなく，個々の領域の根底にある共通のものは何かを問うことが必要である。それを問うことが本章の目的である。

　ケインズの思想的全体像およびその革新性を求めて，これまで多くの思想史的研究が進められてきた。哲学に関しては，ケインズの『確率論』（1921年）を中心として，ラッセル，ムーア，ウィトゲンシュタイン，ラムゼーを含むケンブリッジ哲学者が問題とされ，芸術論に関しては，彼自身がその一員であったブルームズベリー・グループの思想が取り上げられている。そして経済学に関

261

第Ⅲ部　ケンブリッジの哲学・社会哲学・文芸

しては，「ケインズ革命」と呼ばれる反古典派経済学の哲学的基礎は何かが問われ，とりわけ『確率論』と『一般理論』(1936年)との関係が問題とされてきた。

　しかし，従来の研究においては，哲学・芸術・経済学などを総体として解釈する試みは行われていないように思われる。ケインズの思想を統一的に理解するためのキーワードが欠けている。私は2つの視点から議論を組み立てたいと思う。第1に，ケインズを「啓蒙主義対ロマン主義」の対立という構図の中に置き，彼のさまざまな分野における伝統への挑戦を啓蒙主義に対するロマン主義的批判として解釈する。

　もちろん，ケインズはこれまでロマン主義者として解釈されたことはない。しかし，ケインズをロマン主義者とみなすことは私の趣旨ではない。一般に，ロマン主義の思想は18世紀末から19世紀初頭までの時期に，西ヨーロッパにおいて台頭した絵画・文学・音楽などの芸術運動を指すが，私の意図はそのような特殊な歴史的事象としての定義づけを離れて，その価値理念や思考方法を定式化し，1つの思想的パラダイムとみなすことである。その場合には，ロマン主義は，近代の支配的思想である啓蒙主義に対する批判的勢力を代表するものとして位置づけられる。このような観点から見ることによって，ケインズは単に古典派経済学に対してローカルな革命を起こしたというにとどまらず，またたまたま不確実性というテーマを経済学の中に取り入れたというにとどまらず，極端な合理性によって特徴づけられた近代世界の観念そのものに対するグローバルな革命を意図したことが見えてくるのではないか。

　第2の分析視点は，ケインズの哲学的思想の一部分を取り上げるのではなく，哲学の3部門である「認識論・存在論・価値論」を統合する形で取り扱うということである。たしかに，哲学の名に値する彼の著作は『確率論』のみであり，その主題は認識論であるが，存在論および価値論もまた明示的に取り上げられなければならない。哲学という学問自体がそのような知の総合性・根底性を要求するものだからである。

　2つの分析視点を組み合わせるならば，啓蒙主義の「認識論・存在論・価値論」とロマン主義の「認識論・存在論・価値論」という風に，cross-classificationが導かれる。このような構図を参照基準として，ケインズ自身の「認識論・存在論・価値論」の位置を明らかにしようと思う。そのことを通じて，ケインズの哲学的基礎は啓蒙主義のものではなく，圧倒的にロマン主義に近いも

のであることが確認されるのである。

2　ロマン主義とは何か

　ケインズに立ち入る前に，ロマン主義とは何かについて簡単な説明をしておきたい。ロマン主義の意味を問うことは，ロマン主義研究における1つの大きな論争問題である。この論争における代表的な論者が提起したメルクマールは次のようなものである。

　L. P. Smith：独創性・創造性・想像力・天才[1]，
　A. O. Lovejoy：有機体論・動態論・多元論[2]，
　R. Wellek：想像力・有機体的自然・象徴・神話[3]，
　L. R. Furst：個性主義・想像力・感情[4]，
　M. Peckham：動態的有機体論[5]。

　ここに挙げた人々は文芸批評の学者ばかりであって，経済学者にはなじみがない人たちであるが，ロマン主義のメルクマールは，想像力・感情・創造性・有機体論・動態論・多元論などから成り立っていることが分かる。しかし，これらの特徴づけは，「盲人が象を語る」の譬えのように，それぞれは部分的には正しくても，全体像が見えてこない嫌いがある。ロマン主義の全体像を設定した上で，個々の特徴を思想全体の中の各部位に位置づけることが必要であろう。

全幅的人間本性と有機体的全体

　私の考えでは，ロマン主義の核となる本質的な命題は，「生」の意識を基盤とした「知の総合と発展」というプロジェクトとして表現することができる。そのための道具立てとして，ロマン主義は，一方において，知の探求の「主体」の側に「理性・感情・意志」を含む「全幅的人間本性」の想定を置き，他方において，知の探求の対象としての「客体」の側に「人間・社会・自然」を含む「有機体的全体」の想定を置く。

　「全幅的人間本性」とは，啓蒙主義におけるように，合理的理性を前提とし

263

て，現象をもっぱら論理的・機械論的に解釈するのではなく，「理性・感情・意志」の総体の作用を前提とすることをいう。上述のロマン主義のいくつかのメルクマールの中で，感情や想像力や独創性が共通に挙げられているのは，知の探求に当たって合理性の排他的支配を打破しようとするためである。

　他方，「有機体的全体」とは，知の対象としての「人間・社会・自然」が相互依存の関係にあり，全体として破れにくい有機体を構成するものと想定することである。上に示したように，ロマン主義のメルクマールとして有機体論や多元主義などが挙げられているのは，対象の諸側面の統一を図ろうとする問題意識に由来する。ロマン主義における「有機体的全体」の観念は，要素への分析・還元によって対象を理解する啓蒙主義の原子論的還元主義に対する批判である。ケインズが「全幅的人間本性」と「有機体的全体」の想定を持っていたに違いないという包括的な証拠は，経済学は自然科学ではなくモラル・サイエンスであるという彼の基本的信念の中に見出される。

　このように前提とされた「主体」と「客体」は，知の獲得過程における give and take の相互作用を通じて，「理念」と「実在」の間の無限の知の変貌・発展をもたらすとみなされる。ロマン主義の特性として常に動態性が指摘されるのは，知の追求が無限の批判と改訂と創造の進化的過程であることの結果である。ロマン主義においては，このプロセスは「理念」と「実在」とが合わせ鏡の画像のように無限に続く reflection（反照・反省）として表現されている。このように「知の総合と発展」というロマン主義のプロジェクトは，「主体」と「客体」の双方の把握において反啓蒙主義的である。さらに一歩進んで，ロマン主義思想を「芸術的次元」と「哲学的次元」の双方から特徴づけよう。ロマン主義の哲学的基礎はドイツ観念論であるが，そこに芸術的視点が加わることによって，ドイツ・ロマン主義が成立する。

ドイツ・ロマン主義の芸術的次元

　まず「芸術的次元」においては，ロマン主義は，啓蒙主義の芸術版である古典主義に対する反逆である。古典主義は，ギリシャ・ローマの古典芸術を規範とみなし，形態の「完成・均整・調和」の静態的美の追求を重視した。ロマン主義はこのような古典主義の形式性を批判し，対象の「生成・変化・無限」の姿に見られる多様性と活力を持った動態的美を強調した。芸術の「目標・方

法・形式」のそれぞれについて2つの思想の対立関係を対概念にまとめるなら
ば，目標について「完成と生成」，方法について「模倣と創造」，形式について
「体系と断片」の対立がある。

　このようなロマン主義の接近方法を特徴づけるものとして，2つの論点を挙
げよう。第1は，「芸術＝哲学」の統一命題と呼ばれるものである。ロマン主
義においては，芸術と科学とは共に総合的視野から「生」に接近するものであ
り，芸術の「美」と科学の「真」とは統一されなければならず，芸術は科学の
ための道具であり，科学は芸術の形を取って表現されなければならない。その
意味で，知は美の主導に従う。[ロマン主義者はこれを「真と美との最高の統一」と
呼んだ（Schelling）。]アイザイア・バーリンはこれを「芸術による生の支配」と
呼んだ。第2に，ロマン主義は多元的な「生」の諸側面を総合的にとらえよう
とするが，そのような目標は無限の将来においてのみ達成可能であり，有限の
現実においては満たされない目標である。その結果，多元的な「生」の諸側面
は矛盾を含む形で残される。これがいわゆる「ロマン的イロニー」である。

　ロマン主義の思想家としてジョン・ラスキンを挙げることに異論はなかろう。
彼はしばしばその主張の非整合性や逆説性を批判されていたが，公開講演の1
つで次のように語っている（1858年）。「重要な問題は三面的か，四面的か，も
しくは多面的である。自分は少なくとも3度矛盾したことを言って初めて，問
題を適切に取り扱ったと満足する。」これはロマン主義の帰結としての「ロマ
ン的イロニー」を自覚的に肯定したものである。

　ケインズもまたカメレオンのように意見を変えることで非難された。経済学
者の提案は人によって異なり，意見の一致が見られないことが多いが，ケイン
ズを含む経済学者が何人か集まると，意見の数は人数よりも必ず多い。ケイン
ズが2つの意見を出しているからである。また，ケインズは初期には伝統や慣
習からの脱却を信条としながらも，後にはそれを撤回する姿勢をとったこと，
さらにミクロの古典派理論を批判しながらも，古典派理論には偉大な真理が含
まれていると矛盾した賞賛の言葉を発していることなどは，彼の矛盾や欠陥と
みなされることが多い。しかし，一見して彼の主張に一貫性が欠けているよう
に見えるのは，問題を狭い単一の視点からのみとらえるのでなく，さまざまな
角度から全体像を総合的にとらえるためであった。ロマン主義はそうした矛盾
を「ロマン的イロニー」として自覚するのである。

第Ⅲ部　ケンブリッジの哲学・社会哲学・文芸

ロマン主義における哲学的次元

　次に，ロマン主義の「哲学的次元」を取り上げる。まず「認識論」に関して，確実な知識の根拠を求める試みとして，経験論の伝統はそれを外界との関わりにおける経験に求め，合理論の伝統はそれを自明の第1原理に求めた。これらの2種の基礎づけ主義（foundationalism）に対して，ロマン主義は反基礎づけ主義（anti-foundationalism）を主張する。基礎づけ主義によれば，あらゆる言明ないし命題が正当化されるためには，自明で疑いのない，確実性を持った基礎的言明によって支持されることが必要である。基礎づけ主義によれば，一切の知識は確実な地盤の上にピラミッドのように体系的に構築されなければならない。それに対して，反基礎づけ主義は，そのような自明の基礎的言明は存在せず，言明は他の言明との間で相互に持ちつ持たれつの整合的な関係を持つことによって正当化されるという整合説を主張する。整合説の反対の立場は対応説と呼ばれる。ロマン主義においては，知の整合性は無限の探求過程において成立する。命題間の整合性の度合いというケインズの確率概念は，反基礎づけ主義の認識論に属するものと解釈したい。

　整合説の一例として，ジョン・ロールズの反省的均衡（reflective equilibrium）の認識論は，基礎的理論命題と日常的道徳判断との間の双方的なフィードバックによって，合意を通ずる道徳原理の正当化を考えるものであり，反基礎づけ主義の整合説に立つ。このような正当化の方法は，さらに解釈学における「解釈学的循環」という観念にまで発展させることができる。「解釈学的循環」とは，部分と全体，精神と社会，個人と制度，心理過程と歴史過程の間などに相互依存関係を通じて生ずるネットワーク的な変化をいう。

　次に，ロマン主義の「存在論」は，上述の2つの基礎前提である「全幅的人間本性」と「有機体的全体」を内容とする。ロマン主義は近代科学の機械論的宇宙観に反対して，有機体的宇宙観をとる。ロマン主義の存在論哲学は，有機体的全体における「主体」と「客体」との間の「能動と受動の交互的規定関係」を通じて，知の対象を設定する。論理と経験を拠りどころとする英米系の分析哲学は，このような大陸哲学の存在論を形而上学として拒否する。しかし，「主体」の想像力に基づく知の主題設定を否定するならば，知は与えられたパラダイムの中に留まらざるをえない。

　最後に，「価値論」について。ロマン主義の世界像は「主体」の側において

266

は，自己実現の過程であるが，「客体」の側においては，客体による主体の制約の過程である。このような「主体」と「客体」との交互作用は，ハイデガーの言葉をもってすれば，「投企」（Entwurf, projection）と「被投」（Geworfenheit, thrownness）との相互関係ということができる。「被投」とは，人間が歴史的・社会的世界の中に他律的に投げ込まれていることをいい，「投企」とは，そのような制約から離脱して，自己創造と自己破壊を通じて人間存在の新しい可能性を試みることをいう。

ロマン主義における有機体的全体論は，「自我の統一，他者との連帯，自然との調和」といった多面的な整合化の価値命題から成り立っている。社会について言えば，社会は個人間の競争システムではなく，個々人が互いに共同するコミュニティーでなければならない。社会生活の目的は，効用の極大化ではなく，共同体を通ずる「自己創造と自己破壊」による人間形成・自己実現でなければならない。ロマン主義は局面に応じて，歴史や伝統を強調したり，創造や革新を強調したりするが，この一見したところのパラドックスないしイロニーは，「知の総合と発展」を追求するロマン主義の本質に属する。

3　ケインズの哲学

さて，ケインズの知的活動の出発点となったものがG. E. ムーアの『倫理学原理』（1903年）であったことはよく知られている。ケインズを含むケンブリッジのいわゆるアポッスル・グループは，ムーアの倫理学を熱狂的に受け入れた。倫理学はメタ倫理学と規範倫理学とに分かれるが，ムーアはメタ倫理学については，「善」は定義不可能であり，直覚によってのみ把握されると主張し（直覚主義），規範倫理学については，快楽主義的功利主義を拒否し，愛と美の追求を理想とみなした（理想主義）。しかし，彼らはムーアの主張を全面的に受け入れたのではなく，他面では強く反発した。それは，実践倫理学に関して，ムーアが行為の因果的帰結を重視し（帰結主義），遠い将来における行為の帰結が定かでない場合には，規則・ルール・慣習に従うことを主張した点である（規則主義）。ケインズは何が正しい行動であるかは慣習によってではなく，直覚によって判断できると考えた。ケインズによれば，ムーアの帰結主義および規則主義の主張の基礎には，ルールに従うことが確率の頻度説に基づいて望まし

第Ⅲ部　ケンブリッジの哲学・社会哲学・文芸

いという判断があった。かくして，確率概念の検討を通じて，不確実性下における知識および行動のあり方を問うことがケインズの知的探求の出発点となり，『確率論』執筆の契機となった。

　アポッスル・グループの人脈を通じて，G. E. ムーアがケンブリッジ哲学およびブルームズベリー芸術論に大きな影響を与えたことは，ケインズの「若き日の信条」（1938年）というエッセイによって広く知られるところとなった。しかし，ムーアそのものの哲学的立場の位置づけが不明瞭である。私のロマン主義的解釈にとって，ムーアの哲学の再検討が1つの展望を与えると考える。

　19世紀末から20世紀初めにかけて，イギリス哲学界はいわゆるイギリス観念論によって支配されており，その中心地はT. H. グリーンをリーダーとするオックスフォードであったが，ケンブリッジもその影響の圏外ではなかった。ムーアの指導教官はマックタガートという観念論哲学者であって，ムーアは観念論者のブラッドリーの研究から始めた。今日，ムーアはラッセルと共に新実在論の主張者としてケンブリッジ分析哲学の先駆とみなされることが多いが，けっして100％そうではなく，観念論的傾向は顕著である。ラッセルも最初に身につけた哲学はカント，ヘーゲルのドイツ観念論であった。ケインズのグループがムーアに対して共鳴と否認の両様の立場をとったことは，ムーアにおける直覚主義と帰結主義との両極性，あるいは観念論と実在論との並存ないし折衷を正確に反映したものであると考えられる。

　実際，ムーアはイギリス経験論とイギリス観念論とのはざまに位置し，両極性を備えていた。一方で，彼は「観念論の論駁」（1903年）という形而上学の論文を書き，認識対象は意識から独立にそれ自体として実在すると主張して，主観の一方的優位を説く観念論への批判を行ったが，同時に他方で，『倫理学原理』を書き，自然主義的誤謬，直覚主義，反功利主義，有機体的統一の原理などの主張によって観念論者にアピールした。ムーアの立場は，極端な実在論のように，心の状態をtabula rasa（何も書かれていない石版）と見るのでないという意味で，新実在論と呼ばれる。彼が20世紀初頭のイギリス哲学界を分析哲学に方向づける形で支配したかのように評価するのは事実に反する。

　彼は実在論者と観念論者の双方の陣営によって，いわばアンビバレントな形で支持されかつ批判されたのである。しかし，後世の哲学史家はイギリスにおける分析哲学の系譜を前面に打ち出し，イギリス観念論の存在を哲学史から抹

消した。イギリス哲学史は，ミルからラッセルとムーアに飛び，中間の時期には何もなかったかのように扱われた。ケインズが「若き日の信条」で描いたムーアの解釈は，実在論者ないし分析哲学者としてのムーアとは正反対の姿であった。青年時代のケインズたちのムーア解釈は，ロマン主義ないし観念論哲学の要素を受け継ぐ点で重大な役割を演じている。

　①ケインズの『確率論』における確率概念は，客観的事象の生起に関わる伝統的な頻度概念とは異なり，命題間の「信念の度合い」を表す認識概念であり，命題の前提と結論との間の論理的関係と定義される。その意味で確率の論理説とも呼ばれる。それは演繹的推論を帰納的推理にも拡張適用するものである。この場合，ケインズは命題間の確率関係は客観的に直覚によって成立すると主張した。彼は確率論の主題として，確実ではないが合理的な推論を扱う思考の一般理論を目指したのである。

　フランク・ラムゼーはケインズを批判し，確率の主観説を展開した。彼は，唯一の客観的な確率関係の知識は存在せず，個々人の間で異なると主張する。認識概念としての確率の論理的客観性よりも心理的主観性が前面に出る。ラムゼーは主観説のパイオニアとして，主観的効用に基づく数学的期待値の概念によって，合理的意思決定論を構築した。ケインズはラムゼーの批判を部分的に受け入れたけれども，『確率論』のすべてを撤回したわけではない。しかし，ケインズは改めて確率論の定式化を行っておらず，後の『一般理論』において不確実性の問題を論じた際，どのような確率論の立場をとったかの解釈をめぐっては，ケインズ研究者の間で連続説と非連続説とがある。

　私は部分的な非連続説が妥当と考える。すなわち，ケインズには一方で連続性があり，他方で非連続性がある。ケインズの一貫した立場は，頻度説でなく認識説の確率概念をとり，「不確実性の下における知識の獲得と行動」という問題をあつかったことである。ケインズは，自然科学的方法が妥当する場合の確率解釈として「経験」に基づく頻度概念を位置づけ，そうでない場合の確率解釈として「信念の度合い」としての認識概念を採用し，一貫して後者の立場を維持した。

　ケインズの非連続的立場は何かと言えば，ラムゼーの批判を受けて，確率の認識概念についての論理説から主観説へ移行し，人間行動の心理的・現実的側面に向かったことである。しかし，『一般理論』における美人投票の議論や長

第Ⅲ部　ケンブリッジの哲学・社会哲学・文芸

期投資に関するアニマル・スピリットの議論と整合的な確率論は，論理説でも主観説でもなく，実は間主観説と呼びうるものである。主観説は確率を個々人の「信念の度合い」とみなすが，多くの場合，その際の信念は共同体における個々人間の相互作用を含む社会的性格を持ち，確率は間主観的合意に基づく「信念の度合い」とみなされる。このことから，ケインズの後期の思想の解釈としては，確率の間主観説を考えることが適切であるという主張がなされている。この解釈は正しいと思う。

　ケインズがラムゼーからの批判を通じて共同体的知識論に転換したとする解釈は，ケインズ哲学をめぐる研究の1つの到達点ということができる。重点のシフトを支持するエビデンスとしては，美人投票のように，平均的期待が平均的期待を読むという重層的な共同体心理の形成プロセス，後期ウィトゲンシュタインの共同体的言語ゲーム論の影響，「若き日の信条」におけるかつての傲慢な理性信仰および慣習無視についての自己批判，などが挙げられる。

　そこで，改めて『一般理論』の革命的思想は何であったかをみてみよう。ケインズ自身は，1937年の QJE 論文［The General Theory of Employment', *QJE*, Feb. 1937］で述べているように，古典派と異なる基本的な着想を2点にまとめている。第1は，古典派のベンサム的功利計算の手法を否定することであり，第2は，古典派のセイ法則を否定することである。

　ベンサム的計算とは，行為の将来における不確実な帰結を保険数学的に計算可能と見るものであり，人間の無知や不確実性を排除する考え方である。それは効用主義と頻度確率に基づいて，行為の目的として善の確定値を極大化するという方法であり，善が原子論的性格を持つことを前提とする。次に，セイ法則の否定とは，いうまでもなく，完全雇用を前提とする古典派理論に対する批判として，全体としての産出量を決定する有効需要理論の構築を意味する。古典派が将来を確率の頻度概念に基づいて計算可能な形で予想したのに対し，ケインズは，見通しのきかない不確実な将来が経済行動にとって本質的な重要性を持つと考え，3つの心理的性向（消費性向・流動性選好・資本の限界効率表）によってマクロの経済体系を構成した。不確実性の世界は，とりわけ貨幣と投資に関して不安定な心理的性向が支配し，貨幣的仕組みの網の目が形成された世界である。不確実な場合とは，将来に関する適切な情報が存在しない場合であって，そのような場合，人々は変化を予想する特別の理由がない限り，現在の

270

事態が持続するとみなす一般的な慣行・習慣に従うか，あるいはアニマル・スピリットに基づく楽観的な自発的・冒険的衝動に従う。

不確実性の下での信念と行動のあり方を問うという一貫した認識論の課題について，ケインズの最終的なメッセージは，共同体的合理性（convention）と本能的・自生的・直覚的衝動（animal spirits）の2つである。これはムーアの両極性の継承と言ってよい。初期における慣習や規則の無視と，直覚的能力への過信の代わりに，ルールと非合理的衝動が行動の情報的基礎として登場する。この2つの相反する要因の共存こそは，ロマン主義における「被投と投企」という基本的テーマである。さらに，命題間の整合性の度合いという独特の確率概念は，反基礎づけ主義の帰納的認識論の基礎であり，間主観説としての共同体的正当化の方法は，ロマン主義認識論の基本命題であることを指摘したい。しかし，ロマン主義との内面的関連の最も強い点は「存在論」にある。

②存在論。ケインズの哲学という場合，著書『確率論』において展開された「認識論」のみが一般に取り上げられてきた。しかし，哲学は「認識論・存在論・価値論」の3部門から成り立っており，ケインズの「存在論」および「価値論」が検討されなければ，哲学として首尾一貫しない。

実は，頻度概念を否定する彼の確率論そのものが，「存在論」としての原子論と有機体論との区別に基づいている。原子論は，個々の社会的実在の性質が互いに独立で不変であると仮定するが，有機体論は社会的対象が互いに不可分の関係を持ち，それぞれの性質は全体を構成する他の要素の事情に応じて変化すると想定する。原子論的仮定の下では，確率の頻度概念に基づいて帰納や予測が可能であるが，有機体的仮定の下では，それは成り立たない。有機体的世界の構造は統計的帰納法によっては把握できず，命題や言明に対する「信念の度合い」（客観的であれ主観的であれ）によらざるを得ない。それは非数量的・比較不能な確率である。ケインズが，経済学は機械論的な因果法則が成立する自然科学ではなく，「全幅的人間本性」の作用を対象とするモラル・サイエンスであることを強調したのはこのためであり，また，Tinbergen らの計量経済学の方法に基づく経済予測に批判的であったのは，有機体的な経済世界においては，パラメーターの安定性を仮定できないという信念に基づいている。そして，不確実性の下における意思決定の根拠としてケインズが導き出した convention と animal spirits の観念は，有機体的統一の存在論的前提に依存して

第Ⅲ部　ケンブリッジの哲学・社会哲学・文芸

いる。

　ケインズの有機的統一の観念はムーアの倫理学から受け継いだものである。ムーアは善の観念について，全体の価値は部分の価値の集計とは等しくないと論じた。ムーアはイギリス観念論から出発し，自然主義的誤謬の主張に見られるように，イギリス経験論に対する批判的態度を維持した。ケインズは有機体仮説を社会的存在一般に適用することによって，確率の頻度説を拒否し，「信念の度合い」としての確率論の展開を図った。ムーアは極端な観念論を否定する立場をとったが，なお経験論への批判を維持した。ケインズがムーアから継承した有機体論はドイツ観念論の核心であり，ケインズにおける隠れた反啓蒙主義的基礎である。

　ケインズの「存在論」を特徴づけるもう1つの特徴は，時間である。伝統的経済理論は将来について効用の数学的期待値の流列を想定し，長期均衡を論じているが，ケインズは経済の変動を扱う際には，短期の時間的視野こそが重要であると論じ，"In the long run, we are all dead." と述べた。これは『貨幣改革論』（1923）の中で，伝統的経済理論の長期均衡論を批判したものであったが，短期の経済変動がもたらす諸困難が問題となっている際に，嵐が過ぎ去れば荒れた海も静かになるだろうと説く理論は意味がないと述べた。なぜなら，われわれは長期にはみな死んでしまうから。この問題は，われわれは行為の長期的帰結については無知であるという認識論の問題とは別個のものである。もちろん，100年後に生きている人たちはいる。しかし，現在を生き，将来に向けて現在行動する人たちは100年後には存在しない。存在論的に無存在である。認識論的時間における長期と存在論的時間における長期とは異なる。"we are all dead" は "we are all ignorant" ではない。

　十数年後の1937年に，ケインズは別のところで次のように書いた（「イギリスの外交政策」'British Foreign Policy,' *New Statesman and Nation*, 10 July 1937 : *Collected Writings*, XXVIII, 62.）。

　"I have said in another context that it is a disadvantage of 'the long run' that in the long run we are all dead. But I could have said equally well that it is a great advantage of 'the short run' that in the short run we are still alive. Life and history are made up of short runs." 「私はかつて別の文脈において，長期においてはわれわれはすべて死んでしまうというこ

272

とが，長期の不利な点であると述べたことがあるが，次のように述べることも
できたはずである。すなわち，逆に短期の有利な点は，短期においてはわれわ
れは生きているということである。生活と歴史は短期から成り立っている」と。

　遠い将来についてはわれわれは単に情報に関して無知であるばかりか，存在
に関してそもそも無存在である。これは絶対的に確実な事実である。ところ
が短期においては生きており，行動することができる。そしてそれが長期的帰
結を形成する。長期のことを考えるならば，いま手をこまねいていてはならな
い。

　この議論に茶々を入れるかのように，シュンペーターは「1世紀といえども
短期である」（"A century is a short run."）と書いている。彼は『資本主義・社
会主義・民主主義』において，将来における資本主義の変貌を論じた際，資本
主義が新しい体制に行き着くまでには，資本主義の一時的な復活や繁栄を含め
て，さまざまな紆余曲折がありうるとしても，結局において，社会は変貌する
というのである。

　これらのエピソードが示唆することは，短期・長期は時計のタームによる時
間の長さではなく，論じられる主題の性質を指すということである。主題の性
質を説くのが存在論に他ならない。長期は人間にとって挑戦されるべき主題で
ある。ケインズもシュンペーターも独自の方法で長期に挑戦した。しかし，彼
らの長期に関するメッセージは驚くほど似たものであった。それは脱経済道徳
の世界である。

　これらの問題の哲学的な意味は何であろうか。ハイデガーの現象学的存在論
に照らして言えば，人間は「死に向かう存在」（Sein zum Tode）である。人間
は死によって限界づけられた確実に有限の生を生きる覚悟に基づいて，一方で，
世界内存在として社会的しきたりによって制約された存在であることを自覚し，
他方で，そのような制約から離脱して，自己実現のために意志と意欲に満ちた
飛躍の行動をとる。上述のように，これをハイデガーは「被投と投企」と呼ん
だ。この対概念はケインズにおける「conventionとanimal spirits」の対概念
に相当するものであろう。さらに，それはあまりにも有名なシュンペーターの
「適応と革新」の対概念に他ならない。社会的制約による拘束と，それからの
脱却という二元的な存在論は，ケインズにおける「共同体的正当化と自生的・
直覚的ヴィジョン」，シュンペーターにおける「静態と動態」とから成る二元

273

第Ⅲ部　ケンブリッジの哲学・社会哲学・文芸

的認識論に対応する。

　③価値論。価値論は価値理念の体系的研究を意味する。1920年代および30年代のケインズの政策論には，「経済的効率・社会的正義・個人的自由」の三者を適切に組み合わせることが自由社会における政治哲学の課題であるといった認識がある。しかし，それらは哲学的考察の水準には達しないイデオロギーに留まっている。『一般理論』はこれらの価値前提の下で，資本主義が「自由」と「効率」を実現しながらも，「失業と不平等」という社会的不正義を生み出しているという認識に立って，これらの弊害を除去する経済政策を構想したものである。価値の問題を正面から扱うためには，彼がムーアの倫理学を下敷きにして行った芸術論を考察することが必要であろう。

　ケインズのアポッスルズ・ペーパーの大半は内在的善としての「美」の理論を扱っており，ムーアの影響の下でいわゆるブルームズベリーの芸術家集団が形成された。ケインズはこのグループの理想の信条を「愛と美と真」の追求と呼んだ。これはムーアが「内在的善」と呼んだものである。その際，社会の仕組みを支配する「効率・正義・自由」は「手段的善」とみなされる。「効率・正義・自由」が確立された社会において，何が人間の究極的な目標となるべきか。それが経済社会の彼方にある内在的価値としての「愛・美・真」の価値論である。

　ムーアのメタ倫理学としての直覚主義がケインズの確率論的認識論の契機となったとすれば，ムーアの規範的倫理学としての内在的善の命題がケインズを含むブルームズベリーの価値論の契機となった。Craufurd Goodwin が指摘するように，具体的な芸術論はブルームズベリーの一員であったロジャー・フライによって展開されたと考えられる。

　フライによれば，人間の生は「現実の生」（actual life）と「想像的生」（imaginative life）とからなる。「現実の生」は単なる欲求充足の生活であるが，「想像的生」は，人間を他の生物から区別するものであって，「現実の生」を評価する基準や目的を与える高次元の生活を意味する。芸術は「想像的生」の主要な象徴的活動である。フライによれば，文明社会における資源配分の規範は，第1に，人間の生物学的欲求を満たすこと，第2に，競争的本能が人間を無限の経済的欲求充足に駆り立てることを抑制すること，第3に，余剰の資源を芸術や科学や思想の追求，すなわち「内在的善」の追求に振り向けることである。

274

第8章　ケインズにおける哲学・芸術・経済学

私はこれを「資源の有徳的利用」と呼んでいる。経済学には，経済的資源の「効率的な配分」と「公正な分配」という考えは存在するが，人間の能力や資質の向上を目指す「資源の有徳的利用」という考えは確立されていない。この課題は経済と倫理との不可欠の接点を意味し，産業社会の彼方にあるべき文明社会における資源配分の原理とみなされよう。この問題についてのケインズの考えを一連の断片的な資料からまとめてみよう。

「わが孫たちの経済的可能性」（1930年）というケインズの有名な論文は，目的としての「内在的価値」の観念を資本主義の将来という歴史的展望の中に置いたものである。ケインズもまた，人間の飽くことのない欲求を「絶対的」なものと「相対的」なものとに分け，「相対的」欲求は他人に対する優越の欲求に基づくものとみなし，そのような競争に明け暮れるよりも，非経済的目的の追求に関心と精力を向ける時代が必ず来るから，今から用意しておかなければならないと予言した。それは道徳律の大きな変革を必要とするものであって，そこでは資本主義の金銭的動機は犯罪的ないし病理的現象と見られるようになるという。

また，ケインズは晩年，経済学者を「文明の受託者」そのものではなく「文明の可能性の受託者」にすぎないと呼んだ。経済は文明のための必要条件であるにすぎない。文明そのものは，経済という手段によってどのような目的が達成されるかにかかっている。言いかえれば，文明は「内在的善」の実現に依存する。「効率・正義・自由」はそのための「手段的善」であるにすぎない。「手段的善」と「内在的善」との有機体的統一の原理からすれば，誤った目的と結びつけられた「手段的善」は価値のないものである。金銭的動機に基づく経済のスタイルは，「手段的善」をあたかも「内在的善」であるかのように自己目的化するものであって，批判されなければならない。

ケインズはBBCやアーツ・カウンシルでの公的活動を通じて，芸術を「生活を文明化するもの」としてとらえ，芸術に関する公共政策の新しいあり方を提唱した。それは人々の共同体的な感情・連帯感を基礎にして，芸術の促進・奨励を公共活動として位置づけるものであった。彼は芸術の公共性の順位に従って，建築・音楽・舞台芸術・絵画・彫刻・詩・文学を並べるが，そのトップに大衆的ショウやセレモニーや祭典を置いた。マクロ政策が「手段的善」の価値論に立脚するものだとすれば，芸術政策は「内在的善」の価値論に基礎を置

第Ⅲ部　ケンブリッジの哲学・社会哲学・文芸

くものであった。両者は相俟ってケインズの国家介入の政治哲学を形成する。

　遡って，アポッスルズ・ペーパーに書かれたケインズの美学を見てみよう。ケインズの芸術論は，芸術と学問とは密接不可分な関係になくてはならないという「芸術＝科学」の統一性の要請から出発している。これはロマン主義のオリジナルな発想に他ならず，またフライのユニークな主張でもあった。ケインズによれば，学問と芸術とは，共に正確な観察と認識に基づき，因習や慣行から離れ，創造的でなければならず，科学者の「分析」による知の追求は，芸術家の「直覚」による美の把握と補い合うものでなくてはならない。そして，芸術は学問に優越し，学問は経済に優越すると論じた。

　ケインズの芸術論の内容について特徴的なことは，美の価値は何らかの外部的な対象（自然や絵画）の中に客観的な「事物の状態」（states of affairs）としてあるのではなく，対象によって引き起こされる「心の状態」（states of mind）の中にあるというものである。美は「事物の状態」の特性ではない。ムーアにおいては，美は「内在的善」であって，それは「心の状態」の中にあるという点が強調された。ケインズはムーアの両義的な理論をなぞる形で議論を展開し，美を感ずる「心の状態」を good と呼び，それを引き起こす外部的対象の性質を fit と呼んだ（『倫理学雑考』）。また別のところではそれを desirable と呼んだ（『有機的統一の原理』）。そして，倫理学は good feelings と fit objects の分析という二重の役割を持つという。このことは「内在的善」と「手段的善」との間の有機体的関係と見ることができる。目的と手段とを含む有機体的統一の観念に照らして言えば，「手段的善」にすぎない経済行為は，「内在的善」としての美や愛や真と連結していなければならない。もし経済的利益がそれ自身で最高の価値であるかのように，「内在的善」の地位を占めるならば，「手段的善」の価値は誤って評価されていることになろう。ケインズにとって将来は未知であり，無存在であるけれども，経済的必要からの解放という予言は，歴史的判断を含む大きな「投企」の試みであった。

4　ケインズの哲学の総括と解釈

　ここでケインズの哲学的思考を総括し，その性質をロマン主義の観念に照らして解釈したい。そのためには，改めて哲学の三分野である「認識・存在・価

値」の構造的関連を理解することが必要である。「認識論」は知の認識の仕方，認識の獲得の方法，認識の正当化の基準などを扱う。しかし，知に接近する方法は，知の対象が何であるかに依存するものであって，「存在論」が「認識論」に先行しなければならない。「存在論」は，知の「主体」および「客体」に関する前提を通じて，知の主題を設定し，その意味や本質を問う。しかし，一体，知は何のために求められるのか。知の目的を問うことは，人間はいかに生きるべきか，社会はいかにあるべきかという「価値論」を問うことである。したがって，「存在論」や「認識論」に先立って，「価値論」が問われなければならない。

　このような関連を念頭に置くと，ケインズの「認識論」は「存在論」に基本的に依存している。科学の方法における自然科学対社会科学という「認識論」的対立は，原子論対有機体論という科学の対象に関わる「存在論」的対立に対応する。この対立に応じて，確率概念の解釈として「頻度説」対「認識説」の対立が導かれていた。

　ここに不確実性の問題を導入すれば，原子論的「存在論」においては，不確実性の解釈として数学の期待値および客観的頻度によって定義される risk 概念が受け入れられる。有機体論的「存在論」においては，いわゆる根本的不確実性としての uncertainty が取り上げられなければならない。これに対処するために，『一般理論』のケインズは，一方で保守的な convention，慣習，ルールを，他方で能動的な animal spirits を考えた。この対概念は「存在論」における「被投と投企」と呼ぶことができる。このような「存在論」に対応して，「認識論」は，命題の共同体的正当化と自律的直覚の2つからなる。共同体的正当化は反基礎づけ主義ないし整合説と呼ばれるものであり，自律的直覚の役割は想像力と創造性に基づくパラダイムの変革，すなわち科学革命の成立として説明するものである。

　ムーアの「内在的善」と「手段的善」の区別は，生涯を通じてケインズの「価値論」の枠組みとなり，現実との対応として独自の「政治哲学」をもたらした。彼は経済学者として経済社会の資本主義的枠組みの改革に専念したが，それはあくまでも「手段的価値」としての「経済的効率・社会的正義・個人的自由」の実現のためであって，その際の条件は，経済的豊かさの実現のために，しばらくの間，貪欲な貨幣欲を原動力とすることを許容するというものであっ

第Ⅲ部　ケンブリッジの哲学・社会哲学・文芸

た。人間の真に恒久的な問題は，余暇を賢明で快適で裕福な生活のために使うことである。そこでは人間本性の発揮を背景とした美の価値が支配する。「内在的価値」と「手段的価値」との有機体的統一の回復こそが，ケインズの「価値論」の内容であって，「わが孫たちの経済的可能性」というエッセイは，100年後を文明社会の可能性としてとらえ，「投企」としての道徳革命を提起したものである。それはアポッスル・グループにおける研鑽以来の彼の問題関心を総括したものといえよう。

5　結　語

　ケインズの哲学思想におけるロマン主義的要素として，次のものを挙げることができよう。
　第1：「内在的価値」としての芸術的生の至高性の価値論。
　第2：「内在的価値」と「手段的価値」との有機的統一。
　第3：「被投」と「投企」の二元的存在論。
　第4：頻度説の確率概念の否定に基づく反基礎づけ主義・共同体的正当化の認識論。
　第5：有機体論および人間本性論に基づくモラル・サイエンスの観念。
　最後に，ロマン主義そのものの意義を反省してみよう。ロマン主義は近代啓蒙主義への批判として現れ，たえざる挑戦の源であり続けた。そのことは反面からいえば，近代は啓蒙主義が反啓蒙としてのロマン主義の批判的論点を吸収していく過程であった。それは新しいパラダイムによって，異端の問題が処理されていく過程である。この意味で，反啓蒙としてのロマン主義は近代の展開にとって不可欠な要因である。『思想』という雑誌の今年の4月号［2013年4月］に特集が組まれ，近代科学になじまない無意識というテーマをめぐって，「啓蒙主義対ロマン主義」の系譜が論じられているが，この対立の構図に基づく「近代対反近代」の対比の有効性が証明されているように思われる。ケインズの場合，人間の学としての社会科学の特性というテーマがその役割を演じたのである。
　なぜロマン主義がそのように生き続けてきたかといえば，ロマン主義の特性は，知の総合を求める日常性の思考であり，矛盾を含みかねない緩やかな思想

278

であることによる。経済学に関していえば，利己的個人と市場的交換の概念によって象徴される近代社会の代わりに，「全幅的人間本性」が持つあらゆるものを肯定し包摂する力によって生活世界を取り戻そうとする思想である。私は最初に，ケインズの全体像をとらえるならば，それは圧倒的にロマン主義の立場に近いものであると述べたが，実はロマン主義は日常性の思想であり，人間性の思想に他ならないのである。

編者・後記

　本章は，塩野谷祐一先生が，第3回ケインズ学会全国大会（2013年12月，専修大学）で行った基調講演の原稿を，編者の依頼に応じて本書のために改訂されようとしたものである。先生は，この原稿の改訂中にご逝去された。遺された原稿には，改訂のための鉛筆による書き込みがあって，病気と闘われながら，懸命に改訂をされようとしていたあとが窺われて痛ましい思いがする。改訂作業は途中であり，先生が手を入れられた最終段階のファイル原稿を，ご遺族のご諒承をえてここに掲載する。本文中に参考文献注を入れようとされたようであるが，それは最初の1カ所で止まっている。もともと講演原稿ということもあり，文献注，参考文献一覧を，編者が補うということはしていない。ただし，*New Statesman and Nation* からの長い引用箇所とごく一部の出典を［　］で補足した。また，鉛筆による改訂文で最終段階のファイル原稿に反映されていなかった2カ所は，編者が［　］で補った。

　ケンブリッジ学派を中心とする科学研究費による我々の国際共同研究は，塩野谷先生の協力なくしては遂行することができなかったという思いがこみあげてくる。心からの感謝を込めて改めてご冥福をお祈り申し上げたいと思います。（2016年1月）

注

(1)　Logan Pearsall Smith, "Four Romantic Words," in *Words and Idioms : Studies in the English Language,* London : Constable, 1925.

(2)　A. O. Lovejoy, "The Meaning of Romanticism for the Historian of Ideas," *Journal of the History of Ideas,* June 1941.

(3)　René Wellek, "The Concept of Romanticism in Literary History," 1949. (Reprinted in Robert F. Gleckner and Gerald E. Enscoe (eds.), *Romanticism : Points of View,* Detroit : Wayne State University Press, 2nd ed., 1974.)

(4)　Lilian R. Furst, *Romanticism in Perspective : A Comparative Study of Aspects of the Romantic Movements in England, France and Germany,* London : Macmillan, 2nd ed., 1979.

第Ⅲ部　ケンブリッジの哲学・社会哲学・文芸

(5)　Morse Peckham, "Toward a Theory of Romanticism," 1951. (Reprinted in Gleckner and Enscoe (eds.), *Romanticism : Points of View*.)

第9章
戦間期ケンブリッジの社会哲学
――市場経済の病弊と治癒――

平井俊顕

　戦間期ケンブリッジは，いうまでもなく，経済学の歴史に巨大な足跡を残している。ピグーの厚生経済学，ケインズの有効需要の理論，ロバートソンの産業変動の理論，ホートリーの景気循環理論，ジョーン・ロビンソン（そしてカーン）の不完全競争理論（これはスラッファによって始められた費用論争に端を発している）などを挙げれば十分であろう。経済理論の領域でのこれらについての研究は，これまで大いに行われてきたのだが，戦間期ケンブリッジで抱かれていた社会哲学――市場経済にたいする価値判断を伴う立論――を全体として取り上げる試みとなると，その数はかなり限られる。

　本章が目指すのはこの領域であり，ケインズ，ピグー，ロバートソン，およびホートリーを主題的に取り上げる。[1]これら，当時の指導的経済学者は市場社会（資本主義社会）をどのように評価していたのだろうか。彼らはそれが，どのように変革される必要があると考えていたのだろうか。そして，彼らは実際，どの程度，これらの点で共有した見解を持ち合わせていたのだろうか，あるいは相違していたのだろうか。本章が追究するのはこうした点である。

　この課題の意義は，第一に，彼らの社会哲学はケインズを別にすれば，長きにわたり忘れられてきているという事実に求められる。したがって，現在支配的な新古典派経済学の状況を念頭に置くと，人々は，ケインズをのぞけば，ケンブリッジの経済学者は自由放任的な市場社会を称揚していたという考えに，容易に陥ることであろう。だが，以下に述べるように，これは「真実からほど遠い」ものである。

　第二に，ケンブリッジの経済学者の社会哲学を明らかにすることによって，われわれは，「社会哲学と経済理論のあいだの関係」を理解する有益なカギを得ることができる。概して，戦間期のケンブリッジにあって，彼らの経済理論は批判的な議論・論争を通じて多様な展開を遂げたのにたいし，彼らの社会哲

第Ⅲ部　ケンブリッジの哲学・社会哲学・文芸

学は，それとは対照的に，相当程度の類似性を見せている，といえる。

　本章は次のように展開する。第1節で，前置きとしてマーシャルの時代に触れる。そして第2節から第5節では，ケインズ，ピグー，ロバートソンおよびホートリーの社会哲学を検討する。その上で第6節では，ケインズの時代を特徴付けることにしたい。

1　マーシャルの時代——素描

　1890年代から1920年代にかけての時代——つまり，マーシャルの時代——，経済学ではマーシャルの経済学が，社会哲学では（後述する）コレクティヴィズムがイギリスを支配していた，といってよい。ここで注意すべきは，マーシャルが唱えていた経済的リベラリズムは当時影響力のあるものとはいえず，むしろ（後述する）ニュー・リベラリズムがマーシャルの社会哲学にいくらかの影響を与えた，という点であろう。この時期，支配的な社会哲学は，社会帝国主義（J.チェンバレン），自由貿易帝国主義（アスキス），ニュー・リベラリズム（ホブソン），およびフェビアン主義（ウェブ夫妻，バーナード・ショー）によって代表されていた。それらのすべてに共有するのは，貧困問題（社会改革）を解消するために国家の積極的な関与の必要性を唱道し，レッセ・フェールに批判的であった，という点である。適切な言葉がないので，これらの思想傾向を「コレクティヴィズム」と呼ぶことにしよう。自由放任原理（経済的リベラリズムもこのジャンルに属する）は，事実上，レイム・ダック状況になっていたのである。

　この時代，イギリスの経済学の主流は，マーシャルが指導する新古典派であった。マーシャルは『経済学原理』（Marshall 1920［初版は1890年］）において，交換の理論を正常需給の安定均衡理論（均衡の静学理論）として提示した。それは，貨幣の限界効用および貨幣の一般的購買力を一定と仮定し，分析対象を単一の財に限定した上で——諸財のあいだの空間的相互関係の分析は除外し——時間を考慮にいれた有益な分析方法を提示するものであった。マーシャルは述べている。分配と交換という中心的な問題のすべてのさまざまな個所を貫通する基本的な考えは，「需給均衡の一般理論」である，と。

　マーシャルは，コレクティヴィズム，もしくは社会主義に大いなる関心を抱

いていたが，彼の基本的社会哲学は古典的リベラリズムに基づくものであった。グレーネヴェーゲン（Groenewegen 1995：610）は，マーシャルの立場は，「彼の形成期に存在していた古典的リベラリズムの教義を文字通り一貫して支持するものであり，彼は決してこれから離れることはなかった」とまとめている。

マーシャルは，企業家や企業組織が経済発展において果たす役割の重要性，自由貿易が促進する競争の重要性，中小企業によって引き起こされる外部経済や，ある地域にそれらが集中することの重要性を強調した。彼はまた，余剰分析を用いながら，競争がもたらす社会的余剰の最大化を重視した。

イギリスがドイツやアメリカとの競争において不利な状況に陥っていることにマーシャルが懸念を抱いていたことは，『産業と商業』（Marshall 1919）に見られるように，よく知られている事実である。にもかかわらず，マーシャルは，競争の利点を根拠に自由貿易を唱道したし，大企業よりも，ある地域に中小企業が集中することの利点を強調した。

経済理論家としてマーシャルは，イギリスの経済学を彼の支配下に置くことに文字どおり成功した。だが社会哲学における彼のスタンスは，経済的リベラリズムであり，当時のトレンドから見ると保守主義的であった。この意味で，マーシャルの時代は，経済学の領域ではマーシャルの経済学が支配したのだが，社会哲学の領域ではニュー・リベラリズムをはじめとするコレクティヴィズムが支配した時代なのである。

2　ケインズ──「ニュー・リベラリズム」

ケインズは，『一般理論』（Keynes 1936）を通じて，経済理論および経済政策における，いわゆる「ケインズ革命」をもたらした。しかしながら，これが彼が世界に与えた唯一の影響というわけではない。戦後のヨーロッパを支配した社会哲学である「ニュー・リベラリズム」は，ケンブリッジのどの経済学者よりも，重要な恩恵をケインズに負っている。本節では，このことを扱う。[2]

市場社会の本性──エセ道徳律と経済的効率性
市場社会についてのケインズの見解は，それが経済機構の主要な原動力とし

第Ⅲ部　ケンブリッジの哲学・社会哲学・文芸

て，本質的に，「諸個人の金もうけ本能および貨幣愛本能への強い訴えかけ」
（Keynes 1931：293）に依存している，というものである。

　ケインズは論じる。このように特徴付けられる市場社会は，深刻なジレンマ
にさらされている。一方で，市場社会は，貨幣愛本能が非常な高みにまで崇め
られているがゆえに，道徳的に見て非常に不快なものである。他方で，それは，
まさにこの同じ本能によって動かされるがゆえに，経済的効率性の点から見て，
他のいかなるタイプの社会よりも優れている。道徳的見地からは，深刻な欠点
を有するにもかかわらず，経済的効率性の見地からは，予想できる将来にわた
って是認せざるをえない。これが，市場社会にたいするケインズの基本的な考
えである。

　しかしながら，経済的効率性のタームで市場社会の優越性を認めるというこ
とは，自由放任原理にたいして無制限の承認を意味するというものではない。
ケインズは，もし市場経済が放任されるならば，それは本性的に不安定になる，
と信じていた。彼はいう。それを効率的に働かせるには，自由放任原理を棄て，
市場経済の賢明な管理を志向する政策手段の追究が不可欠である，と。

　ケインズは次の課題を投げかけている――われわれの時代における道徳問題
とは，道徳性と貨幣との関係にいかに取り組むべきかというものである，と。

　市場社会が道徳的に不快である，と彼が判断しているのは，そこではエセ道
徳律が支配しているからである。「貨幣愛，……生活活動の十中八九における
貨幣動機への習性的な愛着，努力の主要目的として個人的な経済的確実性の普遍
的な追求，……積極的な成功の尺度としての貨幣にたいする社会的承認，そし
て……家族や将来のための必要な準備の基礎としての保蔵本能への社会的訴え
かけ」（Keynes 1931：268-269）がそこでの支配的な社会倫理になっている。こ
れらの特性――人性の中で最も魅力のない側面――が最高の特性として祭られ
ている。

　にもかかわらず，われわれは，このエセ道徳律を利用すること以外に経済的
効率性に達する手段を知らないがゆえに，今後も当分のあいだ，このもとで生
活するしか選択肢はない[3]，と。

　市場社会のエセ道徳律にたいするケインズの嫌悪は，レーニン主義にたいす
る彼の論評に反映されている――その倫理は，本質的に，諸個人および社会の
「貨幣愛」への挑戦と見ることができる，とされている[4]。ケインズは，市場社

284

会が共産主義との競争で生き残るためには，それは共産主義の数倍の効率性を達成できるものでなければならない，と述べている[5]。

ケインズのこうした考えの背後には G. E. ムーアの倫理学――それは J. S. ミルやシジウィックの功利主義にたいし批判的なものであった――が存在する，といえよう。ケインズはムーアから深い影響を受けている[6]（話はこれで終わらない。ムーアの倫理学は，ブルームズベリー・グループ全体に深甚なる影響を与えていたからである）[7]。

それでいて，ケインズは，市場社会は，当分のあいだ，その効率性のゆえに，受け入れざるを得ない，と考えていたのである。

他方で，市場経済は，不安定性と変動にさらされている，と彼は認識していた。どのようにすれば，市場経済は深刻な失業を引き起こすことなく作動できるのか。この目的を達成するために経済理論および経済政策を追究することが彼の天職になったのである。

1つの重要な問いが残されている――国家と市場の関係はどうあるべきなのか。この点について，ケインズは現実主義者であった。彼は，政府がなすべきこととなさざるべきことという問題は，抽象的な論理に基づくよりも，むしろケース・バイ・ケースで対処すべきであると論じている（後述の「ケインズの社会哲学」も参照されたい）。

以下では，市場社会についての（道徳律の問題以外の）ケインズの考え方を見ることにする。

市場経済のメカニズム

ケインズは市場経済のメカニズムをどのようにとらえていたのであろうか。最初に要約的に示すと，①彼は，自由放任哲学および自由放任経済学の唱道者によって論じられていた見解を拒否している。②彼は，市場経済を安定させるうえで国家および非‐市場組織が演じる役割を重視している，ということになる。

自由放任哲学および
自由放任経済学批判　　自由放任哲学によれば――と，ケインズは論じる――，最大の公共善は，個人の啓蒙された利己心によって動かされた最大の私的善の追求を通じて達成される。換言すれば，国家が市場経済にできるだけ介入しないようにすれば，最大の私的善と最大の公共善が達成

第Ⅲ部　ケンブリッジの哲学・社会哲学・文芸

される。

　自由放任哲学（それは個人主義と社会契約説を包摂する）は2つの命題に依拠している。①個人は，啓蒙された利己心を有している。②最大の公共善はこの啓蒙された利己心を通じて達成することができる。

　しかしながら，ケインズはこれらに懐疑的である。第一に，私的利益と社会的利益を調和させることのできるビルトイン・メカニズムは存在しない。第二に，諸個人は，彼らが属する組織より必ずしも賢くはない。社会は合理的な個人で構成されているという想定に基づいている自由放任哲学は，現実の世界が，主として無知で弱い個人によって占められているという事実を無視している。

　もし市場社会が，諸個人による私的善のみの追求に任せられるならば，それは最大の公益善を達成することに失敗するであろう。何らかの種類の社会的単位が組織される場合にのみ，このことは達成されるであろう。ケインズのスタンスは非常に現実主義的であり，社会と個人を理想化するところから基本的命題を引き出す自由放任哲学の対極に位置している。

　自由放任経済学は――と，ケインズは論じる――，次の2つの仮定に基づいている。①さまざまな目的への生産手段の理想的な配分は，独立した諸個人のあいだの競争を通じてもたらされる。②もうけるための無制限の機会は最大の努力をもたらすインセンティブとして必要であり，有効である。

　これらの仮定から，諸個人による利潤の追求は最大の産出高をもたらすという命題が導かれる。自由放任経済学はまた，経済的問題は，市場における需給に任されるべきである，と主張する。[8]

　ケインズは，この自由放任経済学を次の2点において批判する。

　第一に，それは，次の3つの非現実的な仮定の上に築かれている。すなわち，(a)生産および消費のプロセスは有機的ではない。(b)条件および必要事項についての十分な予知が存在する。(c)この予知を獲得する十分な機会が存在する。

　ケインズは，現実の経済では，次の明白な事実を前にして，これらの特性は飛び散る，と論じている。(d)効率的な生産は，消費単位よりも大きい。(e)間接費用もしくは結合費用が存在する。(f)内部経済は生産の集中を促進する。(g)調整に必要とされる時間は長い。(h)無知は知識を優越する。(i)独占や結合は対等なバーゲニングを損なう。[9]

第9章 戦間期ケンブリッジの社会哲学

　第一に，自由放任経済学は——と，ケインズは論じる——，(a)と(c)は，それらが観察される事実と明らかにそぐわないときですら，「自然」であり，それゆえ「理想的」である，と信じる傾向がある。この批判は，自由放任哲学にたいするケインズの批判に対応している。

　第二に，自由放任経済学は，専ら最終的結果にだけ注意を払い，競争自身が費用・犠牲を引き起こすという事実，および富の少なくない部分が，競争がそれほど強くはない分野に分配される傾向があるという事実，を看過している。

　自由放任経済学にたいするケインズの批判的姿勢は，彼の生涯を通じて貫徹している。1920年代および1930年代に，ケインズは『貨幣論』（Keynes 1930b）および『一般理論』において彼の「貨幣的経済学」を構築していくことになったが，それは自由放任経済学（および自由放任哲学）と対峙するものであった。彼は，1940年代における彼の政策提案においてもこのスタンスを維持している。

ケインズの社会哲学

歴史にたいする制度学派的見解　ケインズは自らの社会哲学をどのように提示しているのであろうか。彼は，利己心はそれほど啓蒙的ではなく，諸個人はあまりにも無知で弱いと考えている。この立場から，ケインズは，ロックやヒュームの個人主義——社会契約のもとにある諸個人のあいだでの理性的な自己愛に基づく行動の帰結についての哲学——にたいし批判的である。

　ケインズはまた，個人主義を歴史的視点からも批判している——それは，18世紀や19世紀の状況では適合的であったが，現代の状況ではそうではない，と。

　歴史についてのこの相対的な見方は，制度学派の主導的な経済学者コモンズの見解（Commons 1934）をケインズが受け入れている点に一層明確に見ることができる。この受け入れは，ケインズの現実主義的スタンスを反映しており，彼の社会哲学を理解するうえで欠かすことができない点である。

　コモンズは，現代史を3つの時代に分けている。

　第1期は，産業革命に先行する「欠乏の時代」である。この時代，個人の自由は最小であり，物理的強制力を伴う政府の規制は最大であった。

　第2期は「豊穣の時代」であり，割当に代り，個人的取引が主となった時代である。この時代，個人の自由が最大になり，物理的強制力を伴う政府の規制が最小になった。17世紀および18世紀の闘争を経た後，19世紀になり自由放任

287

とリベラリズムが勝利した時代であった。

第3期は「安定化の時代」であり，われわれが生きている時代である。この時代，個人の自由は，部分的には政府の制裁により，しかし主として企業，労働組合，製造業者，商人，労働者，銀行家等の「集団的な行動」（collective action）により，第二の時代よりも減少する傾向のある時代である。

ケインズは，われわれが「安定化の時代」に生きていることを認識しており，そしてそのことを歓迎している。彼がいうところの「ニュー・リベラリズム」とは，この第3期の社会哲学を指すものである。[13]

ケインズは，理想的な社会とは私的利益を追求する諸個人に他ならない経済主体で構成される，という考えに批判的である。例えば，個人企業家が社会を指導する状況を称揚するマーシャルとは異なり，ケインズは，彼らはわれわれをユートピアに導くことができない堕落したアイドルにいまやなってしまっている，と論じている。

ケインズは，経済における理想的な組織は，個人と国家のあいだの規模のものである，と考えている。そして，歴史を通じての「半独立的な組織」の成長とか「巨大企業の社会化」が具体的な例としてあげられている。

「半独立的な組織」とは，活動の焦点を専ら公共善に置く組織のことである（大学，イングランド銀行，ロンドン港湾局，鉄道会社が挙げられている）。通常の状況では，それらは自由に運営されることが認められているが，究極的には議会の権限にしたがわねばならない。

「巨大企業の社会化」とは，所有と経営の分離に関係しており，株主に有利なように利潤を最大化することを目指すよりもむしろ，それらの企業が公衆の要請に十分に注意を払うようになるという現象のことである。[14]

市場社会が進展するにつれて，公共善を追求する組織が増大していき，巨大な株式会社は社会化していくであろう。これらの現象は，市場社会に特徴的なエセ道徳性および不安定性を，十分に緩和することになる，とケインズは考えるのである。彼は，これらの現象を変える必要性を考えているのではなく，それらを十分に活用しなければならないという視点に立っている。

市場社会と国家 上述した市場社会の進展についてのケインズの理解だが，これは，市場社会の深刻な問題は自然に解決されるであろう，と彼が考えていたという意味ではない。それどころか，そのようなことを

信じる理由はどこにも見当たらない，と彼は主張し続けている。例えば，ケインズは，自由な市場社会では最大の公共善が達成できず，それゆえ国家が関与する必要がある領域として次の3つを指摘している[15]——①リスク，不確実性および無知の存在[16]，②貯蓄額とその配分，③人口問題。

市場社会についての連続する見方——『一般理論』に見る

われわれはこれまで，1920年代中葉のケインズの論考（Keynes 1925aから1926）を通して，彼の社会哲学を見てきた。しかしながら，彼はその考えをその後も維持し続けたことは強調しておかなければならない。この点を『一般理論』に見ることにしよう（詳しくは，平井［2003：第15章］を参照されたい[17]）。

そこでの社会哲学は，突き詰めれば，市場社会は放任しておくと，本性的に「不完全雇用均衡」に留まる，というものである。

ここでは，次の2点が関係する。

第一に，市場社会は，雇用・産出の点で変動を被りやすい。例えば，資本の限界効率の変動が，その主要な要因の1つとしてあげられている。

第二に，市場社会は低い雇用水準に留まりがちである。それは完全雇用に達することはないし，最低水準の雇用に達するということもないであろう。むしろ，それは，その間（完全雇用よりも低く，だが生命を脅かす水準よりはずっと高い水準）に留まる傾向がある[18]。それは次のようなビルトイン・スタビライザーの働きによる[19]——①1より大きい，だが非常に大きくはない乗数，②資本の予想収益，あるいは利子率の穏やかな変化により，投資率は大きくは変化しない，③貨幣賃金の変化は雇用の変化にたいして緩慢である，④一方向への動きは逆方向への動きを呼び起こすという資本の持つ性質。

これらの点を認識することは，必ずしも座して待つアプローチをとるということを意味するものではない。ケインズは，これらの欠点は，彼が投資の国家管理や貨幣政策に重点を置いたことにも示されるように，正しい政策で治癒できるという強い確信を抱いていた[20]。

ここで次の事実を強調しておくことは価値がある。すなわち，ケインズは，生涯を通じて，現実的な政策を導けるような理論を構築することに努めたという点である。これはシュンペーターやハイエクのとったアプローチとは際立って対照的なスタンスである[21]。

第Ⅲ部　ケンブリッジの哲学・社会哲学・文芸

3　ピグー——社会主義か資本主義か？

　経済理論におけるピグーの最大の貢献は『厚生経済学』（Pigou 1920）である。ピグーが目指したのは，さまざまな要因（政策，不完全な知識，将来よりも現在を高く評価するという人々の習性，不確実性など）が，どのように将来の国民分配分（＝国民所得）に影響を及ぼすのか，およびわれわれは国民分配分すなわち経済的厚生をどのようにすれば増加させることができるのか，を調べることであった。彼が推奨した累進税とか，社会的限界費用と私的限界費用の乖離についての議論（外部経済）は，この目的と密接に関係している。

　『失業の理論』（Pigou 1933）の著者として，ピグーは『一般理論』で「古典派」の代表として攻撃の対象にされた。しかしながら，（後述の）ロバートソンとは異なり，ピグーはその後，ケインズのパイオニア的な業績を評価するようになり，『雇用と均衡』（Pigou 1949）で，古典派マクロ経済学の再構築に努めた。ピグーが経済学において偉大な貢献をなしたという事実があるにもかかわらず，彼は反ケインズ派の領袖として専ら評価されてきた。この視点は，独創的経済学者としてのピグーを曇らせてしまっているように思われる。

　他方，市場社会についてのピグーの見解となると，状況はまったく異なっている。すなわち，ピグーの社会哲学は，今日，ほとんど忘れられた感があるのである。本節では彼の社会哲学を『社会主義 対 資本主義』（Pigou 1937）を通して見ることにする。

社会主義

　ピグーは社会主義を，次のようなシステムとして特徴付けている——①利潤獲得を排除する，②生産手段を，集団的あるいは公共的に所有する，③中央計画を有する。

　ピグーは，この社会主義と資本主義をさまざまな観点から比較していく——①富と所得の分配，②生産資源の配分，③社会主義的中央計画のもとでの生産資源の配分，④失業など。各々を取り上げていくことにしよう。

富と所得の分配

ピグーは次の点に注意を払うことから論述を始めている。資本主義システムにおいては，富と所得の分配には明確な不平等が存在する。このことは，優先度が相対的に高い領域を無視し，相対的に低い領域に資源が配分されるという意味で資源が浪費されるがゆえに，深刻な害を必然的に引き起こすことを意味する。かくして，ピグーは，富と所得の分配のより大きな均等性がいくつかの尺度において達成されるように，資本主義システムを次のような方策により変革することを主張している——①累進的な相続税や所得税，②貧困層が購入する財の生産にたいしての補助金，③若者の肉体的および精神的改善に有益な分野への社会的サービスの拡充，など。このように述べた後，ピグーは資本主義システムにおけるこれらの方策は政策的に一定の限界を抱えている，と見ている。その大部分を提供する富裕層の能力と意欲を阻喪させることにより，資本蓄積を妨げる可能性があるからである。

だが，ひとたび社会主義的システムが確立すると，この種の不安は消滅する。というのはそのとき——と，ピグーは論じる——，個人への所得分配に先立ち，投資に必要な資源を国家が思うように確保することによって，資本蓄積は直接実行されるからである。

生産資源の配分

ここでピグーが強調しているのは，貨幣所得の現状の分配を所与としての，さまざまな用途への生産資源の「適正な」配分である。これは，「すべての貨幣所得，および全員の嗜好と必要が正確に同一である」（Pigou 1937：33）社会にあって，限界純生産物がすべての分野において等しい「理想的配分」として定義されている。

ピグーは，次に重要なのは，現実の資源配分がこの理想的配分と異なる程度——それは，社会的限界費用と私的限界費用の乖離，独占，および不完全競争から生じる，とされる——である，と論じる。ピグーは，資本主義システムにおいてでも，社会的限界費用と私的限界費用の乖離は適切な補助金や税により改善することができる，と論じている。独占および不完全競争に関しては，彼は，それぞれ，次のような提案をしている——①害悪を除去するために独占的企業を国有化する，②不必要な競争的宣伝に資源が浪費されている産業にたい

第Ⅲ部　ケンブリッジの哲学・社会哲学・文芸

し国有化を実施する。

社会主義的中央計画のもとでの生産資源の配分

　ここで，ピグーはランゲ流の社会主義理論を取り上げているように思われる。すなわち，ワルラス流のタトヌマン手法を利用することで，中央計画局が「理想的配分」を実現することができる，と論じている[30]。

　ピグーの議論は2つの部分から成っている。第一に，ピグーは，さまざまな産業への資源の配分を所与とした上で，中央計画局が諸個人に消費財を配分する方法を調べる。彼は，ここでは，所得を保証する強制的システムを推奨している。第二に，ピグーは，貨幣所得の分配を所与とした上で，資源がさまざまな産業に配分される方法を調べる。ここでの彼の提案は，経済を「理想的配分」，すなわち，完全競争の状態に近づけること，である。

　さらに，ピグーは社会主義経済の青写真[31]を描いている。生産活動は中央計画局により管理・運営される[32]。中央計画局は，さまざまな生産手段や労働の「計算」価格を設定し，それから生産資源の配分を完全競争の状態に近づけるように努める。中央計画局は需給状況が変化するのに応じて，さまざまな生産手段および労働の計算価格を改訂していく（計算価格は実際に支払われる価格ではないことに留意すべきである。人々は能力に関係なく一律の賃金を受け取ると想定されている）。

　ピグーは，完全競争の状況は社会主義システムのもとで達成が可能であると固く信じている。この点において，彼は暗示的にランゲ＝テイラー（Lange＝Taylor）側に属しているといえるであろう。

失　業

　ピグーは，失業を克服する点において社会主義は勝者であると考えている。彼の議論は次のとおりである。

　失業は動態的な経済において生じる問題であり，2つの動きが識別されるべきである。1つは，「相対的動き」であり，これは摩擦的失業と関係している。もう1つは「絶対的動き」であり，それは経済変動から生じる。重要なのは後者に関連する失業である。

　ピグーは，国家介入の許されている資本主義システムと社会主義システムを

292

第９章　戦間期ケンブリッジの社会哲学

比較している。

　第一に，ピグーは，中央計画局が意思決定を行う社会主義システムは，多数の企業によって意思決定がなされる資本主義システムよりも優位にある旨を論じる。

　第二に，ピグーは，失業を治癒する方向での公共事業政策や貨幣政策を実行する上でどちらのシステムがより有効であるか，と問う。彼の結論は，社会主義システムは公共事業政策において，意思決定の統一性があるため優れており，貨幣政策については，両システムでの効果は同じであろう，と結論付けている。

　最後に，ピグーは，社会主義システムのみが実行を意のままにできる２つの治癒法をあげている――①諸産業への生産資源の強制的移転，②貨幣賃金の切り下げ。

　このように２つのシステムをいくつかの側面から比較した上で，ピグーは，すべてを考慮すると，社会主義システムの方に軍配があがる，と結論付けている。[33]

4　ロバートソン――自由主義的干渉主義

　ロバートソン[34]は，とりわけ，『産業変動の研究』（Robertson 1915）[35]および『銀行政策と価格水準』（Robertson 1926）で提示された景気循環論で有名である。両著はケインズとの長い討議を通じた上での所産であった。翻って，ケインズはロバートソンによって『貨幣論』への道を切り開くことができた[36]。ロバートソンの『銀行政策と価格水準』は，ヴィクセルの『利子と物価』（Wicksell 1898）の影響を受けたものではないが，「ヴィクセル・コネクション」の代表的作品として高い評価を受けてきている。

　現代産業の主要な特徴としての大規模生産に注目する動学理論を構築したロバートソンは，ケインズが『貨幣論』から『一般理論』に進んでいくにつれて，益々ケインズにたいし批判的になっていった。生涯を通じて，『一般理論』に反対したのは，ピグーではなくむしろロバートソンである。ロバートソンは，マーシャル経済学で展開されている価値と分配理論や貨幣数量説を擁護した。

293

第Ⅲ部　ケンブリッジの哲学・社会哲学・文芸

このことは『経済原論講義』（Robertson 1957-59）から明らかである。

　しかしながら，社会哲学に関する限り，両者のあいだには，むしろある確かな類似性が認められる。ロバートソン自らの言葉を用いると，市場社会についての彼の見解は「自由主義的干渉主義」（Robertson 1952：51）である。この考えを，『産業のコントロール』（Robertson 1923）を通じて見ることにしたい（因みに，このタイトルにある「産業」はマーシャル夫妻の『産業経済学』［Marshall and Marshall 1879］を想起させる）。

大規模産業

　ロバートソンが現代資本主義経済の本質とみなすのは「工場システム」である。

　第1章で，彼は，分業の利点を議論するところから始め，次に，標準化および専門化の進展に焦点を当てている[37]。ロバートソンは，これらの現象が，いかに大規模産業を出現させ，中小企業にたいするその優位性をもたらすことになったのかを述べている。彼は，精神的な仕事における分業の発展が，大規模コントロールの経済性をもたらし，大規模企業の優位性を加速度的に増加させてきた，と論じている。

　第2章「大規模産業」では，垂直統合，水平統合，およびトラストが主要テーマになっている。ここでのキー概念は，それまでキー概念として扱われてきた「差別化原理」とは対照的な「統合化原理」である。このために，非常に広範囲にわたる経済活動が，少数の企業のコントロール下に置かれるという現象が生じる。ロバートソンはこの現象にたいし否定的でもなければ，批判的でもないスタンスを見せている[38]。

　ロバートソンは，次のような状況にわれわれの注意を引き付ける——このようにして拡大した企業が少数の人々の支配下におかれ，大多数の人々がその命令のもとで生活しているという状況である。

　彼は，企業の大規模化傾向，およびそれに続く独占化を一種の自然的もしくは合理的な進化であると考えている。だが，資本主義が引き起こすもう1つの現象にたいしては，ロバートソンは非常に批判的である——大企業で働く大多数の人々は，産業のコントロールに何の参加資格も有していないけれども，リスクを負っているという現象，にたいしてである。彼が真に希望しているのは，

リスクとコントロールが十分に，そして公平に負担されるように市場社会が改善されることである。

資本主義にたいするロバートソンの見解

ロバートソンによると，資本主義システムは，3つの顕著な特徴を有している——①非協同的なシステム，②資本主義の「黄金ルール」（コントロールするものがリスクを負う），③支配する者とされる者のあいだのギャップの拡大。各々を見ていこう。

非協同的なシステム　　資本主義システムは，本性的に非協同的である[39]。ロバートソンはいう。益々大きな企業が出現しているけれども，それでもなお，それらは大海の小島にすぎない[40]，と。

彼は資本主義システムの長所として次の点をあげる——①多数の経済活動の民主化，②個人の判断とイニシアティブの許容，③生活の自由，④所得を好きなように使える自由，⑤消費者の欲望の定期的，かつ豊かな充足。

他方，彼は資本主義の欠点を次のように見ている——①貨幣で表現できない欲望は実現されない，②マーケティング手法による資源の浪費，③不況の定期的な発生。

ロバートソンの基本的なスタンスは，長所を損なうことなく，われわれ自身のイニシアティブで資本主義システムを改善することができる，というものであった。彼は，産業的権力が少数者の手に集中することを緩和するための一層の多様化や実験の大きな余地があることを確信している。だが，彼は同時に，警告の言葉を発することも忘れていない。

> この困難なゴール（産業のコントロール）を追究するにさいし，価格と利潤，信頼と期待というデリケートなメカニズム——すべてを指導する単一の知性によるルーティン命令・操作命令にたいして，現在われわれが持つ唯一の代替物（それは不完全なにわか作りのものであるが）——の達成を無視したり，その運行を損なわないようにすることが，改革者の責務である。（Robertson 1923：88）

ロバートソンは，産業の改善されたコントロールは，人々の絶えざる努力に

295

第Ⅲ部　ケンブリッジの哲学・社会哲学・文芸

よって達成可能である，と考えている。彼が，当時行われていたさまざまな実験に興味を示しているのは，この視点からであった。[41]

資本主義の黄金ルール　このルールは，リスクを負うものがコントロールの権利を有する，というものである。だが，ロバートソンは，現在の資本主義は以下の点で，このルールを破っている，と主張している。

①所有と経営の分離——株主はリスクを負うが，企業をコントロールしているのは経営者である。

②何らかのリスクを負うが，産業のコントロールには関わらない者——生命保険会社や投機家——がいる。

③産業のコントロールに何ら関わらないが，大きなリスクを負う多数の人々——労働者——がいる。

ロバートソンは，労働者は，三種類のリスクを負っていると述べ，とくに③に注目する[42]——(a)彼らが働いている企業は倒産するかもしれない，(b)彼らが生産している製品は，需要のシフト，あるいは技術進歩により，だめになるかもしれない，(c)彼らは失業するかもしれない。

ロバートソンは，コントロール力を移転する計画は，リスク負担の移転が含まれない限り，成功することはない，と主張している。

支配する者とされる者のあいだのギャップの拡大　このことは，命令を下す者とそれを実行する者のあいだの社会的分化の拡大（「差別化の先鋭化」）[43]を意味している。ロバートソンは，ここでは，労働者階級が産業システムの中で経験する疎外感を問題にしている。[44]

改革に向けて

第9章では，集産主義（コレクティヴィズム）と共産主義が検討されている。集産主義は，国家がビジネスを所有し運営するが，価格と市場には手をつけないシステムと定義されている。これにたいし，共産主義は，国家がビジネスを運営するが，利潤計算は無視されるシステムと定義されている。

ロバートソンは，集産主義的組織が有益な分野を，その長所および欠点を詳

296

細に調べながら，指摘している[45]。また共産主義について，ロバートソンは，その長所および欠点を指摘しながら，その部分的な適用の可能性を調べている。しかしながら，彼は，価格や生産費のシステムを完全に無視するような極端な共産主義には批判的である。

市場システムを是認しながら，ロバートソンは——さまざまな形態の集産主義，生協の導入などを通じて——支配する者とされる者のあいだのギャップを縮小し，リスクとコントロールの現状を解決させることで，民間企業の改革を目指している[46]。とりわけ，彼は，産業的権力が少数者の手に集中することが引き起こす害悪を，消費者と労働者の側が権力を獲得していく方法を考案することで是正しようとしている。

懐疑的自由主義者

自由主義にたいするロバートソンのスタンスは非常にデリケートである。というのは，彼は，心底からそれを信じているとは思われないからである。適切に表現するならば，彼の社会哲学は，「懐疑的（もしくは統合失調症的）自由主義」とでも評すべきものである。次の一節は，彼のスタンスをよく表している。

> 自由というウィルスがわれわれの血液の中に入り込んでおり，かといって砂漠とか荒野に追放されたくはないわれわれ。（Robertson 1952：47）

彼は，自由主義を「ウィルス」と表現し，むき出しの競争を「砂漠とか荒野」と表現している。このことは，彼がいずれの側面をも称揚しているわけではないことを示している。自由主義はウィルスであるが，それでいて，それはすでに，われわれの血液の中を流れているがゆえに，それを取り除くことはできない。他方，われわれはむき出しの競争が支配するような社会を好まない。それは，砂漠とか荒野とかいった類のものである。彼が自由主義を「ウィルス」と呼ぶのは——だれも，高く評価するものを「ウィルス」とは呼ばないであろう——[47]，自由主義がいまや陳腐化したものであることを否定できない心的状態にあるからである。少なくとも，そう思い，そう感じているロバートソンがいる。だが，別のロバートソンは自らにつぶやく。「自由主義は，基本的な社会哲学として依然維持しなければならない」と。

第Ⅲ部　ケンブリッジの哲学・社会哲学・文芸

ロバートソンの自由主義——彼は，それを「自由主義的干渉主義」（Robertson 1952：51）と表現している——はそのような心的葛藤の中に置かれている。

計画経済にたいするロバートソンのスタンス

自由主義的干渉主義を唱道するロバートソンは，計画経済にたいして批判的である。他方，彼は，戦時経済で生じた経済現象が，一時的なものではなく後戻りできない傾向のものであるかもしれない，という疑いを抱いている。

ロバートソンは次のような問題を措定している。

　……私の論考がもたらすことを意図している問題の１つは，まさに，このアンチ・テーゼ（移行期と戦後の正常期）は，描くことに依然として意味があるものなのか，それとも，戦争によってわれわれの経済に引き起こされ，助長された疾病は，いまや，あまりにも深刻で永続的なものであるため，移行と永続というこの識別は，ゴミ山の上に，われわれの気質によっては，あるいは安堵しながら，あるいは後悔しながら，打ち捨てなければならないのか，というものである。（Robertson 1952：47）

ロバートソンは，市場メカニズムの漸次的復活を希望する側に立っている。彼は，市場メカニズムの加速度的な増大を強調しつつ，経済動機の影響を是正する政府の役割をも強調するロビンズ（Robbins 1947）に同意している。

他方，ロバートソンは，このことが移行期と平和期の違いに依拠して論じていいのかについては確信が持てないでいる。彼は，自由主義的干渉主義と計画経済の差が，質的問題なのか，それとも程度問題なのかは，まったく明らかではない，と考えている。明らかに，ロバートソンは，若干の躊躇と不安を表明している。

　私が描写することに努めた心地よい，もしくは教育的バイアスのようなものによってハンディを負っているわれわれのような者は，解決すべき本当に個人的な問題を抱えている。どの程度，われわれは，いま支配的な風潮（計画経済）に，われわれの思考や教え（自由主義的干渉主義）を調合させることを

まじめにできるのだろうか。そしてわれわれがそうすることに失敗する限り
において，われわれは，過去を称賛し，悲運を予言しながら，砂漠のフクロ
ウや荒野のペリカンのスタンス——それは名誉あるスタンスであるが，感情
的には疲れる，そして操作上，活気のないスタンスである——をとる他はな
いのであろうか。(Robertson 1952 : 46)

ロバートソンのスタンスをヘンダーソンのスタンス（Henderson 1947）と比較
するのも興味深い。ヘンダーソンは，計画化の本質を，かなり先の将来にわた
って正確な数量計画の定式化にあると考え，平和期に，そのような計画が有益
な行動手段として機能することを期待できる範囲を調べる，ということに取り
組んだ。

私の趣向からして，彼（ヘンダーソン）は，自由システムの持つ積極的なメ
リットをあまりにも軽視しており，それに代るものとしての彼の貧弱な武器
にあまりにも依拠している，との印象を持つ。(Robertson 1952 : 49)

5　ホートリー——資本主義にたいする倫理的批判

　ホートリーは，とりわけ景気循環の貨幣的理論でよく知られている（それに
基づく（ケインズの）『貨幣論』にたいする批判は，『貨幣論』から『一般理論』に至る
ケインズの理論的進展に影響を及ぼしている[48]）。彼はまた，いわゆる「大蔵省見解」
でも有名である[49]。
　ケインズ，ピグー，ロバートソンとは異なり，ホートリーが他の経済学者か
らどのような影響を受けたのかを知るのは，じつはかなり難しい。というのは，
彼は多作家であったにもかかわらず，他の経済学者については，まれにしか言
及しない執筆スタイルを維持したからである。このことは，マーシャルにたい
してもそうであった。ホートリーは他の同時代の経済学者に大きな影響を与え
た「独学独歩の経済学者」と評すべきであろう。
　本節では，彼の社会哲学について，『経済問題』（Hawtrey, 1926a[50]）を取り上
げて見ていくことにしよう[51]。

299

第Ⅲ部　ケンブリッジの哲学・社会哲学・文芸

倫理的スタンス――厚生と価値

ホートリーは「経済問題」を，望ましいと思われる目的のために共同行為を確保するよう人間の動機に働きかける問題，として定義している。ここで「目的」として設定されるのは，ホートリーが考える意味での「厚生」のことである。それは倫理的な用語であり，それ自身善く，行為の目的として選ばれて然るべき経験で構成されており，目的に適用される「善」（good）と空間を共有している，とされる。それは倫理的意味での価値である[52]。彼は目的を設定するにさいしての倫理的考慮を重視するのである。

偽りの目的

ホートリーは，われわれの目的として倫理的価値が設定されるべきであるにもかかわらず，経済学はこのことを無視してきており，市場社会では，「偽りの目的」――すなわち，本性的に手段であるべきものが，自己目的化したもの――が支配している，と論じている[53]。

彼は，金もうけ（中でも，利潤獲得）がビジネス活動の基本的な動機であり，それを尊重することが，個人主義的システムにおける目的自身になっている，と批判的にとらえている。

基本的な市場社会観

ホートリーは，文明を，経済問題の解決にたいする人間の意思による合理的な管理の適用と定義している。彼によれば，市場は，消費者および生産者の双方がイニシアティブをとることに欠けがちな不完全に文明化されたシステムである。

ホートリーは，主要な経済活動が市場における交換という形態で行われる市場社会を評価していない。というのは，彼は，それが「倫理的価値」を達成することに成功していない，と考えるからである。

需要と供給の均衡を通じて達成される市場価格は，ホートリー的意味における「厚生」を構成する倫理的価値と乖離している。ホートリーが「満足」に基づくピグーの厚生経済学を批判するのは，この視点からであることに留意する必要がある[54]。

彼は，倫理的価値と市場価値の乖離は，次の2つの原因に帰する，と述べて

いる。第一の原因は，消費者の側における判断の不完全性である。消費者は賢明な支出を行う能力に欠けており，他方，生産者と商人は，彼らに「創造的な生産物」を提供する十分な能力に欠けている（彼は，生産物を２つのカテゴリーに分けている。①妥当な物的厚生を人々が確保するのに必要な「防衛的生産物」，②人間社会の文化的側面と密接に関係する「創造的生産物」がそれらである）。

　第二の原因は，所得分配の過度の不平等である。それは翻って，経済主体がインセンティブとして強要されている利潤稼ぎによって引き起こされる。そしてその結果，所得の益々大きな割合が少数の企業家にわたるという傾向である。

　この傾向を是正するために，ホートリーは可能な方法として次の２つを提案している――①利潤への課税，②賃金決定への国家の介入，がそれらである。しかしながら①の場合，貯蓄への影響のゆえに，他方，②の場合，利潤への影響のゆえに，個人主義システム（市場社会と同義）には限界があるかもしれない，とホートリーは感じている。

　なお興味深いことに，ホートリーは，循環的な失業は賢明な信用コントロールの手段で治癒が可能であると考えており，それを，人間の英知では絶望的に無力な領域であるとは見ていない。

市場の分析

　ホートリーは，交換行為の見地からさまざまな市場の観察を行っており，このことは彼のアプローチを特徴付けるものになっている。ここでは，財市場のケースを取り上げてみることにしよう。

　消費者はここでは，つねに受け身の，そして商人はつねに積極的な，経済主体として登場してくる。商人は，彼らの日常活動を通じて，消費者が望んでいるものを予測することに努める。このようにして得られた情報をもとに，商人は生産者に商品を発注する。したがって，この市場におけるイニシアティブは商人にある。

　ホートリーは，財の価格は需給を通じて決定される，と論じる。しかしながら，ここで注意すべきは，（すでに言及したように）市場での交換行為を通じて達成された価格は，倫理的価値と乖離している，というホートリーの考えである。

第Ⅲ部　ケンブリッジの哲学・社会哲学・文芸

国家観

ホートリーは，国家の本質的な機能は，権威を通じて人間の行動を規制することにある，と考えている。個人主義システムを維持するために，国家は努力して，規則が人々によって遵守されるようにしなければならない。その目的のために，「組織化された権力」としての国家は，巨額の物質的資源を必要とし，そしてそれゆえに課税権を行使する。

ホートリーは次の問題に進む——個人主義システムを想定した上で，国家は，このシステムの欠陥を是正しながら，どの程度，真の倫理的価値を達成可能にすることができるであろうか，という問いである。彼の答えは非常に懐疑的なものであった。[59]

コレクティヴィズムにたいするスタンス

ホートリーは，コレクティヴィズム——彼にあって，それは社会主義と同義である——を利潤に反対するアプローチである，と論じる。それは利潤動機を排除し，国家の中に代替的な動機を求めている。社会主義者は，利潤の廃絶が人間性に変化をもたらすことを期待している。ホートリーは自らを社会主義者とは名乗っていないが，社会主義にたいし同調的である。[60] というのは，彼は個人主義的システムの中に深刻な欠点を見ており，[61] 社会主義を，（彼の意味での）「厚生」を実現させるために国家を利用する手段と考えているからである。[62]

ホートリーは，社会主義のための青写真を描いている。[63] そこでは，消費財市場はそのまま残されるが，生産者間の市場，ならびに生産者と小売業者のあいだの市場は廃止されている。他方，労働者と消費者のあいだには，国家とその代理人のみが存在することになっている。

最後に次の点を追加しておきたい。ホートリーは，長年にわたり哲学的探究を続けており，ケインズと同様に，ムーア倫理学から大きな影響を受けている。ただケインズが『確率論』（Keynes 1921）を著したのにたいし，ホートリーは哲学書としては，未刊の『思考と事物』（Hawtrey（n/a））[64] を遺すのみであった。そのため，彼の哲学はほとんど知られていないが，本節で述べたホートリーの社会哲学を理解するためには，この未刊の哲学書への理解が不可欠である。

第**9**章　戦間期ケンブリッジの社会哲学

6　ケインズの時代

　戦間期ケンブリッジの社会哲学を調べたいま，全体としてのこの時期をいかなるものとして特徴付けられるのかについて見ることにしたい。

経済学

　マーシャルの理論を擁護しようと努めたピグーやロバートソンとは対照的に，ケインズは，『貨幣論』や『一般理論』において，マーシャルの理論に批判的であった（とはいえ，彼の貨幣理論や短期分析は，マーシャルの理論の影響を受けている）。またホートリーは，独自の経済変動に関する貨幣理論を展開しており，ケンブリッジの経済学においてユニークな地位を占めている。

　理論分野における彼らの業績が示しているのは，マクロ経済学の分野において顕著な業績をあげた，ということである。このことはそれほど驚くべきことでもない。というのは，彼らは実際，マーシャルの未完の領域の仕事を完成させようとしたからである。この分野において，これら4名の経済学者は，互いに影響を受けながら，そして白熱した論争を展開しながら，自らの理論の構築に努めた。[65]とりわけ，ケインズは，1920年代中葉に共同関係にあったロバートソンから大きな影響を受けながら，『貨幣論』へと進んでいった。ケインズはさらに，ホートリーや「ケンブリッジ・サーカス」から受けた批判を取り入れながら，『一般理論』の方向へ動いていったのである。

　そして，この『一般理論』が，カーン，J. ロビンソン，ミードといった若手の英才によって支持され，理論としてのみならず，経済政策の領域においても熱烈な支持を得ることになった。いわゆる「ケインズ革命」が1940年代には，早くも胎動を見せ始めたのである。

　本章の主役4名が，マーシャルの最大の業績，すなわち価値論に何も追加することはなかった点に留意すべきである。マーシャルの価値論にたいする衝撃的な批判は，同時期に，彼らよりも若い，そしてケインズ・グループに属する経済学者によってもたらされたことに，ここで言及しておく必要がある。それはマーシャル価値論にたいするスラッファの批判によって始まった。スラッファ（Sraffa 1926）は，収穫逓減と完全競争のあいだの矛盾性という問題を提起

303

第Ⅲ部　ケンブリッジの哲学・社会哲学・文芸

した。このことから大きな衝撃を受けたJ.ロビンソン（およびカーン）は，「不完全競争革命」をもたらすことになったのである。スラッファ自身に関する限り，彼は需給均衡理論を拒否し，規模にたいする収穫一定を重視するかたちで，古典派価値論の世界を模索していく道を進むことになった。

社会哲学

　戦間期のケンブリッジにおける主導的な経済学者によって共有されているのは──市場社会を称揚するヒュームやハイエクとは対照的に──市場社会に見られる病弊，およびそれはいかにすれば除去できるのかという問題意識である[66]。個人の不完全性という認識とともに，市場社会の改善にたいし，自由放任政策では何も寄与することができていない，市場社会を特徴付ける所得分配の過度の不平等や，過度の失業などは国家の政策によって治癒しなければならない，と論じる点で意見を共有していた。

　とはいえ，ピグーの場合は，彼の厚生経済学的視点から，そしてホートリーの場合は，特有の倫理的価値の視点から，社会主義社会により同調的なスタンスを示しており，この点で資本主義社会の持つ欠点をその枠内で是正する方向に向かったケインズやロバートソンとは，大きく異なっている。自由主義および社会主義の双方を拒否して，ケインズ，ロバートソンたちは，両者の中道を目指したのである。

　イギリスにおいて，社会哲学として大きな影響力を持つことになったのも，ケインズ等の「ニュー・リベラリズム」であった。カーンやミードといった若手の経済学者は同じ考えをもっていた[67]。カーンの場合「市場はよい召使だが，悪い主人である」と信じていた。すなわち，もし規制のない国内あるいは国際市場における個人的な，そして匿名の決定が，不均衡を生み出す傾向がある場合，これらは国家や国際的協調を通じた集合的な活動により避けることができる，と考えていた。このようにして，ケインズ的伝統にしたがっているカーンは，古典的リベラルの「規制のない資本主義による調和」という考えのみならず，資本主義の増大する，そして累積する矛盾と危機は，必然的に管理不能になる，というマルクス主義の考えにたいしても反対であった[68]。ミードの場合，彼は自らを「リベラル – 社会主義者」と呼ぶのを常としていた[69]。

304

第 9 章 戦間期ケンブリッジの社会哲学

　以上に述べたことから，われわれが，ケンブリッジのみならず，イギリスにおける全体的な状況を特徴付けようとするならば，われわれが行きつく結論は，1920年代，1930年代の理論的格闘，社会哲学的格闘を経て，1940年代になると，経済理論としての『一般理論』，社会哲学としての「ニュー・リベラリズム」が支配的なものになるに至った，ということになる。これは，「ケインズの時代」の到来に他ならない。[70]

　　注
＊本章で採用の表記法について。Keynes（1931：数字）：1931は初版の年，数字は1972年に刊行された全集版第 9 巻（*JMK*. 9 と表記）のページ数（Keynes［1936：数字］も準じる）。なお引用文は自ら訳出したものを用いている。
⑴　彼ら以外に，レイトン（W. Layton）やヘンダーソン（H. Henderson），ショーヴ（G. Shove）などが論じるに値する。彼らは，ケインズやロバートソンとともに，自由党の夏期学校（Freeden 1986：ch. 4 を参照）や『イエロー・ブック』（Liberal Party 1928；Skidelsky 1992：263-269を参照）の主要メンバーであった。
　　自由党の夏期学校を指導し，生涯にわたって自由党を支持したレイトンは，「通常のジャーナリズムの男爵」などではない。彼は1942-43年には，生産省のプログラム，および計画局のチーフ・アドバイザーとして働いている。
　　ヘンダーソンは1940年代にケインズの立論全般にたいする激しい批判者になったが，そのことは，彼が自由放任に向かったということを意味するものではなく，計画化に向かうものであった。ヘンダーソンの社会哲学については，Henderson（1947）および小峯（2003）を参照。
　　ショーヴはフェビアンであり，自由党の活動的なメンバーであると同時に，パシフィストであった。彼は，マーシャル経済学の大いなる賛美者であり，ピグー経済学の批判者であった。この点については，Carabelli（2005）を参照。
　　この時期のケンブリッジ経済学者のあいだの人間関係については，発見された書簡をもとにしてみごとに描いた Marcuzzo and Rosselli（2005）を参照。Collard（1990），Hicks（1979）も有益である。
⑵　以下に論じられていることの詳細は，平井（2003：第 5 章）を参照。
⑶　Keynes（1931：331）を参照。
⑷　Keynes（1931：259-260）を参照。
⑸　Keynes（1931：267-268）を参照。
⑹　この点については，Keynes（1938），Shionoya（1992），平井（2002）および浅野（2005：第 1 章）を参照。L. ウルフはもとより，ホートリー，ピグーもムーア

305

第Ⅲ部　ケンブリッジの哲学・社会哲学・文芸

から大きな影響を受けている。

⑺　L. ストレイチーと L. ウルフは，とりわけ重要な人物である。

⑻　ケインズは，この考えは，50～100年前のものであるとコメントしている。Keynes（1931：305）を参照。

⑼　これらの特徴は，明白にマーシャル＝ピグーに認められることは強調しておいてよい。

⑽　平井（2003：81-83，579-583）を参照。

⑾　Keynes（1931：300-301）を参照。

⑿　Commons（1934：773-788）を参照。

⒀　Keynes（1931：305）を参照。ケインズの「ニュー・リベラリズム」をめぐる諸見解に次のようなものがある。Clarke（1988：ch. 4）は，ケインズを，エドワード朝時代のニュー・リベラリズムを継承したニュー・リベラリストとしてとらえている。他方，Freeden（1986）と Cranston（1978）はケインズを，共同体の公平無私の代理人として国家を信頼することを否定する点で，リベラリズムと社会主義的・労働組合的労働党とのイデオロギー的相違を強調する点で，またより反省的ではない哲学的，統合的マインドであるという点で，「ニュー・（あるいはレフト）リベラリスト」とは異なる「中央リベラリスト」であるととらえている。Skidelsky（1992：ch. 7）は，いくつかの条件付きでフリーデンとクランストンの見解を支持している。イギリス経済思想史学会（University of Bristol, 1997）での報告 'Keynes's *How to Pay for the War*: A Reinterpretation' で，スキデルスキーは，ケインズ（Keynes 1940）が，「中道の道」のスピリットに基づいて彼の財政政策を唱道したと論じている。他方，Moggridge（1992：chapter 18）は，ケインズの政治思想は，1920年代のニュー・リベラリズムから，1930年代以降「リベラル社会主義」へと進展したと論じている。また Peacock（1993）は，ケインズを，「契約説的（もしくは手続き的）リベラル」とは対照的な，「目的状況的」リベラルととらえている。ピーコックは，ケインズを，「ニュー・リベラリズム」のコンテクストよりもむしろ，古典的リベラリズムのコンテクストでとらえようとしているように思われる。

　なお，ホブソンやホブハウスといったエドワード期のニュー・リベラリストは，貧困や失業といった問題の根源を，所得の不平等な分配による過少消費に求めていた。Hobson（1938）や毛利（1990：第 2 章）を参照。これは，グリーンやボサンケットといった理想主義者が，経済的不平等を封建時代の残滓である大土地所有制に求めていたのとは異なるスタンスである。

⒁　Keynes（1931：289-290）を参照。

⒂　Keynes（1931：292）を参照。

⒃　後年，ケインズ（Keynes 1937）は，伝統理論とは異なる 2 つの点を指摘した。

第**9**章　戦間期ケンブリッジの社会哲学

1つは，将来が不確実であるという現実を理論に組み入れることである。もう1点は，全体としての産出量の需給理論を提示することである。とはいえ，われわれは，ピグーや他のケンブリッジの経済学者がこの点を無視していたと考えるべきではない。Pigou（1920：Part I, ch. II；Part II, ch. VI）や Lavington（1912）を参照。

⑰　『一般理論』に「本当に」書かれていることについては，平井（2017：第10章）を参照。

⑱　Keynes（1936：254）を参照。

⑲　Keynes（1936：250-251）を参照。

⑳　この点は，ケインズ（Keynes 1923）以来の一貫したスタンスである。

㉑　平井（2000）を参照。

㉒　この点については Collard（1996）を参照。

㉓　この書は，個人間の効用は比較できないという理由で，ロビンズによって批判されることになった。

㉔　ロバートソンやホートリーとは異なり，ピグーは『貨幣論』を高く評価している。例えば，彼は次のように評している。「[ケインズは]，彼の新しい方程式について，……それが，多くの種類の産業的混乱にあって，より確かな目で追いかけられる因果連鎖を可能にしている，と主張している。これは価値のある主張である」（Pigou 1931：544）。

㉕　Pigou（1950：65）も参照。ピグーは，『一般理論』の意義は，実物的要因を貨幣的要因と整合的に関係付ける理論的枠組みを提示した点にある，と考えている。彼は，とりわけ，Keynes（1936：ch. 18）に特別の注意を払っている。ケインズはそこで，3つの基本的心理要因（消費性向，流動性選好，長期期待の状態），貨幣賃金，および貨幣量が国民所得および雇用の水準を決定するという彼の考えを要約的に提示している。

　　因みに，ピグー効果（実質残高効果）は，ケインズのマクロ経済学に対峙する新古典派のマクロ経済学を支える強力な道具として用いられた。

㉖　以下の詳細は，平井（2007：第3章）を参照。

㉗　Pigou（1948）およびマーシャルの社会哲学が検討されている Pigou（1953）も有益である。

㉘　Pigou（1937：30）を参照。

㉙　いうまでもなく，これらが Pigou（1920）の主要テーマであった。

㉚　ピグーは，ランゲもワルラスにも言及していないという点は注目に値する。いく人かの経済学者はピグーの思考方法に，一般均衡理論の嗜好を感じ取っている。1935年10月4日付のアーシュラ（当時，婚約者）からヒックス宛ての書簡（兵庫県立大学所蔵）では，次のように書かれている――「あなたが彼についていっている，彼が根底は一般均衡理論家であるというのは，まったくそのとおりだわ。彼の判断

307

第Ⅲ部　ケンブリッジの哲学・社会哲学・文芸

がすごくいいのは，そのためだわ」。Myint（1948）はマーシャルの部分均衡的な余剰分析とピグーの一般均衡分析を識別している。Laidler（1999：165）も Pigou（1933）に同様の点があることを指摘している。

⑶　このことは，Schumpeter（1943）にある「青写真」を想起させる。

⑶　Pigou（1948）――Robbins（1947）の書評――は，市場の失敗，および将来よりも現在を選好するという個人の性向のために，市場社会における政府の役割を強調している。彼は政府の計画を 2 つに分けている。1 つは主要な計画（目的の計画）で，経済的厚生の増加を目的とする（ここでは所得の不平等の是正が重視されている）で，もう 1 つは副次的計画（手段の計画）で，価格メカニズムや指令という方法を用いて政府によって実行される金融政策である。ピグーとロバートソンの相違については，Robertson（1947［1952］：48）が参考になる。

⑶　ピグーの社会哲学的スタンスを知る上で，「中央計画」（Pigou 1948），『マーシャルと現在の思想』（Pigou 1953）も有益である。これらについては，平井（2007：第 3 章）を参照。

⑶　本節で論じられていることの詳細は，平井（2007：第 4 章）を参照。

⑶　Roberston（1915）で，ロバートソンは「セイ法則や，それに関連する，資本主義経済における完全雇用への自動的傾向を認めるいわゆる『古典派的』性向にたいする尊敬の念を見せなくなるに至った」（Presley ed. 1992：85）。

⑶　Hirai（2003：111-116）を参照。両者の共同関係は，Robertson（1915）の形成過程にまで遡ることができる。Presley ed.（1992：82-86）も参照。

⑶　この局面は Marshall（1920；初版は1980年）で詳細に扱われている。マーシャルは，分業を通じて組織は知識の発展を助ける，と論じている。

⑶　Robertson（1923：39）を参照。

⑶　Robertson（1923：85）を参照。

⑷　Robertson（1923：84-85）を参照。

⑷　Robertson（1923：87）を参照。

⑷　Robertson（1923：91）を参照。

⑷　Robertson（1923：95）を参照。

⑷　Robertson（1923：97-98）を参照。

⑷　Robertson（1923：126）を参照。

⑷　Robertson（1923：162-163）を参照。

⑷　同様の表現として次のようなものがある――「われわれは，リベラリズムというムシに悩んでいる」（Robertson 1952：48）．

⑷　平井（2003：334-336）を参照。

⑷　ホートリーは，近年，「シカゴ・トラディション」の関係で注目を浴びたことがある。Laidler（1993），Laidler and Sandilands（2002）を参照。ホートリーは，

また，「水平主義者」（Circulationist）からも注目を浴びたことがある。Torre（1985）を参照。

(50)　ホートリーは，未刊の草稿『正しい政策』（*Right Policy*, Hawtrey [n/a], Churchill College, Cambridge University）で，同じ問題を追究している。同書は，社会哲学（もしくは政治哲学）の領域におけるホートリーの最後の作品であり，本文中に「1964年現在」の文字が見られる。この書は次のような特徴を持っている：①「支配者」——ホートリーは，支配者，権威，権力の存在を重視しており，この語がキー・ワードとして繰り返し登場してくる，②「合理化」——「理性」が宗教を説明可能なものにする過程として言及されている，③ホートリーにたいするムーアの影響力は大きい，④ホートリーはある程度，進化論的アプローチを採用している，⑤「偽りの目的」という問題——これは「中間的目的」と同義である，⑥最終生産物を「ユーティリティ生産物」と「プラス生産物」に分類している，⑦完全雇用政策を維持することは，貨幣価値の安定化を労働組合運動に託すことを意味すると主張している，⑧市場経済におけるディーラーとトレーダーが果たす役割を強調している，⑨ホートリーは集産主義にたいし，批判的ではない。詳細は平井（2009：第5章），および Hirai（2012）を参照。

(51)　本節で論じられていることの詳細は，平井（2007：第5章）を参照。

(52)　Hawtrey（1926a：185）を参照。

(53)　Hawtrey（1926a：314）を参照。厚生と偽りの目的は，Hawtrey（1944：ch. 12）および Hawtrey（n/a [2]：ch. 2）でも扱われている。

(54)　これにたいするピグーの反応については，Pigou（1950：17, n. 3）を参照。

(55)　Hawtrey（1926a：216）を参照。

(56)　後に防衛的生産物は「ユーティリティ生産物」と改められ（Hawtrey, 1926a, ch. 13を参照），創造的生産物は「プラス生産物」と改められた（Hawtrey n/a [2]：ch. 6を参照）。

(57)　Hawtrey（1926a：225）を参照。

(58)　Hawtrey（1926a：225）を参照。

(59)　Hawtrey（1926a：132）を参照。

(60)　彼は，第一次大戦の前ですらそうであった。1914年前に打たれたと推定されるタイプ草稿は，「ともかく理論的には，社会主義は民主主義の自然の連続体である」という言葉から始まっている。Hawtrey Papers, 6/5/2を参照。

(61)　Hawtey（1926a：390）を参照。

(62)　Hawtrey（1926a：379）を参照。Hawtrey（1944：358）では，集産主義への道および「第3の可能性」（これは「ニュー・リベラリズム」に相当する）への道が提示されている。彼は，いずれが優れているかの判断は下していないが，「競争主義」（Hawtrey [1926a] での「個人主義システム」に該当する）にたいする彼の批

第Ⅲ部　ケンブリッジの哲学・社会哲学・文芸

判は明確に示されている。

⑹　Hawtrey（1944：354-355）も参照。

⑷　『思考と事物』（Hawtrey n/a［1］）のタイプ原稿には「1969年」といった年号が見られる。それは，いわゆる「アスペクトの理論」を提示したものであり，内省的手法を広く適用しつつ思考をアスペクトの識別のタームで分析したものである。基本的な視座は，マインドがアスペクトを識別するというものである。アスペクトは，潜在性というかたちで事物の中に，本性上，存在する，とされる。アスペクトは，マインドが意識的経験のレベルにおいてそれらを識別する時にのみ現実になる。このようにして獲得されたアスペクトは蓄積され，マインドが何らかの判断を下す時はいつでも，このようにして蓄積されたアスペクトを思い出すという行為を繰り返す，とされる。ホートリーの哲学は，経験主義の領域に属しており，行動主義や唯物主義には批判的である。彼は，すべてのことを事物で説明しようとする科学の限界を指摘している。「アスペクト」は彼が若き日から生涯を通じて大切にした，彼にとっての根本的概念である。『思考と事物』の詳細については，平井（2015）で報告した。

⑹　以下に示すものは，3人の経済学者（ロバートソン，ケインズ，ホートリー）の理論的緊張関係を鮮やかに伝えている。

ロバートソン宛ての手紙（1933年10月26日。Keynes 1973：315-317）において，ケインズは，ロバートソンの自発的貯蓄は『貨幣論』における（彼の「特殊な意味」での）「貯蓄」に非常に近いものであり，［ロバートソンの］保蔵の改定された意味と，マーシャルの K および所得速度 V とのあいだには何の関係も見いだせない，と述べている。一方，ロバートソンは，ケインズの論評にたいし，「いかなる抽象レベルにおいても，P にたいし働くすべての力は，M，V あるいは R のタームで表現することができる，と主張するつもりです」と応じている（Keynes 1973：318. M は貨幣量，R は実質所得）。このトピックはケンブリッジ数量説 $M=KRP=RP/V$ に関するものである。未発表論考 "Saving and Hoarding"（Keynes Economic Papers, GTE/1/164-170）において，ロバートソンは，彼の改定された保蔵（「その足がマーシャルの K および貨幣の所得速度 V である古いズボンのヴァージョン」）とケインズの改定されたヴァージョン（「同じズボンに豪華さを施したヴァージョン」）は，ケンブリッジ数量説と同じものである，と論じている。

書簡を通じて，ケインズは，彼の「新しい理論」を用いていないという点に注意すべきである（すでにこの頃，ケインズは『一般理論』への道を確定していた。平井［2003：第11章］を参照）。論争のポイントは，ケインズを『貨幣論』の著者として，ロバートソンを『銀行政策と価格水準』の著者として見るべきものであるように思われる。

Hawtrey（1932：279）は，貨幣数量説は不均衡の状況においては役に立たな

第**9**章　戦間期ケンブリッジの社会哲学

もの，と論じて，消費者の所得と支出についての自らの理論を主張した。ホートリーの貨幣数量説にたいする批判（Deutscher 1990：36-39を参照）は，ホートリーが消費者の所得と支出の理論を提示しているのにたいし，ケインズは『貨幣論』の理論を提示しているという点をのぞけば，『貨幣論』におけるケインズの貨幣数量説批判に似ている。

　　次に，ホートリーとロバートソンのあいだの激しい（破壊的ですらある）論争を見ることにする。彼らは相手の理論にたいし，非常に批判的である。ホートリーはいくつかの点において（現実性の欠如，財ストックの無視など），消費者の所得と支出についての彼の経済学の視点から，ロバートソンのラッキングの経済学を批判した（Robertson［1926］にたいする批判的書評である Hawtrey［1926b］を参照）。ロバートソンは，これにたいしホートリーの理論を批判し，理論的に興味深い点を「かなり浮き彫りにしている」として，自らの理論の利点を強調した。

　　最初，1920年代中葉にロバートソンの影響を受けたケインズが，『貨幣論』の後，ホートリーの影響を受けるようになり，その後，前進していくようになったのにたいし，ロバートソンとホートリーは自らの理論を保持し続けたという点は，非常に興味深い。

　　次の，リディア（ケインズ夫人）にたいする手紙（1933年10月30日）は，ケインズの当時の心境をうまく言い表わしている。「［ホートリーは］終盤まで非常に温厚でしたが，最後はまったく狂気の沙汰でした。彼と長時間，完全に正気で興味深いベースで議論することができますが，突如，精神病院に入った感じに陥ります。……私は，ちょうどいま，デニス（ロバートソンのこと）と絶望的な討議をしてきました。彼の精神は，驚くほど独創的であるけれども，私には悪意に満ちた天の邪鬼に見えます。再び，狂人と議論しているような感じになります。しかし，アレキサンダー（カーンのこと）と話す時，まったく異なった感じになるのです」（Skidelsky 1992：495）。

　　以上の他，ケインズの『一般理論』にたいするロバートソンおよびホートリーの批判，Pigou（1949）にたいするホートリー（Hawtrey 1949）の激しい批判，およびピグーの経済学にたいするショーヴの批判なども注目に値する。

⒅　Robertson（1947）は，ケンブリッジ学派の社会哲学をマーシャル＝ピグーに代表されるものとして次のように特徴付けている。(i)それは，個人の所有権と経済的自由のシステムを是認している。(ii)それは，国家の裁量的な介入をとおして，システムの病弊を修理しようと努める。

　　ロバートソンはまた，この社会哲学は2つの基本的な信条を有するものであることを強調している。(i)人間の知識の限界と人間の予見の誤謬性，(ii)進歩は主として，人性の最強で最高の力が，社会的善の増大のために利用できる程度に依存する。

⒆　この点でスラッファはまったく異なる。彼はマルクス主義や共産主義を信じてい

311

第Ⅲ部　ケンブリッジの哲学・社会哲学・文芸

た（しかし，ケンブリッジでの彼の活動は資料的にはほとんど確認がとれていない。
[Marcuzzo 2012：58-59を参照]）。また J. ロビンソンは1940年頃からマルクスに
関心を向け始め，急進的な政治的立場を取るようになっていった（Marcuzzo
2012：2を参照）。

(68)　Palma（1994：117）を参照。

(69)　Howson and Moggridge eds.（1990）および Meade（1948）を参照。Hicks（1979：
285, fn. 11）は，LSE での思い出を次のように語っている。「ハイエク，ヴェラ・
ルッツは，われわれ（ロビンズのグループ）の中で，後年も古い信条（自由市場へ
の信仰）を一貫して持ち続けた例外であった。ロビンズでさえ，相当程度，それか
ら乖離していった。」

(70)　だが，戦後のケンブリッジの経済学は，1940年代とは非常に様相の異なる展開を
見せることになる。一言でいえば，J. ロビンソン，カレツキ，スラッファが大きな
影響力を発揮することになり，現在使われている言葉でいえば，「ケンブリッジ・
ケインズ学派」，「ネオ・リカード学派」が支配的となる。そしてそれは，アメリカ
のポスト・ケインズ学派とも対立的であり，かつこれら全体が，主流派となった
「新古典派総合」におけるケインズ派に対峙する様相を見せることになるのである。
これは本章が対象とする時期を超えているが，こうした点に注意を払って戦後の動
向を見る必要がある。この問題を理解するには，Hamouda and Harcourt（1988），
Davidson（2004），Reich（2009）などが有益である。

参考文献

Arena, R. ed.（1985）*Production, Circulation et Monnaie,* Paris：Presses Universi-
taires de France.

Bateman, B. and Davis, J. eds.（1992）*Keynes and Philosophy,* London：Edward
Elgar.

Carabelli, A.（2005）"A Lifelong Friendship: The Correspondence between
Keynes and Shove"（in Marcuzzo and Rosselli eds. 2005）.

Clarke, P.（1988）*The Keynesian Revolution in the Making 1924-1936,* Oxford：
Clarendon Press.

Coase, R.（1982）"Economics at LSE in the 1930s: A Personal View," *Atlantic
Economic Journal*：31-34.

Collard, D.（1990）"Cambridge after Marshall"（in Whitaker, ed. 1990）.

───（1996）"Pigou and Future Generations: a Cambridge Tradition," *Cam-
bridge Journal of Economics,* 20(5)：585-597.

Commons, J. R.（1934）*Institutional Economics,* New York：Macmillan.

Crabtree, D. and Thirlwall, A. eds.（1993）*Keynes and the Role of the State,* London: Macmillan.

Cranston, M. (1978) "Keynes: His Political Ideas and Their Influence" (in Thirlwall ed. 1978)

Davidson, P. (2004) "Setting the Record Straight on *A History of Post Keynesian Economics*", *Journal of Post Keynesian Economics*, 26(2): 245-272.

Deutscher, P. (1990) *R. G. Hawtrey and the Development of Macroeconomics*, London: Macmillan.

Fitzgibbons, A. (1988) *Keynes's Vision*, Oxford: Clarendon Press.

Fletcher, G. (2000) *Understanding Dennis Robertson*, Cheltenham: Edward Elgar. (下平裕之訳『デニス・ロバートソン』勁草書房，2015年。)

———— (2008) *Dennis Robertson*, Basingstoke: Palgrave Macmillan.

Florence, S. (1925) *The Economics of Fatigue and Unrest*, London: George Allen & Unwin.

Freeden, M. (1978) *The New Liberalism*, Oxford: Clarendon Press.

———— (1986) *Liberalism Divided*, Oxford: Clarendon Press.

Groenewegen, P. (1995) *A Soaring Eagle : Alfred Marshall 1842-1924*, Cheltenham: Edward Elgar.

Hamouda, O. F. and Harcourt, G. C. (1988) "Post Keynesianism: From Criticism to Coherence?", *Bulletin of Economic Research*, 40(1): 1-34.

Harcourt, G. C. (2012) *On Skidelsky's Keynes and Other Essays*, Basingstoke: Palgrave Macmillan.

Hawtrey, R. (1907) "Aspects" (Hawtrey Papers, 12/1).

———— (1926a) *Economic Problem*, London: Longmans, Green & Co.

———— (1926b) "Review: *Banking Policy and the Price Level* by Robertson", *Economic Journal*, September.

———— (1930) *Economic Aspect of Sovereign*, London: Longmans, Green & Co.

———— (1932) *The Art of Central Banking*, London: Longmans, Green & Co.

———— (1933) "Mr Robertson on Saving and Hoarding (II)", *Economic Journal*, December.

———— (1944) *Economic Destiny*, London: Longmans, Green & Co.

———— (1946) "The Need for Faith", *Economic Journal*, September.

———— (1949) "Review of *The Veil of Money* (1949) by Pigou", *Economic Journal*, December.

———— (n/a [1]) *Thought and Things* (Hawtrey Papers, 12/1. Churchill College, Cambridge).

———— (n/a [2]) *Right Policy : The Place of Value Judgements in Politics*

第Ⅲ部　ケンブリッジの哲学・社会哲学・文芸

（Hawtrey Papers, 12/2, Churchill College, Cambridge. 1950年頃と推定される）。

Henderson, H. (1926) *Inheritance and Inequality : A Practical Proposal*, London : Daily News.

——— (1947) *The Uses and Abuses of Economic Planning*, Cambridge : Cambridge University Press (Rede lecture at Cambridge).

——— (1955) *The Inter-War Years and Other Papers*, ed. by Clay, H., Oxford : Clarendon Press.

Hicks, J. R., (n/a) "Capitalism, Socialism and the Organisation of Production" (Hicks Papers, No. l2158, University of Hyogo).

——— (1979) "The Formation of an Economist", *Banca Nazionale del Lavoro Quarterly Review*, September (in *The Economics of John Hicks*, Oxford : Basil Blackwell, 1984).

Hirai, T. (2008) "Seeking the Cure for the Malaise of the Market Economy : Social Philosophy in Interwar Cambridge', read at the ESHET Annual Conference (Prague).

——— (2012) "Exploring Hawtrey's Social Philosophy : Through His Unpublished Book, *Right Policy*", *Journal of the History of Economic Thought*, 34 (2) : 169–192.

Hobson, J. (1938) *Confessions of an Economic Heretic*, London : George Allen & Unwin. (高橋哲雄訳『異端の経済学者の告白——ホブスン自伝』新評論，1983年。)

Howson, S. and Moggridge, D. eds. (1990) *The Collected Papers of James Meade*, Vol. IV *The Cabinet Office Diary 1944–46*, London : Unwin Hyman.

Hubback, D., *No Ordinary Press Baron : A Life of Walter Layton*, London : Weidenfeld and Nicholson.

Keynes, J. M. (1921) *Treatise on Probability*. (*The Collected Writings of John Maynard Keynes* (*CWK*), London : Macmillan, 1973. 佐藤隆三訳『確率論』東洋経済新報社，2010年。)

——— (1923) *A Tract on Monetary Reform*, London : Macmillan. (*CWK*. 4, 1971. 中内恒夫訳『貨幣改革論』東洋経済新報社，1978年。)

——— (1925a) "A Short View of Russia", *Nation and Athenaeum*, 10, 17 and 25 October (in Keynes 1931).

——— (1925b) "Am I a Liberal ?" *Nation and Athenaeum*, 8 and 15, August (in Keynes 1931).

——— (1926) *The End of Laissez-Faire*, London : Hogarth Press (in Keynes 1931).

——— (1930a) "Economic Possibilities for Our Grandchildren", *Nation and*

Athenaeum, 11 and 18, October (in Keynes 1931).

———— (1930b) *A Treatise on Money,* Ⅰ・Ⅱ (*CWK.* 5 and 6, London: Macmillan, 1971). (Ⅰ. 小泉明・長澤惟恭訳, 1979年；Ⅱ. 長澤惟恭訳, 1980年, 東洋経済新報社。)

———— (1931) *Essays in Persuasion,* London: Macmillan. (*CWK.* 9, 1972. 宮崎義一訳『説得論集』東洋経済新報社, 1981年。)

———— (1936) *The General Theory of Employment, Interest and Money,* London: Macmillan. (*CWK*, 1973. 塩野谷祐一訳『雇用・利子および貨幣の一般理論』東洋経済新報社, 1983年。本章では『一般理論』と略記する。)

———— (1937) "The General Theory of Employment", *Quarterly Journal of Economics,* February.

———— (1938) "My Early Beliefs" (in *Two Memoirs,* London: Rupert Hart-Davis, 1949).

———— (1940) *How to Pay for the War,* London: Hogarth Press (in *CWK.* 9).

———— (1973) *The General Theory and After: Part Ⅰ* (*CWK.* 13) London: Macmillan.

Keynes's Economic Papers, King's College Library, Cambridge University (Microfilm, Chadwyck-Healey Ltd.), GTE/1.

Koslowski, P. and Shionoya, Y., eds. (1993) *The Good and the Economical,* Berlin: Springer Verlag.

Laidler, D. (1993) "Hawtrey, Harvard, and the Origins of the Chicago Tradition", *Journal of Political Economy,* 101 (Dec.): 1068-1103.

———— (1999) *Fabricating the Keynesian Revolution,* Cambridge: Cambridge University Press.

———— and Sandilands, R. (2002) "An Early Harvard Memorandum on Anti-Depression Policies", *History of Political Economy,* 34(3): 515-532.

Lavington, F. (1912) "Uncertainty in its Relation to the Net Rate of Interest", *Economic Journal,* September.

Layton, W. (1912) *The Relations of Labour and Capital,* London: Macmillan.

Liberal Party (1928) *Britain's Industrial Future,* London: Earnest Benn.

Macmillan, H. (1938) *The Middle Way : A Study on the Problem of Economic and Social Progress in a Free and Democratic Society,* London: Macmillan.

Maloney, J. (1985) *Marshall, Orthodoxy and the Professionalisation of Economics,* Cambridge: Cambridge University Press.

Marcuzzo, M. C. and Sanfillipo, E. (2004) "Dear John, Dear Ursula: Cambridge and LSE, 1935", Hicks Conference at Bologna.

第Ⅲ部　ケンブリッジの哲学・社会哲学・文芸

Marcuzzo, M. C. and Rosselli, A., eds. (2005) *Economists in Cambridge : A Study through Their Correspondence 1907-1946,* London : Routledge.

Marcuzzo, M. C. (2012) *Fighting Market Failure : Collected Essays in the Cambridge Tradition of Economics,* London : Routledge. (平井俊顯監訳『市場の失敗との闘い──ケンブリッジの経済学の伝統に関する論文集』日本経済評論社，2015年。)

Marshall, A. (1920) *Principles of Economics,* London : Macmillan, Eighth Edition. (初版は1890年。永澤越郎訳『経済学原理』全4冊，岩波ブックセンター信山社，1985年。)

─── and Marshall, M. (1879) *The Economics of Industry,* London : Macmillan. (橋本昭一訳『産業経済学』関西大学出版部，1985年。)

─── (1919) *Industry and Trade,* London : Macmillan. (永澤越郎訳『産業と商業』全3冊，岩波ブックサービスセンター，1988年。)

Meade, J. (1948) *Planning and the Price Mechanism : The Liberal-Socialist Solution,* London : George Allen & Unwin.

Moggridge, D. (1992) *Maynard Keynes,* London : Routledge.

Myint, H. (1948) *Theories of Welfare Economics,* London : Longmans, Green & Co.

Palma, G. (1994) "Kahn on Buffer Stocks", *Cambridge Journal of Economics,* 18 (1) : 117-127.

Peacock, A. (1993) "Keynes and the Role of the State" (in Crabtree and Thirlwall eds. 1993)

Pigou, A. C. (1920) *The Economics of Welfare,* London, Macmillan. (気賀健三他訳『厚生経済学』全4冊；東洋経済新報社，1965年。)

─── (1931) "Mr. Keynes on Money", *Nation and the Athenaeum,* 24 Jan. : 544-545.

─── (1933) *The Theory of Unemployment,* London : Macmillan.

─── (1937) *Socialism versus Capitalism,* London : Macmillan. (北野熊喜男訳『社会主義 対 資本主義』東洋経済新報社，1952年。)

─── (1941) *Employment and Equilibrium,* London : Macmillan. (鈴木諒一訳『雇用と均衡』有斐閣，1951年。)

─── (1948) "Central Planning" (in Pigou 1952).

─── (1950) *Keynes's General Theory : A Retrospective View,* London : Macmillan.

─── (1952) *Essays in Economics,* London : Macmillan.

─── (1953) *Alfred Marshall and Current Thought,* London : Macmillan.

Presley, J. ed. (1992) *Essays on Robertsonian Economics*, Basingstoke : Palgrave Macmillan.

Reich, J. (2009) "What is Post-Keynesian Economics ?", Abstract for the 13th Berlin Conference on "The World Economy in Crisis : The Return of Keynesianism ?"

Robbins, L. (1947) *The Economic Problem in Peace and War*, London : Macmillan.

Robertson, D. (1915) *A Study of Industrial Fluctuation*, London : P. S. King and Son.

———— (1923) *The Control of Industry*, New York : Harcourt, Brace and Company.

———— (1926) *Banking Policy and the Price Level*, London : Staples Press Limited. (高田博訳『銀行政策と価格水準』厳松堂書店, 1955年。)

———— (1947) "The Economic Outlook" (in Robertson 1952).

———— (1950) "Utility and All That" (in Robertson 1952).

———— (1952) *Utility and All That*, London : George Allen & Unwin.

———— (1957-1959) *Lectures on Economic Principles*, I-III, London : Staples Press. (森川太郎・高本昇訳『経済原論講義』全3巻, 東洋経済新報社, 1960-1962年。)

Schumpeter, J. (1943) *Capitalism, Socialism and Democracy*, London : George Allen and Unwin. (中山伊知郎・東畑精一監訳『資本主義・社会主義・民主主義』東洋経済新報社, 1995年。)

Shionoya, Y. (1992) "Sidgwick, Moore and Keynes : A Philosophical Analysis of Keynes's 'My Early Beliefs'" in Bateman and Davis eds. 1992).

———— (1993) "A Non-Utilitarian Interpretation of Pigou's Welfare Economics," (in Koslowski, and Shionoya eds. 1993).

Skidelsky, R. (1992) *John Maynard Keynes* —— Vol. 2 The Economist as Saviour, 1920-1937, London : Macmillan.

Sraffa, P. (1926) "The Laws of Returns under Competitive Conditions", *Economic Journal*, December.

Thirlwall, A. ed. (1978) *Keynes and Laissez-Faire*, London : Macmillan.

Torre, D. (1985) "R. G. Hawtrey, J. M. Keynes et les désajustements du circuit monétaire" (in Arena, ed. 1985).

Whitaker, J. ed. (1990) *Centenary Essays on Alfred Marshall*, Cambridge : Cambridge University Press. (橋本昭一監訳『マーシャル経済学の体系』ミネルヴァ書房, 1997年。)

第Ⅲ部　ケンブリッジの哲学・社会哲学・文芸

Wicksell, K.（1898）*Interest and Prices,* London: Macmillan（trans. from the German）.（北野熊喜男・服部新一訳『利子と物価』日本経済評論社，1984年。）

Wilson, P.（2003）*The International Theory of Leonard Woolf,* Basingstoke: Palgrave Macmillan.

Woolf, L.（1916）*International Government,* London: George Allen and Unwin.

浅野栄一（2005）『ケインズの経済思考革命』勁草書房。

小峯敦（2003）「1940年代ヘンダーソンの経済思想」新潟産業大学ディスカッション・ペーパー第28号。

平井俊顕（2000）『ケインズ・シュムペーター・ハイエク——市場社会像を求めて』ミネルヴァ書房。

————（2002）「『確率論』と若き日の信条」『経済学史学会年報』42：18-31頁。

————（2003）『ケインズの理論——複合的視座からの研究』東京大学出版会。

————（2004）「戦間期ケンブリッジの社会哲学　序説——ピグー，ロバートソン，ホートリーを中心として」『上智経済論集』49（1/2）：45-89頁。

————（2007）『ケインズとケンブリッジ的世界——市場社会観と経済学』ミネルヴァ書房。

————編（2007）『市場社会とは何か——ヴィジョンとデザイン』上智大学出版。

————編（2009）『市場社会論のケンブリッジ的展開——共有性と多様性』日本経済評論社。

————（2012）「戦間期ケンブリッジの経済学と資本主義観」経済学史学会編『古典から読み解く経済思想史』ミネルヴァ書房。

————（2015）「R. ホートリー『思考と事物』の探訪——『アスペクトの理論』と『科学』の架橋を求めて」第5回ケインズ学会報告論文（立正大学）。

————（2017）『ケインズ——経済学者・経済システム立案者・人間』Amazon Kindle.

古川顕（2012）『R. G. ホートレーの経済学』ナカニシヤ出版。

毛利健三（1990）『イギリス福祉国家の研究』東京大学出版会。

第10章
ケンブリッジの哲学状況

伊藤邦武

1　ケンブリッジの経済学者と哲学者

経済学と哲学の交流

　本書のいう「ケンブリッジ学派」とは，19世紀末から20世紀中葉にかけてケンブリッジで行われた経済学研究の流れを意味しているとされているが，この章で扱う「哲学状況」は，この時期のケンブリッジ大学を中心とした哲学研究の動向を指している。当時の哲学状況は当然のことながら，経済学研究とは独立の事象であるが，しかし完全に無関係な事柄でもない。というのも，ケンブリッジの経済学研究の流れに大きく関わった幾人かの人々が，この時代の哲学状況にも深く関わり，そこから多くのものを吸収して，独自の思想を形成していったばかりでなく，ケンブリッジの哲学の発展にも積極的に貢献していたからである。いうまでもなく，ケンブリッジの経済学研究の流れに大きく関わった人々の代表は，ケインズである。ケインズとケンブリッジ分析哲学の立役者の一人ムーアとは切っても切れない関係があるだけでなく，彼はムーアとラッセルによる分析哲学の構築という作業の間近な目撃者であり，さらには，彼らの共通の弟子ともいうべきウィトゲンシュタインとケインズの思想的交流も，双方の思想形成に大きな役割をはたしている。しかも，二人の交流にはイタリア出身の経済学者スラッファも深く関わっていたことが知られているし，もう一人の関係者として，ケインズとウィトゲンシュタインの共通の若き友人であった，哲学者ラムゼーもいる。ラムゼーは哲学者としてだけでなく，経済学の分野でも非常に鋭い分析力を生かして大きな成果を上げたことが知られている。このように，ケンブリッジの経済学と哲学とは，ある意味では不即不離の関係にあったとさえいえるのである。

第Ⅲ部　ケンブリッジの哲学・社会哲学・文芸

　彼らの理論的交流の実例としては，次のようなエピソードを挙げれば十分で
あろう。ラッセルの『哲学入門』は非常に優れた哲学の入門書として，出版直
後から大変な評判になった作品であるが，その「はしがき」で彼は，「私はムー
アとケインズの未刊の著作から，多大な援助を受けた」と書いている（Rus-
sell 1912）。これは「センスデータ」を活用したムーアの新しい認識論とともに，
刊行直前であったケインズの『確率論』の理論を，ラッセルがその帰納法の分
析や蓋然的推論の説明のために活用した，ということを意味している。また，
ウィトゲンシュタインの後期の代表作は『哲学探究』であるが，その序文には，
「ラムゼーとの会話を通じた知的刺激以上に，スラッファによる長年の批判的
コメントによって，多大な思想上の恩恵をこうむった」と書かれている（Witt-
genstein 1953）。これは，ウィトゲンシュタインが若き友人のラムゼーによって
前期の思想からの脱却の道筋を示されたことと，ケインズの学問上の仲間の一
人であったスラッファから，言語に関わる規則のあり方や私的言語の可能性の
問題などにかんして，さまざまに有益なヒントを得ることができた，という意
味である。

ケンブリッジ哲学の特徴

　このように，ケンブリッジの哲学者たちはまさしく経済学者たちとの緊密な
連携のうえに，その理論展開を行っていた。本章では，この時代のケンブリッ
ジの哲学研究の動向を一通り俯瞰するが，その中心の主題は「分析哲学の誕
生」というもっとも大きな出来事に絞られる。広く知られているように，ケイ
ンズはこの哲学の誕生の主役，ムーアとラッセルに大きな影響を受けた。これ
はいかなる哲学運動の誕生であったのか。分析哲学の思想は我が国の研究では，
ときとして，その後にドイツやオーストリアで勃興することになった論理実証
主義と非常に似た思想であった，と解説されていることもある。これはしかし，
大きな誤解である。経済学の分野では特に，論理実証主義と親和的なサムエル
ソンなどの理論などが長い間正統的な立場とされてきたために，この視点から
ラッセルの哲学などを解釈する説明が少なくない。

　ムーアとラッセルによる分析哲学の形成は，それ以前のイギリスの主流哲学
である「観念論」への反抗である。しかしながら，彼らが考えた観念論の対極
にある思想は，経験主義でもなければ実証主義でもなかった。彼らにとっては，

320

観念論の反対は古代ギリシアのプラトン哲学と同様に，真理や善の絶対的な超越性を主張するプラトン主義であった。彼らはプラトン主義に立って，カントやヘーゲルに対抗しようとした。そして，基本的にはこの立場に，ウィトゲンシュタインもケインズも与していた。前期ウィトゲンシュタインの『論理哲学論考』は，ある意味では，このプラトン主義に内在する論理的な崇高さという思想を極限まで追求しようとした。

しかし，ウィトゲンシュタインは後期において，このプラトン主義から大きく離脱することになった。といっても，それは論理実証主義的な方向とはまったく別の種類の思想への接近であった。むしろ，ウィトゲンシュタインの後期思想はあえていえば，自分たちのプラトン主義的な哲学にたいして，論理実証主義的な応用が可能であったということそのものを重視して，そのことを教訓にプラトン主義からの脱却を試みる，という作業であったともいえる。プラトン主義を否定したこの後期思想は，その方向と意義とを見極めることは必ずしも容易ではない複雑な哲学である。しかし，われわれは実証主義との対比を見ることで，この思想のプロフィールについて一定の理解を得ることができるだろう。

いずれにしても，この時代のケンブリッジ哲学はどこまでいっても，全体として実証主義の精神とは異質の哲学であった。本章では何よりもこのことを少し詳しく見ることで，ケインズらの経済学思想の裏面に作用していたと思われる，哲学的傾向の特徴を明らかにすることを，主たるテーマとしたい。

2　ラッセルとムーア

観念論の論駁

バートランド・ラッセルがケンブリッジに入学したのは1890年で，1歳年下のジョージ・エドワード・ムーアがケンブリッジの学生となったのはその2年後である。彼らはともに19世紀イギリスの「知的階貴族階級」の出身であったといえる。ラッセルは生粋の貴族であって，第3代ラッセル伯爵となった。祖父のジョン・ラッセル卿は首相として1832年の「改革法案」を制定した。彼の両親は急進派の運動家であり，ミルの友人でもあったために，ミルがラッセルの名付け親となった。両親はラッセルが幼いときに亡くなったため，彼の養育

第Ⅲ部　ケンブリッジの哲学・社会哲学・文芸

は祖母が見ることになった。彼は祖母の厳格なピューリタニズムを思想的には拒否していたが、そのストイックな道徳観は生涯尊重した。ムーアのほうは教育者の家庭に生まれ、両親は子供たちの教育に最大の情熱を傾けた。彼らはムーアが有名な進学校であるダルウィッチ・カレッジに進むために、ダルウィッチに転居した。

彼らはケンブリッジで直ちに親密な関係になるが、その関係を促進したのは、それまでの厳格な宗教教育からの解放感ということであった。これはもちろん、彼ら二人に固有の気分や感情ということではない。世紀の変わり目に生じたイギリスの哲学界のもっとも大きな変化は、それまでの宗教的な制約から哲学がまったく自由に思考するスタイルを手に入れたということにある。その変化の代弁者として、若きムーアやラッセルがいたということである。

ムーアははじめ古典学の専攻であったが、これは彼がすでにダルウィッチ・カレッジで十分に高度な勉学を収めた分野であった。ラッセルは数学を専攻した。彼の長兄はアメリカ出身の小説家ヘンリー・ジェイムズの友人であったが、弟のラッセルが11歳のときにユークリッドの幾何学という高度に抽象的かつ厳格な学問が存在することを教えていた。ラッセルはこの学問に「ほとんど初恋のような激しい感情を抱いた。それは自分の生涯の最大の出来事の一つであった」と後に述べている（Monk 1996：25）。彼は15歳で哲学を学びはじめ、ミルの『論理学の体系』という非常に大部な科学方法論のシステムに精通したが、しかしケンブリッジでの彼の哲学思想は、この名付け親の採用した経験主義ないし実証主義を徹底的に粉砕する方向に進んだ。

ムーアに哲学に進むよう勧めたのは年長のラッセルである。彼らはともに当初は、当時のケンブリッジの主流哲学であった観念論に心酔した。当時のイギリスの観念論は、まずオックスフォードのほうで興隆し、遅れてケンブリッジでも流行することになった。観念論とは、世界の存在の基本的な要素は物質ではなくて精神的なものである、という思想のことである。観念論とは唯心論と呼び変えることもできる。イギリスにおける観念論の代表的な哲学者はバークリーであるが、19世紀末のイギリスにおいて主流となっていたのは、バークリー由来の非物質論ではなく、ドイツの由来の観念論、つまり、カント以降のフィヒテやヘーゲルの思想を指している。

オックスフォードの観念論哲学とは、ドイツのカント主義とヘーゲル主義を

独自な仕方で総合したものであり，形而上学にかんしてはブラッドリーが，実践哲学にかんしてはグリーンが，もっとも中心的な哲学者であった。19世紀末のケンブリッジの哲学は，シジウィックの思想が支配的であり，それは存在論的には経験論であり，倫理学としては直観主義と功利主義の混合体系であった。これにたいして，ケンブリッジでもブラッドリーの観念論を採用しようとしたのが，ラッセルらの師である J. M. E. マックタガートである。マックタガートはオックスフォードのブラッドリーに会った際に，あたかも「プラトンが部屋に入ってきたような気がした」と，弟子のムーアに語っている。

マックタガートは非常に洗練された分析力をもった哲学者である。彼はヘーゲル主義的な矛盾の概念を使って，世界の根本的な原理の一つである「時間」にかんして，それが論理的には矛盾しているがゆえに，「非実在」であると主張した。つまり，空間とともにニュートン的な意味での世界の基礎をなす時間は，それ自身が非実在であり，したがって延長的物質世界そのものが非実在であるというのである。時間の実在性をめぐる議論は，ラッセルらが創始した分析哲学の歴史のなかで，1970年代ころから新たに大きな興隆を見た。現在でも分析哲学の一角を担ういわゆる分析形而上学という手法は，このマックタガートの時間論をもっとも重要な理論的出発点としているのである。[1]

ラッセルとムーアはこの優れた師の下で，ドイツ観念論の源泉ともいうべきカントについての論文を作成した。ラッセルはカントの幾何学にかんする思想について，ムーアはカントの倫理思想について——。彼らはこのように非常に密接な知的関係にあったが，その性格はかなり正反対ともいうべき人物であった。ラッセルは非常に自信に満ちた性格で，情熱的，きわめて広い範囲にわたる事柄に関心をもつ活動的な人物であったが，ムーアはかなり内向的で，一つのことを不屈の精神でどこまでも理解しようとする，求道的な性格の人物であった。しかし，ケンブリッジの哲学の周囲で，もっとも大きな人格的影響を及ぼしたのは，まさに彼の人並み外れた純粋さ，真摯な性格であったということができる。

ムーアの思想

さて，師であるマックタガートの観念論への批判を最初におこなったのは，ムーアである。ムーアはフェローへの申請論文で「カント倫理学の形而上学的

第Ⅲ部　ケンブリッジの哲学・社会哲学・文芸

基礎」という主題を扱ったが，そのなかで展開した命題（文）についての議論が，1899年の『マインド』の論文「判断の本性」において敷衍されることになった。われわれの判断（「SはPである」など）は，命題という形で構成される。命題はそれを判断する精神から独立の存在であり，複数の概念の合成からなる複合体であって，命題それ自体が一つの概念である。命題を構成する複数の概念は特別の関係を形成し，その命題が真または偽でありうるのはすべて，この概念どうしの特別な関係に負っている。どのような概念間の関係が真理を作り，どのような概念どうしの関係が偽を構成するのかは，分析的に解明できる事柄ではない。ある命題における真偽は，その命題を目にした者にとって「直ちに認識される」のである。

　私たちはふつう，ある言語的言明，つまり文ないし命題が真偽いずれであるかは，それを客観的世界に生じている事実との照合の下で，決定されると考えている。真偽とは，アリストテレスが述べたように，「言明と事物との一致」の事柄である。ムーアはしかし，この立場を採用しない。命題とは別に事実というものがあって，両者が比較されるのではなく，命題そのものが一つの事実である。ムーアによれば，真理と存在では，真理のほうがより根源的な性質であって，何かが存在するかどうかは，真理から見れば派生的な事柄である。「真理は何かが現実存在するかどうかを参照にして定義されるのではなく，現実存在のほうが真理を参照にして定義されるのである」。「このバラは赤い」は真である。同様に，「このバラは現実存在する」も真である。概念の複合体である命題がそれ自体として自足的であり，それ自体で真理の基準を内包しているというこの考えは，まさしくアリストテレス型の経験主義的存在論を否定する，プラトン主義の存在論なのである。

　世界のなかには諸概念だけが存在している。諸概念こそが究極の存在論的所与である。いいかえると諸概念が世界を作っている。先に見たように，観念論とは世界が物的な対象を究極的な素材としていることを否定して，精神的な素材が世界の根本的要素であると主張する立場である。ムーアはこの立場を否定するが，それは物質主義的な世界観や，経験論的認識論を採用することとはまったく別の立場の表明である。ムーアにとって観念論が誤りであるのは，まず心的ないし精神的な作用や働きを究極的なものとし，そこから真理の成立を説明しようとする点にある。概念は心的なものではない。それは精神の働きに依存

しない。概念はそれ自体で自足的な，論理的対象である。

　しかし，命題が認識主体と対象世界の関係を抜きにして，それ自体として真でありうるとすると，その「真理」ということはどのように説明されるのか。先に見たように，ムーアの答えは簡単である。真理はそれ自体が究極の原始概念であり，さらに分析されたり説明されたりできる関係ではない。命題は真であるか偽であるかであるが，ある命題が真であることはその命題の内部に属する性質であり，他の何かとの関係において成立する関係ではない。つまり，真理は自足的であり，われわれはそれぞれの命題の真理を直観することができるだけである。

　ムーアはこのようなプラトン主義の哲学を論文「判断の本性」のみならず，1903年の論文「観念論の論駁」でもおこなった。認識は認識対象と主観の関係や働きではない。観念論はこの働きの存在を疑うことができないために，外的世界は認識主体の構成する現象であると考えるが，これは根本的な誤りである。「認識の主体と対象の間にはいかなる因果関係もない」というのが，ムーアの主張である[2]。

　真理は定義できないし，分析することもできない。それはただ直観され，直知されるだけである。この思想を真理だけでなく，さらに「善」についても主張したのが同じムーアの『プリンキピア・エティカ』である。そして，ケンブリッジにおける新しい哲学の革命をもっとも鮮明に人々の心に植え付けたのも，この倫理学の主張である。

　ムーアやラッセルの下に集まった若い学生たちのこの倫理説への熱狂はよく知られている。ムーアの思想の信奉者たちと，ヴァージニア・ウルフらの藝術におけるモダニストのグループは，「ブルームズベリー・グループ」という前衛的思想運動をのちに形成するが，その中心人物の一人ストレイチーは，ムーアの『プリンキピア』を称して，「この書はアリストテレスからキリスト，スペンサー，ブラッドリー氏にいたる，すべての倫理思想の作者たちを粉砕した」と述べた。レナード・ウルフもまた，この作品が「エホバ，キリスト，パウロ，プラトン，カント，ヘーゲルがわれわれを陥れてきた，さまざまな宗教的，哲学的悪夢，錯覚，迷妄を取り払って，常識という新鮮な空気と純粋な光を投げかけたのである」と大げさに語っている。ケインズはこのグループの立場を批判的に回想した，「若き日の信条」で次のように述べている（Gadd

第Ⅲ部　ケンブリッジの哲学・社会哲学・文芸

1974：23f）⁽³⁾。

「私は1920年の第一学期にケンブリッジに入学したが，ムーアの『プリンキピア』は私が１年次の最後に発表された。……それは感動的で陶酔的，一つのルネッサンスのはじまり，地上における新しい天国の開始であり，われわれは新しい摂理の到来を告げてまわる伝道者として，何も恐れることはないのだと感じていたのである」（Keynes 1972：435）。

　ムーアの善についての思想は，「新しい摂理の到来」であるといわれているが，それは倫理的，道徳的な意味での善が，定義不可能な究極の概念である，という思想である。善とは世界のなかにあるさまざまな事物や人間がもっている性質ではない。「人助けは善である」，「ソクラテスは善人である」は，一見したところ普通の意味で，ある行為や人物に性質を付与する言明であるように見える。しかし，そうした理解は誤りである。というのも，さまざまな事物にたいする性質の付与は，観察可能な経験的な事実にもとづくものであるが，事物や人間の価値判断は，経験的事実の表明ではないからである。「…であるべきである」というタイプの価値判断を，「…である」という事実判断と混同することは，倫理学における自然主義的誤謬である。事実から価値は論理的に導くことができない。それだけでなく，価値の判断はこの世界の経験とは独立の，そこから超越した世界についての判断である。価値の究極の形態や美と友情のなかにあるが，これらの価値をまさに価値として認識する能力は，人間においてもっとも高貴な知的直観という精神の働きにあるのである。

ラッセルの思想

　キリストの説く愛の教説よりもさらに高度な摂理である，「美と友情」の教え——。ケインズらはムーアからこのプラトン主義の教説を授けられ，それを伝道することに自分たちの使命を見出したのであるが，同じくプラトン主義的な認識論に立脚しながら，それを数学や論理学という，本来のプラトン主義にふさわしい領域で展開したのが，ムーアの盟友であったラッセルである。当然のことながら，ケインズたちはこのムーアの盟友の哲学にたいしても，最大限の崇敬の念を惜しまなかった。

　ラッセルはカントの数学論やライプニッツの論理思想についての研究から出発したが，ちょうど世紀が変わる1900年に開催された国際数学会において，イ

326

タリアの数学者ペアノから数学を論理学に還元する「論理主義」の手法が，ドイツのフレーゲによって考案された形式論理学の体系（フレーゲの言葉では「概念記法」）によって，可能になることを知らされた。彼はまた，フランスのライプニッツ研究者クーテュラからも，同様の発想の強力さを教えられた。そこで，それまで考えていた数学の形式化の試みを，新しい記号論理学を武器にして，全面的に展開する計画を立て彼自身の数学の師であった，ホワイトヘッドとの共著という形で，『プリンキピア・マテマティカ』全3巻を完成させた。ムーアの主著が『プリンキピア・エティカ』であるとすれば，ラッセルの主著は『プリンキピア・マテマティカ』と名付けられたのである。（ついでに記せば，ケインズがフェローに応募する際に提出した論文『確率論』を審査したのも，ホワイトヘッドである）。

　ラッセルはフレーゲを源泉とする論理主義という数学の哲学の継承を自らの使命とするとともに，その内在的な困難についても果敢に挑戦をおこなった。この困難は，一般に「ラッセルのパラドックス」と呼ばれる，集合論上の論理的不整合であり，論理学の基礎を提供する集合論の公理を素朴に適用していると，真偽いずれとも決定できない命題を生み出してしまうという困難である。

　ラッセルはこうした論理学の内在的困難を克服するために，「分岐的タイプ理論」と呼ばれる非常に精妙な論理的テクニックを開発していったが，こうした技術的問題への対処とは別に，命題という言語の基礎的単位の成立条件を考察するという問題関心を開拓し，そこから言語の有意味性の根拠を明らかにするという，いわゆる意味論的分析の手法を編み出していった。これが言語の意味の根拠を明らかにするという「分析哲学」の主要関心の創出である。ケンブリッジにおける観念論の批判はムーアによって先鞭をつけられた。しかし，その批判を基礎にして，命題の意味成立の条件を明らかにするという分析哲学の課題は，ラッセルによって確立された。

　私たちの認識の基礎単位は，それについての真偽が問いうる文，命題である。命題は主語と述語からなるのではなくて，集合を表す関数と，その関数の項となる変数や定数からなる。命題にはその関数の適用範囲を量的に指定する量化子というものが属する。命題についてのこの形式的な理解は，ドイツのフレーゲやアメリカのパースがまずはじめに考案したものである。しかし，この理解にもとづいて文の深層において働いている形式的構造を明らかにし，その真偽

第Ⅲ部　ケンブリッジの哲学・社会哲学・文芸

の確定可能性を梃にして，有意味性の限界を明らかにしようとしたのは，ラッセルが最初である。

　たとえば，彼は「記述の理論（theory of description）」と呼ばれる意味分析の手法を創案したが，「記述の理論」とは，ある対象を「指示」しているように見える言語表現が，本当はその対象にかんする「記述」をおこなっている命題の一部分であり，その限りで不完全な記号であるという考えである。試しに「現代のフランス王はハゲている」という命題を考えてみる。この命題は，表面的には「現代のフランス王」という人物ないし対象が「ハゲている」という性質をもっている，と述べているように見える。これは一個の対象指示的な言語を装っている。しかし，この文の深層にある論理形式を明らかにするために，これを分析してみると，この文は「現在の時点でフランス国王が一人存在し，かつ，その人物はハゲている」という，存在量化子を含んだ文ともう一つの関数表現文からなる，連言的な複合命題の短縮形であることが分かる。

　「現在のフランス国王」という記述句は，実際には存在命題であり，しかもそうした国王は存在しないのであるから，存在命題と，それを基礎にした連言命題の真理値は，ともに偽である。ラッセルが考案した言語分析の手法とは，このように，新しい記号論理学の命題の概念を活用しつつ，われわれの日常言語の装いを透視して，その底にある論理形式を浮き彫りにし，その真偽を確定するという手法のことである。そして，この分析哲学の手法を全面的に適用して，われわれにとって「思考可能なもの」の限界を明確にしようとしたのが，ラッセルの愛弟子であり，彼がケンブリッジ哲学の次代の発展を託そうとしたウィトゲンシュタインである。[4]

3　前期ウィトゲンシュタイン

世紀末オーストリア出身の哲学者

　ルートウィッヒ・ウィトゲンシュタインは，ヒトラーやハイデガーと同じく1889年に生まれた，オーストリアの哲学者である。彼の父はオーストリアの鉄鋼王であり，そのウィーンの邸宅には，世紀末オーストリアを代表する音楽家，画家，文学者など，多くの芸術家が集っていた。ウィトゲンシュタインははじめベルリンの工科学校に進み，さらにマンチェスター大学の工学部で航空工学

第 **10** 章　ケンブリッジの哲学状況

を学んでいたが，ラッセルの『プリンキピア・マテマティカ』の論理学としての体系性やパラドックスの議論に魅了されて，ケンブリッジのトリニティ・カレッジの哲学の学生になった。

　ケンブリッジに着いた彼は，すぐにムーアや周囲の人々ともきわめて親密になり，ラッセルやムーアに向けて自分自身の論理思想の輪郭を口述する関係になった。ラッセルはケンブリッジを訪れたウィトゲンシュタインの姉にたいして，「この大学の次代の哲学を担うのはあなたの弟です」と言明した。彼は学部生であったが，その才能によってすでに，ケンブリッジ哲学の中心人物であるラッセルとムーアの後継者であることを，自他ともに認められたのである。

　ウィトゲンシュタインが考えたのは，ラッセルのパラドックスのような論理体系内部の不整合は，言語についての形式的な制約を加えることで排除されるのではなく，「言語がそれ自身の面倒を見る」ことで，自然に無害なものになるはずだと，ということである。ラッセルは論理体系における矛盾の除去のために，形式言語の体系に属する記号の使用にかんするシンタクティカル（統語論的）な制約を課して，矛盾の成立を防ごうとした。そのテクニックは「分岐的タイプ理論」と呼ばれる非常に込み入った手続きからできている。ウィトゲンシュタインはこうした人為的な制約は，言語の自律的な有意味性の確保という事実を見逃しているために，導入されたのであり，哲学的に重要なことはこの種の技術的な改良ではなくて，形式的な言語の可能性の根拠を明らかにし，その可能性と限界とを形式的言語を超えた地点から，超越論的な視点で解明することであると考えた。[5]

『論理哲学論考』の出版とその後

　彼はそのために，言語がそれ自身の面倒を見るという意味での，命題の成立や真偽の概念の分析をおこなおうとした。彼はこの思想を『論理哲学論考』という著作にまとめ上げたが，そのドイツ語版の出版は1921年で，ケインズの『確率論』の出版と同じ年である。彼は第一次大戦の勃発とともにオーストリア軍の兵士として志願し，大戦末期にはイタリアで捕虜として過ごしたが，その間にこのテキストの最終版を執筆した。そして大戦の終結とともに哲学・論理学研究の道を捨てて，小学校の教師や建築家として再出発しようとした。

　ただし，彼は新しい道に進む一方で，自分の哲学書の決定的な重要性を確信

329

第Ⅲ部　ケンブリッジの哲学・社会哲学・文芸

しており，ドイツでの出版に向けて奔走した。ところが，この本の非常に晦渋な内容に好意をもつ出版社はほとんどなく，最後にラッセルの序文を付けてであれば刊行してもよいという出版社がようやくあらわれた。ウィトゲンシュタイン自身は自分の哲学が師のラッセルの言語哲学の内在的批判であることを強く意識していたために，このような対応にはかなり強い抵抗を感じたが，自説の公表のために，最終的にはそうした妥協策を受け入れざるをえなかった。もちろん，ラッセル自身は自分の弟子の天才的な業績の価値を疑ってはいない。ただ，その細部においてなお不分明な点があるのではないか，という疑問を呈しただけである。

　『論理哲学論考』の出版によって，一旦は哲学を離れたウィトゲンシュタインであるが，小学校教師としてはさまざまな失敗を経験して，落胆を覚えざるをえなかった。そして，彼は社会での無理解をケンブリッジのラムゼーやケインズへの手紙で訴え続けた。結局彼らの度重なる勧めもあって，ウィトゲンシュタインは1929年には再びケンブリッジに戻ってきた。彼はフェローとなった後，ムーアが哲学教授の職を辞したあと，ケンブリッジの哲学教授となって，第二次大戦のころまで教鞭をとった。この間に彼は，自分の前期の思想を徐々に解体し，最終的に『哲学探究』にまとめられるような後期思想へと移行した。こうして，20世紀初頭にムーアとラッセルによってはじまったケンブリッジの新しい哲学の運動は，1930年代以降，ウィトゲンシュタインの手で継承されていったということになったのである。

　ただし，前期から後期へと進んだウィトゲンシュタイン思想の展開は，単純な一直線の道筋ではない。彼はまずラッセルの言語思想を改変するところから出発した。その思想が彼の同国人を中心とする「論理実証主義」の人々によって，熱烈に歓迎されたのであるが，ウィトゲンシュタイン自身は，それが大きな誤解にもとづくものであると考えざるをえなかった。しかし，そうした誤解はどのような思想から生みだされたのか。また，そうした誤解を解くために，彼自身はどのような自説の解体作業を余儀なくされたのか。このへんの事情を説明することは容易ではないが，ここからは，『論理哲学論考』，論理実証主義，『哲学探究』の思想，という順番で，この時代の複雑な哲学の展開の道筋をとりあえず確かめることにしたい。

330

前期ウィトゲンシュタインの言語哲学

まず，前期ウィトゲンシュタインの思想であるが，『論理哲学論考』は，言語の成立の解明のために，「言語の意味についての画像説（picture theory of meaning）」というものを主張した。これは簡単にいうと，文あるいは命題とは，世界のなかで生じる事実の可能性というものを，一つの画像（ピクチャー，絵）として提示するものだ，という理論である。この理論によれば，命題は現実についての一つの像であることを基盤として意味を獲得し，さらにこの像と現実世界の事実との照合によって，それが真であるか偽であるかを決定される。

たとえば，「ネコがマットの上にいる」という文を考えてみると，この命題は一匹の猫とマットとの間に成立しうる可能な関係を，単語どうしの空間的な配置などを梃にして描出し，それによって実際におきている事態との照合の基盤を形成する。この命題は事実との照合の基盤をもち，意味をもち，真偽が決定可能である。この照合の基盤は，この文が猫をめぐる事実のモデル，絵，あるいは模型になっていることにある。つまり，この命題は事実の一つの像であるがゆえに，有意味であり，真理値を決定することが可能なのである。

文とは一つの可能的な事実の提示であり，有意味な文はすべて事実の可能性を明示するものでなければならない。『論理哲学論考』における言語の有意味性にかんする議論は，一見したところささいな発想であり，格別の奥行きも陰影もないように見える。しかし，ウィトゲンシュタインは言語の有意味性の境界を確定することが，哲学的に非常に大きな意味をもつと考えた。というのも，彼にとってもっとも重要な問題は，有意味な言明と無意味な言明の関係は何かというところにあり，どうやって有意味な文を作ることができるかという技術的な問題ではなかったからである。

「語られうることは明確に語られうる。そして，論じえないことについては，ひとは沈黙しなければならない」（Wittgenstein 1922）。

これは『論理哲学論考』の最後の文章であるが，ここでは「語られうる」ことと「論じえないこと」の二つが問題にされている。しかし，重要なことは後者の「論じえないこと」はどのような意味で論じえないのか，という点にある。論じえないこと，語りえないことは言語として意味をもたないこと，ナンセンスである。しかし，「ナンセンス」ということはどういうことなのか。それはただ無駄話として，顧みることなく，捨ててしまえばよいことなのか。語りえ

第Ⅲ部　ケンブリッジの哲学・社会哲学・文芸

ないが，しかし捨ててはならないこともあるのか。沈黙にはそれ自身の「意義」があるのか。これらの点をどう理解するかという点で，ウィトゲンシュタインと，同じくウィーンを中心とした論理実証主義の人々との間には，根本的な対立が生じてくる。

語りえないもの

　まず，ウィトゲンシュタインは『論理哲学論考』においてわれわれの判断の真偽の根拠となる「有意味性」が，判断の文脈や議論の前提とは独立に，純粋に論理的な条件としてアプリオリに決定できると考えた。その論理的な条件，つまり真理可能性の組み合わせの条件は，実際の言語の運用において明示的に語られることはできず，ただ「示される」だけのもの，すなわち言語成立の超越論的な基盤としての，形式的なものとされた。命題の成立を可能にする形式的な条件である論理の世界。これが『論理哲学論考』においては「論じえない」もの，「語りえない」ものの，一つである。

　そして，論理の形式性が超越的で，超経験的，超感覚的なものであるとするこの発想は，ラッセルやムーアのプラトニズムの延長線上にある思想であるが，ラッセルらが論理形式や善のイデアについて，われわれの知性が直接に見ることのできる対象，直知の対象であると語ったのにたいして，『論理哲学論考』のウィトゲンシュタインは，それがわれわれの有意味性の限界を作るという意味で，超越的であるよりもむしろ超越論的であることを強調した点では，ラッセルらのような古典的な立場を乗り越えている。つまり，彼は古典的な形而上学よりもカントの批判哲学の方向に傾いている。

　といっても，このカント的な傾向はこの思想のあくまでも一面にすぎない。なぜなら，彼の論理観は，論理的真理や数学的真理が純粋に形式的であり，アプリオリであり，分析的であることを主張することで，結果的にカントのいうアプリオリな総合判断を否定するという意味では，ラッセルの発想と大きな相違はないからである。ウィトゲンシュタインは論理学がトートロジー（同語反復）であると考えた。数学的真理や論理的真理は，事実的には何も語っておらず，ただ示されるだけである。

　しかしながら，語りえずに示されるだけのものは，論理的な真理，つまり同語反復的真理には限られない。彼はさらに，形而上学や倫理学もまた，有意味

な言語の限界に位置するか，ないしはその限界を超えたところに位置するために，有意味な言明にはなりえないと考えた。形而上学や倫理学の主題とは，たとえば世界の創造者や人生の意味，善悪などの価値的な判断の基礎とは何か，人間には自由意志があるのか，などの問いである。これらの問いを問いとして立てたり，その問いに答えを与えようとすることは，画像としての文の形成ではないゆえに，ナンセンスを発話することである。それらについてわれわれは沈黙するほかはない。しかし，この場合の沈黙とはどういうことなのか。

　ここに前期ウィトゲンシュタインの哲学の核心部分があるが，このことは『論理哲学論考』の議論の表面からはほとんど読み取ることができない。むしろ，以上のような『論理哲学論考』の言語哲学からは，論理学や数学の基礎にかんするカント批判という側面と，カントを含むドイツ観念論の形而上学の捨象という主張が目立っているように見える。そこで，これらの企てをさらに徹底して，形而上学の超克ということをもっと進めることができるとすれば，それは哲学における大きな進歩を意味しているのではないか。いいかえれば，ラッセルやウィトゲンシュタインの哲学は，反形而上学という意味での経験主義，実証主義と本来親和的な思想ではないのか——。そう考えたのが，ウィーンやベルリンのいわゆる「論理実証主義」の人々である。

4　論理実証主義

ウィーン学団

　よく知られているように，論理実証主義とは1920年代に，オーストリアとドイツで盛んになった哲学の改革運動であり，1929年に『科学的世界把握』というマニフェストを発表して，一つの新しい哲学の学派であることをヨーロッパの内外に向けて主張したグループの思想である。

　このグループの中心になったのは，ウィーン大学のシュリックをリーダーとする「ウィーン学団」と，ベルリン大学のライヘンバッハをリーダーとする「ベルリン経験主義哲学協会」であり，前者に属した著名研究者としては，カルナップ，ファイグル，ゲーデル，ハーン，メンガー，ノイラート，ワイスマンらがおり，後者に属した著名研究者としては，デュビスラウ，グレリング，ヘンペルらがいる。このうち，専ら経済学の分野で活躍した研究者としては，

333

第Ⅲ部　ケンブリッジの哲学・社会哲学・文芸

カール（Karl）・メンガーが数えられるのみである。しかし，偉大な経済学者カール（Carl）・メンガーを父にもった息子のカールは，後にアメリカと合流し拡大したこの運動のなかで，経済学の分野の中心的役割をはたすことになる。さらに，これらの人々以外にもヨーロッパの各地にこの思想に共鳴した人々は多くおり，特に，哲学の世界でこの思想を広く英語圏に広めたのはオックスフォード出身のエイヤーである（Ayer, 1936）。

　これらの研究者たちを巻き込んだこの思想運動は，当時のヨーロッパの大きな歴史的運命のゆえに，ドイツやオーストリアを離れてアメリカへと移住することを余儀なくされた。というのも，これらの研究者やその家族には，多くのユダヤ人が含まれていたが，ナチスの勃興とともに激しさをましたユダヤ人排斥運動のために，これらの人々の大多数はイギリスやチェコ，オランダなどを経由して，アメリカ各地の大学へと移籍することになったからである。当時のアメリカにおいて，このグループと親和性のある思想をもっていたのは，モリス，ネイゲル，クワインらの哲学者であり，彼らは共同して『統一科学百科事典』という研究書シリーズの出版を計画するとともに，「ウィーン・シカゴ学派」という名前で，この運動の拡大に努めた。この運動がアメリカで衰退を迎えるのは，クワイン自身による内在的批判や，クーンのパラダイム論の発表によって，その理論的支柱の脆弱さが次々と暴かれることになった，1960年代以降のことである。

　経済学の分野でいえば，この『百科事典』のシリーズで出版された「経済学」のテキストは「計量経済学」と「数学的経済学」の二部門からなるものであったが（出版はこの叢書の計画から30年後の1968年），これらの編集方針には先に触れたように，息子のカール・メンガーが大きく関わったとされている。また，20世紀を代表する経済学者のひとりサムエルソンについては，時としてこの思想の系列に連なることを指摘されることもあるが，それも，ウィーン・シカゴ学派という文脈においてであったと考えることもできるだろう。

統一科学の運動

　1929年にこのグループが発表した『科学的世界把握』には，この哲学運動の「前史」と「科学的世界把握」という思想の概略，そして「算術の基礎」，「物理学の基礎」，「幾何学の基礎」などの具体的な「問題領域」にかんする考え方

が記されている。論理実証主義という名称は、この前史において語られるヘルムホルツやマッハなどの実証主義に、新しい論理主義の思想、つまりラッセルとウィトゲンシュタインの言語分析の哲学を接ぎ木する、ということからきている。その接合の仕方はかなり微妙な問題であるが、ここでとりあえず注目するべきなのは、「科学的世界把握」という思想はどのような発想なのか、という問題と、個別的な「問題領域」において、「社会科学の基礎」がどう論じられているか、ということである（Neurath et al. 1929）。

　科学的世界把握という考えについては、「統一科学」という理念と「反形而上学」というモットーとを挙げておくことで理解できる。統一科学というのは、相対性理論や量子力学の誕生によって、それまで以上に厳密学としての性格を強めた物理学を手本として、自然世界についての全面的な統一的記述という理念を追求しようとすることであり、生物学や化学などを、物理学を基礎とする一つの学の体系へと総合化することが、この運動の大きな目標であった。

　また、反形而上学というのは、哲学という特異な学問に内在する形而上学的傾向を徹底的に拒否して、科学の批判的吟味という役割のみをこの学問に認めるという立場を指している。科学の批判的吟味ということは、個別の科学の基礎を明らかにするということを意味し、具体的にはそれぞれの分野における対象領域の「実証性」を確保するとともに、その形式的な整合性を論理学の観点から確保しようとすることである。論理実証主義によれば、形而上学とは「実証性」を超えた領域について議論を展開しようとする独断的・非科学的活動であり、ドイツにおけるヘーゲルなどのドイツ観念論とハイデガーの「基礎的存在論」などがその典型である。論理実証主義における哲学の役割は、これらの思想に見られる思弁的推論や問題の設定が、「実証性プラス論理学的厳密性」として理解される「言語の有意味性」の要件をみたしておらず、したがって、完全に「無意味」であるということを暴露することである。この立場では、知的探究の実証性は、言語の有意味性へと読み替えられているが、その有意味性とは、具体的には「言明の検証可能性と推論の論理的整合性」として理解されるのである。[6]

論理実証主義から見た社会科学

　ところで、統一科学運動は科学の実証性と論理的整合性を基準として、物理

第Ⅲ部　ケンブリッジの哲学・社会哲学・文芸

学を中心とする科学全体の統一を目指す運動である。しかし，科学の統一は自然科学の領域に限られるわけではないとしたら，この理念の下で社会科学の役割についてどう考えているのか。この点にかんしては，もともとの『科学的世界把握』では，おおよそ次のように論じられている。

　歴史や経済学を含む社会科学も，その基礎についての認識論的再検討が必要になることは自然科学の分野と変わりがない。そしてこの分野においても，形而上学的混合物の排除という試みは徐々になされているが，その進捗は目覚ましいものではない。とはいえ，この分野での形而上学の排除は，格別に急を要するものでもない。なぜなら，「この分野では，形而上学や神学が盛んなときでも，形而上学の影響は特に強くはなかったように思われるからである。……戦争と平和，輸入や輸出といった概念は，原子やエーテルなどの概念よりも直接知覚されやすい……ケネー，アダム・スミス，リカード，コント，マルクス，メンガー，ワルラス……彼らは，経験論的・反形而上学的態度をとって活躍している」。この評価が現在でも通用するのかどうかは定かではないが，とりあえず論理実証主義誕生の時点での主たるメンバーの理解は，このようなものであった。経済学は歴史的に見ても，一貫して反形而上学的傾向が強かったために，少なくとも実証主義とは親和性が強い学問だというのである。

5　後期ウィトゲンシュタイン

論理実証主義への批判

　論理実証主義の思想は第一次大戦後のヨーロッパで一定の支持を集めたが，先に見たように，ナチス・ドイツの台頭とともにアメリカへと移住せざるをえなかった。この運動がウィーンにおいて盛り上がりを見ていた当時，この運動の周辺にあって，しかもこの思想に強い批判的態度をとったのは，オーストリア出身のウィトゲンシュタインとポパーである。彼らはこの思想運動にたいして，それぞれまったく別の観点から，非常に強い反発を表明した。ポパーの場合は，この哲学が実証主義という誤った科学方法論を採用していることで，科学の本質を完全に見誤っている，というのがその反発の核心である。科学的探究は，さまざまなデータの蓄積にもとづき帰納的推論をおこない，それによって法則的な仮説を生み出す作業と，その仮説の検証からなるのではない。帰納

336

的推論に合理的根拠がない以上，このような科学論は破綻している。むしろ，科学的探究はその方法が何であれ構想された推測的仮説にたいして，できるだけ強力な反駁をおこなおうと努めることである（Popper 1959）。

ポパーの批判は，自然科学は絶対的に重要であるが，実証主義はその本質を見誤っている，という考えである。それにたいして，ウィトゲンシュタインの批判は，科学は正しい認識を与えるが，そうだとしても人間の人生にとってはまったく表層的な知識しか与えず，重要性がない。ところが，その科学をあたかも人間知性の輝かしい成果と考えるような「科学主義」は，哲学的にはまったくの倒錯である。そもそも統一科学運動は，すべての科学的活動が成功した自然科学をモデルにするべきだと考えるが，このことは何ら哲学的根拠のある議論ではない。社会科学が目指すさまざまな人間の生の側面にかんする「理解」という態度と，自然科学が目指す法則にもとづいた「説明」という態度が，同一の形式へと帰着するべき理由はどこにもない。

それだけでなく，自然科学がわれわれの精神活動においてもっとも崇高な活動であり，讃えられるべき事象であるという思想にも，根拠がない。ウィトゲンシュタインは友人の建築家エンゲルマンに，『論理哲学論考』は本当は「倫理学の書」である，と書き送った（Schulte 1988：102）。つまり，この哲学においては，語りえるものよりも，沈黙のうちに守られるべき倫理的信念や，宗教的確信のほうが，われわれにとって本当の意味で重要な事柄であるのだった。しかし，このことは『論理哲学論考』において，まさに語りえない主張であり，実際にまったく言及さえされていない。ウィトゲンシュタインは「序文」の冒頭で，「おそらく本書は，ここに著されている思想——ないしそれに類似した思想——をすでに自ら考えたことのある人だけに理解されるだろう」と書いている（Wittgenstein 1922）。しかし，まさにこうした閉鎖的な態度のゆえに，この本の趣旨は誤解されざるをえない運命にあった。そしてそのために，ウィーン学団の人々のような，完全に裏返しの理解にもとづく賞賛も可能になったのである。

前期のウィトゲンシュタインの思想はどこが間違っていたのか。また，なぜそれは間違って受け取られる素地をもっていたのか。彼は復帰したケンブリッジでの哲学研究を，これらの問題意識を軸に展開した。その最終的な成果が『哲学探究』の言語ゲーム論である。

第Ⅲ部　ケンブリッジの哲学・社会哲学・文芸

言語ゲーム論

　前期の思想では，われわれの言語表現は有意味なものと無意味なものとに画
然と分かつことができる，とされた。有意味と無意味の区別は，言語の形式に
即しておこなわれ，言語の形式が写像的な本性をもてば有意味であり，そうで
なければ無意味である。したがって，あらゆる有意味な言語は唯一の根本的な
形式をもつ。あるいは，すべての命題は一般的な命題形式をもつ。この一般的
な命題形式こそ論理的な思考の結晶である。

　しかし，『哲学探究』においては，こうした超経験的な論理形式の想定と，
そこから派生した言語理解のすべては根本的に誤っているとされる。言語には
形式的な面から見て，唯一の本質があるという保証はない。また，言語の有意
味性の根拠が，文の形式にのみもとづくという思想も独断である。意味とは言
語の形式の問題ではなく，言語がその使用において生きているか死んでいるか
の問題であり，言語思想の生き死には，その使用の文脈に沿って判断される。
ある文がナンセンスであるかどうかは，われわれの具体的な言語使用において，
個々の言表をおこない言葉を交わす当事者自身によって判断されている。それ
は，言語の外から超越論的に規定できるような，論理の問題ではない。

　われわれは，命令する，祈念する，証言する，主張する，抗議する，疑義を
はさむ，希望する，失望を表す，怒りを伝える，などの無数の言語ゲームを行
っている。これらは身振りと言語が織りあわさってできる，無数の言語表現の
交換ゲームであり，人間の言語とはこうしたゲームの集合から生まれる生の世
界そのものである。これらのゲームにはそれぞれに規則が属しているが，その
規則はゲームのスタイルによってまちまちな仕方で働き，一般的な言語の規則
やルールというものはない。むしろそれらは慣習的規則，規範であるから，命
令文のような形で書かれるものではなく，「生のスタイル」，「生の形式」として，
暗黙の裡に引き受けられ，伝授され，変更されるという仕方で機能している。

　したがって，判断の有意味性という事柄は，われわれが互いに交わす「言語
ゲーム」の種類に依存し，しかもそのゲームが遂行される場面の状況にも依存
する。言語ゲームの有効性を支えるのは，どこまでいっても言語を用いる人々
がシェアする「生」の形式である。つまり，個々の判断が意味をもつか否か，
もしももつとすればいかなる意味をもつのか，という問題はまったくアプリオ
リな問題ではなくて，言語を用いる人々の生の様式，その形式に埋め込まれた

338

ゲームの規則，その規則が適用される現場の具体的な状況など，多層的な条件に依存していて，まったく流動的かつ不確定的にのみきまるのである。

『論理哲学論考』の採用したメタ原理が，「慣習や習俗を無視してでも，純粋に知性ないし理性の導くことに従って判断や推論をおこなう」態度であったとすれば，『哲学探究』の採用する哲学思想は，「判断や発話の意味は，慣習や習俗という『生の形式』に埋め込まれていなければ，機能できない」という思想であり，生という根本的基盤から遊離した，抽象的，プラトン的な論理的形式のもつ「崇高さ」とは，理性が自己欺瞞的に生み出す，理性それ自身にとっての錯誤のメカニズムだ，という思想である。

前期思想の誤り

後期のウィトゲンシュタインは，『論理哲学論考』における自説のもっとも重大な誤りが，何らかの形式的なものの「崇高さ」を求めたところにあった，と考えた。現象的な世界，経験的な世界を超越して，理念的な純粋世界にあるものを把握すること，絶対的に崇高なものを追い求めることは，ムーアもラッセルもケインズも共有したプラトン主義的哲学の核心である。その崇高なものを，ムーアは善のイデアに求め，ラッセルは形式論理学の体系の無矛盾性に求め，ウィトゲンシュタインは命題の一般形式というものに求めた。

しかし，このような純粋世界への欲求は，かえって論理実証主義のような「科学主義」——それも一つの「崇高さ」の讃頌である——を導くことになった。それは単に『論理哲学論考』のテキストが秘教的でストイックな文章で書かれていたことから由来する，偶発的な誤解ではない。むしろ，「ざらざらした大地を離れ」て，抽象的な形式的思考に特別の意味を見出す姿勢は，『論理哲学論考』そのものが孕んでいた思想であり，その意味で，それに従って新しい統一科学の運動を企てようとした人々は，ウィトゲンシュタイン自身と同じ誤りを共有していたとしても，彼以上に間違った哲学をもっていたわけではない，ということになるのである。

後期のウィトゲンシュタインはこうして，自説の限界を克服するという企てのなかで，師であったムーアやラッセル以来のプラトン主義から脱する方向に向かったといえる。しかしながら，これで問題がすべて解決したということにはならないだろう。というのも，『哲学探究』の言語ゲーム論を認めた場合，

当然ながら，次のような問題が新たに生じてくるからである。言語ゲーム論では，すべての認識と判断の有意味性や正当性が生の文脈に沿ったものとされる。しかし，このような流動的で，共同体的，文化相対的な有意味性，合理性，真理性の解釈を採用するということは，人間の精神活動や科学的知識を分析する認識論や知識論の角度から見ると，哲学的にはどのような立場を採用することになるのか。それは一切の判断の意味を社会と時代に相対的なものとする，相対主義の採用ということなのだろうか。

　後期の言語ゲーム論には，さらに，もう一つの大きな問題がある。ウィトゲンシュタインの前期思想では，われわれはもっとも重要な事柄を「沈黙」のうちに守るべきだというメッセージが込められていた。私たちにとって本当に重要なことについては沈黙する他はない。ウィトゲンシュタインはこの本当に重要なこととして，特に倫理的な信念や信条を考えていたのであるが，このような発想はプラトン主義的倫理観の破棄とともに，同じく否定されるようにも思われる。言語ゲーム論に従えば，われわれは沈黙を守り通すということも一つの言語ゲームの遂行であり，それ以上でもそれ以下の行為でもない（これは若き友人のラムゼーが，哲学に復帰したウィトゲンシュタインに最初に突きつけた問いである）。しかし，そうだとすると，人間の精神活動において特別に重要である（かもしれない）倫理的信条の表明は，それ自体がゲームの一つとなるのか。それとも，そこにはなお，ある特別な意味合いが残される可能性があるのか。もしも，すべての言語活動を相対的なものと捉えるように見える言語ゲーム論においても，倫理的なものの特別な意義を確保する方向があるとしたら，それはどのように理解されるべきなのか。

　これらが後期思想にかんして新たに問題になる事柄である。

言語ゲーム論の思想的方向

　まず，彼の後期の思想が一種の相対主義であるのかどうか，という問題から見てみよう。後期ウィトゲンシュタインの哲学的メッセージとしては，これまでの研究や解釈において，だいたい次のような三つくらいの理解の方向があるとされてきた。（たとえば，これらのウィトゲンシュタイン解釈にもとづいて，自らの哲学的方向を定めた現代アメリカを代表する思想家として，自然主義についてはデネット，プラグマティズムについてはパトナム，アナルコ合理主義についてはローティの名

前を挙げることができるだろう⁽⁷⁾）。

自 然 主 義
(Naturalism)
　この思想は，科学的合理性の根拠が，「人間が社会的慣習のなかで科学的探究を行う生物である」，というところにあるとする思想である。人間は生物種すなわち「自然種」として，社会を構成し，知的活動をおこなう本能をもつ。科学的探究であれ，経済的合理性の追求であれ，すべては生物としてのこのような本能にもとづいており，人間の合理性は何らかの規範として理解されるべきではなく，事実的な傾向と見るべきである。言語のなかに埋め込まれた無数のゲームの規則も，この生物としての生得的な機能の発露として理解することができる。

プラグマティズム
(Pragmatism)
　この思想は，真理や合理性という概念が実践や行動における価値や効用という概念と内在的に結び付いている，とする思想である。認識の真理などは行動の文脈を離れては無意味なものであるために，その本質はアプリオリなもの，形式論理的なもの，計算的なもののなかにはない。しかし，実践における価値は，それ自身が「生の可能性の開花」という理想と結び付いているので，まったくの相対的なものでもないし，完全に自然的な事実，本能的な傾向であるともいえない。この理想と結び付いているという意味では，真理も合理性も「理想」，「理念性」などの規範的性格を備えている。認識と実践とは相補的であり，それに関わるすべての概念には理念的な側面が含まれている。

アナルコ合理主義
(Anarco-Rationalism)
　これは，ウィトゲンシュタインの説を活用した科学哲学者のクーンやファイアーアーベントなどの立場を指す思想である。認識における「合理性」のスタイルは，歴史的に無数に考えられ，科学共同体，時代，文化のタイプに全面的に相対的である。それぞれの認識はそれぞれの時代に即して，合理的であり真理でありうる。しかし，歴史超越的な意味での認識の正当化はありえないし，その必要もない。この立場は，合理性についてのダダイズムないしアナーキズムと呼ばれることもある。20世紀後半のヨーロッパにおいて盛んに論じられるようになったポスト・モダニズムの思想は，この立場にかなり近いが，さらに相対主義を強め，かつニヒリズムを強化したものと考えられる。

　後期ウィトゲンシュタインの立場についてここで詳細な分析をおこなうことはできないが，これらのうちでは二番目の解釈がもっとも妥当な理解であろう

341

第Ⅲ部　ケンブリッジの哲学・社会哲学・文芸

と考えられる。その理由は，言語ゲーム論が重要視するルールや規範の関与ということが，自然主義やアナーキズムの立場では，特別の意味をもたないものになると思われるからである。自然主義をとると，たしかにわれわれの言語活動は生物的な情報交換の行為として，スムーズに理解することができるが，そこに関与するであろう，規則やルールのダイナミックな使用という次元がうまく説明できなくなる。言語行為がゲームであるということは，その参加者が一定のルールに従うということを本質とするが，このルールはあくまでも可変的なものであり，固定した，自然必然的なものではない。言語行為は生物としての必要から生まれたとしても，その必要に制限されずに，それを超えて新しいゲームを生み出す力をもつものでなければならない。「言語は自律的にそれ自身の面倒を見ることができる」というのは，前期ウィトゲンシュタインの根本思想の一つであったが，この発想は後期においても生きている。言語は自然の産物ではあっても，それ自身の論理を生み出すことができる。この点が自然主義の解釈ではうまく掬い取ることができない。

　反対にアナーキズムもまた，規則やルールにかんするウィトゲンシュタインの問題意識を捨象してしまう。彼の議論は，言語行為を支配するルールが可変的であるだけでなく，そのゲームに参加するメンバーのだれもが，そのルールの正当性を疑うことができるし，同時に自発的に従うこともできる，という議論である。パラダイムを中心とするクーンの科学革命論では，ルールは盲目的に従うか破棄するかのいずれかであって，自己批判的に吟味する契機は否定されている。あるいは，ファイアーアーベントのダダイズムでは，正当化の方法は「何でもあり」であって，規則の拘束性そのものが非常に弱くしか評価されていない。この見方では，言語ゲーム論がプラトン主義の自己批判として出てきたという事実が，ほとんど説明できないのである。

数学の哲学とその倫理的含意

　それでは，プラトン主義の自己批判としてのプラグマティズムとはいかなるものなのか。それは認識における規範や規則の自己批判的な契機をどのように認めるのか。そして，そうした自己批判的契機と連動した倫理思想とは，いかなるものなのか。

　これらはまさに後期ウィトゲンシュタイン思想の核心に位置する問題である。

第 **10** 章　ケンブリッジの哲学状況

ここではこうした重要な問題についても詳しい分析はできないが，その一つの試みとして，とりあえず彼の思想が論理的なもの，形式的なものの「崇高さ」を否定し，思想における偶像崇拝の批判という形で自分の哲学を展開していった，という事実をヒントとして考えることにしたい。それは具体的には，数学的な真理の厳密さや正確さを彼がどのように考えたか，という問題に注目するということである。

ウィトゲンシュタインは後期の著作において，主著である『哲学探究』以外にも，『確実性の問題』や『数学の基礎』と題された遺稿において，非常に陰影に富んだ思想を展開している。その議論は先に見た言語ゲーム論同様に，多くの解釈の幅を許す微妙なものであるが，ここでもまた簡便のために，彼の数学論の支柱ともいうべき思想を，あえて単純化して三つのテーゼにまとめてみる。

①過激な懐疑論的議論の可能性について。われわれはもっとも確実な真理と思われるものについても，その正当性を疑いうるとする『哲学探究』の議論。

われわれの科学的言明や数学的推論は，言語の使用を根本的に前提としている。そして，言語の使用には「規則に従う」という根本的な条件が課せられている。ところが，われわれが何らかの規則，ルールに従うというとき，個々のルールの適用が妥当なものであるのか逸脱的なものであるのかは，常に議論の対象となることであって，あらかじめアプリオリに決定されていることではない。言語の適用の規則は，鉄道のレールのようにあらかじめ敷設されているわけではないので，言語実践において常にその正当性や厳密性について，疑義をはさみうるものである。

たとえば，「56＋46」という計算には，記号「＋」の使用にかんする規則が適用されなければならない。しかし，誰かが万一この規則を使って，「56＋46＝5」という計算をしたとしても，それが「誤り」であることを証明することは，原理的にできない。なぜなら，その計算を行った者にとっては，「＋」の意味は，「和の合計が100以上の場合には5とせよ」と理解されているかもしれないからであり，しかも，それを否定するために提出されるであろう規則の説明には，どこまでいってもその説明自体に登場する言葉について，さらなる意味の不確定性がつきまとう可能性を，原理的に排除できないからである。したがって，いかなる数学的言明も，絶対的に厳密な意味では，「正確ではない」。

343

第Ⅲ部　ケンブリッジの哲学・社会哲学・文芸

これこそ，後期ウィトゲンシュタインのプラトン主義批判の中核的議論である。[8]

　②他方，懐疑論は理論的には可能であっても，その立場をそのまま維持することは不可能であるという，反懐疑主義の主張。

　われわれが上のような懐疑論的議論を追求できるのは，しかし実際には，背景的信念のネットワークの支えをもつ場合に限られる。数学とはさまざまな分野におけるさまざまな技術上のテクニックから構成されている，複合的な知的作業であり，いかなる数学的分析も，それが応用される領域についての暗黙の了解や，前提となる記号法，定義の類を除いては，単独での真理を主張することができない。

　このことを裏返すと，いかなる過激な懐疑論による数学的明証性への批判も，それ自体として単独で意味をもつことはできず，真理を支える具体的な背景的知識に伴われてなければならない，ということになる。永遠的真理の確実性への懐疑は，それが有効であるためにも，何らかの暫定的な真理の支えを必要としているのであり，知識と懐疑とは互いに支えあっている。一方が認められ，他方が否定される，という事態はありえない。これは最晩年の著作『確実性の問題』の中心的議論である。

　③数学的「証明」にかんする「見晴らしの良さ」の問題と，数学的「対象」にたいする「発見でなくインヴェンション」という『数学の基礎』の主張。

　数学において，証明行為はその本質的な要素であるが，数学的証明はそれ自身が一つの言語実践である。しかし，それは機械による自動的な演算とはまったく異なった，人間的な行為である。無数の式の変換の作業からなる式列が，一つの証明として認められるかどうかは，その式列が人間の精神にとって「見晴らしの良い」ものであるかどうか，という判断にかかっている。しかも，この判断の基準を別の言葉で説明したり，解釈することはできない。そして，証明と対象の措定とは，内的に結び付いており，数学的領域や対象（さまざまな数の種類や，幾何学的対象の可能性，さらには抽象的な構造や計算スタイルの可能性）は，この「見晴らしの良さ」の追求という言語実践のなかで，生きた形で探究され，工夫され，創出されていく必要がある。数学的真理は発見されるのではなく，人間的精神によって作り出さる。しかしそれは，恣意的で人為的な虚構として生み出されるのではない。

　以上は複雑なウィトゲンシュタインの数学論をきわめて簡略化して示したも

344

のであるが，ここには確かに，数学的真理の厳密性にかんする正負両面的な理解のための，一つの説明モデルがある。彼の最終的な哲学は，一方では人間的知識の真理性にかんする形式的客観性・確実性を否定しつつ，他方ではその虚構性をも拒否するという，まさしく両面的な思想であった。真理は機械的には与えられない。それは人間精神の創意に全面的にかかっている。しかし，そのことは真理が恣意的な虚構であるということとは別のことである。われわれは「人間の営みとしての数学的真理」が抱えるこの両面性を，どこまでも保持し続け，さまざまな領域におけるその具体的なあり方を確かめ続ける必要がある。

　大切なことは，人間にとっての真理というものがもつこの両面性を見失わないことである。若いウィトゲンシュタインは，自分にとっての真に大切な真理を沈黙の中に保持することこそが，倫理的な姿勢であると考えた。それは，ムーアやケインズたちとは議論の仕方が異なっているとしても，精神の特別な次元にある境域を認め，それを保持せよと命じる点では，同じプラトン主義的思想の一つであった。しかし，後期の彼はこの思想を廃棄して，「ざらざらした大地」に立つことこそが，倫理的な姿勢であると考えるようになった。その大地がまさに「ざらざらして」いるということ，つまり，不確実であり，しかも虚構ではない，という真理のあり方を，できるだけ見晴らしのよいものにすることに，彼はまさしく倫理的な意味での使命を感じるようになったのである。[9]

　注
(1)　マックタガートのテキストはMcTaggart（1921），その思想についての包括的研究は，Broad（1933）を参照されたい。ブロードはケンブリッジの哲学科の重要なファカルティの一人であったが，ラッセル，ケインズ，ウィトゲンシュタインの流れとは距離を保ち，師の観念論の伝統を継承した。
(2)　ムーアのテキストについては，Moore（1903，1993）を，思想全般にかんしてはBaldwin（1997）を参照されたい。
(3)　ムーアやケインズとブルームズベリー・グループの関係にかんしてはGadd（1974）が詳しいが，ラッセルやケインズ，ストレイチーにとって同様に重要な意味をもった，いわゆるケンブリッジの「使徒会」については，Lubenow（1998）を参照されたい。
(4)　ラッセルの生涯と思想全般にかんしては，Monk（1996，2001）がもっとも包括的な研究である。

345

第Ⅲ部　ケンブリッジの哲学・社会哲学・文芸

⑸　ウィトゲンシュタインの生涯と思想全般については，Monk（1990）と Schulte（1988）の解説が分かりやすい。

⑹　論理実証主義については文献に挙げたエイヤーの二冊が標準的な解説である。

⑺　後期ウィトゲンシュタイン解釈を交えた三人の著作として，Dennett（1993），Putnam（1995），Rorty（1982）が挙げられる。

⑻　後期ウィトゲンシュタインをめぐるおびただしい研究のなかでも，もっとも大きな反響と批判を呼んだのは，Kripke（1982）である。このウィトゲンシュタイン論の詳細については，Kusch（2014）の解説が役に立つ。

⑼　後期ウィトゲンシュタインの倫理思想をこのような複雑な思考のスタイルと捉える解釈は，注⑺で挙げたパトナムの理解に負っている。この点のさらに詳しい検討は，拙著『プラグマティズム入門』（ちくま新書，2016年）を参照されたい。

参考文献

Ayer, A. J.（1936）*Language, Truth and Logic,* Gollancz.（吉田夏彦訳『言語・真理・論理』岩波書店，1955年。）

——（1966）*Logical Positivism,* Free Press.

Baldwin, T.（1997）*G. E. Moore,* Routledge.

Broad, C. D.（1933）*Examination of McTaggart's Philosophy,* 3vols., Cambridge University Press.

Dennett, D.（1993）*Consciousness Explained,* Penguin.（山口泰司訳『解明される意識』青土社，1997年。）

Gadd, D.（1974）*The Loving Friends,* Hogarth Press.

Keynes, J. M.（1972）*The Collected Writings,* Vol. 10, Macmillan.

Kripke, S.（1982）*Wittgenstein on Rules and Private Language,* Blackwell.（黒崎宏訳『ウィトゲンシュタインのパラドクス——規則・私的言語・他人の心』産業図書，1983年。）

Kusch, M.（2014）*A Sceptical Guide to Meaning and Rules : Defending Kripke's Wittgenstein,* Routledge.

Lubenow, W. C.（1998）*The Cambridge Apostles 1820–1914,* Cambridge University Press.

McTaggart, J. M. E.（1921）*The Nature of Existence,* Cambridge University Press.

Monk, R.（1990）*Ludwig Wittgenstein : The Duty of Genius,* Free Press.（岡田雅勝訳『ウィトゲンシュタイン——天才の責務』全2巻，みすず書房，1994年。）

——（1996）*Bertrand Russell 1872–1921 : The Spirit of Solitude,* Free Press.

─────(2001) *Bertrand Russell 1921-1970 : The Ghost of Madness,* Free Press.

Moore, G. E.（1903）*Principia Ethica,* Cambridge University Press.（泉谷周三郎・寺中平治・星野勉訳『倫理学原理』三和書籍，2010年。）

─────（1993）*Selected Writings,* Routledge.（國嶋一則訳『観念論の論駁』勁草書房，1960年。）

Neurath, O., Carnap, R. and Hahn, H.（1929）*Wissenschaftliche Weltauffassung,* Springer.

Popper, K.（1959）*The Logic of Scientific Discovery,* Routledge.

Putnam, H.（1995）*Pragmatism : An Open Question,* Wiley-Blackwell.（高頭直樹訳『プラグマティズム』晃洋書房，2013年。）

Rorty, R.（1982）*Consequences of Pragmatism,* University of Minnesota Press.（室井尚他訳『哲学の脱構築──プラグマティズムの帰結』御茶の水書房，1994年。）

Russell, B.（1912）*The Problems of Philosophy,* Oxford.（高村夏輝『哲学入門』ちくま学芸文庫，2005年。）

─────（1956）*Logic and Knowledge : Essays 1901-50,* Routledge.

───── and N. Whitehead（1910-13），*Principia Mathematica,* 3 vols., Cambridge University Press.（岡本賢吾他訳『プリンキピア・マテマティカ序論』哲学書房，1988年。）

Schulte, J.（1988）*Wittgenstein : Eine Einführung,* Reclam.

Wittgenstein, L.（1922）*Tractatus Logico-philosophicus,* Routledge.（野矢茂樹訳『論理哲学論考』岩波文庫，2003年。）

─────（1953）*Philosophical Investigations,* Blackwell.（藤本隆志訳『哲学探究』ウィトゲンシュタイン全集第8巻，大修館書店，1976年。）

─────（1956）*Remarks on the Foundations of Mathematics,* Blackwell.（中村秀吉・藤田晋吾訳『数学の基礎』ウィトゲンシュタイン全集第7巻，大修館書店，1976年。）

─────（1969）*On Certainty,* Blackwell.（黒田亘訳『確実性の問題』ウィトゲンシュタイン全集第9巻，大修館書店，1975年。）

─────（1995）*Cambridge Letters : Correspondence with Russell, Keynes, Moore, Ramsey and Sraffa,* Blackwell.

第 11 章
ブルームズベリー・グループ

中矢俊博

1　ケインズとブルームズベリー・グループ

　ケインズは，マーシャルの薫陶を受けたケンブリッジ出身の経済学者である。しかし，市場の調整力に信頼を置く経済学に賛同せず，人間の心理や不確実性をベースにした「新しい経済学」を打ち立てることに成功する。現代では，ケインズ無くして経済学を考えることは不可能である。そのようなケインズの斬新な思想や哲学は，ケンブリッジ「使徒会」とブルームズベリー・グループからもたらされた。以下では，ケインズとブルームズベリー・グループとの関わりを，三つの視点から見ていく。

スティーヴン家の4人の兄弟姉妹

　第一の視点は，スティーヴン家の4人の兄弟姉妹との関係である。ケインズは，当時ゴードン・スクエア46番地に住むヴァネッサ，トウビー，ヴァージニア，エイドリアンの4人と何らかの友好関係を持っていた。ヴァネッサとはダンカン・グランドを介した絵画を通じて，トウビーとはトリニティ・カレッジの仲間の集まりを通じて，ヴァージニアとは「使徒会」のリットン・ストレイチーやレナード・ウルフを通じて，エイドリアンとはケンブリッジの同期生ということで，それぞれ親交があった。その中でもトウビーは，1905年の3月から，毎週木曜日の夜，ゴードン・スクエア46番地の自宅にケンブリッジの友人達を呼んだことから，最も重要な人物であった。この地は，最終的に，ケインズとリディアの住まいとなる場所である。トウビーは，1906年11月20日，26歳という若さで腸チフスのため突然亡くなった。

　スティーヴン家の長女であったヴァネッサは，小説家であるヴァージニアと

349

第Ⅲ部　ケンブリッジの哲学・社会哲学・文芸

同様に，画家を職業とした開明的な女性で，クライブ・ベルと結婚して2人の子供（ジュリアンとクウェンティン）を育てた。1916年からは，画家ダンカン・グランドとチャールストンという田舎で一緒に暮らし，アンジェリカという娘をもうける。ブルームズベリー・グループに属する人達は皆，当時の道徳に縛られない自由な人間関係を持っていた。視覚芸術に関心があった人が多かったことから，彼らが最初に注目されたのは美術関連の仕事である。クライブとヴァネッサの共通の友人であったロジャー・フライの尽力により，「マネと後期印象派展」と題して1910年11月8日から1911年1月15日まで，ブルームズベリー地区にあるグラフトン・ギャラリーで開催された。

　ケインズは，若い頃から古書蒐集が趣味であったが，ヴァネッサやダンカンとの交流を通じて美術に興味を持つことで，イギリスの画家ロバーツなどの若き芸術家達を支援し，ナショナル・ギャラリーや自分自身のために絵画を購入する。1983年，フィツウイリアム博物館で開催されたケインズ生誕100周年のカタログ（Scrase & Croft 1983）を見ると，彼はドラクロワやマチスなど90点を超える絵画を所有していた。第一次世界大戦の末期，フランスの「ドガ・スタジオ」で開かれたオークションで，彼がセザンヌの「リンゴ」（静物画）を買った時の話は有名である。

ケンブリッジ「使徒会」

　第二の視点は，ケンブリッジ「使徒会」での活動である。ケインズが所属した「使徒会」は，ケンブリッジに今でも存在している結社であり，秘密主義とエリート主義を標榜する。使徒達は，毎週土曜日の夕方，発表する会員の部屋に集まり，誰かが提起した主題について討論した。会員に空席ができると，新しい「使徒」が全員によって推挙された。1902年10月，キングズ・カレッジに入学したケインズは，リットン・ストレイチーとレナード・ウルフが推挙し，1903年2月に243番目の会員となる。

　リチャード・デーコンの『ケンブリッジのエリートたち』（Deacon 1985）には，末尾に数百人の会員録が見られる。その中で，ケインズと関係の深い会員は，会員となった年代順に，ヘンリー・シジウィック（1856年），アルフレッド・ノース・ホワイトヘッド（1884年），ゴールズワージー・ロウズ・ディキンソン（1885年），ロジャー・フライ（1887年），バートランド・ラッセル（1892年），

350

第 11 章　ブルームズベリー・グループ

ジョージ・エドワード・ムーア（1894年），デズモンド・マッカーシー（1896年），ラルフ・ホートリー（1900年），エドワード・モーガン・フォスター（1901年），リットン・ストレイチー（1902年），レナード・ウルフ（1902年），ルートヴィッヒ・ウィトゲンシュタイン（1912年），フランク・プランプトン・ラムゼー（1921年），リチャード・ベヴァン・ブレイスウェイト（1921年），ジョージ・ライランズ（1922年），ジュリアン・ベル（1928年），などである。

　このリストを見れば容易に分かるように，ケインズが「使徒会」会員との交流で得たものは，哲学，美学，倫理学，政治学，文学などであり，経済学ではなかった。それ故に，彼の「人生の目的」が，愛ならびに美的体験の創造と享受，それに真理の追究であったことは当然のことである。彼自身は，革新的な経済学書を著すことで，20世紀最大の経済学者として有名になったが，ハロッドが『ケインズ伝』（Harrod 1951）で明言しているように，また多くの人が認めるように，彼は極めつけの文章の達人であり，長く散文作家として記憶されることは間違いない。その能力の多くは，ここで身に付けたものであった。

リディア・ロポコヴァ

　第三の視点は，バレエ・ダンサーであったリディア・ロポコヴァを伴侶にしたことである。筆者は，『ケインズとケンブリッジ芸術劇場——リディアとブルームズベリー・グループ』（中矢 2008）で詳述したように，彼女はロシア・ディアギレフ・バレエ団のプリマ・バレリーナであって，1925年にケインズと結婚した当初は，ハイブロウなブルームズベリーの人達に受け入れられなかった。彼女が，労働者階級の出身だということもある。しかし，その後徐々にではあるがこのグループに溶け込むようになり，第一次世界大戦後の集まりである「メモワール・クラブ」では，ケインズと同伴して会合に参加した。

　ケインズは幼い頃からパントマイムが好きで，人間の手の動きやパントマイムの舞踏版とも言うべきバレエに強い関心を持っていた。自らの手を題材にして，塑像を作らせたこともある。そのためもあってか，自分の生涯のパートナーとして，ロシア人のバレリーナであるリディア・ロポコヴァと結婚すると言う決断を下す。この結婚は，知性と美の結合として，世間で褒めそやされた。ケインズは，ブルームズベリー・グループの仲間と同様，音楽，美術，文学などを総合した芸術であるバレエやオペラを趣味としていた。

351

第Ⅲ部　ケンブリッジの哲学・社会哲学・文芸

1930年2月に行われたカマーゴ・バレエ協会（現在のロイヤル・バレエ団）の発足や，同年12月のロンドン芸術劇場クラブ公演に尽力したことに続いて，1936年の2月には自らの手でケンブリッジに「アーツ・シアター（芸術劇場）」を作るに至る。ケインズは，愛するリディアやケンブリッジ市長である母のために，劇場建設に心血を注いだのである。その時の経験をもとに，彼は1945年の6月，BBCラジオ放送を通じ，「イギリス芸術評議会——方針と期待」（『ケインズ全集』28：1982）と題してイギリス芸術評議会の理念を公表した。その理念の下に，戦後，イギリスのバレエやオペラの殿堂として，「コベント・ガーデン劇場」の復興に尽力する。

2　ブルームズベリー・グループの特徴

さて，ブルームズベリー・グループの特徴を大まかに述べておきたい。ブルームズベリー・グループとは，20世紀の初頭，正確に言うならば1905年3月頃から，ロンドンのブルームズベリー地区とその周辺に住んでいた，同じ考え方を持つ青年達の集まりのことを言う。一般に，何々グループと言うと，複数の人間が何らかの目的（政治・経済・軍事・音楽・美術等）を持って集まることを想定するが，ブルームズベリー・グループにはメンバーの資格にどんな形式もなく，指導者もいなかった。このグループは，共通の生活態度を維持し，かつ固い友情で結ばれた友人達の集まりである。彼らは，ほぼ同じ中流階級に属した知的貴族であり，芸術への愛と友情や真理の追究こそが，人生の中で最善のものであると確信していた。

よく知られているように，ブルームズベリー地区には，ロンドン大学や大英博物館があり，ラッセル・スクエア，ゴードン・スクエア，フィッツロイ・スクエア，ブランズウィック・スクエアなどの公園も配置され，文化的にとても洗練された地域となっている。このグループは，スティーヴン家の4人の兄弟姉妹であるヴァネッサ，トウビー，ヴァージニア，エイドリアンを中心に，トウビーの友人であったケンブリッジの学生を交え，彼らが住むゴードン・スクエア46番地や，ヴァネッサの結婚後は，ヴァージニアやエイドリアンが住むフィッツロイ・スクエア29番地を本拠地とした。彼らは定期的に集い，お互いの知的交流を楽しんだのである。

352

第11章　ブルームズベリー・グループ

　このグループに集まった若者達は，当時支配していたヴィクトリア時代の既成観念に強く反発した。勤勉や禁欲，節制や貞淑といった価値観は，彼らの受け入れるところではなく，その中に偽善性を見出していたのである。その代わりとして，まったく自由に「愛」（人間の交わりの楽しさ）と「美」（美的体験の創造と享受）を追求し，後に文学・美術・文芸批評・政治・経済の分野で大成した人が多い。主な人物として，スティーヴン兄弟姉妹の他に，クライブ・ベル，レナード・ウルフ，ダンカン・グラント，ジョン・メイナード・ケインズ，リットン・ストレイチー，ロジャー・フライの9名（トゥビーは死去）が挙げられる。さらには，モーガン・フォスター，サクソン・シドニー＝ターナー，デズモンド・マッカーシー，メアリー・マッカーシーを加えることもある。

　ケインズは，偉大な経済学者として知られている。しかし，先にも指摘したように，大学時代に没頭したのは哲学，美学，倫理学，文学，政治学などであり，このグループのメンバーと同じ関心や趣味を持つ存在であった。彼の出世作『平和の経済的帰結』（『ケインズ全集』2：1972）は，世界経済を見据えたヴィジョンの素晴らしさと同時に，優れた人物描写で一躍世界に受け入れられる。それには，友人であったリットン・ストレイチーの『ヴィクリア朝偉人伝』（Strachey 1918）からの影響が大きいと言われている。『確率論』（『ケインズ全集』8 1921）は，彼自身も述べているように，ジョンソン，ムーア，ラッセルの影響を受けたのみならず，ロック，バークリー，ヒューム，ミル，シジウィックなどイギリスの伝統に則った書物である。これは，確率の論理的基礎に関する体系的な書物として，ブルームズベリーの人達の関心を集めただけでなく，現在でもこの分野での非凡な業績として認められている。

3　メンバーの個性と交流

芸術家たちの生き様

　さて，ここからは，ケインズを除く7人の主要人物（ヴァネッサ・スティーヴン，ヴァージニア・スティーヴン，クライブ・ベル，ロジャー・フライ，レナード・ウルフ，リットン・ストレイチー，ダンカン・グラント）について，彼らの個性と交流に焦点を当てつつ，一人ひとり検討していくことにする。ヴァネッサ・スティーヴンは，ブルームズベリー・グループの中でも中心的な役割を担っていた

353

第Ⅲ部　ケンブリッジの哲学・社会哲学・文芸

ので，彼女の生涯と業績については，より詳細に検討していきたい。

ヴァネッサ・スティーヴン（1879〜1961年）

　ヴァネッサは，ケインズが愛したダンカン・グラントと並んで，イギリスの後期印象派を代表する画家の1人である。セザンヌなどフランスの後期印象派の画風に影響を受け，色や構成を工夫し抽象的な絵を描くことで，イギリス絵画に新風を巻き起こした。フランセス・スポールディングは，『ヴァネッサ・ベル』（Spalding 1983）の中で，ヴァネッサは統率力，鋭敏な才知，誠実さ，皮肉なユーモアのセンスなどにより，ブルームズベリー・グループの中で支配的な役割を果たしたと言う。

　彼女の経歴を手短に述べると，娘時代はレズリー・スティーヴンの長女でありトウビーやヴァージニア，エイドリアンの姉として，結婚時代はクライブ・ベルの妻でありジュリアンやクェンティンの母として，その後はロジャー・フライやダンカン・グラントと共に後期印象派の旗手として活躍する。ダンカンと共にキングズ・カレッジのケインズの部屋をコーディネートし，フライと協力して「オメガ工房」の運営を続け，チャールストンの自宅に装飾を施しブルームズベリー・グループの拠点とした。また，ケインズと自分達との交友関係が失われることから，リディアとの結婚に強く反対するなど，常にブルームズベリー・グループの中心に位置した。

娘時代　　ヴァネッサは，レズリー・スティーヴンとジュリア・プリンセップ・ダックワースの長女として，1879年5月30日にハイド・パーク・ゲイト22番地に生まれる。父のレズリーはジョナサン・スウィフトの崇拝者であり，彼の詩「キャデナスとヴァネッサ」から，待望の長女にヴァネッサと名付けた。

　彼女は，小さい時から絵画に関心を示し，家庭で絵のレッスンを受ける。1896年になると，パーク・コテッジにあるコープ美術学校に通うようになり，塑像や裸婦などのデッサンに加え，織物の描き方や構成の指導も受けた。1901年には，遂にロイヤル・アカデミー美術学校へ入学するまでに，絵の能力を上げる。なぜなら，入学試験には，「裸婦のスケッチ」，「モデルを使った頭部と腕のスケッチ」，「解剖により骨格を示した古代人物像のスケッチ」，「解剖により筋肉と腱を示した人物像のスケッチ」などがあり，合格するのがなかなか難

354

しかったからである。

　また，ヴァネッサは，年子の弟トウビーと大変仲が良かった。トウビーは，1899年にケンブリッジのトリニティ・カレッジに入ってから，美術に関心の深いクライブ・ベルと友人となった。また，ヴァネッサは，3歳年下のヴァージニアとも仲が良く，性格や進む道は違えどもお互いの良いところを認め合う，素敵な美人姉妹であった。末の弟エイドリアンもイートン校を経て，1902年にトリニティ・カレッジに入学し，ジョン・メイナード・ケインズの同僚となった。

　ところが，1902年から1904年の2年間は，ヴァネッサにとって試練の連続であった。父レズリーの体調が悪化し，看病の毎日を送ることになったからである。そのために彼女は，ロイヤル・アカデミー美術学校の退学を余儀なくされ，スティーヴン家の長女として，父の最期を看取ることになった。父は，幾多の書物の著者であり，大変高名な人ではあったが，とても神経質な性格で，彼女に経済的な不安を包み隠さず語った。そのレズリーが，1904年2月22日，静かに息を引き取ったのである。父の死は，彼女にとって，闇から光への転換点となった。

結婚時代　父レズリーの死後すぐに，ヴァネッサはハイド・パーク・ゲイト22番地からゴードン・スクエア46番地に転居した。自分達の生きたいように，自由に生きるためである。トウビーが，ケンブリッジの友人達を連れてくるようになったのは，1905年の3月からのことであり，その友人の1人がクライブ・ベルである。

　フランス帰りのクライブは，1905年の夏，ヴァネッサに第1回目の求婚をする。その時は，ヴァネッサにその気が無く，彼の求婚を断った。画家として世に出ることを最優先に考えていたからである。それから1年後の1906年7月，クライブは再び彼女に結婚を申し込むが，彼女はこの申し出も拒絶する。自由な生活の方が，彼女にとって重要だったからである。しかし，その年の11月，トウビーが急死すると情況ががらりと変わり，クライブの求婚を受け入れる。経済的な問題と精神的な不安の両者を解決するためであったと考えられる。

　1907年2月，ヴァネッサはクライブ・ベルと結婚した。そして，1908年の2月に長男ジュリアンが，そして1910年8月には次男クェンティンが生まれ，新たに母としての役割が求められるようになる。ベル夫妻は，お互いに芸術家同

第Ⅲ部　ケンブリッジの哲学・社会哲学・文芸

士であり，これまでのヴィクトリア朝の道徳に縛られない自由な生き方を模索
した。ヴァネッサにはロジャー・フライに続いて，ダンカン・グラントとの出
会いがあった。ダンカンは，リットン・ストレイチーの従弟で，ジョン・メイ
ナード・ケインズの最愛の人であったが，1916年以降はチャールストンでヴァ
ネッサやデイヴィッド・ガーネットと一緒に暮らし，1918年にはアンジェリカ
という娘の父親となった。

後期印象派時代　　　　1910年2月，ヴァネッサはロジャー・フライを，ゴード
　　　　　　　　　　ン・スクエア46番地の自宅に招いた。これが，フライとブ
ルームズベリー・グループとの出会いとなる。フライは，様々な経験をもとに，
イギリスにフランスの新しい絵画を導入しようとしており，ダンカン・グラン
トも賛成であった。「マネと後期印象派」展は，このフライを中心にして，
1910年11月から1911年の1月まで，ロンドンのグラフトン・ギャラリーで開か
れた。

　1911年4月と1912年春，ヴァネッサはトルコとイタリアを旅行中に健康を崩
し，フライに看病してもらったこともあり，2人は親密な仲となる。そして，
第2回後期印象派展がヴァネッサとダンカンの作品も加えられ，1912年10月か
ら12月までグラフトン・ギャラリーで開かれる。1913年の7月には，ヴァネッ
サとダンカンの協力の下，フライの「オメガ工房」が動き出した。これは，芸
術を生活の中に生かすべく室内装飾などを中心にしたものであった。ベッドや
テーブル，カーテンや椅子，ポットや茶碗にも絵を描き，衣装などのデザイン
も積極的に行った。これらの作品は，その多くが後期印象派の感覚を取り入れ
たものであった。

チャールストン時代　　　ヴァネッサは，1916年の夏，戦火から逃れるために，
　　　　　　　　　　　ロンドンの南，サセックス州にあるチャールストンの
農家を手に入れた。ダンカン・グラントやデイヴィッド・ガーネット，それに
小さな息子達を連れて転居したが，夫クライブは一緒ではなかった。彼は，多
くの女性と関係を持ち続け，2人の夫婦仲はすでに壊れていた。1918年の夏以
降は，パリ帰りのケインズも加わり，充実した生活を過ごすことになる。ケイ
ンズは，この地で弾劾の書『平和の経済的帰結』（『ケインズ全集』2 1919）を書
き上げ，ヴァネッサにルーデンドルフという渾名を付ける。ルーデンドルフと
は，「タンネンベルクの殲滅戦」を指導したドイツ軍の参謀次長で，冷厳な性

356

格の人物として知られていた。

　その後ヴァネッサは，1918年の冬にアンジェリカをもうける。彼女は，もちろんダンカンの子であったが，クライブの承認の下，ベル家の娘として育てられる。良心的兵役忌避者としてチャールストンの農場で働いていたデイヴィッド・ガーネットは，ダンカンの娘アンジェリカと結婚することを誓い，22年後の1942年に2人は結婚する。ダンカンとガーネットは，この農場で一緒に働き，生活を共にする同性愛の関係にあった。ブルームズベリーの交友関係は，このように極めて複雑なものであったが，お互いの友情関係は決して壊れることは無かったのである。

　ヴァネッサは，ここチャールストンで，終戦に当たる1918年の冬まで過ごした。1919年以降は，ロンドンに戻って様々な活動に精を出し，チャールストンへは休日に訪れるだけであった。この頃ヴァネッサは，ブルームズベリー・グループが消えてしまったことに気付く。戦争と共に，このグループは消滅したのである。1920年3月からは，「メモワール・クラブ」として，過去を語る会となった。

　しかし，1920年2月のダンカンの個展に続いて，ヴァネッサも1922年6月に個展を開くまでに成長する。2人の絵は，フランスの後期印象派に大きく影響を受けたものばかりであったが，イギリス絵画の伝統を打ち破る意味で大きな役割を果たした。題材も日常生活に依拠したものが多く，生活に芸術を取り入れた点でユニークなものとなった。また，2人はよく肖像画を描いた。ブルームズベリー・グループの人達は，ヴァネッサやダンカンだけでなく，人間に強い関心があった。リットン・ストレイチーの人物伝，ケインズの消費性向などの人間心理をベースにした経済学，ヴァージニアの人の意識の流れを中心とした小説など，人間に関するものが多かったのである。

　戦間期は，彼女とダンカンにとって，最も輝かしい時期である。展覧会のために「ロンドン・グループ」に加わっただけでなく，1925年にケインズが若き芸術家のために設置した「ロンドン芸術家協会」では，多くの問題が発生したものの，中心的存在として活躍した。彼女の主な作品には，「たらい」(1918年)，「キュー・ガーデン」(1919年)，「ザ・ケインズ・ケインズ」(1927年)，「二人の女のいる室内」(1932年)，「子ども部屋」(1932年)，「メモワール・クラブ」(1943年)などがある。

357

第Ⅲ部　ケンブリッジの哲学・社会哲学・文芸

しかし，1932年の1月にリットン・スレイチーが胃癌で，1934年9月にはロジャー・フライが亡くなるという悲哀が，続けて彼女を襲う。最も大きな悲しみは，1937年7月に最愛の息子ジュリアンを，スペイン戦争で亡くしたことであろう。彼女は，しばらくの間，立ち直ることが出来なかった。

第二次世界大戦が始まると，ヴァネッサはチャールストンに戻り，1939年以降はここが終の住処となる。彼女は，1961年4月7日に亡くなるまで，ダンカンや子ども達とここで生活を続けた。

ヴァージニア・スティーヴン（1882～1941年）

ブルームズベリーの中心人物であったヴァネッサの次は，彼女の妹であるヴァージニアを取り上げたい。ジャーン・シュルキンド編集の『存在の瞬間』（V. Woolf 1976）は，ヴァージニア自身が書いた自伝的著作集であり，内容も充実しており，彼女の芸術・思想・感受性が良く分かる読み物となっている。特に，彼女が「メモワール・クラブ」で話した，「ハイド・パーク・ゲイト22番地」（1921年），「旧ブルームズベリー」（1922年），「私はスノッブでしょうか」（1936年）が興味深い。

ハイド・パーク・
ゲイト22番地　さて，ヴァージニアは，レズリー・スティーヴンの次女として，1882年1月25日にハイド・パーク・ゲイト22番地に生まれた。彼女は，「あの家を振り返ってみると，家庭生活の，グロテスクな，喜劇的な，また悲劇的な情景，青春時代の激しい感情，反逆，絶望，酔いしれる幸福感，計り知れぬ退屈，有名な，また退屈なパーティ，またしても激情，ジョージとジェラルド，ジャック・ヒルズとのラブ・シーン，父への熱愛と激しい嫌悪の交錯，それらすべてが若々しい戸惑いと好奇心にみちた雰囲気の中でうずき，ゆれ動きながら，あまりにひしめいているので，思い起こすと息苦しくなります」（V. Woolf 1976 : 254），と言う。母のジュリアは再婚であって，彼女の連れ子であったジョージ・ダックワースやジェラルド・ダックワースなど近親者による性的虐待が，生涯にわたって彼女の精神を苦しめた。

スティーヴン家には，神経症を発症するものが比較的多く，父のレズリー，レズリーの兄のフィッツジェイムズ，その次男であったジェイムズ・ケネス，母ジュリアの先夫の娘ステラなどがそうであった。ヴァージニアも小さい時から精神の病を患っており，病気の経過から見るとかなり重い「躁鬱病」であっ

た。さらには,「統合失調症」の傾向もあったらしく,内因性の精神病を「躁鬱病」と「統合失調症」とに分けると,彼女の場合はこの二つの症状を絶えず往き来した。この病気の特徴は,鬱の場合,不眠・幻想・恐怖・拒食・自殺願望が高まることにある。1895年に母ジュリアが亡くなった時,さらに1904年に父レズリーが亡くなった後,兄のトゥビーが1906年に急逝した直後,彼女はその病気で倒れている。また,レナードとの結婚1年後の1913年夏,様々な理由から病気が著しく悪化する。彼女は,不眠治療のための睡眠薬を多量に飲み自殺を図ったのである。しかし,この時はケインズの弟で医者であるジェフリーによりいち早く手当てされ,危ういところで一命をとりとめた。彼女が1913年に死亡したのでは,後の名作はまったく生まれなかったことになる。

ゴードン・スクエア46番地　ヴァージニアによると,ブルームズベリーの集まりが始まったのは,1905年3月以降の木曜日の夕方からである。そこには,トゥビーの友人であるクライブ・ベル,サクソン・シドニー=ターナー,リットン・ストレイチー,レナード・ウルフ,ラルフ・ホートリーが集まって,「美とは」,「善とは」,「現実とは」といった抽象的な問題を議論した。「木曜の夕べの魅力の一つは,それが驚くほど抽象的だったということです。ムーアの本が私たち皆に哲学,芸術,宗教を論じさせた」(V. Woolf 1976：265)。ムーアの本とは,若きケインズを感動させた『倫理学原理』(Moore 1903) である。

　さて,ヴァネッサと仲の良かった彼女ではあるが,姉とクライブとの結婚後,大きな転機が訪れる。1907年2月より,ベル夫妻がゴードン・スクエア46番地を住居としたので,弟のエイドリアンと共にフィッツロイ・スクエア29番地に転居せざるをえなくなった。「1907年初めの彼女の結婚が,実際その会の終わりでした。それと共に旧ブルームズベリーの第1章も終わりました。それはたいへん厳しく,たいへん刺激的で,計り知れぬほど重要でした」(V. Woolf 1976：268)。それからの第2章は,ロジャー・フライ,ダンカン・グラント,メイナード・ケインズらが加わり,後期印象派展などの多彩な活動が繰り広げられることになる。ケインズについて彼女は,「とても残忍で,とても恐ろしく,若い時のトルストイの肖像画に似ていて,しかけられたどんな議論でも前足の一撃で打破することができ,しかも小説家たちが言うように,その途方もなく印象的な知性のよろいの下にやさしく単純でさえある心を隠していまし

第Ⅲ部　ケンブリッジの哲学・社会哲学・文芸

た」(V. Woolf 1976：277)，と描写している。

　ケインズは，この頃リディア・ロポコヴァとの結婚話が進んでいたこともあって，彼女が姉のヴァネッサに宛てた1922年12月22日付けの手紙が有名である。「メイナードが手遅れにならないうちに，あなたが彼の結婚をやめさせるべきだ，と真面目に考えています。彼が結婚の結果を理解しているとはとても思えません。リディアはまるまると太り，口うるさくなることが想像できます。メイナードは大臣となり，ゴードン・スクエア46番地に公爵や首相達が出入りします。メイナードは，私達のように分析的でなく，とても単純な人間だから，自分の状態に気づいた時には，どうしようもありません。目がさめてみると3人の子どもがおり，自分の生活も完全に，そして永久に支配されることが分かるでしょう。私の不満は別にしても，そうなることは明らかです。もし，あなたが彼に忠告を与えないならば，破綻が起きた時，彼はあなたを恨むに違いありません。それに，リディアには望みも何もない既婚夫人としてよりも，1人で貪欲に，そして希望に満ちたボヘミアンとしての生活の方が合っています。そうすれば，彼女の権利はすべて思いのままなのですから」(M. Keynes 1983：12)。

　　ブランズウィック・　　ヴァージニアは，1911年からはサセックスのファール
　　スクエア38番地　　に住み，その後ブランズウィック・スクエア38番地に移転する。彼女とエイドリアンは，その地でケインズやダンカンと共に住み始めたのである。新しい人生の始まりであった。彼女は，「私たちが皆，人前で裸になるというパーティのうわさが広まり始めました。応接間の真ん中のソファーでメイナードがヴァネッサと性交したことを事実として知っている，とロウガン・ピヤソール・スミスはエセル・サンズに語りました。無情な，不道徳な，シニカルな集まりだと言われました。私達は破廉恥な女で，友人達は最もくだらない若者達だったのです」(V. Woolf 1976：280-281)，と語る。ブルームズベリー・グループの中で，異性愛や同性愛といった性の問題はタブーを解かれ，はっきりと表に現れてきたのである。

　1911年12月，ヴァージニアは，レナード・ウルフに，ブランズウィック・スクエア38番地で一緒に住もうと誘い，それが実現する。彼は士官候補生として6年ほどインドのセイロンに赴任しており，ちょうど1年間の休暇を得て，ロンドンに帰っていたのである。レナードは，仕事の継続か彼女との結婚かで迷

360

っていたが，1912年1月正式にヴァージニアに結婚を申し込む。そして，彼女もその申し出を受け入れ，2人は8月10日に結婚届を出す。しかし，当初から分かっていたことだが，彼らの結婚生活は順調には進まず，結婚の翌年，彼女は睡眠薬を多量に飲み自殺を図った。

　その後，1917年には，病気の治療も兼ねて，2人で「ホガース・プレス」という名の出版社を設立し，幾多の本を出版する。その中には，ヴァージニアの本以外に，エリオットやケインズのものなどがある。第一次世界大戦時は，ロンドン郊外のリッチモンドに住んでいたが，1924年にはタヴィストック・スクエア52番地に移住し，ブルームズベリーの仲間と旧交を温めた。第二次世界大戦が始まると，サセックスのロドメルにあるマンクス・ハウスで生活していたが，1941年の3月28日，ウーズ川に身を投げ59歳の生涯を終えている。

　ヴァージニアの業績　彼女の業績についても見ておきたい。彼女は，幼い頃から，文章の訓練を自分に課し，『存在の瞬間』の中にある「思い出すまま」(V. Woolf 1976) などの伝記を書き綴っていた。1913年の自殺未遂と病気療養の後，1915年には処女作『船出』を書き，1919年には長編小説『夜と昼』を書き上げた。1923年に出した『ジェイコブの部屋』は，心理面の描写が明確な作品となった。ヴァージニアは，1925年に書いた『ダロウェイ夫人』で，作家として世に迎えられる。これは，何気ない生活の中での人間の心理（意識の流れ）を見事に描写し，新しい世界を切り開いた作品として高く評価された。1927年には『灯台へ』，1928年には『オーランド』，1931年には『波』，1937年には『歳月』を出版した。フォスターは，『波』がヴァージニアの最高傑作であり，ケインズは，『歳月』が彼女の最良の本であると評価した。1940年には『ロジャー・フライ伝』を書いた。遺作として，1941年に書き綴った『幕間』がある。

クライブ・ベル（1881～1964年）

　ヴァージニアの次は，ヴァネッサとの結婚に成功したクライブ・ベルを取り上げたい。ヴァネッサが，クライブの三度にわたる求婚を経て結婚することになったことは前に述べた。1907年2月のことである。この結婚は，前年に最愛の弟トゥビーを亡くしたことが大きいと言われているが，ヴァネッサが経済的な安定を求めたからでもある。クライブについては，次男のクウェンティンが

361

第Ⅲ部　ケンブリッジの哲学・社会哲学・文芸

書いた『回想のブルームズベリー』（Q. Bell 1995）や，橋口稔の『ブルームズベリー・グループ』（橋口 1989）が参考になる。

ベル家の由来　ベル家は，イングランドの南部にあるウィルトシャーの田舎地主であった。しかし，昔から続く地主ではなく，ウェールズの炭鉱経営者として得た富をもとに，クライブの父親の時代に成り上がった地主ということである。それ故に，ベル家の人達の粗野は，先祖代々の田舎地主の伝統的な粗野とは少し違っており，新興の成金地主が一生懸命に伝統に忠実であろうとした粗野であった。そのため，「知的貴族」であったヴァネッサ・スティーヴンにとって，ベル家の人々と混じわるところはほとんど無く，最後まで親しく打ち解けなかったのもしかたの無いことである。ベル家の館は，クリープ・ハウスと呼ばれ，比較的新しい建物であったが，ゴシック風のポーチを持っていた。また，ベル家の人々は，新興地主の例に漏れず，皆狩猟に打ち込んでおり，広いホールは死せる野獣達の主な陳列場所だったし，クライブも小さい頃から馬を上手に乗りこなし，猟銃を使うことにも長けていたのである。

ヴァネッサとの結婚　クライブは，新興地主の子として，ケンブリッジ大学
とトルコ旅行　へと進学した。トリニティ・カレッジでは，トゥビー・スティーブンと親しくなり，文学や美術に接することになった。彼はトリニティに来るまで，本を開くことは無かったそうだが，シェリーとキーツの詩に出会い心から感動する。サクソン・シドニー＝ターナー，リットン・ストレイチー，レナード・ウルフといった友にも恵まれ，「深夜会」では夜遅くまで議論を続けた。

　クライブは，トリニティの自分の部屋にドガの複製画を掛けていたことからも分かるように，卒業後はパリで絵の勉強を続ける。そして，先にも書いたとおり，1907年の2月，ヴァネッサと結婚し，1908年には長男ジュリアン，1910年には次男クウェンティンが生まれた。この段階では，2人の結婚生活は順風満帆であるように見えたが，2011年4月のトルコ旅行から状況は一変する。この旅行には，友人のロジャー・フライとハリー・ノートンが参加した。橋口は，「父のレズリーの死後すぐにしたイタリア旅行がルネサンス美術を見るためのものであり，トゥビーの死を招いたギリシア旅行が古代芸術を見るためのものであったとするなら，このトルコ旅行はビザンチン芸術を見るためのものであ

362

った」（橋口 1989：80）と書く。

　しかし，この旅行は，またしても大きな出来事を生む。ヴァネッサが旅行中に病気で倒れたのである。彼女は 2 人の子どもを生み，健康状態は決して良くない上に，病気の彼女を親身になって看病したのは，夫のクライブではなくロジャー・フライの方であった。ベル夫妻の関係は，このことにより決定的に悪くなり，これ以後決してもとに戻ることは無かった。

良心的兵役忌避と業績

1914年の 8 月，第一次世界大戦が勃発する。橋口は，「ブルームズベリー・グループの人達は皆，この戦争に反対し，徴兵制に反対して徴兵を忌避した。国家といえども個人に対して戦うことを強制する権利を持たないという考え方が，徴兵に対する反対の基本にあった」（橋口 1989：114），と言う。また，「クライブは，文明を破壊するものとして戦争に反対していた。戦争が始まると，『いますぐに平和を』というパンフレットを書いて刊行した。このパンフレットはロンドン市長によって発禁処分にされた。クライブはまた，ロイド・ジョージに要請されて，良心的兵役忌避のための条件を考える委員会に参加している。徴兵制が施行されると，クライブは良心的兵役忌避を申し出て，国内での労働を認められ，モレル夫妻のガーシントンの農場で働くことになった」（橋口 1989：116-117）。

　クライブは，1916年に『芸術』を出版した。「意味を持つフォーム」（significant form）という言葉がキーワードであった。クウェンティンが言うには，この書物は「過去150年の芸術の歴史に照らして，クライブや彼の同時代人達が扱わねばならなかった問題についての，少なくとも一つの見解を試みた」（Q. Bell 1995：45）ものである。「意味を持つフォーム」とは，われわれの心に何か審美的な感情を掻き立てるもので，視覚芸術作品には欠くことのできない形体のことである。1928年には，良い精神の状態への手段が文明であると定義付けた，『文明』という名の書物も出版している。

　第二次世界大戦後に『旧友たち』（C. Bell 1956）を書き，ブルームズベリーの仲間を振り返った。ケインズに関するエッセイの中で，クライブは「私の思い出の中にある，取るに足りないような煩わしい事柄にもかかわらず，私がメイナードについて鮮明に，そして繰り返し思い出すことは，彼が素晴らしい仲間だったということである。私は彼を失って寂しく思っている」，という人々の心に沁みる文章を書いている。

第Ⅲ部　ケンブリッジの哲学・社会哲学・文芸

　クライブは，「私が何よりも懐かしいのは，彼の会話であった。それはとても素晴らしいものだった。ありふれた言い方には違いないが，それは本当にそうだったのである。彼は，月並みなことを逆説に変えたり，逆説を陳腐なことに変えてしまう才能，類似点と相違点を見分けたり（あるいは作り出し）相互に何の関係もない考えをうまく一つに結び合わせる才能を豊かに持っていた。非常に賢い人が，そして非常に賢い人だけが，会話によって人生に独特の潤いを与えることが出来る，あの喜びと驚きをひきおこす才能をである。彼は機知に富んだ知性と文字どおりの技巧を持っていた。

　議論となると，目が回るほど早く，型にはまらなかった。議論中のどのような話題でも，またそれを彼がほとんど知らないと思われるものでさえ，その説明は生き生きとしており，とても斬新なものであったので，人はそれが正しいのかどうかを尋ねざるをえなかった。しかし，より深刻な雰囲気にあって，素人にはほとんど理解できないような事柄で，何か専門的なことの説明を求められるような時にも，彼は大層気軽に，実に簡単なことであるかのように話してくれるので，人は彼の知性に驚くべきなのか，それとも自分自身の愚かさに驚くべきなのか分からないほどだった。このような時，私はこれまでに会った人の中でメイナードほど賢い人は誰もいないと確信し，彼は芸術家であると感じたのである」（C. Bell 1956：60-61），とみごとにまとめている。

　クライブは，ヴァネッサよりも長生きし，1964年に83歳で死去した。作品としては，『いますぐに平和を』（1915年），『芸術』（1916年），『英国の自由について』（1920年），『文明』（1926年），『旧友たち』（1956年）などがある。

ロジャー・フライ（1866〜1934年）

　クライブの次は，少し年齢の離れたロジャー・フライを取り上げたい。彼は，遅れてブルームズベリー・グループに参加した人物である。1910年の2月，ベル夫妻の住んでいるゴードン・スクエア46番地に招かれ美術関連の話をしてから，このグループに加わることとなった。フライについては，ヴァージニアが書いた『ロジャー・フライ伝』（V. Woolf 1940）がある。

苦難の人生　　　ヴァージニアは，伝記の第7章「後期印象派の画家」の冒頭で，「その頃（1910年），初めてフライに会ったものは，彼を実際の年齢よりずっと上に見たことだろう。彼はまだ44歳だったが，大きな体験の重

364

第11章　ブルームズベリー・グループ

荷を背負った人の印象を与え，疲労し，人生を知り尽くし，苦行者のようでいて，しかも強靭な人に見えた」(V. Woolf 1940 : 174)，と書いている。それほど，フライの人生は，困難の多いものであった。父親との確執，ケンブリッジでのフェロー資格取得の失敗，ヘレンとの結婚の際の揉め事，妻の精神疾患の発病，ケンブリッジの教授職就任の挫折等々，挙げればきりがない。ニューヨークにある「メトロポリタン・ミュージアム」での学芸員の仕事も，満足のいくものではなかった。しかし，フライは，人は幸福よりも苦悩から多くのことを学ぶと考え，前向きに生きていかざるをえなかったのである。

マネと後期印象派展　ブルームズベリー・グループの最初の仕事は，フライの人脈と努力によって実現した。彼は，フランスの新進気鋭の画家達の作品を，イギリスの人々に紹介したいと考えていた。「ロジャー・フライは，視覚芸術に対するイギリス人のあきれるばかりの無関心と，あらゆる芸術を道徳的問題に結び付けようとする彼らの頑迷さをしばしば嘆いた」(V. Woolf 1940 : 57)。そこで，ブルームズベリー地区にあったグラフトン・ギャラリーと交渉し場所を確保すると，その次は事務局長に「使徒会」の後輩であったデスモンド・マッカーシーを任命し，彼と 2 人で展覧会のための絵画を揃える算段をした。フライが名付けた後期印象派の画家達 (the Post Impressionists) は，幸いなことに無名であったため，たくさんの作品を集めることが出来た。

フライ達は，セザンヌ，マネ，モネ，ゴーギャン，ゴッホ，マチス，ピカソ，ドラン，ルオーなどの作品を300点以上も集める。これらの画家達の絵は，とても安い値段で取引された。今では信じられないが，ゴッホの作品で有名な「ひまわり」や「郵便配達夫」もその中にあった。しかし，今回の展覧会の中心に据えられたのは，マネの過激な「草上の昼食」や「オランピア」ではなく，比較的穏健な「ファーリー・ベルジェールの酒場」であった。

この展覧会は，1910年11月 8 日から1911年の 1 月15日まで開催された。イギリスでは初めてと言うこともあり，初日から多くの人でにぎわった。しかし，芸術のパトロンにして美術愛好家のウィルフリッド・ブラントによると，「11月15日，パリから送られてきた後期印象派絵画なるものを見にグラフトン・ギャラリーへ。ひどい冗談か詐欺である。自分は後者だと思う。ユーモアがかけらもないからである。良いも悪いもなく，そもそもセンスも技術も趣味もなく，

365

第Ⅲ部　ケンブリッジの哲学・社会哲学・文芸

芸も才気もない。あるのは便所の壁にいかがわしい落書きをする下司な幼稚さ
だけ。訓練を受けたことのない7，8歳の子どもの絵のレベルで，ティー・ト
レーの絵描きの色彩感覚，方法はスレートに唾を吐いてそれを指でこする小学
生のそれである。……額縁を除けば，このコレクション全体で5ポンドの値も
なく，せいぜいこれで焚火を楽しむのがいいところである。ところがわが国の
美術評論家数名が彼らの肩を持っている。目利きの評論家ロジャー・フライが
カタログの序文を書き，デズモンド・マッカーシーが幹事を務めている。……
怠惰と無能な愚鈍の産物，猥褻な展覧会」（V. Woolf 1940：183），ということで
あった。

　今回の「マネと後期印象派展」は，多くの人の反応からも分かるように，イ
ギリスの伝統的なジェントルマンと新しい芸術家というボヘミアンとの対立で
あり，少し大袈裟な言い方をすれば，文明の衝突であった。これまでのイギリ
スの絵画は，物語性や自然の描写を中心としたものが多く，後期印象派の絵画
とは性格の異なるものであった。しかし，様々な批評や批判が噴出したものの，
イギリスで初めて開催されたこの展覧会には多くの人が詰め掛け，大成功の裡
に終了した。フィンランドのヘルシンキにあるアート・ギャラリーは，セザン
ヌの絵を800ポンドで買い取り，その他の絵もかなりたくさん売れた。事務局
長であるデズモンド・マッカーシーは，当初，報酬を受け取ることを想定して
いなかったが，ギャラとして460ポンドも受け取ったという。

オメガ工房　　　第一回の後期印象派展の成功に続いて，1912年10月から12月ま
で，同じギャラリーで第2回後期印象派展が開催された。事務
局長は，ヴァージニアの夫であるレナード・ウルフが務め，ブルームズベリ
ー・グループのヴァネッサとダンカンの作品も加えられた。フライは，これら
の展覧会に続いて，1913年の春，フィッツロイ・スクエア33番地に工房を開設
した。これが，後期印象派の絵画様式と装飾芸術を応用した「オメガ工房」で
ある。フィッツロイ・スクエア33番地は，過去にロセッティやミレイなど夏目
漱石にも愛された，「ラファエル前派」の芸術家が集まった場所であった。

　オメガ工房の理念は，開かれた芸術形式を通じて，多くの人と感性を共有す
ることであり，芸術家の生活保障と芸術愛好家の審美眼育成を目的とした。橋
口は，「19世紀のウィリアム・モリス商会に似たような試みであるが，モリス
の工房が中世趣味を生かした民芸的なものであったのに対して，これは後期印

366

象派の感覚を生かした，はるかにモダーンなものであった。顧客も上流階級の人が多かった」(橋口 1989：83)，と述べている。

　実際に，オメガ工房の仕事は，部屋の装飾，カーテンの模様，椅子やテーブル，ベッドやタンス，ティー・ポットや皿，衣装のデザインなど多岐にわたっており，芸術を生活の中に生かそうとした試みであった。主な作品としては，「オメガの子ども部屋」，「暖炉用衝立」，「オメガの陶器」などがある。しかし，この素晴らしい試みも，第一次世界大戦の勃発と共にその活動を終える。ロジャー・フライと，その工房を支えていた仲間達との諍いごとが顕在化したからである。経営難による実際の閉鎖は，第一次世界大戦後の1919年であった。

フライの芸術論と彼の業績　　フライは，セザンヌの絵を高く評価する。彼の絵は，画面全体の効果やリズムを優先しており，構成，色彩などが関与する美の創造と，これらを含むフォームが明確に現れている。セザンヌは，対象に積極的に立ち向かい，それを変形し，強固な構成を明確に表現したのである。

　また，『ヴィジョンとデザイン』(1920年) では，芸術を論じる。フライは，芸術は現実の生活ではなく，想像の生活と結び付いたものであると言う。芸術は，直接私達の生活に役立つものではなく，それ自体が目的となるものである。だから，芸術作品が生み出す審美的感情，フォームの熟視の結果生じる感情は，普遍的でありそれ自体が目的である。求められるものは，秩序と多様性であり，秩序の中で最も重要なのは統一性である。さらに，画家が秩序と多様性に対する要求に応える要素は，線が持つリズム，色彩，構成，空間，陰影などである。画家は，フォームそれ自体がわれわれの中に情緒的な状態を作り出すように描くのである。

　彼の主な業績としては，『ヴィジョンとデザイン』(1920年)，『トランスフォーメーション』(1926年)，『セザンヌ論』(1927年)，などを挙げることが出来る。

レナード・ウルフ (1880～1969年)

　レナード・ウルフは，トゥビーの友人として，最初からゴードン・スクエア46番地に集まった人の1人である。リットン・ストレイチーの無二の親友であり，ケインズを「使徒会」に推薦したことでも知られる。宗教的にも，厳格なユダヤ教徒として一生を送った。もちろん，ヴァージニアの夫として，実に献

367

第Ⅲ部　ケンブリッジの哲学・社会哲学・文芸

身的に，彼女の自己実現を助けたことを忘れることは出来ない。レナードには，5巻にのぼる『自伝』（L. Woolf 1960–69）がある。

ヴァージニアとの結婚　父のシドニー・ウルフは弁護士として活躍し，10人の子どもに恵まれた。レナードは3番目の子どもである。しかし，レナードが11歳の時，父が急死する。大黒柱を失ったために，ウルフ家は困窮に陥り，レナードは奨学金を得てケンブリッジに入学したのである。在学中は，トゥビーやリットンなどの友達に恵まれ，充実した大学生活を送る。卒業後は，金銭的な理由から，士官候補生としてセイロンに赴いた。6年半ほどそこで植民地省の行政官を務めた後，1年間の休暇を獲得し，1911年6月イギリスに帰国する。

　1911年12月，レナードはヴァージニアの勧めで，ブランズウィック・スクエア38番地の4階を間借りすることにした。1階はケインズとダンカン，2階はヴァージニア，3階はエイドリアンが使っていた。彼は，ヴァージニアと結婚したいと考えていたが，なかなか実現するには至らなかった。しかし，彼は勇気を奮って，1912年1月，ヴァージニアに求婚する。その返事が無いまま，いたずらに月日が過ぎ，1年間の休暇が終わろうとしていた1912年5月，レナードは植民地省に辞表を提出する。彼は，自分の仕事より，ヴァージニアとの結婚を選んだのである。そういうこともあってか，ヴァージニアもこの申し出を受け入れ，1912年8月10日に結婚した。

ホガース・プレス　先に記したように，結婚の翌年，ヴァージニアの病気が著しく悪化する。そして，不眠治療のための睡眠薬を多量に飲み，自殺を図ったのである。この時は，ケインズの弟である医師のジェフリーが胃の洗浄を施して，一命を取り留めた。レナードは，ヴァージニアの病気療養を兼ねて，リッチモンドのホガース・ハウスに印刷機を買い，「ホガース・プレス」という出版社を立ち上げた。ヴァージニアに活字を拾う仕事をさせ，生活意欲を喚起させようとしたのである。

　レナードは，住居が個人にとって，学校，仕事，結婚，死，別離など，人生に大切なことに劣らず，個人の歴史をかたどるものだと考えていた。「ホガース・プレス」は，エリオットやケインズの本をはじめ，多くの本を出版することになる。ヴァージニアの『灯台へ』など，彼女の本の多くもここから出版されている。ラルフ・パトリッジ，マジョーリー・トムスン，ジョージ・ライラ

368

ンズ，アンガス・デイヴィッドソン，ジョン・レイマンなど，若く優秀な人達が次々とこの出版社に参画した。

国際連盟　第一次世界大戦が始まると，レナードは，「フェビアン協会」からの依頼により，戦争原因の解明と戦争防止の方策について研究を始めた。彼は，以前から，『インターナショナル評論』，『ニュー・ステーツマン』，『レヴュー』誌などで執筆しており，戦争を防止するには権威ある国際機関が必要だと考えていた。

　労働党に属する「大学協会」の薦めにより，国会議員への立候補も実行に移したが，最下位で落選する。その時の公約の一つに，戦後処理として，ドイツに過大な賠償を要求しないことが挙げられていた。これは，ケインズをはじめとしたブルームズベリーの友人達に共通の考え方であった。シドニー・ウォーターロウは，その当時外務省に勤務しており，レナードの案を元に国際連盟案を作成する。ディッキンソンや彼の友人であるロジャー・フライも，このような国際連盟構想に携わっていた。もちろん，ケインズは大蔵省首席代表として，実際にヴェルサイユ講和会議に臨んでいたのである。

　アメリカ大統領のウッドロウ・ウィルソンは，1918年1月8日の連邦議会で，「14カ条の平和原則」を公表し，自由貿易，民主主義，民族自決などを明確化した。その第14条には，大国にも小国にも等しく，政治的自由と領土保全の相互保障を与えることを目的とする具体的な盟約の下に，諸国の全般的な連携が結成されなければならないとして，国際連盟の設立が謳われていた。彼は，国際連盟の主要提唱者ではあったが，講和条約ではこの問題を賠償問題よりも重視したために，ケインズから厳しい攻撃を受ける。ウィルソンは，国際連盟設立などの功績により，1919年度のノーベル平和賞受賞という栄誉を受けるが，議会でのヴェルサイユ条約批准のための遊説中に脳梗塞で倒れたことは，彼にとって不幸なことであった。アメリカ議会は，結局ヴェルサイユ条約を批准しなかった。

タヴィストック・スクエア52番地　1924年，ヴァージニアがリッチモンドからブルームズベリー地区に移り住むことを望んだのは，1920年3月からゴードン・スクエア46番地にあるケインズの家で，「メモワール・クラブ」が開かれるようなったからである。戦争が終わって，昔の仲間が再び集まるようになったのであり，そこでは多くの回想が読まれることになった。ヴァージニ

第Ⅲ部　ケンブリッジの哲学・社会哲学・文芸

アも，先に紹介した「ハイド・パーク・ゲイト22番地」と「旧ブルームズベリー」を，1921年前後に読み上げた。

レナードが言うには，「メモワール・クラブ」は13人からなっており，ヴァネッサ，ヴァージニア，エイドリアン，クライブ・ベル，レナード・ウルフ，メイナード・ケインズ，ダンカン・グラント，リットン・ストレイチー，ロジャー・フライ，モーガン・フォスター，サクソン・シドニー＝ターナー，デズモンド・マッカーシー，メアリー・マッカーシーがそうであった。これは，ヴァネッサが描いた「メモワール・クラブ」(1943年) の絵とも符合する。1943年には，リットン・ストレイチーとロジャー・フライ，それにヴァージニア・ウルフの3人は既に死去しており，後ろの壁に肖像画として描かれていた。

マンクス・ハウス　ヴァージニアがウーズ川に身を投げたのは，第二次世界
と 彼 の 業 績　大戦中の1941年3月28日のことである。レナード宛の遺書には，「また，頭がおかしくなるのをはっきりと感じます。あの恐ろしい体験を乗り越えられそうにありません。……あなたは，これ以上ないほど，私を幸せにしてくださいました。誰にも出来ないことを，すべてしてくれたのです。2人の人間が，私達以上に幸せになれることはないでしょう」(V. Woolf 1980)，と書かれていた。レナードは，その後1969年に死去するまで約27年間，彼の愛したマンクス・ハウスで生活を続けた。全5巻にわたる自伝もここで執筆されたものである。

彼の業績としては，幾多の新聞や雑誌に書いた論稿の他に，『社会主義と協同組合』(1920年) や『自伝』(1975年) などがあるが，最大の功績はヴァージニアの庇護者として彼女の生活を守り，『ダロウェイ夫人』，『波』，『歳月』など後世に残る名作を書かせたことであろう。

リットン・ストレイチー (1880〜1932年)

次に，レナードやトゥビーの友人であったリットン・ストレイチーを取り上げる。彼は，ヴァージニアへの求婚や，ダンカンとの同性愛，ケインズとの競争心，良心的兵役忌避活動，ドーラ・キャリントンとの同棲などで，ブルームズベリー・グループでも重要な役割を演じた人物である。ここでは，マイケル・ホルロイドの書いた『リットン・ストレイチー』(Holroyd 1967) が参考になる。

370

第 11 章　ブルームズベリー・グループ

ランカスター・　ストレイチー家は，軍人の父リチャードと婦人参政権運動
ゲート69番地　の支持者であった母ジェーンによって営まれ，13人の兄弟
姉妹に恵まれた。リットンは11番目の子どもである。彼らは，ランカスター・
ゲート69番地で育った。彼が言うには，とても醜く，薄暗くて住みにくい家で
あった。リットンは，背はとても高いが運動神経は鈍く，大変な変わりもので
あった。ケンブリッジ「使徒会」で出会ったトゥビーやレナード，それにケイ
ンズこそが，リットンの生涯の友であった。姉のドロシーは画家となり，フラ
ンス人画家シモン・ビュッシーと結婚する。ビュッシーは，「リットン・スト
レイチー像」を描いた人物である。弟のジェイムズは，使徒会員で精神分析学
者であり，『フロイト全集』の翻訳をホガース・プレスから出版している。

ヴァージニアへの求婚　ヴァージニアは，仲の良かった姉の結婚以来，喪失
感に襲われていた。1909年の 2 月，リットンはその
ヴァージニアに求婚し，受け入れられる。しかし，お互いに結婚する意思は持
っていなかった。この出来事は，求婚だけに終わったことから，白日夢のよう
であった。ヴァージニアが1912年 8 月10日に，レナードと結婚したのは，先に
述べたとおりである。

　リットンは，その後ケンブリッジ大学のフェロー取得資格論文を書くが，二
度続けて失敗する。そのため，文筆で生きていくことを決意し，その成果が
『フランス文学道しるべ』（Strachey 1912）となって現れる。

良心的徴兵忌避　第一次世界大戦時には，「徴兵反対国民会議」，「徴兵阻止
の仲間」に参加し，徴兵制に反対した。1916年 1 月に，徴
兵制が施行されると，良心的徴兵忌避を申し出るが，認められなかった。彼は，
医師の診断書を提出して，なんとか兵役を免除される。兵役を免除されている
間に執筆を続け，1918年の 5 月には，『ヴィクトリア朝偉人伝』を出版する。
これは彼の自信作であり，「マニング枢機卿」，「ナイティンゲール」，「アーノ
ルド博士」，「ゴードン将軍」というヴィクトリア朝時代の英雄を，皮肉を込めて
描いた。彼らは，社会への奉仕を装いながら，実は時の権力と結び付き，自
分自身の願望を実現させた人物であると指摘し，多くの議論を呼んだ。

ドーラ・キャリントン　リットンが，ヴァネッサの紹介でキャリントンに会
ったのは，1915年のことであった。彼女は，スレイ
ド美術学校で勉強を続け，芸術家達の後援者であったオットライン・モレルに

371

第Ⅲ部　ケンブリッジの哲学・社会哲学・文芸

その才能を見出された画家である。1917年になると，リットンはバークシャー
のティドマーシュで，彼女と一緒に住み始める。1918年には，リットンは先に
紹介した『ヴィクトリア朝偉人伝』を出版し，名声を博す。そこに，ホガー
ス・プレスで働いていたラルフ・パトリッジが現れ，リットンと親密な関係に
なる。そこで，色々と思案したキャリントンは，ラルフ・パトリッジと結婚し
つつ，リットンとの生活を続けることを決断する。10年ほど複雑な三角関係が
続くことになった。リットンは健康面の理由から，1928年にハンガーフォード
に移転したが，胃癌で1932年1月21日に死去する。52歳であった。リットンの
後を追って，キャリントンがピストル自殺を遂げたのは，同年3月10日のこと
である。

リットンの伝記論と業績　散文はフォームとしての美しさを持ち，優雅さと
バランスを保ち，芸術としての趣向を凝らす必要
がある，とリットンは考える。そして，伝記作家の第一の義務として，適切な
短さを守りながら，余計なものはすべて排除し，意味のあるものだけにすべき
であると述べる。さらに，伝記作家らしく，良い伝記を書くことは，良い人生
を生きるのと同じくらいむずかしい，と考えていたのである。

　彼は，『フランス文学道しるべ』（1912年）や『ヴィクトリア朝偉人伝』（1918
年）に続いて，『ヴィクトリア女王』（1921年），『書物と人物』（1925年），『エリ
ザベスとエセックス』（1928年），『小さき肖像画』（1930年）等々を書いた。

ダンカン・グラント（1885〜1978年）

　最後は，ケインズに最も愛された画家ダンカン・グラントを取り上げたい。
ケインズは，遺言の中で，ダンカンに対して1,000ポンドの贈与と年金の支給
を明記した。また，ダンカンが描いた「ケインズの肖像画」については，特別
の配慮を希望した。1908年の秋，2人で行ったオークニー諸島での滞在が，あ
まりに楽しかったからであろう。ケインズは，そこで，『確率論』の最終稿を
練り直し，ダンカンは上記の肖像画を描いたのである。

　ダンカン・グラントに関しては，フランセス・スポールディングの『ダンカ
ン・グラント伝』（Spalding 1997）がある。

ダンカンの個展　ダンカンの個展は，1920年2月にオールド・ボンド・スト
リートにあるギャラリーで開催された。ケインズは，祝賀

パーティの席で乾杯の音頭を取る。作品としては,「メイナード・ケインズ」
(1908年),「フットボール」(1911年),「踊り子」(1912年),「シバの女王」(1912
年),「洗礼」(1919年)などが展示された。ダンカンは,ケインズに言わせれば,
ヴァネッサと並んで,イギリスで最も優れた画家であった。

　ヴァネッサの次男であるクウェンティンは,妹アンジェリカの父親であるダ
ンカンのことを,「絵筆を取ると彼は真剣そのもので,その時もなお彼が魅力
的だったとすれば,それは意識的努力とは無関係だった。彼はなかば閉じた目
をまばたきながら主題の色調を定め,それから細心の注意を払って絵筆を使い,
身を離して風景と自分のカンヴァスを意味ありげに眺めては,自然を楽しみ自
分の作品をおおいに愉しんで,いくらか当惑しつつも心の底から幸福そうだっ
た」(Q. Bell 1995：90),と述べる。彼は,クライブではなくダンカンが自分の
父親だったら良かったと考えたのである。

ダンカンとケインズ　ダンカンは,リットン・ストレイチーの従弟であり,
　　　　　　　　　　彼と同性愛の関係にあった。リットンが,ダンカンを
ケインズに紹介すると,今度はケインズとダンカンが親しくなった。1907年3
月,パリで絵の勉強をしていたダンカンと,友人と旅行中のケインズは再会す
る。その後,2人は同性愛の関係になり,1908年には先にも書いたように,オ
ークニー諸島に旅している。1910年には,フィッツロイ・スクエア2番地に,
ケインズと一緒に住み,その後ヴァージニアやエイドリアンとブランズウィッ
ク・スクエア38番地に住むようになる。ダンカンは,真正の自然児であり,ス
トレイチーやケインズ以外にも,多くの男性に愛される人であった。

ダンカンとヴァネッサ　1914年に第一次世界大戦が始まると,ケインズが大
　　　　　　　　　　　蔵省に呼ばれたことから,ダンカンはヴァネッサと
関係を持つようになる。まず,ダンカンは良心的兵役忌避のために,ロンドン
の北東にあるサフォークの農場で働く。その後,1916年の夏,サセックスにあ
るチャールストンにガーネットやヴァネッサの2人の息子と共に移り住んだ。
これらすべては,ダンカンを愛するヴァネッサの計らいで実現したことであっ
た。2人の間にアンジェリカが誕生するのは,1918年のクリスマスの日である。

　ダンカンは,ヴァネッサに対して強い忠誠心を持っており,ヴァネッサも彼
に対して深い愛情を感じていた。彼らは,絵画の仕事で切磋琢磨し,お互いに
自己実現を図っていった。先にも述べたように,ダンカンの個展は1920年,ヴ

373

第Ⅲ部　ケンブリッジの哲学・社会哲学・文芸

ァネッサの個展は1922年に開催されることになる。ダンカンは，音楽では，ベートーヴェンよりもモーツァルトを愛した。彼の自然を愛する心には，ベートーヴェンのようなしっかりした構造や圧倒的な迫力よりも，モーツァルトが持つやわらかな情感や流麗さが大切であった。

ダンカンとロッシュ　1961年4月7日，崇拝するヴァネッサが肺炎をおこして亡くなる。ダンカンは，失望のあまり病を得て，床に伏すことになった。それを聞いて飛んで来たのが，アメリカの詩人ポール・ロッシュである。彼はダンカンの心からの信奉者で，家庭の問題を顧みることなく，チャールストンに駆けつける。そして，彼の献身的な看護のお陰で，ダンカンは再び元気を取り戻した。

その後，ロッシュはダンカンの面倒を見続け，1973年には89歳を過ぎたダンカンと2人で，トルコに旅行する。地中海はとても素晴らしく，廃墟は荘厳そのもので，気候は完璧であった。2人の旅行記は，ロッシュにより，『南トルコでダンカン・グラントと共に』（Roche 1982）という書物として出版された。ダンカンは，亡くなる半年前までチャールストンに住んでいたが，その後はロッシュの自宅で面倒を見てもらい，1978年5月9日，93歳という高齢で亡くなっている。

4　ケインズの多様性に富んだ人生

ケインズの人生は，他のどの人にも真似ができないほど，多様性に富んだものである。中でも，大学時代に出会った友人達は彼の一生の財産であって，幾多の問題は発生したものの，その友好関係は彼らの死の瞬間まで続いた。

ブルームズベリーの仲間達

ケインズは，1903年に入会したケンブリッジの「使徒会」を通じて，リットン・ストレイチーやレナード・ウルフの親友となった。彼らとの友情は，第一次世界大戦で一時的に破綻したかに見えたが，その後末長く続いた。また，リットン・ストレイチーの従弟であったダンカン・グラントとの出会いは，深い愛情と共に絵画の素養を開花させた。1908年にダンカンと行ったオークニー諸島への旅行は，一生の思い出として彼の心に刻み込まれる。1910年の「マネと

374

後期印象派展」は，ブルームズベリー・グループの初舞台であり，1911年にヴァージニアやエイドリアンと一緒に住んだことは，彼がブルームズベリー・グループで大きな役割を果たすことを暗示した。

　1914年に勃発した第一次世界大戦は，彼らの友好な関係を壊すに十分な出来事であった。ケインズは大蔵省に招聘され戦時金融の仕事を任された一方，ボヘミアンであった仲間達は，戦争反対や良心的兵役忌避などでケインズと違う道を歩いた。ヴァージニアが言うように，ブルームズベリー・グループの第1章は，この戦争によって終わりを迎えたのである。しかし，幸いなことに，戦争の末期に「ドガ・スタジオ」で開かれたオークションにケインズらが参加し，後期印象派の絵画をたくさん購入したことで，彼の評価が好転する。さらに，ヴェルサイユ講和会議でのケインズの代表辞任や，ヴァネッサやダンカンのいるチャールストンでの『平和の経済的帰結』の執筆は，ブルームズベリーの仲間達との親交を深くした。

メモワール・クラブ

　1920年から，ブルームズベリー・グループは，「メモワール・クラブ」として再出発する。ブルームズベリーの人達の仕事も，ダンカンの個展開催をはじめ，この頃から開花するのである。ケインズもこの時期から，キングズ・カレッジの副会計官，『エコノミック・ジャーナル』の編集者，王立経済学会の書記長，生命保険会社の取締役，自由党新聞の取締役会長，経済関係書物の執筆，外国為替や商品への投機など，経済関係の仕事が多くなる。さらに，ディアギレフ・バレエ団のバレリーナであったリディア・ロポコヴァとの結婚（1925年）により，彼らと少し疎遠になる時期が生じたが，友情関係はその後も長く続く。

　ケインズが関係した1925年の「ロンドン芸術家協会」の試みや，1930年の「カマーゴ・バレエ協会」の設立と「ロンドン芸術劇場クラブ」の公演は，ヴァネッサやダンカンなどブルームズベリー・グループの人達にも好評であった。さらに1936年，ケインズはケンブリッジ市や愛するリディアのために，「アーツ・シアター（芸術劇場）」を設立する。この劇場は，現在もケンブリッジの名物劇場として名声を博している。もちろん，革命の書『雇用・利子および貨幣の一般理論』も，この年に刊行された。1938年には，「メモワール・クラブ」で，ディヴィッド・ガーネットの回想に触発されて「若き日の信条」（Keynes

第Ⅲ部　ケンブリッジの哲学・社会哲学・文芸

1949所収）を読み上げ，ヴァージニアをはじめ多くの参加者に感動を与えた。

イギリス芸術評議会

　1941年からは，「愛，美的体験の創造と享受，真理の探究」を人生の目的とした人にふさわしく，ナショナル・ギャラリー委員や音楽芸術奨励協議会委員長を歴任し，イギリス芸術評議会の設立に奔走する。イギリス芸術評議会は，芸術文化の創造や専門家による「芸術の自由」を保障し，その成果を国民が享受しうるだけでなく，芸術文化に対する公的な援助が自由を擁護する政府の責務であることを表明した組織である。

　ケインズは，ブルームズベリー・グループの芸術家達との交友，彼ら芸術家への支援活動，音楽芸術奨励協議会を通じた芸術を鑑賞するための劇場の建設や再建，芸術を普及させるイギリス芸術評議会の組織化など，実に精力的に活動した。経済学者ケインズとして，戦後の国際金融の安定を目指し，被害を受けた国々の復興と開発を目的とした世界銀行と，国際貿易の拡大や為替の安定を目的とした国際通貨基金の設立にも尽力しつつ，力の限りを尽くして芸術・文化のために動き回った。すべてはリディア・ロポコヴァへの限りない愛と，このように個性豊かなブルームズベリーの仲間達がもたらした文明を守るためであった。

参考文献

Bell, C.（1956）*Old Friends,* Chatto & Windus.

Bell, Q.（1968）*Bloomsbury,* Weidenfeld & Nicolson.（出淵敬子訳『ブルームズベリー・グループ』みすず書房，1972年。）

————（1995）*Elders and Betters,* John Murray.（北條文緒訳『回想のブルームズベリー』みすず書房，1997年。）

Blaug, M.（1990）*John Maynard Keynes,* Macmillan.（中矢俊博訳『ケインズ経済学入門』東洋経済新報社，1991年。）

Christiansen, R. ed.（1996）*Cambridge Arts Theatre : Celebrating Sixty Years,* with a Foreword by Sir Ian McKellen, Granta Editions.

Crabtree, D. and Thirlwall, A. P. eds.（1980）*Keynes and the Bloomsbury Group,* Macmillan.

Deacon, R.（1985）*The Cambridge Apostles,* Robert Royce.（橋口稔訳『ケンブリッジのエリートたち』晶文社，1988年。）

376

Dostaler, G.（2007）*Keynes and his Battles,* Edward Elgar.（鍋島直樹・小峰敦監訳『ケインズの闘い——哲学・政治・経済学・芸術』藤原書店，2008年。）

Fry, R.（1920）*Vision and Design,* Chatto & Windus.

———（1927）*Cézanne,* Hogarth Press.（辻井忠雄訳『セザンヌ論』みすず書房，1990年。）

Harrod, R. F.（1951）*The Life of John Maynard Keynes,* Macmillan.（塩野谷九十九訳『ケインズ伝』（上・下）東洋経済新報社，1967年。）

Hill, P. and Keynes, R.（1980）*Lydia and Maynard,* Macmillan.

Holroyd, M.（1967）*Lytton Strachey,* Heinemann.

Keynes, J. M.（1949）*Two Memoirs, Dr Melchior : A Defeated Enemy and My Early Beliefs,* with Introduction by D. Garnett Rupert Hart-Davis.

———（1971）*The Economic Consequences of the Peace,* 2 of *The Collected Writings of John Maynard Keynes,* Vol. 2, Macmillan.（早坂忠訳『平和の経済的帰結』東洋経済新報社，1977年。）

———（1973）*A Treatise on Probability,* 8 of *The Collected Writings of John Maynard Keynes,* Vol. 8, Macmillan.（佐藤隆三訳『確率論』東洋経済新報社，2010年。）

———（1982）*Social, Political and Literary Writings, The Collected Writings of John Maynard Keynes,* Vol. 28, Macmillan.（那須正彦訳『社会・政治・文学論集』東洋経済新報社，2013年。）

———（1995）*Keynes's Economic Papers,* King's College Library, Cambridge University.（Microfirm, Chadwyck-Healey Ltd.）

Keynes, J. M. ed.（1975）*Essays on John Maynard Keynes,* Cambridge University Press.（佐伯彰一・早坂忠訳『ケインズ——人・学問・活動』東洋経済新報社，1978年。）

——— ed.（1983）*Lydia Lopokova,* Weidenfeld & Nicolson.

Mini, P. V.（1991）*Keynes, Bloomsbury and the General Theory,* Macmillan.

Moggridge, D.（1976）*Keynes,* Macmillan.（塩野谷祐一訳『ケインズ』東洋経済新報社，1979年。）

———（1992）*Maynard Keynes : An Economist's Biography,* Routledge.

Moore, G. E.（1903）*Principia Ethica,* Cambridge University Press.（深谷昭三訳『倫理学原理』三和書房，1973年。）

Roche, P.（1982）*With Duncan Grant in Southern Turkey,* Honeyglen.

Rosenbaum, S. P. ed.（1975）*The Bloomsbury Group,* Croom Helm.

Scrase, D. and Croft, P. eds.（1983）*Maynard Keynes : Collector of Pictures, Books and Manuscripts,* Provost and Scholar of King's College.

第Ⅲ部　ケンブリッジの哲学・社会哲学・文芸

Skidersky, R.（1983）*John Maynard Keynes : Hopes Betrayed 1883-1920*, Macmillan.（宮崎義一監訳・古屋隆訳『ジョン・メイナード・ケインズ(1)(2)　裏切られた期待 /1883-1920年』東洋経済新報社，1987，1992年。）

─────（1992）*John Maynard Keynes : The Economist as Saviour 1920-1937*, Macmillan.

─────（1996）*Keynes*, Oxford University Press.（浅野栄一訳『ケインズ』岩波書店，2001年。）

─────（2000）*John Maynard Keynes : Fighting for Britain 1937-1946*, Macmillan.

─────（2009）*Keynes : The Return of the Master*, Public Affairs.（山岡洋一訳『なにがケインズを復活させたのか？』日本経済新聞出版社，2010年。）

Spalding, F.（1983）*Vanessa Bell*, Weidenfeld & Nicolson.（宮田恭子訳『ヴァネッサ・ベル』みすず書房，2000年。）

─────（1997）*Duncan Grant*, Chatto & Windus.

Strachey L.（1912）*Landmarks in French Litrature*, Willams & Norgate.（片山正樹訳『フランス文学道しるべ』筑摩書房，1979年。）

─────（1918）*Eminent Victorians*, Chatto & Windus.（中野康夫訳『ヴィクトリア朝偉人伝』みすず書房，2008年。）

Woolf, L.（1960-69）*An Autobiography*, 5 Vols. Hogarth Press.

Woolf, V.（1940）*Roger Fry : A Biography*, Hogarth Press.（宮田恭子訳『ロジャー・フライ伝』みすず書房，2008年。）

─────（1976）*Moments of Being*, ed. by Schulkind, J., The Sussex University Press.（近藤いね子他訳『存在の瞬間』みすず書房，1983年。）

─────（1978）*The Diary of Virginia Woolf*, ed. by Bell, A. O., Hogarth Press.

─────（1975-80）*The Letters of Virginia Woolf 1888-1941*, 6 Vols. ed. by Nicolson, N. and Banks, J. T., Hogarth Press.

伊藤邦武（1999）『ケインズの哲学』岩波書店。

経済学史学会編（2000）『経済思想史辞典』丸善。

坂本公延（1995）『ブルームズベリーの群像──創造と愛の日々』研究社出版。

中矢俊博（1993）「ケインズの"美と知性"に関する一草稿」『南山経済研究』8（2）：143-150頁。

─────（2008）『ケインズとケンブリッジ芸術劇場──リディアとブルームズベリー・グループ』同文舘出版。

─────（2010）「ケインズの『若き日の信条』」『南山経済研究』25（1）：47-70頁。

─────（2012）「ケインズとイギリス・ロマン派詩人　パーシー・シェリー」『南山

経済研究』27(2)：185-189頁。

――――（2013）「ケインズと芸術――芸術評議会の理念」『南山経済研究』28(1)：
33-57頁。

那須正彦（1995）『実務家ケインズ』中央公論社。

――――（2015）「ケインズとブルームズベリー」『ケインズ研究遍歴』増補第2版：
中央公論事業出版，107-125頁。

橋口稔（1989）『ブルームズベリー・グループ』中央公論社。

平井俊顕（2007）『ケインズとケンブリッジ的世界』ミネルヴァ書房。

――――（2007）『ケインズ100の名言』東洋経済新報社。

福岡正夫（1997）『ケインズ』東洋経済新報社。

北條文緒（1998）『ブルームズベリーふたたび』みすず書房。

あ　と　が　き

　本書は，ケンブリッジの経済学・経済思想を中心とする科学研究費を基盤に
した共同研究の成果である。2013年に『創設期の厚生経済学と福祉国家』（西
沢保・小峯敦編著，ミネルヴァ書房）を出しており，それに続くものである。
我々は，2002年度から2017年度まで科学研究費の助成を継続して受けることが
でき，盛期には「叢書　ケンブリッジの経済思想」を5巻本で構想したことも
あった。しかし，結果的に共同研究の直接の成果として日本語で書物になるの
は，この『ケンブリッジ　知の探訪──経済学・哲学・文芸』が2冊目であり，
おそらくこれが最後のものとなる。本書の出版には，構想から具体的な企画ま
でにかなりの年月がかかり，また諸々の事情で原稿を入稿してから出版にいた
るまでにさらにかなりの時間がかかってしまった。

　昨年の3月18日〜20日に南フランスのニースで，我々は科学研究費を基盤に
続けてきた共同研究の最後のワークショップを行った。"Between Economics
and Ethics; Welfare, Liberalism and Macro Economics" という大きなテーマ
のもとに，日本人7人を含む24のペーパーが報告され，15年間続けてきた共同
研究，ワークショップの1つの締めくくりであった。30人ほどの参加者の多く
は広義の共同研究を通して形成された知人・友人であり，ワークショップは盛
会で楽しく実りあるものであったように思われる。ニースでのこの会のアレン
ジは，ニース大学の Richard Arena, Muriel Dal Pont Legrand の多大な協力
によるものであった。

　海外の主要な研究協力者の1人であるローマ大学の Cristina Marcuzzo がよ
く言うように，我々の共同研究は，西沢が2000〜01年のケンブリッジでの在外
研究の時に，トリニティ・カレッジのアーカイヴズで Marcuzzo にお会いした
ことに始まる。彼女はその時，*Economists in Cambridge. A study through
their correspondence, 1907-1946* (ed. with Annalisa Rosselli, Routledge, 2005)
に結実した研究の話をしてくれ，西沢はそれに強い興味を感じて共同研究の可

381

能性を話し合った。同じ時にニースの Arena にもお会いし，また Marshall Library で Tiziano Raffaelli や若い Katia Caldari にもお会いした。帰国後に，平井氏と相談し，袴田兆彦氏，藤井賢治氏の協力を得て，科研費を申請して採択されたのがこの共同研究の始まりであった。

　最初のワークショップは2002年12月に一橋大学の佐野書院で行われ，海外からの参加者は Marcuzzo, Raffaelli, Martin Daunton, George Peden の４人であったと思う。翌年には Roger Backhouse, Richard Arena, Peter Groenewegen, Gordon Fletcher, Annalisa Rosselli, Marco Dardi, Marcuzzo が参加して，しだいに広義の共同研究のネットワークが国の内外を通して形成されていった。その後，毎年，１，２回のコンファレンス，ワークショップを一橋大学で行い，平井氏は独自に「国際ケインズ・コンファレンス」(International Keynes Conference) を上智大学で行うようになった（第１回［2005年］から第７回［2011年］まで）。以降，第９回［2013年］から第12回［2016年］までは一橋大学で同時開催の形式をとった。2011年３月12日～13日に予定されていたコンファレンスは，東日本大震災の影響で，２日目はキャンセルを余儀なくされ，また，翌2012年はフィレンツェで開催するというようなこともあった。

　その間，共同研究の成果として何冊かの英文の書物が出版された。*Marshall, Schumpeter on Evolution. Economic sociology of capitalist development* (ed. by Y. Shionoya and T. Nishizawa, Edward Elgar, 2009), *No Wealth But Life. Welfare economics and the welfare state in Britain 1880-1945* (ed. by R. E. Backhouse and T. Nishizawa, Cambridge University Press, 2010), *The Return to Keynes* (ed. by B. W. Bateman, T. Hirai and M. C. Marcuzzo, Harvard University Press, 2010：平井俊顕監訳『リターン・トゥ・ケインズ』東京大学出版会，2014年), *Marshall, Marshallians and Industrial Economics* (ed. by T. Raffaelli, T. Nishizawa, S. Cook, Routledge, 2011), *The Dissemination of Economic Ideas* (ed. by H. D. Kurz, T. Nishizawa and K. Tribe, Edward Elgar, 2011), *Keynesian Reflections* (ed. by T. Hirai, M. C. Marcuzzo and P. Mehring, Oxford University Press, 2013), *Liberalism and the Welfare State. Economists and arguments for the welfare state* (ed. by R. E. Backhouse, B. W. Bateman, T. Nishizawa and D. Plehwe, Oxford University Press, 2016). また，*History of Economic Ideas* の Special Issue として "Aspects of the History of Welfare Eco-

あとがき

nomics"（ed. by T. Nishizawa, K. Caldari and M. Dardi），Vol. XXII, 2014 が出版された。そして，こうしたもののおそらく最後の企画として，"Welfare Theory, Public Action and Ethical Values: Re-evaluating the history of welfare economics in the twentieth century"（ed. by R. E. Backhouse, A. Baujard and T. Nishizawa）が出版準備中である。

　国内の研究会，ワークショップ，コンファレンスを通して，広義の共同研究が進み，研究者コミュニティが形成され，アウトプットとして何冊かの本を出版できたことはよかったと思う。当初は，ケンブリッジの経済学者を中心に「ケンブリッジの知」をより深く探究するための環境整備・研究基盤整備，書簡・手稿等々の資料のデータベース作成のようなことを考えていた。個別の研究者のもとでは資料の収集・整備等が進んだと思われるが，資料等の所在を含むデータベース化とその公開というようなことができなかったことは残念であった。

　共同研究の遂行，本書の刊行には実に多くの方々のお世話になった。ワークショップ，コンファレンスの準備・開催は科学研究費の補助なくしてはできなかった。15年間にわたって受けることができた科学研究費補助金，基盤研究 B「ケンブリッジ学派の多様性とその展開——思想，理論，政策の複合的研究」（平成14～16年度，課題番号14330002），基盤研究 A「ケンブリッジ学派に関する経済学史的視座からの批判的評価」（平成17～20年度，課題番号17203015），基盤研究 A「ケンブリッジ，LSE の経済思想と福祉国家の基礎理論」（平成21～24年度，課題番号21243017），基盤研究 A「ケンブリッジ，LSE，オクスフォードの経済思想と現代福祉国家の変容」（平成25～28年度，課題番号25245032）の助成に深く感謝したい。科学研究費の共同研究のメンバーの方々（敬称略），池田幸弘，伊藤邦武，後藤玲子，近藤真司，下平裕之，袴田兆彦，藤井賢治，本郷亮，山崎聡，渡辺良夫，また本書の執筆に加わってくださった高見典和，中矢俊博，そして海外の研究協力者の方々，なかでも Cristina Marcuzzo, Annalisa Rosselli, Roger Backhouse, Bradley Bateman, Steven Medema, Keith Tribe, Richard Arena, Marco Dardi, Tiziano Raffaelli, Anna Carabelli, Katia Caldari, Fabio Masini, Jan Kregel, Heinz Kurz, Gilles Dostaler, Mauro Boianovsky, Roderick O'Donnell, Robert Dimand, Omar Hamouda, Hans-

383

Michael Trautwein, Randal Wray に厚くお礼を申し上げたい。

　そして，我々のプロジェクトの最初から多大なご協力・ご指導をいただき，本書にご寄稿いただいたご論稿の最終段階で病気のためご逝去された塩野谷祐一教授に深く感謝を申し上げたい。深い学識に裏付けられた風格は会場の人々を惹きつけるにあまりあるものであった。また，西沢が一橋大学を離れて帝京大学に移った後，ワークショップの開催等でお世話になった一橋大学経済研究所の後藤玲子教授にも厚くお礼を申し上げたい。ワークショップの初期には，経済研究所秘書室の松崎有紀さん，その後のワークショップの準備，科研費の執行事務等では狩野倫江さん，ワークショップの運営では当時の大学院生に大変お世話になった。出版に際しては，索引の作成を含めて，ミネルヴァ書房の堀川健太郎氏，中川勇士氏にお世話になった。記して厚くお礼を申し上げたい。

　　　2018年2月

　　　　　　　　　　　　　　　　　　　　　西沢　保・平井俊顕

人名索引

あ 行

アリストテレス　324
アンジェリカ，A.　357
ウィタカー，J. K.　57, 77
ウィトゲンシュタイン，L.　7, 13, 261, 319,
　330, 337, 342
ウィルソン，W.　369
ウィンチ，D.　82
上田辰之助　54, 55
宇沢弘文　72
ウルフ，L.　7, 306, 367
ウルフ，V.　8
エイヤー，A. J.　334, 346

か 行

ガーネット，D.　356
カーライル，T.　144
カーン，R. F.　6, 10, 11, 163, 164, 166-184,
　186-197, 303
カニンガム，W.　2
カルナップ，R.　333
カレツキ，M.　312
カント，I.　268, 326
クーン，T.　334, 341, 342
グッドウィン，C. D.　14, 15, 274
クランストン，M.　306
グラント，D.　14, 372
グリーン，T. H.　73, 104, 268, 323
グレネヴェーゲン，P. D.　57
クワイン，W. V. O.　334
ケインズ，J. M.　1, 5, 6, 9, 13, 38, 146, 152,
　163-171, 176, 179-194, 196, 214, 261, 265,
　319
ゲーデル，K.　333
ケネー，F.　336
コモンズ，J. R.　287
コリーニ，S.　58
コント，A.　336

さ 行

サムエルソン，P.　30, 33
ジェイムズ，H.　322
ジェヴォンズ，W. S.　1, 23, 60
塩野谷祐一　14, 72
シジウィック，H.　2, 10, 90, 99, 104, 143, 323
シュリック，F. A. M.　333
シュンペーター，J.　2, 33, 273, 289
ショーヴ，G.　7, 166, 167, 171, 192, 193, 305
ジョージ，D. L.　76
ジョージ，H.　94
スキデルスキー，R.　306
スティーヴン，ヴァージニア　8, 14, 358
スティーヴン，ヴァネッサ　8, 14, 354
スティーヴン，T.　349
スティーヴン，L.　354
ストレイチー，L.　7, 14, 306, 370
スペンサー，H.　96
スミス，A.　66, 336
スラッファ，P.　6, 11, 13, 163, 166, 168, 169,
　171, 181, 194, 196, 303, 312

た・な行

ダルディ，M.　67
都留重人　72
ティンバーゲン，J.　154, 271
トインビー，A.　73
ネイゲル，E.　334

は 行

バークリー，G.　322
パーソンズ，T.　58
バーリン，I.　265
ハイエク，F.　289
ハイデガー，M.　267, 273
パトナム，H.　346
ハロッド，R. F.　154, 175, 192, 351
ピーコック，A.　306
ピグー，A. C.　3, 4, 6, 8-10, 13, 71, 82, 146,

385

147, 152, 163, 165, 169, 192, 193, 213, 290, 307

ピケティ，T.　21

ヒックス，J. R.　30, 82

ヒューム，D.　304

ヒル，O.　76

ファイアーアーベント，P. K.　341, 342

ファイグル，H.　333

フォスター，M.　353

福田徳三　81, 83

フライ，R.　9, 14, 274, 364

ブラッドリー，F. H.　268, 323

プラトン　324

フリーデン，M.　306

フレーゲ，F. L. G.　327

ペアノ，G.　327

ヘーゲル，G. W. F.　268

ベル，C.　14, 361

ベル，V.　8

ベルヌーイ，D.　64, 69

ベンサム，J.　92

ヘンダーソン，H.　146, 147, 299, 305

ホートリー，R. G.　4, 13, 213, 299

ボザンキット夫人　75

ホブソン，J. A.　53, 82, 306

ホブハウス，L. T.　306

ま 行

マーシャル，A.　1, 2, 6, 8, 10, 53, 73, 81, 82,
95, 135, 138, 154, 163-168, 170, 171, 174, 176,
180, 183, 186, 188, 189, 191, 192, 194, 202,
261

マクミラン，H.　169

マックタガート，J. M. E.　7, 268, 323, 345

マルクス，K.　336

マルサス，T. R.　73

ミード，J. E.　303, 304

ミル，J. S.　56, 57, 106, 269, 321

ミンスキー，H. P.　12

ムーア，G. E.　7, 13, 111, 261, 267, 269, 285,
319, 325, 345, 351

メンガー，C.　2, 23, 334, 336

モリス，W.　72, 334

ら・わ行

ライプニッツ，G. W.　326

ライヘンバッハ，H.　333

ラヴィントン，F.　146

ラスキン，J.　69, 72, 82, 144, 147, 265

ラッセル，B.　7, 13, 261, 268, 269, 319, 326,
345

ラムゼー，F.　7, 13, 261, 269, 319

ランゲ，O.　307

リカード，D.　60, 82, 336

レイトン，W.　146, 305

ロールズ，J.　266

ロック，J.　93

ロバートソン，D.　4, 9-11, 13, 146, 147, 169,
171, 176, 192, 196, 293

ロビンズ，L.　82, 298, 307, 312

ロビンソン，A.　168, 190, 194

ロビンソン，J.　6, 11, 163, 166, 168, 169, 174
-176, 178, 180, 191-194, 196, 197, 303

ロポコヴァ，L.（ケインズ夫人）　311, 351

ワルラス，L.　2, 23, 138, 307, 336

事 項 索 引

あ 行

アーツ・カウンシル　275
アーツ・シアター（芸術劇場）　375
愛と美と真　274
青写真　292
アスペクトの理論　310
アナルコ合理主義　341
アニマル・スピリット　270
　convention と——　273
アポッスル・グループ　267
アポッスルズ・ペーパー　274
安全性のゆとり幅　243, 251
安定化の時代　288
安定調達比率　252, 254
安楽基準　60, 61, 96, 148
イギリス
　——観念論　268, 272
　——経験論　268, 272
　——芸術評議会　14, 376
意識状態　110
一般均衡分析　308
一般均衡理論　2, 22
偽りの目的　300
移転地代　181, 182, 194
意味を持つフォーム　363
ウィーン学団　333
ヴィクセル・コネクション　293
『ヴィクトリア朝偉人伝』　371
『ヴィジョンとデザイン』　367
ウィリアム・モリス商会　366
ウィルス　297
『エコノミック・ジャーナル』　146
SP1　168, 170, 171, 193
SP2　168, 169, 171, 193
SP3　169, 171-173, 175, 176, 181, 188, 193-195,
　　197
SP4　170, 173-176, 182-184, 187-191, 193, 195
　　-197
エセ道徳律　284

か 行

MAR 外部性　46
遠望能力　145, 152
黄金ルール　295
王立経済学会　146
大蔵省見解　299
オックスフォード　104, 322
　——経済調査　173, 195
　——理想主義　72, 73
オメガ工房　366
オルガノン　137, 140
音楽芸術奨励協議会　376

カーン・ペーパーズ　171, 192, 193, 196
改革者　295
懐疑的（もしくは統合失調症的）自由主義
　　297
懐疑論　343, 344
解釈学的循環　266
外生的貨幣供給　245
外部性　94, 142, 145
快楽　10, 104
科学革命　136
科学者集団　136
科学主義　339
価格メカニズム　152
『確実性の問題』　343
確率
　——の主観説　269
　——の頻度説　272
　——の論理説　269
『確率論』　7, 261, 302, 320, 329, 353
影の銀行システム（シャドウ・バンキング・シ
　　ステム）　244, 251
過剰投資　150, 208
　——説　204
課税　150
画像説　331
加速度原理　224
可塑的な人間観　98

価値　102
　　規範的――　10
　　手段的――　278
　　内在的――　278
　　倫理的――　300
　　――論　274, 277
活動　58-61, 66
　　――の科学　96
活動階級　152
　　不――　152
貨幣愛　284
『貨幣改革論』　5, 163, 183, 186, 192, 196, 272
貨幣経済思想　233, 240
『貨幣・信用・商業』　54, 57, 77, 81
貨幣数量説　2, 4, 165, 167, 176, 178, 183, 185,
　　186, 188, 193, 246, 293
　　――批判　311
貨幣政策　289
貨幣生産経済　233
貨幣的均衡アプローチ　236, 252
貨幣的均衡分析　238, 239
貨幣的景気変動論　4
貨幣的経済学　6, 287
貨幣的経済理論　5, 12
貨幣的尺度　117, 141
貨幣の
　　――内生性　252, 254
　　――非中立性　12, 234, 235, 239, 251, 252
　　――保蔵　217
『貨幣論』　5, 163, 170, 180, 184, 186-188, 192,
　　193, 196, 214, 287
貨幣論　143
カマーゴ・バレエ協会　352
カリキュラム　138
慣行　152
間主観説　270
完全競争　6, 174, 175, 179, 180, 184, 195
　　不――　174, 180, 191
　　不――理論　11, 42, 163
完全合理性　21
完全情報　21
完全操業　175, 180
観念論　268, 320
機械論（Ye Machine）　98
期間分析　9

帰結主義　267, 268
記述の理論　328
基数的効用理論　4
規則主義　267
基礎づけ主義　266
　　反――　266
木と森の比喩　146
規範　102
　　――的経済学　4
基本的心理要因　307
基本方程式　11, 184, 193, 215
キャッシュアウトフロー　242, 243
キャッシュインフロー　242, 243
救貧法　73, 108
『旧友たち』　364
教育　64, 73, 77, 79, 83, 97
境界線問題　141
共産主義　285, 297
協同組合経済　153
協同組合論　10, 142, 143
共同経営方式　150
共同体的
　　――合理性　271
　　――正当化　273, 277
　　――知識論　270
巨大企業の社会化　288
キングズ・カレッジ　6
『銀行政策と価格水準』　4, 11, 209, 293
金融イノベーション　248, 249
金融危機　12
　　グローバル――　233, 252
金融不安定性　242, 243, 248, 252
　　――仮説　12, 241, 244
金利裁定　237
金利生活者　152
勤労報酬会議　53, 54, 77, 83
空間に関する二分法　140, 144
「空気浄化」税　76
グラス＝スティーガル法　243
グラフトン・ギャラリー　356
グラム＝リーチ＝ブライリー法　243
計画経済　298
『景気循環論』　175
景気循環論　2, 10-12
景気変動　5

事項索引

──論　4
経済学
　旧世代の──　54, 55, 59, 73
　ケンブリッジの──　1
　新世代の──　54, 55
　──の現状　54, 55
　非厳密科学としての──　34
『経済学原理』　2, 54, 55, 57, 58, 82, 91, 95, 150,
　163-165, 282
『経済学の理論』　1
経済騎士道　76, 81, 83, 141
『経済原論講義』　11, 224, 294
経済社会学　2
経済助言官　153
経済生物学　3, 56
経済的将来の可能性　78, 80
経済認識　140
経済分析　140
『経済分析の歴史』　2
『経済問題』　299
形而上学　141
芸術
　──政策　275
　──的次元　264
　──による生の支配　265
　──論　276
啓蒙主義　12, 13, 262, 278
計量経済学　154
ケインズ
　──革命　5, 9-11, 44, 135, 150, 262, 303
　──経済学　11, 12
　──の時代　13, 305
　──の肖像画　372
　──の哲学思想におけるロマン主義的要素
　　278
血気　152
限界革命　9, 24, 83
限界（もしくは最終的）効用　2
限界収入　169, 175, 191
限界費用　184, 186
　私的──　4, 291
　社会的──　4, 291
現金残高方程式　165, 183
言語ゲーム論　337, 338, 340
原材料　182, 183

原子論的還元主義　264
健全金融　242, 244
現物価格　237
ケンブリッジ
　──経済叢書　146
　──・サーカス　6, 303
　──資本論争　29
　──数量説　310
　──の哲学　1, 7
　──費用論争　25, 42
ケンブリッジ学派　3, 8, 10-12, 21, 135, 146,
　152
　経済学における──　12, 13
　哲学における──　12, 13
権利　120
後期印象派　354
後期ウィトゲンシュタイン　270
公共財　94
『好況と不況』　5
公正　150
　──な賃金　93
厚生　101, 141
　経済的──　4, 71, 117, 308
　──主義　82, 103
　──政策　67
　ホートリーの意味における「──」　300
『厚生経済学』　3, 4, 290
厚生経済学　8, 9, 67, 82, 142, 143
　旧──　82
　ケンブリッジの──　10
　新──　10, 82, 124
合成の誤謬　152
幸福　64, 69, 79, 104
効用　9, 10, 69, 82, 105, 267
　──価値説　24
合理化　309
功利主義　1, 58, 67, 90, 103, 285
　快楽主義的──　10, 267
　反──　268
効率　150, 274
　──・正義・自由　274
合理的意思決定論　269
ゴードン・スクエア46番地　352
国際通貨基金　376
『国民経済学原理』　2

389

国民所得　3, 57, 59, 60
　　──論　146
国民分配分　61-63, 148
国民保険　139
心の状態　276
個人間の効用比較　44
個人主義システム　301
国家　64, 65, 76, 302
固定資本　182, 183, 195, 196, 209
固定費用　171, 194
古典主義　264
古典派　3, 59, 153, 270
　　──経済学　262
　　──の第1公準　11
　　──理論　265
コベント・ガーデン劇場　352
『雇用と均衡』　290
『雇用・利子および貨幣の一般理論』（『一般理論』）　5, 9, 11, 163, 164, 166, 170, 178, 180, 182, 186-192, 219, 262, 283, 375
孤立的経済人　21
コレクティヴィズム　282, 283, 302
コントロール　296

さ　行

債券　187, 188
最大化行動　21
最低賃金制　83
再分配　101
債務構造　242
債務担保証券（CDO）　244
先物価格　237
差別化　145
　　──原理　294
　　──の先鋭化　296
『産業経済学』　2
産業上の主導権　3
産業組織論　10, 142, 143
『産業と商業』　3, 57, 79, 80, 283
『産業のコントロール』　294
『産業変動』　4
産業変動と自然利子率　217
『産業変動の研究』　4, 11, 204, 293
シカゴ・トラディション　308
時間　272

──に関する二分法　140, 144
資金流動性　251
資源の有徳的利用　9, 275
『思考と事物』　302, 310
自己実現　267
自己創造と自己破壊　267
自己利子率　234, 236, 238-241, 254
　　──理論　12
資産価格決定　241
市場
　　──社会　13, 281, 284
　　──の失敗　94
　　──の不完全性　168, 171, 173, 175, 180, 195, 196
　　不完全──　171, 175, 195
　　──メカニズム　298
　　──流動性　251
自生的・直覚的ヴィジョン　273
慈善　104
　　──組織協会　75
自然主義　341
　　──的誤謬　272
自然利子率　215, 217, 238
時代の精神　54, 59
失業　292
　　──と不平等　274
『失業の理論』　290
実在論　268
実質賃金経済　153
実践理性の二元性　91
実物交換経済　233
実物資産　187
使徒会　349
死に向かう存在　273
自発的貯蓄　310
事物の状態　276
資本財　176, 179, 187
資本主義　290
　　──観　79
　　──社会　6, 7, 13
　　──の前途　80
　　道徳化する──　73
『資本主義・社会主義・民主主義』　273
資本設備　183
資本の限界効率　5, 270

社会主義　78, 92, 93, 97, 290, 302
　　──者　77
社会的理想　79
社会哲学　12, 281
社会の見捨てられた人々　53, 63
社会問題　53
収穫
　　──逓減　100
　　──逓増　100, 142
集計概念　9
集産主義　296
自由主義　297
　　──的干渉主義　294
重心　152
集団的な行動　288
自由党の夏期学校　305
自由貿易　283
自由放任
　　──経済学　286
　　──主義　7
　　──哲学　285
主観確率論　8
主観説　269
需給均衡理論　6
主要減価償却費　181, 182
需要
　　──の価格弾力性　174, 175, 180, 195
　　──の労力弾力性　207
準均衡　219
「準自然」利子率　218
『純粋経済学要論』　2
準地代　142
使用者費用　180, 182, 183
乗数　166, 170, 174, 176, 184, 190
商人　301
消費関数　5
消費者
　　──協同組合　138
　　──の所得と支出の理論　311
　　──余剰　9, 67, 99, 142, 143
消費性向　270
消滅係数　172, 173, 195
所有と経営の分離　296
自律的直覚　277
進化　152

──的経済学　67
　　──論的アプローチ　309
人格　10, 104
新古典派　3, 9
　　──経済学　2
　　──総合　30
　　マーシャル型の──　8, 9, 29
　　ワルラス型の──　8, 9, 31
信念の度合い　269, 271
『進歩』　9, 66, 71, 75
進歩　8, 9, 57, 60, 67, 78, 142, 145, 149
　　経済的──　62, 63, 66, 71, 79, 81
深夜会　362
信用循環　202, 215
水平主義者　309
『数学の基礎』　343, 344
ストラクチャラリスト　12
　　──・アプローチ　245, 248-250, 252
生　263
　　現実の──　274
　　想像的──　274
　　──の形式　338
　　良き──　56, 65, 66, 75
性格　56, 58, 66-68, 83
静学均衡　3, 58
生活基準　10, 57, 60, 61, 70, 81, 83, 96, 141,
　　143
生活の質　65, 67, 72, 76, 79
正義の原理　92
整合説　266
生産期間　211
生産者余剰　100
生産的労働　89
生産の貨幣的理論　154
生産物
　　創造的──　301, 309
　　プラス──　309
　　防衛的──　309
　　ユーティリティ──　309
『政治学要論』　93
正常需給の安定均衡理論　282
正常状態　41
静態と動態　273
制度学派　2, 287
政府　75, 77, 78

391

──の経済的機能　139, 142

セイ法則　153, 180, 270

世界銀行　376

設備財　206

設備の寿命　208

設備の不可分性　208

節約の逆理　152

善　102, 300

　　公共──　286

　　手段的──　274, 275

　　内在的──　274, 275

戦間期ケンブリッジ　281

　　──の社会哲学　13

全幅的人間本性　13, 263, 271, 279

創造的社会　14

総体としての多面性　12, 261

即実的　138, 142, 154

組成販売型ビジネス・モデル　244

存在論　271, 277

　　──的時間　272

た 行

対応説　266

大規模産業　294

耐久性　176, 183, 187, 188, 195, 196

第3の可能性　309

代表概念　41

代表的企業　142, 145, 154

『タイムズ』（*The Times*）　76, 142

タトヌマン手法　292

『ダロウェイ夫人』　361

短期　163-165, 168, 170, 171, 175, 176, 180,
　　181, 183, 187-191

　　──・長期の区別　100

　　──の経済学　192, 193

『短期の経済学』　11, 169, 170, 186-189, 196

知識　308

知的貴族　362

知の整合性　266

知の総合　278

　　──と発展　263, 264, 267

チャールストン　356

中央計画局　292

中間的目的　309

中道の道　306

中立貨幣　234

　　非──　240

中立経済　153

直覚主義　7, 267, 268

直観主義　91

通約不可能性　120

適応と革新　273

『哲学探究』　320, 330, 337, 343

哲学的次元　266

『哲学入門』　320

デリバティブ　244, 251

ドイツ観念論　264, 268

統一科学　334, 335

投企　267

投機的金融　243, 244

統計学　139

統合化　145

　　──原理　294

投資の懐妊期間　208

動態

　　──一元論　45

　　──二元論　45

道徳　58

　　──的および経済的福祉　56

ドガ・スタジオ　350

徳　9, 108

独占　168, 169, 172, 180, 194

富と所得の分配　291

富の科学　58, 72

富の不平等　141

トライポス　136, 150

　　経済学──　2

　　道徳科学──　90

努力　58

な・は 行

内生的貨幣供給　245

ニュー・リベラリズム　7, 124, 283

人間性　77, 79, 83

人間の学　278

認識論　277

　　──的時間　272

ネオ・リカード学派　312

ハイド・パーク・ゲイト22番地　355

はさみの両刃　27

事項索引

パラダイム　136
　——論　334
ハロッド＝ドーマー・モデル　224
反啓蒙主義的基礎　272
反省的均衡　266
半独立的な組織　288
美　274
美学　276
非協同的　295
ピグー効果（実質残高効果）　307
非厚生主義　103
　——的要素　10
美人投票　269
被投　267
　——と投企　273
ピューリタニズム　322
費用曲線
　逆Ｌ字型——　171, 172, 174, 175, 185, 195
　Ｕ字型——　171, 175, 184, 195
費用逓減　6
平等　120
　——の原理　92
ビルトイン・スタビライザー　289
貧困　101
　——問題　53
貧者　107
貧民　139
不安定性　6
フィジカル・サイエンス　141
フィッツロイ・スクエア33番地　366
フェビアン協会　369
フェロー資格　192
　——論文　167, 169, 172, 176, 188, 189, 194,
　　197
不確実性　6, 152, 234, 262, 270
『不完全競争の経済学』　6, 169, 171, 172, 180,
　　192, 194, 197
不完全雇用均衡　5, 289
不況　166, 168, 170, 171, 174–176, 179, 180,
　　182, 183, 189, 191, 194, 197
複合体　153
福祉　8–10, 54, 59, 64, 69, 79
福祉国家　73, 82
　——的思想　7
負債管理　246, 249

富者　107
部分均衡的な余剰分析　308
プラグマティズム　8, 341
プラトン主義　321, 339, 340
ブランズウィック・スクエア38番地　360
『プリンキピア・エティカ』　325, 327
『プリンキピア・マテマティカ』　327
フル・コスト原理　173, 174
ブルームズベリー・グループ　8, 12, 14, 261,
　　325, 349
『フロイト全集』　371
分析的　138, 142, 154
分析哲学　13, 266, 268, 327
分配の不平等　97
文明　275
　——の可能性の受託者　275
ヘアピン方程式　176, 178, 186
『平和の経済的帰結』　353
ベーシック・ニーズ　121
ベンサム的功利計算　270
方法論的個人主義　40
ホガース・プレス　361
ポスト・ケインジアン　12
ポスト・ケインズ（学）派　10, 312
ポスト・マーシャリアン　31
ホリゾンタリスト　12
　——・アプローチ　245–247, 252
ポンツィ金融　243, 244
本能的・自生的・直覚的衝動　271

ま　行

マーケティング手法　295
マーシャル
　——＝ジェヴォンズ問題　24
　——経済学　11
　——的伝統　44, 136, 146, 152
　——の時代　13, 282
『マインド』　324
マインド　310
マクロ　144
　——経済学　3, 6
マネタリズム　12, 246
マネと後期印象派展　350
マルクス主義　304, 312
マンクス・ハウス　361, 370

393

満足　101
『南トルコでダンカン・グラントと共に』
　　374
ミンスキー・モーメント　244
メトロポリタン・ミュージアム　365
メモワール・クラブ　357, 369
モラル・サイエンス　136, 140, 147, 150, 264,
　　271

や　行

友愛　105
有機体　149
　　──的全体　263
有機体的統一　276
　　──の原理　268
有機的成長　56, 58, 76, 81, 145
　　──のヴィジョン　9, 34
　　──論　57, 67
有機的な全体　145
有効需要　185, 186, 190
　　──問題　39
　　──理論　270
優等学位試験　10
ユートピア　78
余暇　70, 278
欲望　58-61
余剰概念　99
欲求　58
弱気関数　186-188, 196

ら・わ　行

ラッキング（lacking）　209
ラッセルのパラドックス　329
ラファエル前派　366
リーマン・ショック　233
力学的アナロジー　28, 37
利己心　286
『利子と物価』　293

リスク　296
理想主義　104, 267
理想的な社会秩序　78
理想的な配分　291
リベラル社会主義　306
　　──者　304
流動資本　182, 183, 195, 196, 209, 211
流動性　270
　　──カバレッジ比率　252, 254
　　──プレミアム　234-236, 238, 240, 253
流動性選好　5, 234, 235, 238, 241
　　──説　12, 151, 253
　　──理論　179, 186-188
良心的兵役忌避活動　370
理論化された人間の歴史　57
倫理学　140
　　規範（的）──　267, 274
　　メタ──　267, 274
『倫理学原理』　267, 359
『倫理学の方法』　90
レーニン主義　284
レバレッジ　250, 251
　　──比率　243
ロイヤル・バレー　14
労働価値説　24
『労働者階級の将来』　65, 69, 73
老齢年金　76
ローザンヌ学派　144
『ロジャー・フライ伝』　364
ロマン主義　12, 13, 262, 263, 278
ロマン的イロニー　265
ロンドン芸術家協会　357
論理実証主義　14, 321, 330, 332, 333, 335
論理主義　327
『論理哲学論考』　321, 329-331
『若き日の信条』　268, 375
わが孫たちの経済的可能性　275

《執筆者紹介》

西沢　保（にしざわ・たもつ）　編著者・序章・第2章・あとがき

　　編著者紹介欄参照。

平井俊顕（ひらい・としあき）　編著者・序章・第9章・あとがき

　　編著者紹介欄参照。

藤井賢治（ふじい・けんじ）　第1章

　　1956年　生まれ。
　　1986年　一橋大学大学院理論・統計専攻博士課程修了。
　　現　在　青山学院大学国際マネジメント研究科教授。
　　主　著　*Marshall and Schumpeter on Evolution : Economic Sociology of Capitalist Develop-
　　　　　ment*（共著）Edward Elgar, 2009.
　　　　　Marshall, Marshallians and Industrial Economics（共著）Routledge, 2011.
　　　　　「マーシャルにおける組織——生産の経済学の観点からの再評価」『経済学史研究』（経済
　　　　　学史学会）第56巻2号，2015年。

山崎　聡（やまざき・さとし）　第3章

　　1970年　生まれ。
　　2008年　一橋大学大学院経済学研究科博士課程修了，博士（経済学，一橋大学）。
　　現　在　高知大学教育研究部人文社会科学系教育学部門准教授。
　　主　著　「ブレンターノ調査と優生学」『高知大学教育学部研究報告』74号，2014年。
　　　　　「創設期の厚生経済学の一側面——ピグーと優生思想」『経済研究』第65巻2号，2014年。
　　　　　「優生学の『検死』と功利主義」『高知大学教育学部研究報告』77号，2017年。

高見典和（たかみ・のりかず）　第3章

　　1980年　生まれ。
　　2009年　大阪大学大学院経済学研究科博士課程修了。
　　現　在　首都大学東京経済経営学部准教授。
　　主　著　『ピグー 知識と実践の厚生経済学』（訳）ミネルヴァ書房，2015年。

小峯　敦（こみね・あつし）　第4章

　　1965年　生まれ。
　　1994年　一橋大学大学院経済学研究科博士課程修了。
　　2011年　博士（経済学，一橋大学）。
　　現　在　龍谷大学経済学部教授。
　　主　著　『ベヴァリッジの経済思想』昭和堂，2007年。
　　　　　Keynes and his Contemporaries, Routledge, 2014.
　　　　　『経済思想のなかの貧困・福祉』（編著）ミネルヴァ書房，2011年。

袴田兆彦（はかまた・よしひこ）**第5章**

 1953年 生まれ。
 1981年 中央大学大学院商学研究科商学専攻博士課程修了。
 現 在 中央大学商学部教授。
 主 著 『雇用と成長』（共訳）日本経済評論社，1983年。
    『リターン・トゥ・ケインズ』（共訳）東京大学出版会，2014年。
    『市場の失敗との闘い』（監訳）日本経済評論社，2015年。

下平裕之（しもだいら・ひろゆき）**第6章**

 1966年 生まれ。
 1996年 一橋大学大学院経済学研究科博士課程修了。
 現 在 山形大学人文社会科学部教授。
 主 著 *Marshall. Marshallians and Industrial Economics*（共著）Routledge, 2011.
    『市場社会論のケンブリッジ的展開——共有性と多様性』（共著）日本経済評論社，2009年。

渡辺良夫（わたなべ・よしお）**第7章**

 1949年 生まれ。
 1977年 明治大学大学院商学研究科博士課程修了。
 1997年 博士（商学，明治大学）。
 現 在 明治大学商学部教授。
 主 著 『内生的貨幣供給理論——ポスト・ケインズ派アプローチ』多賀出版，1998年。
    『金融システムの国際比較分析』（共著）東洋経済新報社，1999年。
    『金融市場の構造変化と金融機関行動』（共編著）東洋経済新報社，2001年。

塩野谷祐一（しおのや・ゆういち）**第8章**

 1932年 生まれ。
 1958年 一橋大学大学院経済学研究科博士課程修了。
 1985年 博士（経済学，一橋大学）。
 2015年 逝去。
 主 著 *Economy and Morality : the Philosophy of the Welfare State*, Edward Elgar, 2005.
    『エッセー 正・徳・善——経済を「投企」する』ミネルヴァ書房，2009年。
    『ロマン主義の経済思想——芸術・倫理・歴史』東京大学出版会，2012年。

伊藤邦武（いとう・くにたけ）**第10章**

 1949年 生まれ。
 1978年 京都大学大学院文学研究科博士課程修了。
 1985年 博士（文学，京都大学）。
 現 在 龍谷大学文学部哲学科教授。
 主 著 『ケインズの哲学』岩波書店，1999年。
    『経済学の哲学』中公新書，2011年。
    『プラグマティズム入門』ちくま新書，2016年。

中矢俊博（なかや・としひろ）　第11章

1949年　生まれ。
1979年　南山大学大学院経済学研究科経済学専攻博士課程修了。
2000年　博士（経済学，名古屋大学）。
現　在　南山大学経済学部経済学科教授。
主　著　『ケンブリッジ経済学研究』同文舘出版，1997年。
　　　　『ケインズとケンブリッジ芸術劇場』同文舘出版，2008年。
　　　　『天才経済学者たちの闘いの歴史』同文舘出版，2014年。

《編著者紹介》

西沢　保（にしざわ・たもつ）

　1950年　生まれ。
　1983年　一橋大学大学院社会学研究科博士課程修了。
　2008年　博士（経済学，一橋大学）。
　現　在　帝京大学経済学部教授。
　主　著　『マーシャルと歴史学派の経済思想』岩波書店，2007年。
　　　　　『創設期の厚生経済学と福祉国家』（共編著）ミネルヴァ書房，2013年。
　　　　　Liberalism and the Welfare State. Economists and Arguments for the Welfare State,
　　　　　Backhouse, R. E., Bateman, B. W., Nishizawa, T. and Plehwe, D. (eds.) Oxford University Press, 2017.

平井俊顕（ひらい・としあき）

　1947年　生まれ。
　1977年　東京大学大学院経済学研究科博士課程修了。
　現　在　上智大学名誉教授，ケインズ学会会長。
　主　著　『ケインズの理論──複合的視座からの研究』東京大学出版会，2003年。
　　　　　Keynes's Theoretical Development : From the Tract to the General Theory, Routledge, 2008.
　　　　　The Return to Keynes, Bateman, B. W., Hirai, T. and Marcuzzo, M. C. (eds.) The Belknap Press of Harvard University Press, 2010.

　　　　　　　　　　ケンブリッジ　知の探訪
　　　　　　　　　　──経済学・哲学・文芸──

　2018年10月30日　初版第1刷発行　　　　　　　　　　〈検印省略〉

　　　　　　　　　　　　　　　　　　　　　　　定価はカバーに
　　　　　　　　　　　　　　　　　　　　　　　表示しています

　　　　　　　　　　　　　西　沢　　　　保
　　　　編 著 者
　　　　　　　　　　　　　平　井　俊　顕
　　　　発 行 者　　　　　杉　田　啓　三
　　　　印 刷 者　　　　　江　戸　孝　典

　　　　発行所　株式会社　ミネルヴァ書房
　　　　　　　　607-8494　京都市山科区日ノ岡堤谷町1
　　　　　　　　電話代表　075-581-5191
　　　　　　　　振替口座　01020-0-8076

　　　© 西沢保・平井俊顕ほか，2018　　　共同印刷工業・新生製本

　　　　　　　ISBN978-4-623-08103-5

　　　　　　　Printed in Japan

西沢　保／小峯　敦 編著　　　　　　　　　　　　A 5 判・386頁
創設期の厚生経済学と福祉国家　　　　　　　　本　体 8000円

平井俊顕 著　　　　　　　　　　　　　　　　　A 5 判・416頁
ケインズとケンブリッジ的世界　　　　　　　　本　体 6500円
──市場社会観と経済学

平井俊顕 著　　　　　　　　　　　　　　　　　A 5 判・396頁
ケインズ・シュムペーター・ハイエク　　　　　本　体 4800円
──市場社会像を求めて

アルフレッド・マーシャル 著　伊藤宣広 訳　　四六判・322頁
マーシャル クールヘッド ＆ ウォームハート　本　体 3500円

アーサー・C. ピグー 著　高見典和 訳　　　　四六判・312頁
ピグー 知識と実践の厚生経済学　　　　　　　本　体 4000円

グンナー・ミュルダール 著　藤田菜々子 訳　　四六判・360頁
ミュルダール 福祉・発展・制度　　　　　　　本　体 4200円

塩野谷祐一 著
エッセー 正・徳・善　　　　　　　　　　　　四六判・306頁
──経済を「投企」する　　　　　　　　　　　本　体 3000円

──────── ミネルヴァ書房 ────────

http://www.minervashobo.co.jp/